# SILK CITY
## 2.0

CITY NETWORK ALONG
THE BELT AND ROAD AND STRATEGIC PIVOTS OF
CHINA'S GOING GLOBAL

本书获得 | 国家社科基金重大项目（16ZDA016）资助
上海市人民政府决策咨询研究基地项目资助

# 丝路城市 2.0

## "一带一路"沿线国际城市网络
## 与中国"走出去"战略支点布局

屠启宇　等　著

社会科学文献出版社

SOCIAL SCIENCES ACADEMIC PRESS (CHINA)

# 目　录

# 第一章　总论

## 第一节　问题提出

丝路城市 2.0 是指秉承丝路精神的当代"一带一路"倡议所涉及之沿线开放城市。本书从中观维度研究"一带一路"建设中战略支点城市、主要经济走廊以及丝路城市网络的识别、评价与培育，创新性地提出进入"工笔画"阶段的"一带一路"建设应推动工作重心从"优选战略支点国家"向"精选战略支点城市"转变的新思维，成功地在洲际尺度运用"点—轴—网"理论，综合采用社会网络分析、空间可视化分析和经济计量建模等方法，对"一带一路"沿线国家的城市化发展和城市间陆海空国际联系格局进行了整体分析，重点对 350 个沿线国际城市进行比较全面的考察，从而识别出 65 个战略支点城市，并根据分级、分项、分区的细化研究成果，推荐其成为中国开展城市间合作的优先对象；基于战略支点城市分布情况，对"一带一路"六大经济走廊的建设成熟度予以鉴别，围绕如何同沿线区域开展协同、中国城市群对接六大经济走廊建设提供政策思路；从提升"一带一路"主要经济走廊和新兴战略通道的节点支撑能力出发，识别出 15 个新兴战略支点，推荐其成为主要的培育孵化对象，并提出以上海、香港、新加坡等沿线主要国际大都市为枢纽画好"一带一路"建设"工笔画"。

当今世界正在发生复杂深刻的变化，在逆全球化思潮抬头，全球性流量沟通遭遇地缘政治纷争、流行病等多种因素干扰的大背景下，区域间合作是推动世界经济发展的重要动力，实行平等、互惠互利的区域合作发展模式，推动平等、包容的新型全球化进程成为新的发展趋势。2013 年 9~10 月，中国国家主席习近平在出访中亚和东南亚国家期间先后提出共建"丝绸之路经济带"和"21 世纪海上丝绸之路"（以下简称"一带一路"）的构想，得到国际社会高度关注和有关国家积极响应。推进"一带一路"建设既是中国扩大和深化对外开放的需要，也是加强与亚欧非及世界各国互利合作的需要，对于促进沿线各国经济繁荣与区域经济合作、加强不同文明交流互鉴、促进全球社会经济发展具有重要意义。2015 年 3 月我国发布的《推动共建丝绸之路经济带和 21 世纪海上丝绸之路的愿景与行动》（以下简称《愿景与行动》）明确了"一带一路"沿线城市的战略价值，提出"陆上以沿线中心城市为支撑"和"海上以重点港口为节点"的推进思路。

"一带一路"倡议提出的重点畅通的亚欧非连接地带是全球范围内城市化发展相对滞后和城市全球化参与相对不足的主要板块之一。作为"一带一路"核心地域的亚洲，2014 年整体城市化率为 47.5%，低于全球 54% 的平均水平，其中南亚一中亚更是低至 35%；"一带一路"沿线的东欧城市化率为 69%（欧洲整体城市化率为 73%）、北非城市化率为 51%，同样是城市化发展相对或绝对滞后地区。同时，在城市全球化参与方面，"一带一路"沿线的南亚、中亚、北非、东欧也是世界城市网络（World City Network）分析中进入城市数量相对少、入选城市等级相对低的板块（GaWC，2012）。2012 年，该地域进入 GaWC 排名的城市有 65 个（共 307 个），其中 α 级别城市只有 11 个，β 级别城市有 23 个，γ 级别城市有 12 个。

造成这一状况的原因，首先是自身发展困难，其次是当前世界发展体系中"一带一路"沿线区域被视为边缘地带。东欧剧变后，地缘政治学的主要变化就是从经典地缘分析的东西方格局（Mackinder，1904）转向南北方框架（Wallerstein，1974、1993；Taylor，1989）。"一带一路"沿线城市所处的亚欧非连接地带也从竞相争夺的"破碎地带""缓冲地带"变成世界发展体系中的"边缘地带"。基于地缘政治学的早期世界城市假说，相应地搭建了具有排斥性的世界城市网络，认为只有处于世界中心地带和半边缘地带的城市才有能力成为世界城市（Friedmann，1986）。

中国"一带一路"倡议的提出，为沿线城市谋求发展、发挥作用带来了重大机遇，即沿线城市基于"五通"加快实现整体结网融入全球化，成为世界城市网络新板块，进而以板块的整体影响力构建更具包容性的新型世界城市网络。整体而言，以沿线城市为骨干网络的亚欧非连接地带及附近海域整体改变处于世界发展体系中边缘地带的现状，也契合中国关于"创新、活力、联动、包容"的新型世界经济构想和《联合国 2030 年可持续发展议程》的"经济、社会、环境可持续发展"愿景，具有世界性贡献。

"一带一路"沿线城市网络建设并非一蹴而就，需要确定战略支点，争取早日发挥由点串轴进而结网的作用。"一带一路"沿线在宏观尺度上涵盖亚欧非大陆及附近海域，涉及城市数以千计。即使按积极参与"一带一路"建设的 138 个国家统计，30 万人口以上城市将近 1800 个，100 万人口以上大城市有 283 个。迫切需要研究并选择一些对于整个网络而言至关重要的战略支点城市和关键走廊上的新兴战略支点（港口、口岸、园区等），由中方在力所能及的范围内承担更多责任和义务，优先建设、集中投入，争取尽快见效，撬动全局。同时通过城市廊道和关键通道建设，推动重塑"一带一路"沿线城市网络深度融入全球化。

## 第二节　前人研究

本书的研究对象是当代意义上的"'一带一路'沿线城市"，主要是指处于"一带一路"沿线国家范围内，对所在国家具有重要经济、社会、文化以及对外经济交往战略地位和影响力的枢纽城市。这些城市大部分是所在国家的要素流动节点与增长极，对于所在国家的发展具有重要的支撑作用。本书试图通过对"一带一路"沿线城市进行筛选，识别出一批具有辐射和带动力的战略支点，甄选一组关键发展走廊和城市群，形成对"一带一路"

沿线城市网络发展现状的基本判断，进而提出基于战略支点布局的走廊城市群和城市网络建设策略。同时，在理论上验证区域发展的"点—轴"理论（陆大道，1987、2001、2002），使在更大尺度（洲际走廊）和更为复杂环境（中外城市合作）下的应用成为可能。为此，需要从多学科交叉的视角进行综合性研究，涉及地理学、经济学、城市研究、国际关系研究等多个学科，包括全球化、城市网络、城市竞争力、城市廊道、城市群、战略通道、城市合作策略等研究领域。

## 一 全球化的新发展与"一带一路"倡议的推进研究

从国外学者的研究成果来看，"经济全球化"自莱维特（Leviett，1983）于1983年提出以来就被广为关注。如国际货币基金组织的《1997年世界经济展望》指出，经济全球化是指第二次世界大战后由全球物资、劳务和资本构成的国际市场融合。新自由主义经济学家把全球化视为经济活动在世界范围内的相互依赖，美国学者德里克（Dirik，1994）、英国学者斯克莱尔（Sklair，1991）以及左翼学者阿尔博（Albo，1996）等把全球化看成是市场、资本主义的全球扩张。而2007年全球金融危机之后，国际学界对经济全球化进行了新的反思。

在全球化中金融资本与产业资本的关系是学界关注的重点之一。史图斯（Stulz，2005）认为，国际投资壁垒在过去几十年大幅下降，但金融全球化仍相当有限。相关学者的研究表明，从理论和技术上看最有可能实现真正意义上的全球化的金融资本并未能成为这一轮全球化进程中的主体和推动力。而这一轮全球化的主动力还是源于产业层面的生产工序全球化，产业资本主导了这一轮全球化进程。

区域主义与多边主义之争，反映了学界对全球化实现形式的关注。Hirst和Thompson（1996）认为全球化根本就是一个"迷思"（Myth），是一种经济"区域化"（Regionalization），而非全球化，只是欧洲、亚太和北美三大区域的金融和贸易合作。关于区域主义是多边主义的"绊脚石"还是"垫脚石"一直存在争议，总体来看分为两种观点：第一种观点认为，区域主义会损害多边自由化（Baldwin 和 Forslid，2006；Egger 和 Larch，2008）；第二种观点认为，区域主义会促进多边自由化（Magee 和 Lee，2004）。

全球化与世界不平衡发展方面，新马克思主义学者大卫·哈维（Harvey，2006）等提出全球化对世界发展失衡的影响，认为全球化进程是一个"地理不平衡发展"的过程，是与等级性世界劳动分工体系紧密联系的，由地理不平衡发展导致的空间差异既体现在国家之间，也体现在连接全球性劳动分工的地方性体系中，并与资本积累的特定要求相适应。同时，经济全球化的发展，在全球经济力量和空间分布方面造成新的不平衡。依附论学派揭示的"中心—边缘"结构问题，仍然是当前世界经济发展中的主要问题。"中心—边缘"理论指出者普雷维什及其拉美经委会的"进口替代工业化""区域经济一体化"等策略并没能打破世界的"中心—边缘"结构。近 30 年来的经济全球化，尽管在要素流动上促成了全球性的便利化，但全球分工体系仍然使边缘国家在"中心—边缘"结构中的比较劣势呈现扩大化趋势。

全球化与全球经济再平衡方面，西方学者对全球化的新变化的研究表明，"中心—边缘"结构问题在新的发展阶段仍然需要关注，同时，应对这种世界发展格局不平衡性在领域和空间的投射有所反思。在这一背景下，全球经济再平衡是全球化未来发展的重要关注点。如袁志刚和余宇新（2013）所阐述的，全球化研究需要重点关注的视角可分为两个方向：其一，产业资本与金融资本发展的再平衡；其二，全球发达国家与发展中国家需求的再平衡。上述两个方向中，后者的实现便在于形成包容性、普惠性的世界经济新发展格局，而这种格局的形成，需要新"增长极"及发展空间的培育和引领。

全球化进入新的发展阶段。全球化的机制和过程深刻地改变了世界经济格局，也导致世界范围内社会结构的变化（刘卫东，2016）。很多学者提出全球化正在进入新的阶段。金碚（2016）认为世界正在兴起第三次经济全球化浪潮，进入经济全球化 3.0 时代。经过了 19~20 世纪的经济全球化，整个世界仍然存在不发达和贫困现象，并明显地分化为南北国家，贫富差距巨大；世界经济的中心—外围格局以及由此引发的不平等现象非常突出。但经济全球化 2.0 时代的一个新近的突出特点是，以中国为代表的发展中国家以经济强劲增长的态势深度融入全球化，改变了经济全球化的整体面貌，并强有力地推动经济全球化从 2.0 时代进入 3.0 时代。在经济全球化 3.0 时代，世界各经济体的利益呈现相互渗透、绞合和混血状态，虽然矛盾难以避免，但更具包容性和均势性的全球化发展，符合大多数国家的利益，形成"你我中有他，他中有你我"的利益交织、相互依存格局。

张可云、蔡之兵（2015）提出世界正在进入全球化 4.0 时代，16 世纪至今，世界总体经历了三次全球化浪潮。前三次全球化浪潮的方式有所不同，但其共同点即不平等，体现在参与国的地位、发展和利益等方面：一是参与者在制定全球经济、贸易等规则时的权力和地位不平等；二是在双边往来过程中，后发国家往往受制于西方制定的运行规则，在经济、贸易和金融领域必须满足西方炮制的诸如政治、环境、人权等要求，发展受到严重制约；三是参与者所获利益明显不对等、差距巨大。在这种格局下，绝大部分国家迫切需要构建具有平等和共赢性质的新型全球化治理体系。

"一带一路"倡议是在世界格局大调整和经济全球化大背景下提出的，是推动经济全球化深入发展的一个重要框架（刘卫东，2015）。基于以上背景，可以认为"一带一路"倡议提出的根本目的在于通过构建一种平等、互惠互利的区域合作发展模式来推动崭新的全球化进程，因此，"一带一路"倡议实际是推进全球化进入新阶段的先导。在全球化新的阶段，应形成平等、包容、开放、互惠互利的以合作共赢为核心的新型国际秩序。

总体来看，不论全球化阶段如何划分，在经历了过去的不平衡或排斥性发展阶段后，全球化正在进入一个崭新的时期——从不平等发展向平等发展转变、从排斥性发展向包容性发展转变。

## 二 战略支点与"一带一路"沿线国际城市研究

推动"一带一路"建设，是党中央、国务院根据全球形势变化和我国经济发展面临的新任务、新挑战，统筹国内国际两个大局作出的重大战略决策。建设"一带一路"的关键在于发挥沿线国际城市的辐射带动作用，以推动沿线国家释放合作潜力，做大做好区域合作"蛋糕"。在现有文献中，关于战略支点与"一带一路"沿线国际城市的研究较多，主要包括以下几个方面。

一是地缘政治学关于战略支点的研究。战略支点是一个地缘政治学的概念，与兹比格纽·布热津斯基（Brzezinski，1998）提出的地缘政治支轴国家相似，支轴国家所处的敏感地理位置及其潜在的脆弱状态对地缘战略棋手行为造成影响。基于这种位置，它们有时在决定某个重要棋手是否能进入重要地区，或在阻止其得到某种资源方面能起特殊的作用。一个地缘政治支轴国家有时能成为一个重要国家甚至地区的防卫屏障，有时其存在本身就可能对一个更活跃和相邻的地缘战略棋手产生十分重要的政治和文化影响，故对于地缘政治支轴国家，应该加以"管理"。

国内学者认为，战略支点就是对于一个国家权力具有重要意义的地点或区域（周琦、孟召然，2012）。战略支点国家则是指在次区域的、区域的、跨区域的或全球的多边合作框架下，通过战略性的双边互动、交流与合作，能有效发挥全局的或关键的支撑作用，并能对其他多边合作方产生积极的示范、引导和激励效应，从而切实保证多边合作进程稳定、和谐、有序的国家或地区（周方冶，2015）。目前，关于战略支点的讨论还相当缺乏，中国是否需要以及如何构建战略支点仍然是一个较新的、颇有争议的话题。

二是区域经济学关于"一带一路"沿线城市的意义与作用的研究。卫玲和戴江伟（2014）提出，丝绸之路经济带发展的根本动力是由产业、人口形成的"点—轴"集聚效应。城市是产业和人口集聚而成的经济空间，成为各国、各地区竞争的主体所在。一方面，城市集聚了周围区域最优质的资源，是经济带各要素流动的节点和枢纽；另一方面，城市是开展经贸合作的区域支点，沿线城市的交流合作成为丝绸之路经济带发展的关键内容。崔林涛（2001）认为，新亚欧大陆桥沿线的中心城市可以在区域经济发展中发挥重要的辐射和带动作用，沿线中心城市都具有比较优势，市场发展潜力巨大。新亚欧大陆桥的交流合作，最重要的是城市间的互动交流和项目合作。

　　"一带一路"建设会促进沿线城市的发展。例如，白永秀和王颂吉（2014）认为，大城市、城市群是丝绸之路经济带的重要支点，通过经济带建设，可以促进大城市的发展和城市群的发育，为经济带建设提供有力支撑，也对优化中国人口和城市的区域布局具有重大现实意义；李兴江和马亚妮（2011）认为，新丝绸之路的开发，不仅有利于进一步开发古丝绸之路上的核心城市，还对挖掘沿线新兴城市有重要作用，将这些城市相连就成为一条合作共赢的经济带。同时，新丝绸之路连接的不只是单独的城市，而是以核心城市为依托的城市群（经济区）。

　　因此，"一带一路"建设要重视城市的支点作用，也要看到"一带一路"建设对城市发展的促进作用。李建民（2013）提出，丝绸之路经济带要以交通运输干线为发展轴，并以轴上的若干大城市为支点核心，发挥经济辐射和集聚效应，带动周边城市经济发展，从而形成点密集、面辐射、线延伸的贸易、流通、生产一体化的经济带。为推进丝绸之路经济带建设和打造向西开放的经济平台，沿线城市要发挥各自优势，加强交流合作。

　　三是运用计量模型对沿线城市进行评估，分析沿线城市的发展影响因素和承载能力。例如，李建伟和王炳天（2012）利用层次分析法（AHP），把影响因子的权重作为筛选的依据，对 19 个因子权重进行聚类分析，划分为自然因素、经济因素、社会文化因素三大类，发现影响丝绸之路经济带沿线城市发展的五大因素，包括作为基础条件的生态环境、作为必要保障的政局稳定、作为活力源泉的商业贸易、作为助推动力的多元文化和作为支撑条件的交通驿站。程广斌等（2015）构建了西北城市群的综合承载力指标体系，分别测度西北地区城市群与群内城市的综合承载力，发现西北地区城市群的综合承载力在整体上处于中上水平，但是空间分布差异较为明显；从需求与供给角度来看，兰西城市群、关中—天水城市群存在超载问题；制约各城市群的综合承载力的因素存在差异且互相影响，其受限程度也存在差异；大城市的综合承载力及其开发潜力逊于中小城市。一些学者对"一带一路"沿线城市的竞争力、发展潜力进行了评估比较，如高友才和汤凯（2016）基于城市竞争力理论，对丝绸之路经济带节点城市进行了竞争力测评，测评对象主要是国内的 70 个重要城市，指标体系主要包括经济发展竞争力、对外开放竞争力、科技创新竞争力、基础设施竞争力、企业竞争力、营商环境竞争力 6 个维度。刘泽照等（2015）也对丝绸之路经济带城市竞争力进行了测度，构建了由 7 类 38 项指标组成的城市竞争力指标体系，使用 AHP 工具来确定各级指标系数，利用多层次模糊综合测度模型求得各级节点城市竞争力水平；运用 Q 型系统聚类分析节点城市综合竞争力，使用类间平均链锁法，利用欧氏距离，同时考虑城市影响力、产业分工与聚散、交通枢纽地位等因素，得到节点城市竞争力的综合分层结构。刘立云和雷宏振（2013）利用亚欧大陆桥中国段沿线的西安、敦煌、兰州等 21 个节点城市，构建包括城市旅游开发现状、城市旅游环境承受力和城市旅游发展潜力等原始指标在内的旅游地中心性指数，并提出建立一个基于旅游中心城市等级划分体系的文化旅游产业集群。王东华等（2015）构建了丝绸之路经济带中国段的城市潜力指数，利用均方差赋权法和模糊隶属度函数方法从空间格局上分析了县级、地级城市潜力差异，结果发现，城市潜力整体水平偏低，东中西各区域存在显著差距；城市潜力具有由中心城市向周边地区衰减的特征；城市的社会经济发展水平制约了其潜力的提升，其中受制约较大的是创新水平。也有一些文献对"陇海—兰新"铁路沿线城市有关交通基础设施建设与经济贸易的关系进行了实证分析。钟卫稼（2015）选取 2000~2014 年铁路沿线 17 个城市的面板数据，采用 VAR 模型实证分析了基础交通投资量、交通运输业总值与各城市经济总量之间的关系，结果发现，交通运输业发展水平、基础交通投资量与经济增长之间有长期稳定的关系，交通运输业发展和基础交通投资量的增加能够促进经济增长，但基础设施投资总量的增加并不能促进经济增长。刘育红和王新安（2012）采用空间计量分析方法，对铁路沿线 17 个城市 2001~2010 年的面板数据进行了实证分析，发现交通基础设施建设水平对全要素生产率的增长具有显著的正向效应。刘育红和王曦（2014）选取铁路沿线 17 个城市 2001~2011 年的面板数据，采用引力模型实证分析城际交通基础设施建设对区域经济一体化的影响，结果发现，交通基础设施改善有利于区域贸易的发展，促进了区域经济一体化。

此外，一些学者还针对"一带一路"沿线城市的发展战略进行了研究。例如，何枭吟（2015）对内陆节点城市发展临空经济进行了研究；其他学者还对深圳、香港、南宁、郑州、上海、钦州等城市融入"一带一路"建设进行了研究（伍凤兰等，2015；张灼华、陈芃，2015；姜睿，2015；冯娟，2015；陈刚、乔蕊，2014）。

## 三 通道理论与"一带一路"沿线城市走廊研究

"一带一路"倡议对于振兴全球经济、引领发展中国家尤其是"一带一路"沿线国家经济发展而言是重大机遇，其中城市作为核心支撑点必将带动区域格局发生重大变化，因此，也更具理论研究价值和现实指导意义。区域经济学中关于通道理论和通道经济的研究以及城市学中关于全球化背景下城市区域发展与"一带一路"沿线城市群和发展走廊等领域的研究，对于研究"一带一路""城市走廊""走廊城市群"建设具有重要的参考价值，为此，该部分的研究综述主要从以下两个方面展开。

### （一）区域经济学关于通道理论与通道经济的研究

通道理论可以追溯到佩鲁（Perroux，1950）和布代维尔（Boudeville，1966）的增长极理论以及沃纳·松巴特（Sombart）在 20 世纪 60 年代提出的生长轴理论。增长极理论从经济角度是指主导产业部门对经济发展的推动作用，从地理角度则是指区位条件优越的地区宜于发展经济。陆大道（1987、1995、2001、2002）提出的"点—轴"理论对经济布局有重要影响，是对增长极理论的延伸。沃纳·松巴特的"点—轴"开发理论强调点轴极化效应和扩散效应是推动区域经济发展的两种机制。周茂权（1992）认为发展通道经济，使交通运输和区域经济发展有机结合，是落后地区实现经济发展的利器。"点"是通道经济中的增长极，具有自身极化效应和轴向扩散效应，有利于促进区域的产品、资金、人才、信息流动，增强经济发展动力和创新能力。王瑛（2004）认为丝绸之路经济带是"世界上最长、最具有发展潜力的经济大走廊"，是横贯东西、连接欧亚的经贸合作与文化交流大通道，丝绸之路经济带建设根本上就是通道经济发展。这条经济通道被誉为陆上丝绸之路，具有特色化的文化资源禀赋。在新的发展机遇下，要实施"五位一体""四轮驱动"的发展战略，以通道经济方式发挥极化效应和扩散效应，在丝绸之路经济大走廊上开拓广阔的产品市场。

莫晨宇（2007）提出通道经济必须以地理位置的联结为前提，依托交通优势，以发展区域经济为中心，以经济合作为纽带，布局和规划产业，使产业向通道集散，增进区域间、城乡间、产业间的经济联系。通道经济的建设分为两个层次：一是运输通道，强调流通的经济性；二是经济通道，强调依托交通通道优势发展区域经济。高新才等（2002）对中国西北城市分布的区域分散性特征进行了描述，提出沿欧亚大陆桥及相关重要铁路支线和黄河主干线构建西北城市经济带的设想，使得城市间彼此关联，并发挥对周边地区的辐射作用，促进西北地区构建具有综合性、多产业结构和协调发展的经济系统。黄云（2011）从民族经济角度分析了民族地区要克服边境与内陆地区的屏蔽效应，打破过境运输的局限，通过跨国经济通道来发展民族经济。李琼等（2004）在论述渝东南通道经济发展问题时指出通道经济是双面的，如果发达地区汇集资源的集聚效应大于向落后地区转移要素的扩散效应，则民族地区的发展资源将流出，导致区域经济发展轴线上出现"凹陷"。因此，欠发达地区要发展通道经济，就必须加强通道建设，以发展区域经济为着力点，加速资源、资金和人才的集聚，带动工业产品和高附加值产品的生产，促进区域产业发展、技术进步，提高社会效益。高新才（2014）研究提出，丝绸之路经济带作为东西方商贸往来和文化交流的大通道，必须充分发挥文化优势、区位优势、产业优势，激活欠发达地区经济发展潜力。特别是要增强贸易集聚中心的极化效应和扩散效应，拓展交通通道，畅通信息通道、人才通道、贸易服务通道，加速"点一轴"渐进式扩散。

（二）城市科学关于城市区域发展与"一带一路"沿线城市群和发展走廊的研究

随着世界经济增长，区域发展格局日益转向由城市主导，经济活动越来越集中在较大区域范围，并在空间统计与空间形态上表现为"大中小城市连绵"的现象。早在20世纪初，美国一些规模较大的城市就超越原地域界线向周边扩展，周围地区被纳入城市化轨道，且与中心城市紧密相连、融为一体。基于对大都市区发展经验的考察，1957 年戈特曼（Gottman）提出大都市连绵区（Megalopolis）地理概念，这一概念后来也被一般化为"若干大都市统计区的联合体"。发展中国家的大城市地区也表现出密集城市区的空间发展特征，即"城市（镇）密集以及建成区的空间连绵"。20 世纪 90 年代以来，在对众多国家与地区的城市与区域经验研究中，"区域城市空间计划"成为被广泛使用的概念，其含义不仅是城市蔓延（Urban Sprawl）与"区域城市地区"密度增加，更包含着一种政策导向，强调社会经济活动的空间集聚，重点培育区域内的核心城市及其在全球化中的战略地位。

而随着经济全球化的发展，资本和信息在全球尺度的流动加快，资本主义生产在全球范围内重构，同时也促进世界各国都市—区域空间结构出现转化，学者们开始重新定位全球城市体系中的世界城市（Beaverstock、Smith 和 Taylor，1999）。Scott（2001）、Hall 和 Pain（2006）提出应对全球城市概念予以扩充和延伸，认为从 20 世纪 70 年代末起，有一个巨大的"城市—区域群岛"正在形成，其具有新世界系统的空间基础功能，似乎已超越早期核心—边缘的全球空间组织系统。斯科特（2001）认为这样的城市区域既不同于普通意义上的城市范畴，也不同于仅由地域联系形成的城市连绵区，而是在国际化高度发展前提下，以经济联系为基础，由国际城市及腹地内经济实力较为雄厚的二级城市扩展且联合形成的独特空间。这个新的概念强调了全球化下城市发展中的跨国与跨区域关系，包括落后国家和地区为融入世界经济系统而寻求与全球城市联系的载体或者基石。

而在"一带一路"沿线区域城市群的早期研究中，朱显平和邹向阳（2006）首次在交通经济带、成长三角区及增长极理论的基础上，提出了"丝绸之路经济发展带"的概念，沿着发展带孕育包括关中城市群、河西走廊城市群、黄河上游城市群、南疆城市群、北疆城市群、哈中北部城市群、伊犁河谷—哈东南城市群、费尔干纳盆地及周边城市群等在内的城市密集区域。以这些城市群为支点，再以其他特色城市为补充，可以形成规模较大、结构较合理的城市体系。何栋材（2009）从空间结构理论的角度探讨了丝绸之路经济带，认为经济带的实质是一种"核心—外围"结构的特殊形式，核心是由线状基础设施串联点状城市而形成的产业轴；外围是一种条带状结构，是由同心圆式的圈层结构异化而成，并与核心产业轴呈现对称排列。樊秀峰（2015）认为丝绸之路经济带的发展由其沿线的商贸中心城市推动，实质上是经贸合作平台、商品流通之路。商贸中心城市集聚众多国际贸易要素，具有较强的经济向外辐射力，是一个区域发展的商贸中心。这些商贸中心城市散布在不同国家，需要互联互通且高效的道路、便利的通关手续作为保障。

"一带一路"涉及国际经济走廊开发，将对中国不同区域乃至城市的分布格局产生重要影响。刘慧等（2015）认为，借助新亚欧大陆桥，以郑州、重庆、成都、武汉、西安、乌鲁木齐等为代表的城市将成为中国内部经济对外开放的新高地，同时，新亚欧大陆桥也将串联起沿线城市从而形成中国东西方向的一个发展轴。随着孟中印缅经济走廊和中国—中南半岛国际经济合作走廊的建设，南宁和昆明的次区域中心城市地位将进一步提升，从昆明到广州的陆海大通道将逐渐形成。"一带一路"建设也将提升中国沿海城市的国际竞争力，促使北京、上海、广州等国际大都市的发展。同时，随着"一带一路"倡议的实施，二连浩特、满洲里、瑞丽、东兴等将成为中国边境地区发展中的中心城市，绥芬河、磨憨、红其拉甫、阿拉山口、霍尔果斯等口岸的基础设施建设也将加速，有助于形成二连浩特、黑河等新的跨境经济合作区。

郭爱君和毛锦凰（2014）认为，就节点城市而言，丝绸之路经济带就有"中国—中亚"节点城市连成的北线，北线以连云港为起点，途经郑州，穿越古城西安，进入甘肃兰州，到达乌鲁木齐，出新疆进入中亚，抵达欧洲；上海、福州、连云港、北海、海口等东部沿海城市与城市群形成的南线，在连接西北西南、承接华南华中的节点重庆和成都交汇并入北线，形成一个提升东部、带动中部、推动西部的经济圈，并与中亚地区节点城市组成了互联互通的经济大通道。此外，还确定了位于中国和中亚五国的节点城市有广州、福州、海口、杭州、南京、连云港、南宁、重庆、昆明、成都、西安、兰州、银川、西宁、乌鲁木齐、阿拉山口、比什凯克、阿拉木图、杜尚别、塔什干、阿什哈巴德等 20 多个。卫玲和戴江伟（2014）提出，丝绸之路经济带的大中城市主要沿着中国"陇海—兰新"铁路线分布，位于中国和中亚地区的主要城市有连云港、徐州、郑州、商丘、洛阳、开封、三门峡、渭南、西安、咸阳、宝鸡、天水、兰州、武威、张掖、酒泉、哈密、乌鲁木齐、库尔勒、喀什、伊犁、阿拉山口、阿拉木图、比什凯克、塔什干、杜尚别、马雷、阿什哈巴德等。

## 四　城市网络理论与"一带一路"沿线城市网络研究

在全球化、信息化和网络化时代，城市之间的联系更加紧密，区域性、全国性和全球性的城市网络（Urban Network）日趋形成（李仙德，2015），城市网络成为城市学领域的研究热点。有关城市网络的研究对于构建"一带一路"城市网络而言具有重要的理论价值，同时也为本研究提供了方法支撑。为此，本部分重点对城市网络相关研究进行综述。

（一）城市体系研究从城市等级转向城市网络

城市网络本质上是城市在空间上的组织模式，城市间的相互联系是网络的基础（Neal，2013）。与城市网络概念类似的还有城市体系（Urban System）、城市等级（Urban Hierarchy）等。城市等级和城市网络是城市体系的两种组织方式，城市等级侧重的是城市的等级排序，城市网络侧重的是城市合作互补、网络共存的关系（冷炳荣，2011）。城市规模和城市等级研究虽然考虑了城市间的相互影响，但总体更倾向于把城市看作独立的存在，重点考察城市总体分布规律，对城市间的联系关注不足。有学者认为，基于人口位序规模的分布研究往往会产生误导，应当将研究的焦点从城市人口规模转向城市间的关联程度及其在城市网络中的可达性（Rimmer，1988）。因此，城市间的相互作用（Interaction）是联系城市的关键并能够提升城市间的相互依赖度，进而形成城市网络（Neal，2013）。

（二）GaWC 关于世界城市网络的研究及主要研究途径

随着经济全球化和信息化的发展，世界城市发展日新月异，以 Peter

Taylor 为首的"全球化与世界城市研究网络"（Globalization and World Cities Study Group and Network，GaWC）研究将焦点从城市等级转向城市网络，致力于探讨世界城市网络的形成与演化机制，网络结构与经济全球化之间的互动关系及其对城市发展带来的影响等。GaWC 小组在社会学家 Castells（1996）提出的"流动空间"理论的基础上，逐渐建构起世界城市网络研究体系，分别从企业组织和基础设施网络两个方面对世界城市网络进行了实证分析。

第一，采用企业网络方法对世界城市网络进行实证研究，主要从企业全球化经营的个体视角出发，首先建立该企业的总部—分支机构网络，然后以一组相关的企业网络指代城市网络。这种方法更多地反映了全球生产关系网络中控制与被控制的关系，具体可分为两类：第一类是以 GaWC 小组为代表的由生产性服务企业总部和分支构成的网络来研究世界城市网络（Taylor，2004）；第二类是以 Alderson 等为代表的由跨国公司总部及其分支机构构成的全球网络来研究世界城市网络（Alderson 和 Beckfield，2004）。

此后，在 Taylor 和 Alderson 研究成果的基础上，学者们对企业网络视角的城市网络研究进行了拓展和延伸。Neal（2011）和 Boyd 等（2013）进一步改善了研究方法。从企业网络视角对世界城市网络的考察最初关注的重点是顶级世界城市，即全球城市，因此在世界城市网络研究中欧美中心论占主导地位，很多发展中国家的城市和欧美二线城市被边缘化（Robinson，2002）。为克服这一缺陷，后期研究逐渐拓展了城市网络研究对象。例如，Taylor（2005）在连锁网络模型的基础上对世界城市网络中的美国城市板块和中国城市板块分别进行了研究；Mans（2014）关注到世界城市网络中的末端城市，重点考察了印度的城市融入世界城市网络的过程；Wall（2009）将荷兰兰斯塔德地区的城市纳入世界城市网络进行考察。唐子来和赵渺希（2010）关注经济全球化过程中长三角地区融入全球经济网络的现象，并采用关联网络和价值区段的分析方法，对长三角区域城市体系演化进行了研究。赵渺希（2012）从生产性服务业出发，对中国城市网络体系的特征进行了分析；进一步，以三大城市群为分析对象，对企业网络视角下三大城市群内部城市网络的特点进行了分析，发现三大城市群区域一体化程度提高，区域城市网络多中心程度增强。除上述研究外，近年来还涌现出不少从企业网络视角研究城市网络的文献。有从金融服务业、消费性服务业、汽车制造业等角度考察全国性城市网络特点的研究（尹俊等，2011；王成金等，2015；王娟等，2015），也有从企业网络视角考察长三角、珠三角、京津冀和成渝等主要区域内部城市网络特点的研究（李仙德，2014；王聪等，2014；朱查松等，2014；谭一洺等，2011；路旭等，2012；刘涛等，2015）。

第二，从基础设施网络的角度考察世界城市网络，主要是由全球尺度上城市基础设施的结构来表征城市间关系，具体可以分为两类：对城市间交通网络数据的分析和对城市间信息传输网络数据的分析。其中，前者以城市间航空基础设施为主，通过航空旅客数来反映城市间关系；后者主要以互联网信息传输的基本结构来反映城市间关系。

基于航空网络视角的城市网络研究。Smith 和 Timberlake （2001） 的研究最具开创性，以 1977～1997 年六个时间片段的世界城市间国际客流量数据为指标，重点对世界城市网络结构的演变进行了探讨；Cattan（1995）利用欧洲 90 个主要城市间国际航班数据，分析了欧洲城市间吸引机制和国际化特征；Shin 和 Timberlake （2000） 则类似地从城市间国际客流量入手，考察了亚洲城市与世界其他主要城市间的联系，认为亚洲城市在世界城市网络中的层次逐步提高；Matsumoto （2007） 在国际航空客流量的基础上加入货流量这一指标，考察了亚洲、欧洲、美洲三大区域内航空客货流网络发展情况。郭文炯等 （1999） 根据中国航空运输资料，分析了城市航空运输职能等级层次；周一星和胡智勇 （2002） 以航空港客运量和每周航班数为基础，通过分析航空网络结构的特点来揭示中国城市体系框架，并依据航空网络结构形态以及国内外航空联系的变化预测未来城市体系空间结构的演变趋势。王成金和金凤君 （2005） 从航线、通航国家和我国对外通航城市三方面详细论述了我国对外联系的空间演进。还有诸多研究从不同角度基于航空网络对城市网络或城市体系进行了研究（张永莉等，2007；薛俊菲，2008；修春亮等，2010；张凡等，2016）。

基于互联网视角的城市网络研究。随着信息技术的飞速发展，城市间信息流动越来越频繁。鉴于此，部分学者从城市间信息流视角开创了新的城市网络研究路径（甄峰等，2007）。这些研究有的是改进了上述信息传输网络研究方法，在互联网基础设施结构的基础上加入了对通信流量的考虑，以反映城市网络结构（汪明峰等，2006）；部分研究则关注到互联网的社会空间结构，以社交媒体如新浪微博中的信息流量为指标反映城市间联系，进而反映城市网络结构（甄峰等，2012）。此外随着大数据应用的普及，越来越多的研究开始关注到城市网络的社会空间结构，开创了多种研究方法和视角，如基于百度指数构建城市间信息流动指标（熊丽芳等，2013；蒋大亮等，2015），从京东、当当网等网络消费空间视角开展研究（汪明峰等，2011；席广亮等，2015）。

### （三）"一带一路"沿线城市网络研究

"一带一路"沿线城市网络相关研究主要始于2013年，由于数据相对缺乏，当前研究相对较少、不够成熟。从前文综述也可以看出，在国际层面关注的重点是顶级世界城市，即全球城市；在国内关注的重点主要是经济较为发达的三大城市群或从全国层面的整体分析。

尽管如此，一些学者还是对"一带一路"城市网络进行了开拓性探讨。吴乐和霍丽（2015）运用集聚—碎化指数、城市流强度模型和城市功能测定模型对我国丝绸之路经济带西北五省（区）的重要节点城市的产业发展均衡度、对外服务功能和产业异同性进行测定，结果表明：节点城市的经济集聚作用明显，但经济实力标准值与其城市流倾向度标准值不匹配，城市之间的产业结构同构化趋势明显，没有形成互补式发展格局。高新才和杨芳（2015）利用城市流模型分析了丝绸之路经济带沿线的江苏、河南、陕西、甘肃、安徽和新疆六省区30个城市的时空变化特征及其对外联系，结果发现：城市外向部门的外向功能量、区位熵和城市流强度呈现东高西低且总体偏低格局，西部中心城市的作用有待加强，很多城市的城市流强度结构不合理。王姣娥等（2015）基于2014年的OAG计划数据，重点分析了中国与"一带一路"沿线国家的航空运输联系，并运用枢纽度模型识别国际航空枢纽,研究发现:中国与"一带一路"沿线国家的航空客运联系广度和强度均高于货运,其中国际客运联系集中在泰国、俄罗斯和新加坡等国,而国际货运联系则主要集中在俄罗斯;中国对外航空网络总体上表现为"轴—辐"与"点—点"模式并存;上海、北京和广州为中国面向"一带一路"沿线国家的国际航空客运枢纽机场,上海同时还是国际航空货运枢纽。李鲁奇等(2019)通过地缘环境分析、节点评价与选择、边境可达性分析、全局可达性与城市网络分析得出乌鲁木齐等中国城市、阿拉木图等中亚城市以及霍尔果斯等边境口岸在节点功能上具有综合优势,提出以"乌鲁木齐—阿拉木图经济走廊"作为战略支点,形成"两核四轴四带"空间结构的建议,从而在区域尺度上进行有针对性的分析。

## 五 城市合作理论与"一带一路"国内外城市合作研究

践行"一带一路"倡议已经到了出台具体政策措施、创新运用方式、完善配套服务的关键阶段,要继续完善"一带一路"的中层设计,让地方发挥更多优势。习近平主席在访问捷克时明确指出"地方交往"需取得更大突破。而城市作为地方交往和中层设计的主要载体,随着网络的构建、走廊城市群的形成、战略支点城市的确立和战略前沿的发育,网络中的城市在大规模的交流中逐步形成"国际友好城市"。因此,通过综述国际友好城市的相关研究,对于推进"一带一路"国内外城市合作提供了理论基础和案例经验。当前关于国际友好城市的研究,从学科上主要分为经济学、国际关系两大学科,当然也有从方法论的角度研究国际友好城市本身的文献。

第一,从产业分工和比较优势视角看共建"一带一路"中的友城结好。全球产业和价值链常存在紧密的上下游分工,生命周期理论、雁阵模式理论、克鲁格曼的新产业分工理论都旨在解释 20 世纪 80 年代经济全球化背景下出现的产业价值链的片段化、垂直分离和空间重组现象。城市作为产业分工的空间投射,一般按照比较优势原则和市场经济规则寻找国际产业链切入点,由此不同价值区位和产业片段的城市间合作尤为必要。实际上,芝加哥和墨西哥市的新型城市间合作协议的宗旨是在贸易、创新、教育等领域共同发起一系列倡议以扩大就业、发展高端产业进而增强自身在全球范围内的竞争力。著名管理学家大前研一（Kenichi Ohmae）提出的地区国家理论涉及投资、工业、信息及个人消费（Investment、Industry、Information and Individual，4个"I"）等多个因素，单个民族国家扮演了中间人角色，各个经济中心的经济单位将在新的世界经济体中发挥主导作用，而不同地区国家需要直接合作以发挥更大的作用。苗长虹和张建伟（2012）基于演化理论分析，认为城市合作不仅局限于城市群内部还发生在更大空间甚至全球尺度，城市合作本质是分享动态的集聚经济和协同效应，这种集聚不仅表现在城市整体，也包括城市间各组分。

从产业分工、比较优势、集聚经济角度分析"一带一路"的友城结好，显然需要了解这些不同节点城市的产业基础。汤晓龙（2016）重点分析了湛江在重点战略产业与沿"带"沿"路"国家方面的比较优势，提出了湛江打造"21世纪海上丝绸之路"桥头堡和区域枢纽城市的战略构想。张灼华等（2015）认为香港在"一带一路"建设中具有诸多优势，应利用香港在法律制度、市场规则、专业人才、金融服务及语言文化等方面与国际接轨的优势，结合其与内地特有的紧密联系，顺应"一带一路"建设中的合作、开拓、创新等主题，积极开拓海外市场。段秀芳（2007）和王海燕（2008）认为中国与中亚各国间的产业分工、优势互补成为地区合作的基础。

"一带一路"建设力促国内—国际协调一致的发展，对国内不同区域的城市乃至空间发展格局将产生重要影响（李振，2016），由此需要明确哪些城市可以成为支点城市，这就需要国内城市相互协调，既包括了几大经济走廊的核心城市或者重点城市，也包括了沿海港口城市和周边城市的协调合作（于慎澄，2015）。丝绸之路经济带沿线中心城市具有比较优势，市场发展潜力巨大，最重要的是推动城市间互动交流和项目合作。

第二，从多元多层的全球治理视角分析"一带一路"建设中的友城结好。国际友好城市顺应了全球化和地方化的双重需求，伴随着环境、人文、基础设施等更多议题的兴起，愈加需要从治理的角度看待这种关系。新中世纪主义理论、80年代地方外交政策（Local Foreign Policy）、小外交（Micro

Diplomacy)、"多层外交理论"（Multi-level Diplomacy）、"两枝世界政治"理论等都说明随着地方实力的增强，地方政府与国家、国际组织等在国际舞台上展开合理互动，国际、国家、地方政府共存的多层次外交模式已经形成。

国内学者对城市的国际合作研究倾向于微观层面，涉及性质、特征、内在动力、外在动因、合作议题、发展前景等方面，且多判断中国城市的国际合作更具有政策性、非主权性、相对局限性和对中央外交的补充性。比如，赵可金等（2013）认为城市外交主体是经过中央政府授权的地方政府，其活动内容具有非主权性特征。城市外交的目的，一是执行一国对外政策，二是促进城市繁荣，三是维护多元化的国际利益。在当前研究中，对地方政府开展国际合作的动力关注不足，对"一带一路"建设所涉及的内陆城市、边境城市如何"走出去"关注不足。苏长和（2010）用"拉"和"推"的关系来描述国际和国内层面的驱动因素，系统阐述地方政府等次国家行为主体参与国际事务的动力机制。然而，制度性分权和政策性分权为地方政府参与国际合作提供了保障，地方政府参与次区域合作，形成多层次枝状制度性安排。事实上，学术界将"一带一路"建设看成中国向世界贡献的全球治理新方案，"一带一路"建设中的城市网络也随之构建起来。全球气候与经济委员会《新气候经济报告》认为，市长契约、C40 等多边城市网络在升级低碳城市战略方面可以发挥引领作用，帮助城市通过私人金融获得相应的基础设施投资，包括世界银行的授信创议，进而对增强城市气候金融领导权联盟的影响力有着重大作用（Global Commission on the Economy and Climate，2015）。李昕蕾（2015）指出目前跨国城市网络是一种灵活的自组织集体行动，通过多中心治理和社会资本网络化实现了外部强制力缺失情况下网络内部的有效激励、可信承诺和相互监督，然而并不是均质的横向治理，依然未能完全超越南北分割，特别是制度性权力、资源性权力和话语性，使整个网络体系在结构上依然呈现出等级性。查雯（2015）对东南亚国家和中日韩城市网络总体情况和经济、社会、环境等不同议题进行了梳理，认为城市外交必须深刻理解东南亚城市的利益诉求。

第三，从客观发展情况和实际成效看"一带一路"的友城结好。姐妹城市关系的缔结并不是随机的，而是受到历史渊源、经济联系、文化、意识形态、地理距离等多种因素影响（Zelinsky，1991）。然而随着国际友好城市概念越来越普及，对其实际作用也需要作出评估。2005 年 City Net 针对 20 个亚洲国家的 70 个地方政府开展调查，发现现有的城市网络组织在环境、教育、健康及文化等议题方面起到积极作用，而在住房、就业、基础设施、财政等议题方面作用有限。在南北城市合作中对南方城市治理成效进行考察，发现城市间合作是行政、服务供给和对社区需求回应性治理方面的良好的政策工具。通过考察金融和环境管理、战略规划和城市扩张等领域，不难发现资源正从北方国家向南方国家转移（Bontenbal，2010）。对气候政治下的跨国城市网络进行分析，发现 C40 等城市网络从横向和纵向两个方面起着技术引领和规范创新作用。倪鹏飞等（2015）按照指标框架进行分析发现国际友好城市对贸易、投资、人文交流都有着显著的正向效应，但相比而言对人文交流的影响更为直接、作用更大。

国际友好城市正从地区层面的国际友谊和文化交流转向发展中国家的能力建设、文化交流、经济和社会发展。同时也形成友城结好的程序和步骤：战略制定，确认潜在的伙伴关系，对潜在的伙伴进行评估和选择，就联盟和协议的具体内容进行谈判、执行，知识扩散以促进相应的能力建设及取得的成功。促进成功的要素包括信任、承诺、互惠、谅解、创新、文化敏感性、风险掌控、灵活性、城市—社区创新性路径。

李小林（2016）力促"城市外交"概念下的国际友好城市发展和各国城市对外实践，并指出城市成为"一带一路"倡议的重要支点和抓手，而国内城市甚至成为对外开放新格局的排头兵。欠发达地区发展国际友好城市有着自身的特殊要求，但存在交往盲目、发展不平衡、实质性交流与合作不足、偏行政主导、交往方式创新不够等问题，其原因就在于受自然地理条件、人文历史、经济社会、国际环境等因素影响，因此欠发达地区选择国际友好城市时应注重实际、循序渐进原则（肖冰，2011）。吴晓征和王茂军（2013）选取 247 个城市在 1973～1992 年、1993～2004 年、2005～2011 年三个阶段的国际友好城市时空演变做了分析，探讨了各个阶段建立国际友好城市的影响因素。分析江苏省国际友好城市经验发现，友好城市关系的数量、速度、关系密切程度和省开放型经济发展呈正相关关系（许春、许锋，2006）。合作能力是国际友好城市的基础，通过自然、经济、社会文化三类影响因子的分析，发现城市合作需要前提条件，即良好的生态环境、作为必要保障的政局稳定、作为活力源泉的商业贸易、作为助推动力的多元文化和作为支撑条件的交通驿站等（李建伟、王炳天，2012）。吴素春（2013）通过社会网络分析研究发现创新城市在选择国际友城时，美国和日本相对于其他国家处于网络核心位置，而乌干达和新加坡处于网络边缘位置；北京和上海与众多国家的城市开展合作，而其他城市有规律地围绕美国、日本、韩国、德国等发达国家构建网络。由此，他提出国际合作应避免两极分化，优化国家合作区域分布，对非洲等发展中国家予以更多关注，鼓励处于边缘位置的城市"走出去"；丰富国际合作内容，对合作对象要做好调研工作，了解经济、科技、文化、教育等各方面情况；拓宽国际合作渠道，利用各类正式或非正式制度形成共同参与的合作网络，建立人才队伍。

## 第三节　理论框架

### 一　总体问题

本书拟从城市尺度的中观视野研究"一带一路"倡议实施情况。本研究的基本判断是：沿线城市及城市网络是"一带一路"实现"五通"的主要依托和骨干网络。本研究拓展性地运用区域开发的"点—轴"理论（陆大道，1987、1995、2001、2002），融贯"一带一路"沿线中外城市，以 3 个递进层次开展理论验证、对象识别和布局推进。一是"一带一路"沿线战略支点城市的筛选与布局；二是"一带一路"国际城市走廊和走廊城市群的规划与衔接；三是"一带一路"沿线城市结网策略。本书力争通过塑造更具包容性的"一带一路"沿线城市网络研究，在理论上以"新型世界城市网络"实现对西方中心论下的"世界城市网络"理论（Taylor，1999）的全新再造和对"全球生产网络"理论（Diken，2003；Erns 等，2007）的修正；在实践上具体推动沿线城市网络成为政策沟通、设施联通、贸易畅通、资金融通和民心相通的具体载体，推动"一带一路"沿线城市发展，促进世界经济空间再平衡，促成包容共享的新型全球化。

## 二  研究对象

以位于亚欧非大陆及附近海域的广义"一带一路"沿线 138 国的城市及城市间联系为研究对象（主要研究"一带一路"倡议下重点畅通的位于亚欧非连接地带的东南亚、中亚、南亚、西亚、中东欧城市），研究其网络构建中的"点—轴—网"识别、布局与建设策略。图 1-1 意向性地反映了"一带一路"沿线的整个亚欧非大陆及周边海域的城市情况。城市及城市群发育比较充分的是两头的东亚和西欧，而处于亚欧非大陆连接地带的俄蒙、中亚、南亚、西亚等区域的城市及城市群发育尚不充分且全球化融入水平不高。丝路城市的构想就是以关键城市为战略支点，通过融合中国倡议和其他

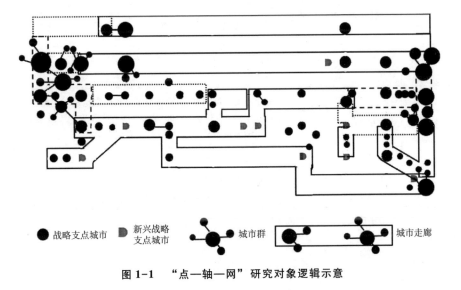

图 1-1    "点—轴—网"研究对象逻辑示意

国际与国家倡议，大跨度连接形成若干丝路城市走廊，形成基础设施互联互通升级版；进而由城市走廊纵横结网构成"一带一路"沿线骨干网络，最终实现面上辐射拉动整个亚欧非大陆及周边海域发展。

具体研究对象分为三个层次（见表1-1）。"网"的层面：1800个30万人口以上城市发展水平、体系发育和基于流量的城市间联系（其中重点研究350个100万人口以上城市、首都和重要港口城市）。

"轴"的层面："一带一路"主要跨国发展走廊的空间投射、重要跨国基础设施通道及关键节点开发情况；相关区域性国际组织和一体化安排情况的地域发展布局及主要国家的空间发展布局；中国京津冀协同发展战略与长江经济带战略协同"一带一路"倡议的空间构想，以及中国主要城市群规划衔接"一带一路"建设。

"点"的层面：战略支点城市和新兴战略支点城市的识别及城市开放和发展情况。

表1-1　研究对象与研究内容分析框架

| 对象类型 | 对象名称 | 研究覆盖 |
|---|---|---|
| 地域 | "一带一路"沿线地域 | 亚欧非大陆及附近海域 |
| | "一带一路"倡议重点畅通地域 | 亚欧非连接地带的东南亚、中亚、南亚、西亚、中东欧* |
| 网络 | "一带一路"沿线城市网络 | 亚欧非大陆以及部分大洋洲和中南美洲共138个国家的城市 |
| 轴线 | "一带一路"沿线国际城市走廊 | 基于主要国际通道，兼顾各个多边和国家地域开发构想，重点基于沿线138国的100万人口以上城市及首都、重要港口城市的通道条件和流量情况，谋划城市走廊 |
| | 走廊城市群 | 城市走廊上的主要城市群 |
| 节点 | 战略支点城市 | 具备城市形态的成熟流量节点 |
| | 新兴战略支点 | 主要通道上尚不具备城市形态的关键流量节点 |

注："*"为中国政府用法，实际含联合国统计体系中的全部东欧国家与分属北欧的立陶宛和南欧的爱沙尼亚。

## 三　主要内容

### （一）构建新型世界城市网络理论体系

世界城市网络的形塑，宏观上是对全球化趋势的空间响应；微观上是全球经贸活动尤其是跨国企业经营活动的地方镶嵌结果。新型世界城市网络理论体系涉及宏观、中观和微观尺度的系统化创新。

其一，宏观上，以联合国千年发展目标（MDGs，2000）和《2030 年可持续发展议程》（2015）为标志，实现更公正、更包容的全球化已成为全球共识。依此有条件地全面超越"世界城市网络"理论背后的"中心—边缘"地缘政治思维模式，引导塑造更具包容性的新型世界城市网络。

其二，中观上，展开再造"世界城市网络"分析，回归城市网络的"流量"分析策略，强调城市的流量节点功能而非控制枢纽地位。流量经济是全球化与世界城市分析的源头（Castells，1996）。"世界城市网络"理论（Saskia，1991；Taylor，1999）依靠生产性服务业企业总部布局，构建的是反映后工业化社会控制枢纽地位的城市网络，忽略了作为整体而存在的全球生产网络中其他价值环节的空间镶嵌及由此带动的发展中国家制造业城市的快速兴起。本研究拟基于基础设施沟通能力和要素流量强度与潜力，构建更具开放性的非等级化城市网络。这一理论分析策略的调整，有助于更真实地体现发展中国家城市针对传统经贸交流的节点沟通能力。同时，关注基础通道与经济流量分析，也能够延伸涵盖城市间包括文化、社会、政治交往在内的非经济活动，实现对城市节点沟通能力的更全面展示。这是对传统"世界城市网络"理论的颠覆，也更接近对全球范围内城市网络的客观反映。

其三，微观上，践行更为公平与包容的新型世界经济倡议（中国在 G20 杭州峰会上全面提出了关于新型世界经济的"创新、活力、联动、包容"体系化思路），为改造以"全球生产网络"为代表的世界经济微观运行机制提供了契机。"全球生产网络"（Diken，2002）理论恰恰是"世界城市网络"微观理论的基础。全球生产网络揭示了基于企业内部及企业间决策生产分工从原材料—制成品向中间产品的迭代。其在宏观上反映的是国际贸易由产业间贸易迭代为产业内部贸易与产业间贸易并存，在中观反映的是以跨国公司为主导的全球生产网络在全球范围内布局实施地方镶嵌，特别是嵌入城市，确保在成本最低城市从事制造生产，而在成本较高但流量较大的节点城市从事管理和研发业务，这成为后者融入全球化并升级成为世界城市的一个重要通道。但同时，跨国公司为了最大程度实现赋税最低，通过实施转移定价，确保以税收最低城市的公司分支充当利润中心，而以税收最高城市的公司分支充当成本中心，这扭曲了不同城市在世界城市网络中的真实贡献。

（二）构建"一带一路"沿线城市网络的"点—轴—网"分析逻辑框架

从城市网络的"点—轴—网"结构出发，研究"一带一路"沿线城市网络、主要发展走廊及城市群、关键战略支点城市及新兴战略支点。

其一，研究"一带一路"沿线城市网络发展特点，包括"一带一路"沿线城市发展的重要性：发展引领作用、网络推动力、后发优势、互联互通方式；"一带一路"沿线城市对于落实"一带一路"倡议的主要作用分析：网络骨干作用、供需匹配作用、全球治理角色。

其二，"一带一路"沿线主要发展走廊及城市群研究，既基于中国主张的主要发展走廊，也将其他沿线国际性发展走廊倡议和沿线国家地域发展走廊部署纳入考察范围，兼顾相关国家的关切，以沿线"国际城市走廊"兼容多方关于发展走廊的诉求。

其三，主要从中国战略价值出发分析识别"一带一路"沿线战略支点，包括成熟的战略支点城市和处于关键战略通道上的尚未进入城市化阶段的新兴战略支点。

（三）推进"一带一路"沿线城市网络与走廊建设和战略支点发展的策略研究

从中国主动承担更多国际责任的思路出发，研究"基于中国经验，开展中外交流、加深中外交往"的路径，如何更好地发挥中国因素的作用来引导"一带一路"沿线城市化、城市发展和城市开放结网，进而从中观层面践行"一带一路"倡议。

其一，从中外城市合作交流出发，研究中方战略支点城市协同资源策略。特别重视已经具备国际性枢纽地位和综合性要素资源调配能力的中国主要城市在引导"一带一路"城市发展与结网中的关键作用，充当"一带一路"沿线城市的核心力量和发展模式引领者。

其二，基于中国经验，研究发展理念、规划、投资、建设、管理和营运的综合性城市发展策略在"一带一路"沿线城市的适用价值，为"一带一路"沿线城市发展提供综合性解决方案。

其三，重点研究全面发挥友城交流的作用。研究如何有序配置友城资源，形成各有分工侧重的中外友城结好格局，拓展友城交往的内容与形式。

## 四 总体研究框架和各章逻辑关系

### （一）研究框架

本书主要由 4 个层次的 6 个研究模块构成（见图 1-2）。

第一层，问题提出、理论研究与框架建构模块。重点论证"一带一路"沿线城市网络建设的科学性与重要性，再造"世界城市网络"理论以构建大尺度的跨国城市网络的理论创新问题，研究设计总框架与实施方案，这构成本研究的"思想屋檐"。

第二层，布局 3 个模块。以区域开发的"点—轴"理论在洲际尺度上的拓展应用为支撑，重点研究"一带一路"沿线战略支点城市筛选、评价与布局；"一带一路"沿线新兴战略支点识别与培育；"一带一路"沿线城市走廊和走廊城市群规划与评估。这 3 个模块构成本研究的 3 个"支柱"。

第三层，基础分析模块。从流量通道和流量经济出发，对"一带一路"沿线城市化进程与城市网络发育现状予以全面考察。该模块构成本研究的一块"基石"。

第四层，策略研究模块。本模块主要从中外城市发展合作出发，探索中国城市、中国城市化经验、中国城市要素资源如何配合"一带一路"沿线城市发展、开放结网，构成本研究引导"一带一路"建设的一扇"大门"。

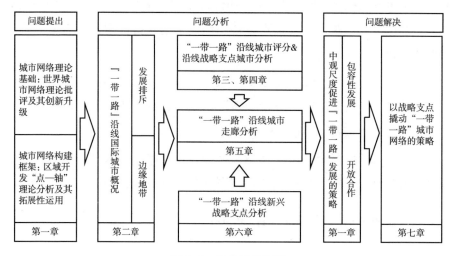

图 1-2　总体研究框架

（二）章节安排

第一章总论，提出从城市发展合作的中观层面深化"一带一路"研究的整体思路、理论依据、分析工具和核心结论；第二章"一带一路"沿线国际城市概况，实现对"一带一路"沿线城市发展现状的基本把握；第三章"一带一路"沿线战略支点城市识别与分析，实现对战略支点城市的筛选、识别，并对战略支点城市发育程度、空间分布和"五通"特色进行分析；第四章"一带一路"沿线战略支点城市发展变化，基于数据对战略支点城市进行跟踪分析；第五章"一带一路"沿线城市走廊分析，实现对关键城市走廊的识别与判断；第六章"一带一路"沿线新兴战略支点分析，侧重于走廊待成熟区段识别和培育新兴战略支点；第七章"一带一路"沿线战略支点城市建设实践与对策，基于城市交往和城市开发理论研究与实践案例，提炼总结城市间有效推进策略，最终形成"一带一路"城市建设总方案。

## 第四节　主要结论

我们相信历史上的陆上丝绸之路依托商队驿站、海上丝路依托沿海港口，成就了一批驿站和港口发展成为世界名城，承载了"丝路精神"、沟通了世界联系。当今"一带一路"建设仍需要靠沿线一大批枢纽城市发挥互联互通的支点作用，构成"一带一路"的主要走廊和骨干网络。我国政府发布的《愿景与行动》提出"陆上以沿线中心城市为支撑"和"海上以重点港口为节点"的思路，彰显了"一带一路"沿线城市的战略价值。

本书首先研究梳理了"一带一路"沿线（欧亚非大陆）城市化进程、城市发展水平和城市间陆海空流量联系等基本格局，填补了国内研究空白。基于此，聚焦研究同中国联系的 138 个沿线国家和地区的 350 个 100 万人口以上城市（或首都、重要港口城市）。通过开发"丝路城市指数"工具，识别出新加坡、曼谷等 65 个条件比较成熟的战略支点城市，推荐作为中方重点合作城市，争取尽早有所收获。通过评价沿线支点城市对中国重点推进的六大经济走廊的支撑水平，得出各走廊总体处于初中期发展阶段的客观判断，进而提出中国要打通各走廊就应同沿线区域和国家空间发展部署相协同；中国各城市群尤其是东部沿海地带主要城市群应发挥势能衔接好各走廊并着力推动流量提升。为了填补六大经济走廊仍存在的"断点"和着眼于未来新战略通道（北极航道、能源新干线、南海、印度洋、网络新疆域等）的提前"落子"，研究识别了 15 个目前发育远不够成熟（当前往往是规模有限的城市、口岸、港口枢纽、园区）但战略位置极其重要的新兴战略支点，建议一点一策超前投入。最后，基于大量的实地调研，提出在"一带一路"建设进入画好"工笔画"的深化推进期，将谋划、思考和发展的重心从国家层面及时转向丝路沿线的战略支点城市。通过细化到中微观尺度的战略支点城市和新兴战略支点建设"一带一路"沿线发展走廊和城市网络，深入推动"一带一路"高质量发展。

## 一 认识基底：建立了"一带一路"沿线城市及其网络概览

本研究从人口城市化、城市体系发展和城市间交往流量出发，从中观尺度上揭示了"一带一路"沿线城市发展形态，概括了"一带一路"沿线城市地理情况，得出以下主要判断：第一，以欧亚非大陆为主体空间的"一带一路"沿线城市是到 21 世纪中叶全球城市化进程和城市体系发育的主要地域,是世界范围内人口红利关键供给地和高增长性的投资与消费需求地。其中,又以东南亚、南亚为近中期城市化和城市发展的热点区域。第二,开展了海陆空三维(航空客运、海运集装箱和陆上洲际铁路)城市间流量数据分析,"一带一路"建设所串联的正是当今时代国际流量增长的主要活力空间,其中中国因素已开始成为这一地域决定性的影响力量。中国城市沿着提升流量规模—拓展联结广度—分区深化交往的基本路线,同沿线城市加强联系,持续完善"一带一路"建设的中观流量网络。

(一)"一带一路"是21世纪中叶城市化发展红利的主要集中地带

本研究全面梳理了"一带一路"沿线区域城市化情况和城市网络情况。考察范围覆盖整个欧亚非大陆,研究发现,"一带一路"沿线的欧亚非大陆自 20 世纪 50 年代(1950~2018 年)起的城市化率提升幅度明显高于同期全球城市化水平,且面向 21 世纪 50 年代的城市化率预测发现未来全球城市化具有较大潜力的区域主要是南亚、东南亚、东亚、西亚及非洲等地区,基本都位于"一带一路"沿线区域。近期(到 2035 年)城市化发展势头最好的几个国家为中国、尼日利亚、坦桑尼亚、孟加拉国,多数是人口规模较大的发展中国家,这些国家将会成为"一带一路"沿线区域城市化发展的新引擎。

(二)"一带一路"沿线城市发展的未来态势以大城市、特大城市发展为主

"一带一路"沿线城市(30 万人口以上)从 1950 年的 229 个增至 2015 年的 1402 个,增长了 5.1 倍,占全球 30 万人以上城市数量的比重从 74.8%增至 79.0%。城市规模越大,其人口数量增加越快,表现出明显的大城市优先发展趋势,特别是 100 万人以上的大城市和特大城市增长最为明显。到 2035 年,"一带一路"沿线区域的人口主要分布在 30 万人以下的城市和 100 万~500 万人的城市,两者合计占 60.2%。"一带一路"沿线城市发展主要呈现为大城市、特大城市的发展,并主要集中在亚洲和非洲。

(三)"一带一路"是全球化的主要增量地域

2000 年 227 个世界城市中"一带一路"沿线城市有 140 个,2018 年

374 个世界城市中"一带一路"沿线城市有 253 个，贡献了 2/3 的新增世界城市。但沿线城市融入全球化的等级低且不均衡。

（四）"一带一路"城市间航空网络

相较于以美欧城市为中心的全球航空联结网络，"一带一路"（欧亚非三洲）城市间航空联结网络呈现不同的构造，中国主要城市（上海、北京）成为"一带一路"内部国际航空流量强度中心，但仍非最主要的国际中转流量中心。2016 年中国大陆国际航线有 969 条，是 2010 年航线数的 2 倍，客流量也实现翻番。全球范围城市间（353 个城市）航空联结网络与"一带一路"沿线城市间（294 个城市）航空联结网络呈现显著的结构性差异。全球航空网络中心城市主要是美洲的多伦多、洛杉矶、纽约和欧洲的伦敦、巴黎、阿姆斯特丹、伊斯坦布尔以及亚洲的迪拜；而"一带一路"城市航空网络中，中国城市（上海、北京）成为航空流量强度（加权中心度）最高的中心城市，但在航空中转方面（中间中心度），包括北京、上海在内的中国城市则显著逊色于巴黎、阿姆斯特丹、新加坡和东京。

（五）"一带一路"城市间海运网络

中国主要城市（上海、深圳）无论是在全球海运联结网络中还是在"一带一路"海运联结网络中都已成为流量强度中心。但在中国城市与"一带一路"沿线航运联系范围持续扩大的同时，区域分化凸显；中方城市与东南亚城市的航线广度与流量强度呈现双向全面拓展。中国同"一带一路"沿线的航运联系范围持续扩大，2015 年中国城市与"一带一路"沿线国家的 77 个港口建立起 2579 条国际航线，是 1995 年的近 10 倍，占中国对外海运联系总量的 36.3%。但中国同"一带一路"沿线的总体海运联系正在发生从广度到深度的质的转变，具体表现为：航运联系紧密程度随范围的扩大而显著衰减，航线流量集中在东南亚，西亚/中东次之，非洲东岸的联系度甚至出现下滑；航运的区域和国家指向性明显，前十位的通航国的航线占比超过 80%；中国城市同东南亚城市的海运直航联系出现双向拓展（中国由南方沿海拓展到整个沿海，东南亚枢纽港由一线城市拓展至二、三线城市）。

（六）"一带一路"的陆上铁路网络

以中欧班列为统一品牌的洲际货运效应逐步发挥。铁路建设和线网拓展成为欧亚大陆投资新热点。中欧班列作为早期收获项目，自 2011 年以来，开行数量持续增长，2019 年中欧班列开行数达到 8225 列，9 年累计开行超过了 2 万列，已形成了杜伊斯堡、罗兹、帕尔杜比采等欧洲侧的枢纽和西安、义乌、青岛、重庆等中国侧的枢纽。另外，一批区际、洲际铁路网络（中老铁路、中泰铁路、匈塞铁路、雅万高铁）建设取得重大进展。

从整个"一带一路"沿线城市的全球化参与程度和陆海空网络联系及其流量情况可见，除了最为发达的西欧和最有活力的东亚，沿线区域主要属于"南方发展中世界"（Global South）的范围。城市化、城市体系发展和城市对外网络联系的起点不高但颇具活力。同时，面对百年未有之大变局，相关地域国家及其城市的全球性联系指向仍待确定，中国城市在整体上已然展现出了相当的重要性，部分发展领先的中国城市已具备了一定的枢纽性。只要坚持推进"一带一路"建设迈向"工笔画"深化阶段，就完全有条件形成以中国城市为枢纽的"一带一路"沿线城市交流网络体系。

## 二 识别支点：全面评估沿线城市，为"一带一路"建设打好"探照灯"

整个欧亚非及南美和大洋洲，尽管整体城市化率尚未达到全球平均水平，但现有的上规模城市（30 万人口以上）已超过 1500 个。在"一带一路"建设中，鉴于汇聚的资源仍然有限，就必须要有所识别、有所侧重，以期取得早期收获，形成示范效应、发挥战略支点作用，辐射带动更大范围、更多伙伴城市参与"一带一路"建设。为此，识别具有带动示范作用的战略支点城市是极其必要的。

本研究以欧亚非为主（兼顾部分大洋洲、南美洲对华伙伴国家的城市），选择沿线 138 个国家的 350 个 100 万人口城市（或首都城市、主要港口城市）作为"一带一路"节点城市的考察样本库。建立了一个包括伙伴关系、区域影响、成长引领及对华"五通"在内的 4 个维度 31 项指数的

"'一带一路'城市战略支点评估指标体系"。识别了新加坡、曼谷等65个战略支点城市（其中23个为重要战略支点城市），以及100个潜在战略支点城市和185个普通支点城市。其中，65个战略支点城市主要集中分布于西欧、东欧、东南亚和西亚，是比较成熟的合作城市。

（一）"一带一路"城市战略支点指数的设计与测算

城市战略支点指数考察了城市所在国家对华伙伴关系、城市区域影响、城市成长引领，以及对象城市与中国城市政策沟通、设施联通、贸易畅通、资金融通、民心相通的情况，共涉及8个维度31项指数。研究确定了"一带一路"沿线138个国家（不含中国）的350个主要城市（含所有100万人口以上城市及人口未达100万的首都、重要港口）作为考察评估对象，分年度收集数据、开展了多轮测评，并完善指数方法，确保得出的结果可靠。

（二）"一带一路"沿线城市当前战略支点功能仍然普遍偏弱

以城市战略支点功能满分为100分计，2019年样本城市中得分最大值（新加坡）为65.65分；350个样本城市综合得分均值为39.11，尽管较2018年（均值36.89）支点功能有所增强，但总体仍处于相对较低水平。在伙伴关系、区域影响和成长引领3个考察维度上，伙伴关系表现较好，350个城市的满分达标率①为50.53%，区域影响表现欠佳，满分达标率为19.03%。在政策沟通、设施联通、贸易畅通、资金融通和民心相通"五通"维度上，政策沟通指数和资金融通指数表现较好，350个城市的满分达标率分别为58.93%和45.73%。这也说明了区域影响力、设施联通性和贸易畅通性成为"一带一路"沿线城市发挥高水平支点功能的制约因素。

（三）"一带一路"沿线战略支点城市功能呈现明显的层次性，需要形成差异化的推进时序

尽管本研究考察的350个城市都已经是其所在国家和国际标准上上规模（百万人口城市）或有地位（首都或重要港口城市）的城市，但是

---

① 满分达标率=（指数得分/指标权重）×100%。

在"一带一路"沿线战略支点指数评价中最大值与最小值差距仍相当大，分别是 65.65 和 18.79，中位数为 38.91，标准差为 9.03。为此，进一步划分了 65 个战略支点城市、100 个潜在战略支点城市和 185 个普通节点城市。其中将战略支点城市细分为 23 个重要、19 个次要和 23 个一般战略支点城市。重要战略支点城市中西欧和东欧经济体城市居多，区域影响力、设施联通性和资金融通性有明显优势。次要战略支点城市地理分布集中，近一半城市位于东欧，在设施联通领域具有明显优势，成长引领性相对欠缺。一般战略支点城市在设施联通领域具有明显优势。潜在战略支点城市的城市基数大，Ⅰ 类潜在战略支点城市设施联通性好，Ⅱ 类潜在战略支点城市政策沟通性好，Ⅲ 类潜在战略支点城市贸易畅通性优势明显。筛选战略支点城市的目的就是形成"聚光灯"效应，引导有限的资源在一定时期集中到少数几个重要战略支点，形成早期收获，进而撬动全局发展。同时，评估的"聚光灯"还可以根据时序动态地向其他潜在战略支点城市延伸投射。

（四）"一带一路"沿线战略支点城市的分区差异明显

在纳入考量范围的五大洲，前 100 位支点城市几乎全部位于欧亚板块，其中东欧、西欧、东南亚是"一带一路"重要战略支点城市的主要集聚区。另外，"一带一路"沿线战略支点城市呈现明显的空间自相关特性，在高分集聚的欧洲、日韩和东南亚等地深入推进"一带一路"倡议可预计达到事半功倍的效果。同时，也应该从平衡发展的考虑出发，从中观维度发掘每一个区域的城市发展、交往特点，如东亚地区城市设施联通性较强而伙伴关系较弱，东南亚地区样本与中国伙伴关系较好，南亚地区城市数量庞大但支点功能不强，中亚地区主要是首都城市支点功能凸显且与中国伙伴关系较好，西亚地区城市的支点功能有待加强，欧洲城市普遍支点功能突出，非洲城市普遍需要提升与中国城市的设施联通性。

（五）注意战略支点城市在"五通"领域的长短板差异，因势利导

"五通"是推进"一带一路"倡议的核心，有一批战略支点城市在"五通"领域具有明显的优势，可差异化施策，如政策互信性高的"政策

沟通"型城市、交通通信时效性高的"设施联通"型城市、对华贸易往来频繁的"贸易畅通"型城市、金融国际化水平较高的"资金融通"型城市、文化交往频繁的"民心相通"型城市。但同时也反映了战略支点城市并非"全能"。65个战略支点城市中有36个城市在不同领域存在发展不均衡现象，因此仍需实施错位、互补、针对性强的发展战略，规避可能隐藏的风险。

整体而言，识别战略支点城市的出发点是为中国企业、地方政府、民间社会在中观尺度上提供"一带一路"国际合作的线索与指引。当前较为成熟的战略支点城市以新加坡和曼谷为引领，主要位于东南亚、西欧和东欧，应作为中国民间和地方政府合作的主要方向。当然，"一带一路"倡议作为一项追求共同繁荣的全球性倡议，还远未进入全面收获期，所有的沿线国际城市在中方视野中战略支点功能都不充分。当然，作为一项全球性倡议，"一带一路"倡议下城市间合作交流也必须要考虑布局落子的全局性，还需要超越战略支撑力现状，对于重大潜力支点城市提前予以布局。

### 三　建设走廊：增强六大发展走廊与沿线区域和国家空间发展战略兼容性

基于早期收获，"一带一路"倡议提出了建设中蒙俄经济走廊、新亚欧大陆桥、中国—中亚—西亚经济走廊、中巴经济走廊、孟中印缅经济走廊、中国—中南半岛经济走廊等经济走廊。这些走廊显然不是在真空中穿行，第一，这些经济走廊需要有关键节点城市（港口）经由重要流量通道串联而成。以走廊建设的高级、中级、初级和雏形阶段划分，六大走廊的发育现状多处于中级、初级和雏形阶段，需要通过发挥战略支点城市作用和补充新兴战略支点来予以推进。第二，六大经济走廊作为中国方案还需要面临与沿线所在地的其他区域性和国家空间发展战略部署的兼容问题。运用基于地缘政治、地缘经济视野的战略匹配度和基于自然地理、经济地理思维的空间匹配度的二维度分析方法，实现了对沿线其他大战略部署的兼容度予以精准分析，进而得出融合、协同、响应调整、竞合与竞争5类应对策略。第三，作为主要串联最活跃的东端（中国）和最发达的西端（西欧）的 6 条走廊，其与中国城市群的衔接极为重要。

（一）沿线支点城市发育情况客观反映了六大经济走廊建设的显著落差

基于"一带一路"沿线 350 个支点城市（所有百万人口以上城市及全部首都城市和重要港口城市）与六大经济走廊的拟合程度（"走廊区段城市节点支撑率"），以及各条经济走廊上支点城市的影响力评价，对 6 条经济走廊的发育情况予以分析。整体而言，中国—中南半岛经济走廊和孟中印缅经济走廊具备现实可靠的城市沿线支撑，处于以增进流量为导向的走廊建设中级阶段。通过投入该两条经济走廊的通道升级、流量发展和城市交往等方面，孟中印缅经济走廊东段（仰光—内比都—曼德勒）、孟中印缅经济走廊西段（金奈—加尔各答—达卡—曼德勒）和中国—中南半岛经济走廊东段（南宁—河内—胡志明市—曼谷），有很大条件成为最早发展取得成效的"丝路城市走廊"。中国—中亚—西亚经济走廊和中巴经济走廊总体处于夯实战略支点的走廊建设初级阶段，宜着力于协助现有战略支点城市发展和辐射联结周边其他节点。中蒙俄经济走廊和新亚欧大陆桥中段（位于西欧的西段走廊和中国的东段走廊都很成熟）仍处于以通道维护为主的走廊建设雏形阶段。宜在维护通道的同时，积极识别和扶持新兴战略支点，使得相关通道对沿线地域的发展形成有效溢出。

（二）走得通：六大经济走廊应同沿线区域和国家空间战略开展务实合作进一步提升兼容性

"一带一路"经济走廊能否畅通，关键在于沿线其他的跨国性和国家区域战略与"一带一路"倡议的匹配情况，可以从战略匹配度和空间匹配度两个维度予以考察。战略匹配度主要基于地缘政治、地缘经济视野，考察发展目标、发展策略与主要合作态势的吻合度；空间匹配度主要基于自然地理、人文地理特别是经济地理思维，考察主要合作参与方分布和发展规划的空间部署（支点、走廊、网络）的吻合度。

（1）与"一带一路"倡议具有高度战略和空间匹配度的区域战略主要包含：东盟互联互通总体规划、澜沧江—湄公河合作、蒙古国草原之路、上海合作组织成员国政府间国际道路运输便利化、拉穆港—南苏丹—埃塞俄比亚交通走廊。在战略判断上，应视为"一带一路"倡议在沿线区域的具体落地与落实；在策略上，应积极推动或参与这些区域战略，尤其是在支点、走廊和网络上体现出与"一带一路"走廊和其他区域战略的高度融合性。

（2）与"一带一路"倡议同时具有部分战略和空间匹配度的区域战略主要包含：欧亚经济联盟、地中海联盟、跨欧亚大铁路、越南南北经济走廊、印尼海上高速公路、韩国欧亚计划、埃及新苏伊士运河计划。在战略判断上，应尊重此类区域战略的诉求，寻求共享共赢。在策略上，应通过稳定协同渠道、探索协同项目，支撑建立战略互信。

（3）与"一带一路"倡议具有战略匹配度但不具有空间匹配度的区域战略。此类区域战略包括：欧洲容克计划、琥珀之路、哈萨克斯坦光明大道计划。在战略判断上，战略匹配度的吻合性价值远远高于空间匹配度的吻合性价值。策略上，中方应高度尊重此类区域战略主导方的诉求，适时延伸"一带一路"经济走廊范围乃至于灵活响应调整、新增走向。

（4）与"一带一路"倡议具有空间匹配度但不具战略匹配度的区域战略。此类区域战略的典型是印度季风计划、日本亚洲基建投资计划。此类区域战略提出的初衷甚至就是对于"一带一路"倡议的"反制"。但是基于经济地理、自然地理的现实情况，又同"一带一路"倡议在发展支点、走廊、网络等空间匹配度上比较吻合。策略上，应存异求同，在共同关心的项目、方向上既竞争又合作（竞合 Co-petition），争取以具体合作事项的量的积累，推动在战略上走向协同的质的转变。

（5）与"一带一路"倡议在战略和空间上皆不具匹配度的区域战略。此类区域战略如美国新丝绸之路。战略上，应立足于把域外势力挤出去的长期考虑，周全地做好竞争准备，但不应寻求在目标区域的正面对抗；策略上，重视在城市、园区等中微观维度确立支点、树立样板，积小胜为大胜。

（三）流起来：六大经济走廊与中国城市群空间协同

"一带一路"经济走廊要真正发挥作用，还在于西端的欧洲和沿线与中国各种势能位差能转化为有效的流量。新时代中国的新型城市化发展已进入都市圈、城市群以及区域协同发展阶段。各地区合理分工，发挥城市群的势能高地作用是沿着"一带一路"各经济走廊"输送"经济活力的有效方式。

总体而言，对于我国各区域与"一带一路"协同发展，需要有一个清醒的判断：西北、东北、西南地区是面向"一带一路"开放的前沿；中部地区是新时代中国的活力崛起地域，但这些区域整体还处于大规模汲取资源和要素来发展自身的阶段。"一带一路"建设对于西北、东北、西南及中部地区而言主要意味着是为自身发展抢抓新机遇、打开新通道。东部沿海地区是中国的势能高地，也是中国都市圈、城市群和区域协同发展最为成熟的地域。高质量推进"一带一路"建设，特别是将目标瞄向建设中国的朋友圈与交流网，还需要中国东部沿海地区责无旁贷地走向"一带一路"建设的中心舞台。

## 四 "落子卡位"：立足于全局谋划部署新兴战略支点

现阶段，"一带一路"沿线无论是战略支点城市还是连点成线的主要经济走廊，整体发育状况基本处于初、中级阶段。为此，除了聚焦相对成熟的战略支点城市从而争取早期收获外，还要在主要经济走廊的"断点"以及其他新战略通道的"空白处"超前部署一批发育情况远不够成熟（现状往往是规模有限的城市、口岸、港口枢纽、园区）但战略位置极其重要的新兴战略支点。为此，本研究提出"一带一路"沿线新兴战略支点概念，主要指"一带一路"沿线具备重大地缘价值但发育现状不成熟的潜在战略性枢纽，应予以重点关注和培育。

（一）识别新兴战略支点

识别新兴战略支点，需要具备地缘战略思维，主要基于如下理解：其一，"一带一路"行动的地缘空间动态性特征，在推进该倡议的过程中，不断形成新的地缘战略方向。其二，"一带一路"各经济走廊的发育阶段差异性，需要新支点分别发挥直接引领、补白提质、带动扩散作用。基于地缘战略的动态演进，新兴战略支点的类型总体上包含两类：一类是经济走廊沿线新兴战略支点，主要位于培育阶段走廊及夯实阶段走廊，主要发挥廊道支撑与空间扩展作用。另一类是地缘增量空间新兴支点，可分为北极航道、两洋航道、班列网络、能源干线、网络空间类。以之为标准，识别出中蒙俄走廊的蒙古扎门乌德口岸、俄罗斯扎鲁比诺港，新亚欧大陆桥的哈萨克斯坦阿雷斯，中国—中亚—西亚走廊的伊朗马什哈德，中巴经济走廊的巴基斯坦奎达，孟中印缅走廊的缅甸皎漂特别经济区，中国—中南半岛走廊的马来西亚关丹深水港，中欧班列的德国杜伊斯堡，北极航道的俄罗斯摩尔曼斯克、符拉迪沃斯托克，南海区域的菲律宾达沃市，印度洋区域的巴基斯坦瓜德尔港、斯里兰卡汉班托塔港，网络新疆域的中国杭州市，以及能源新干线的俄罗斯萨贝塔港等 15 个新兴战略支点。

（二）培育新兴战略支点

新兴战略支点的发展需要形成类型化的培育路径，并充分考虑其地缘因素与空间联动特性，以及"风险投资"的特性与冗余度。根据对新兴战略支点的战略环境稳定性、规模扩展性、战略紧迫性、战略协同性、战略引领性、战略融合度等多维度发展条件与潜力评估，新兴战略支点的总体发展方向为从单一的流量枢纽或产业园区成长为具有综合性功能的城市。而对于不同发展条件与发展阶段的新兴节点，需要个性化地选择枢纽功能拓展、产业链价值链延伸、中方投资项目推进、所在国发展战略配合等不同类型的动力组合。在具体的推进策略上，新兴战略支点应重点通过交通体系建设、基础设施提升、园区规划引导、产业投资强化、社会建设保障等手段，借助中国城市快速发展的经验与成熟模式，促成"港城—产城"的互动发展，采用"示范—带动"的雁行模式推动支点"在地化"发展。

## 五　打造枢纽，发挥高等级国际大都市在丝路城市网络中的枢纽作用

本研究创新性地提出将我国"一带一路"建设的战略重心从"优选战

略支点国家"转向"精选战略支点城市"的新思维，谋划以战略支点城市为枢纽撬动"一带一路"全局发展的新方略。强调我国"一带一路"建设的谋篇布局应从国家层面进一步下沉到城市和园区层面，确立以战略支点城市引领"一带一路"建设的总体方略，并提出相应的路径。其中，又应当重点聚焦几个高等级国际大都市，使其作为核心枢纽，发挥战略先导作用构建城市网络，推动"一带一路"高质量发展。

（一）收缩国家干预，下沉到城市、园区的中微观层次合作

从逻辑看，"一带一路"建设中还存在地方政府融入性不强、社会资本参与度不够、企业"走出去"方向不明等突出问题。解决问题的出路依赖于"一带一路"建设由政府主导走向多元联动。当前的"一带一路"建设正在向落地深耕的新阶段迈进，亟待新主体、新动力、新模式、新路径的创新发展。而多元联动将为推动"一带一路"深入发展注入新的动力和活力。通过构建"政府—城市—园区—企业"多方联动的逻辑框架，我们重新审视了"一带一路"建设各参与方的行动逻辑，主张收缩政府干预的行为边界，使企业回归市场主体的本原角色，而城市和园区作为重要支撑平台将成为"一带一路"建设中的主要支点。以多元联动引领"一带一路"新发展，关键是发挥好沿线中心城市的枢纽功能和重点经贸园区的平台支撑作用，核心在于把"一带一路"资源配置重心从国家层面下移到城市和园区层面。

（二）以多种方式鼓励支点城市间建立链接

为保障新阶段"一带一路"高质量发展和深入扩展，亟待进一步加强支点城市建设，并不断放大支点城市的撬动效应，促进丝路城市层级网络的发育与成形。从经济地理学经典的"点—轴"理论及世界城市发展理论与实践出发，提出以支点城市为平台构建丝路城市网络从而推动"一带一路"高质量发展的总体思路。首先，做大做强一批核心支点，充分发挥支点城市的"增长极"效应与辐射功能。其次，加强沿线城市互动联系，在支点城市之间串联起多条城市"发展轴"。这主要可以通过两条路径来实现：其一，加快实现临近支点城市之间的基础设施联通；其二，以价值链为纽带实现沿线支点城市之间的产业联动。最后，在加强支点城市建设、

构建支点城市发展轴的基础上，积极架构以支点城市为骨干的丝路城市网络，加强"一带一路"沿线更大范围内的城市尤其是支点城市之间的分工与合作。丝路城市间的分工合作网络构建，同样有两条推进路径：一是促进支点城市之间以互相结为友好城市和构建城市合作平台为主要方式，广泛开展城市外交；二是促进支点城市之间的全方位交流合作。

（三）释放高等级国际大都市势能，担当丝路城市枢纽

以上海、香港、新加坡为先导战略支点城市，率先发挥这三大支点的服务枢纽和支撑平台作用，通过聚焦为丝路沿线主要城市提供服务和支撑、面向丝路沿线城市的"全链条"式城市综合服务供给、以跨境产业园区建设为抓手带动经济走廊和城市走廊崛起、推动中国模式与中国经验在沿线城市的复制与输出、以友城结好为纽带促进支点城市与沿线城市的交流合作、依托支点城市培育发展"一带一路"沿线城市群和都市圈等路径，助推丝路城市网络的构建与塑造，推进"一带一路"高质量发展。

# 第二章 "一带一路"沿线国际
城市概况

经济全球化的快速发展，推动了世界经济合作与分工程度的不断深化，深刻地改变了世界经济格局。然而，亚欧非大陆衔接地带的诸多国家和地区的全球化融入程度仍然有限。同时，该地带的经济发展水平相对落后，长期以来地缘经济潜力没有充分发挥，更没有作为一个整体板块——亚欧大陆心脏地带（Hinterland）来考虑全球化和发展战略。"一带一路"倡议从地缘高度提出了沿线地域发展总思路。对于"一带一路"沿线国家（地区）而言，城市是经济、社会、文化、环境发展的重要空间载体，在国家和地区发展中具有重要作用，因此，推进"一带一路"建设的关键在于该地域城市的发展。

城市化为国家发展提供了新的动力，"一带一路"沿线国家（地区）城市化进程分析、城市体系以及城市网络研究是推进"一带一路"建设的一项基础性工作。本章的基本研究思路是在全球化背景下，通过收集整理"一带一路"沿线国家（地区）的城市化、社会经济发展、城市联系（航空、航运、铁路）等方面的数据，运用描述统计、空间分析、社会网络分析等手段，从面上整体把握"一带一路"沿线国家（地区）的城市化进程，进而从城市体系特征与变动、整体城市网络结构与空间组织、中国城市对外联系的网络特征三个维度对"一带一路"沿线城市的网络特征进行系统研究。

## 第一节 "一带一路"沿线城市化进程与发展潜力

城市化是社会经济发展的必然趋势，是国家现代化的重要标志。18 世纪 60 年代工业革命在英国爆发，浪潮迅速席卷全世界，开创了城市发展的新时期，世界城市化快速发展（周一星，1995）。2009 年，世界城市人口首次超过农村人口，世界总体开始进入城市社会；2018 年，世界城市化水平达到 55%，然而世界城市化发展十分不均衡，发展中国家的城市化水平较低（UN，2018）。城市化与经济发展密切相关，城市化水平的提高往往伴随着投资水平、就业水平、消费水平提高等，从而有助于经济增长潜力的释放，提高经济发展水平。[1]

自 2013 年 9~10 月习近平主席先后提出共建"丝绸之路经济带"和"21 世纪海上丝绸之路"的重大倡议以来，以政策沟通、设施联通、贸易畅通、资金融通和民心相通为主要内容的"一带一路"建设取得了明显成效，[2] 截至 2019 年 4 月，中国已经与 131 个国家和 30 个国际组织签署了 187 份共建"一带一路"合作文件。[3] 作为致力于开展更大范围、更高水平、更深层次的区域合作倡议，加强同"一带一路"沿线国家之间的合作交流，是"一带一路"建设的重要内容。[4] 当前绝大多数"一带一路"沿线国家正处于城市化快速发展阶段，城市化水平相对较低、基础设施相对薄弱，公共服务、基础设施建设等需求巨大，蕴含着巨大的市场空间；而中国经过 40 多年的改革开放，在城市化发展、基础设施建设等方面积累了大量

---

[1] http：//www.doc88.com/p-5465881893125.html.

[2] 《共建"一带一路"倡议：进展、贡献与展望》，http：//www.xinhuanet.com/2019-04/22/c_1124400071.htm，2019 年 4 月 22 日。

[3] https：//www.yidaiyilu.gov.cn/info/iList.jsp？tm_id=126&cat_id=10037&info_id=77073&from=groupmessage&isappinstalled=0.

[4] 《推动共建丝绸之路经济带和 21 世纪海上丝绸之路的愿景与行动》，https：//www.yidaiyilu.gov.cn/wcm.files/upload/CMSydylgw/201702/201702070519013.pdf，2017 年 2 月 7 日。

经验，对"一带一路"沿线国家具有重要的借鉴意义（范毅，2017）。因此，考察"一带一路"沿线国家城市化发展进程与潜力，加强与"一带一路"沿线国家的城市化合作，对于深入推进"一带一路"建设、促进沿线国家合作交流、提高沿线国家经济社会发展水平具有重要意义。

目前，国内外学者从建设的背景与原则、内涵与意义、建设必要性、合作重点与合作机制等方面对"一带一路"展开理论探讨（白永秀等，2019），同时也从对外直接投资、互联互通、基础设施、地缘政治、全球治理、命运共同体、人民币国际化等方面对"一带一路"的具体领域开展了深入研究（刘卫东等，2018）。近年来，一些研究也开始关注"一带一路"沿线国家的城市化发展。例如，Liu 等（2018）分析了"一带一路"沿线国家城市化发展的时空格局；赵胜波等（2018）梳理了"一带一路"沿线中国国际合作园区发展现状，分析了国际合作园区的作用；景丞等（2019）基于共享社会经济路径下城市化和经济发展情景，预测 2020~2100 年"一带一路"沿线国家城市化水平。此外，一些学者还将"一带一路"同中国的新型城市化战略相结合，提出两大战略应当耦合发展（蔡继明，2016；陈明星等，2018）。但总体来看，目前"一带一路"沿线国家城市化研究还有待进一步深入，特别是有关"一带一路"沿线城市体系和城市化潜力的分析。

为此，本节拟借助联合国人居署的长时间序列数据，定量考察"一带一路"沿线国家城市化特点及其潜力，以期为推动"一带一路"建设提供政策建议。鉴于城市化突出表现为城市数量增加和城市人口增多，本研究重点对"一带一路"沿线国家（地区）的城市化水平和城市体系进行分析。

## 一　研究方法与数据来源

### （一）研究区域

鉴于《愿景与行动》中指出"一带一路"相关的国家基于但不限于古代丝绸之路的范围，各国和国际、地区组织均可参与，同时考虑到"一带一路"贯穿亚欧非大陆，一边是活跃的东亚经济圈，另一边是发达的欧洲经济圈，结合近年来与中国签署共建"一带一路"合作文件国家，本研究区域包含了亚洲、欧洲、非洲三大洲的145个国家和地区（见表2-1）。

表2-1　本章"一带一路"研究范围

单位：个

| 大洲 | 区域 | 国家（地区） | |
|------|------|------|------|
| | | 名称 | 数量 |
| 亚洲 | 东亚 | 朝鲜、日本、蒙古、韩国、中国 | 5 |
| | 中亚 | 哈萨克斯坦、吉尔吉斯斯坦、塔吉克斯坦、土库曼斯坦、乌兹别克斯坦 | 5 |
| | 南亚 | 阿富汗、孟加拉国、不丹、印度、伊朗、马尔代夫、尼泊尔、巴基斯坦、斯里兰卡 | 9 |
| | 东南亚 | 文莱、柬埔寨、印度尼西亚、老挝、马来西亚、缅甸、菲律宾、新加坡、泰国、东帝汶、越南 | 11 |
| | 西亚 | 亚美尼亚、阿塞拜疆、巴林、塞浦路斯、格鲁吉亚、伊拉克、以色列、约旦、科威特、黎巴嫩、巴勒斯坦、阿曼、卡塔尔、沙特阿拉伯、叙利亚、土耳其、阿联酋、也门 | 18 |
| 欧洲 | 东欧 | 白俄罗斯、保加利亚、捷克、匈牙利、波兰、摩尔多瓦、罗马尼亚、俄罗斯、斯洛伐克、乌克兰 | 10 |
| | 北欧 | 海峡群岛、丹麦、爱沙尼亚、芬兰、冰岛、拉脱维亚、立陶宛、挪威、瑞典、英国 | 10 |
| | 南欧 | 阿尔巴尼亚、波黑、克罗地亚、希腊、意大利、马耳他、黑山、葡萄牙、塞尔维亚、斯洛文尼亚、西班牙、马其顿 | 12 |
| | 西欧 | 奥地利、比利时、法国、德国、卢森堡、荷兰、瑞士 | 7 |
| 非洲 | 北非 | 阿尔及利亚、埃及、利比亚、摩洛哥、苏丹、突尼斯、西撒哈拉 | 7 |
| | 东非 | 埃塞俄比亚、肯尼亚、马达加斯加、莫桑比克、索马里、乌干达、坦桑尼亚、赞比亚、津巴布韦、塞舌尔、布隆迪、南苏丹、吉布提、卢旺达、科摩罗、厄立特里亚、马拉维、毛里求斯、马约特岛（法）、留尼汪岛（法） | 20 |
| | 西非 | 科特迪瓦、加纳、几内亚、毛里塔尼亚、尼日利亚、塞内加尔、塞拉利昂、多哥、佛得角、冈比亚、贝宁、布基纳法索、几内亚比绍、利比里亚、马里、尼日尔、圣赫勒拿岛（英） | 17 |
| | 中非 | 安哥拉、喀麦隆、乍得、刚果（布）、加蓬、刚果（金）、中非、赤道几内亚、圣多美和普林西比 | 9 |
| | 南非 | 纳米比亚、南非、博茨瓦纳、莱索托、斯威士兰 | 5 |
| 合计 | | | 145 |

（二）数据来源

本部分所使用的数据主要来自联合国人居署发布的《2018 年世界城市化展望》（World Urbanization Prospects 2018）。该报告包含了世界各国家和地区 1950~2018 年的人口城市化数据，并对 2018~2050 年的城市化数据进行了预测。

（三）研究方法

核密度估计是一种能够用连续密度曲线描述随机变量分布形态，进而可以求解其概率密度的非参数估计方法，是研究不均衡分布的一种重要方法（赵磊、方成，2019）。假设随机变量 $X$ 的密度函数为 $f(x)$，点 $x$ 的概率密度由式（1）进行估计。由于核密度估计的表达式不同，其函数有多个表达形式。本节选择较为常用的高斯核函数来估计"一带一路"沿线国家城市化水平的空间差异及动态变化，如式（2）所示。通过核密度估计结果的具体图形，可以挖掘变量的分布位置、形态和延展性等方面的信息。

$$f(x) = \left(\frac{1}{Nh}\right) \sum_{i=1}^{n} K[(X_i - \overline{X})/h] \tag{1}$$

$$K(x) = (1/\sqrt{2\pi})exp(-x^2/2) \tag{2}$$

其中，$N$ 为观测值，$X_i$ 为独立同分布的观察值，$\overline{X}$ 为平均值，$h$ 为带宽，$K$ 为核函数，是一种加权函数或平滑转换函数。

## 二 "一带一路"沿线城市化发展演变

（一）城市化水平变化

从城市化率的演变趋势来看（见图 2-1），1950~2018 年"一带一路"沿线国家的城市化率由 26% 增至 54.82%，增长了近 30 个百分点，同期，世界城市化率由 29.61% 增至 55.29%，增长了约 26 个百分点。与世界平均水平相比，在 20 世纪 80 年代以前"一带一路"沿线国家城市化率明显较低，进入 80 年代"一带一路"沿线国家城市化率与世界平均水平差距较小，甚至 1985~2000 年还一度超过了世界平均水平，但 2010 年以后两者差距扩大。目前，两者存在些许差距，但是基本呈现同步增长态势。具体而言，1950~2018 年"一带一路"沿线亚洲国家的城市化率增幅最大，增长了 32.32 个百分点；非洲国家次之，增长了 28.24 个百分点；欧洲国家的增幅最小，增长了 25.88 个百分点。"一带一路"沿线欧洲国家城市化率起步高、增长慢，进入了城市化成熟发展阶段；亚洲国家和非洲国家起步晚、增长快，正处于城市化高速发展阶段。

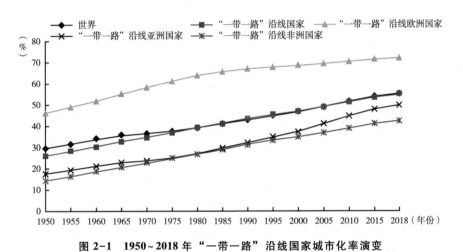

图 2-1 1950~2018 年"一带一路"沿线国家城市化率演变

（二）城市人口规模变化

从城市人口规模变化趋势来看（见图 2-2），1950 年以来"一带一路"沿线国家的城市人口呈现快速增长趋势，且与世界城市人口增长趋势具有较强的一致性。半个多世纪以来，"一带一路"沿线国家的城市人口规模从 5.6 亿人增至 33.6 亿人，增加了将近 5 倍；同期，世界城市人口的规模增加了 5.6 倍。进一步可以发现 1950~2018 年"一带一路"沿线国家的城市人口在世界城市人口总数中的占比逐步提升，由 1950 年的 75% 增至 2018 年的 80%。这一迹象表明"一带一路"沿线国家在全球城市人口中占据重要地位，是全球城市人口的核心组成部分。具体来看，"一带一路"沿线亚洲国家的城市人口规模呈现快速增长趋势，非洲国家次之，欧洲国家城市人口呈现出较为平稳的增长趋势。

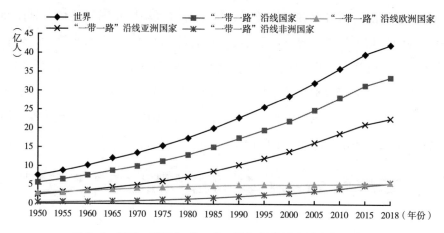

**图 2-2  1950～2018 年 "一带一路" 沿线国家城市人口变化**

（三）城市人口增速变化

从城市人口的增速来看（见图 2-3），1950～2018 年 "一带一路" 沿线国家的城市人口增长速度呈现出波动下降趋势，每五年的增速由 3.77% 下降至 2.04%。其中，1950～1970 年、1990～2000 年这两个时间段呈现较快的下降趋势，而 1970～1990 年、2000～2018 年呈现出相对和缓的下降趋势。与世界城市人口平均增速相比，二者均呈现出较为一致的下降趋势。"一带

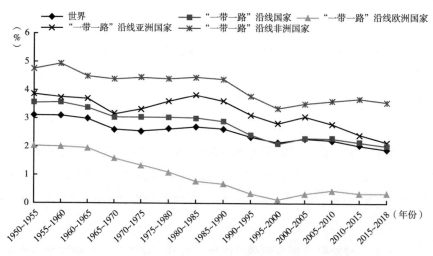

**图 2-3  1950～2018 年 "一带一路" 沿线国家城市人口增速演变**

一路"沿线国家的城市人口年均增速要明显高于世界城市人口年均增速，说明"一带一路"沿线国家的城市人口增速要快于世界平均水平。具体来看，"一带一路"沿线非洲国家的城市人口增速与"一带一路"沿线国家整体变化趋势较为一致，呈现出波动下降的趋势，但是，其城市人口增速要明显高于其他国家。"一带一路"沿线亚洲国家的城市人口增速则表现出较为剧烈的变化，1970～1985年是其城市人口增速较快的时期；其增速略低于非洲国家，但是要明显高于整体水平。"一带一路"沿线欧洲国家的城市人口增速则呈现出明显的下降趋势，尤其是1985年后增速已经降至1%以下。

## 三　"一带一路"沿线国家内部城市化发展绝对差异演进

为了进一步探究"一带一路"沿线不同国家城市化演进的绝对差异及动态变化，利用核密度估计分别对"一带一路"沿线国家的城市化率（反映城市化发展水平）和城市人口增速（反映城市化速度）进行分析评价。由于人口基数差异很大，城市人口规模的差异非常大，规模差异的比较意义不大，故没有选这个指标。为了刻画其整体演进形态和不同年份的对比，以每十年作为一个间隔，揭示"一带一路"沿线国家城市化动态演进的特征。

### （一）城市化率的核密度估计

由图2-4可知，核密度曲线呈现逐渐向右移动的趋势，表明"一带一路"沿线国家的城市化水平不断提升。整体来看，"一带一路"沿线不同国家城市化率的绝对差异呈现先扩大后缩小的变化趋势。具体来看，1950年核密度曲线呈现出单峰形态，波峰最高且波峰宽度较为陡峭，说明这一时期"一带一路"沿线国家大多数处于城市化初级阶段，差异较小。与1950年相比，1960年核密度曲线的波峰高度明显下降，波峰略向右移但是宽度有所扩大，表明绝对差异开始增加。与1960年相比，1970年和1980年核密度曲线的波峰均呈现逐期下降趋势，表明绝对差异进一步增加。1990年是重要的转折点，核密度曲线开始逐渐呈现较为和缓的双峰态势，表明出现两极分化趋势。2000年核密度曲线与1990年相比持续右移，波峰下降，表明绝对差异增加。与2000年相比，2010年核密度曲线仍然存在两个波峰，但是波峰的高度增加，表明"一带一路"沿线国家的城市化率虽然存在两极分化，但是绝对差异减小。与2010年相比，2018年核密度曲线的波峰高度有所增加，表明"一带一路"沿线国家内部城市化率的绝对差异进一步减小，而且两个波峰日趋消失，说明两极分化逐渐消失。进一步发现，2018年左边波峰右移，右侧波峰变化较小，这表明处于左边波峰区间的国家城市化水平进一步提高，而处于右边波峰区间的国家城市化则处于稳步发展阶段。

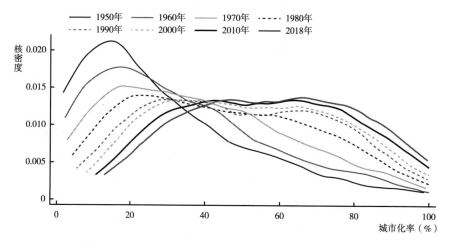

图2-4 "一带一路"沿线国家城市化率的核密度演进

（二）城市人口增长率核密度估计

从图2-5来看，1950~2018年"一带一路"沿线国家城市人口增长率的绝对差异呈现出先增加后减小的趋势，但是从20世纪80年代以后呈现明显的两极分化现象。具体而言，相比20世纪50年代，20世纪60年代的核密度曲线向右移动，并且变化区间有所增大，表明这一时期"一带一路"沿线国家内部的城市人口增长率绝对差异开始增加。相比20世纪60年代，20世纪70年代的核密度曲线波峰高度进一步下降，且变化区间进一步增大，表明绝对差异进一步增加。进入20世纪80年代，核密度曲线形成了两个波峰，波峰宽度开始变窄，表明在"一带一路"沿线国家内部的城市人口增长率开始出现两极分化现象但是绝对差异略微减小。20世纪90年代依然存在两个波峰，但是波峰高度有所增加且波峰变得陡峭，表明可能存在两极分化现象，但是绝对差异进一步减少。进入21世纪以后，核密度曲线两个波峰的特征开始变弱，且波峰宽度变小，表明绝对差异不断减小，但是可能仍然存在两极分化现象。2010年以来，形成了多个峰面，表明城市人口增长率存在较为显著的两极分化现象。但是相比2000年，波峰高度有所增加且更加陡峭，变化区间缩小，表明这一时期"一带一路"沿线国家的城市人口增长率的绝对差异进一步减小。

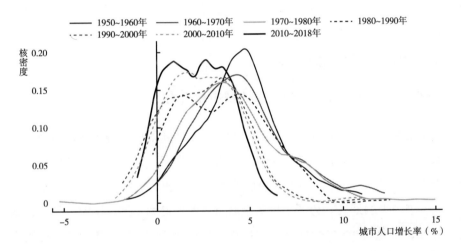

**图2-5 "一带一路"沿线国家城市人口增长率的核密度演进**

（三）发展阶段评价

世界城市化进程被认为遵循诺瑟姆曲线规律，会经历两个拐点，即城市化率分别为30%和70%时（陈明星等，2011）。当城市化率低于30%时，处于城市化初级阶段，发展速度较慢；当城市化率高于70%时，进入城市化成熟阶段，发展速度会变慢且稳定；当城市化率为30%～70%时，处于城市化加速发展阶段，也有学者将这个阶段以50%为界限分为两个阶段，即城市化率30%～50%为城市化快速增长期Ⅰ阶段，城市化率50%～70%为城市化快速增长期Ⅱ阶段（陈彦光、周一星，2005）。研究发现，"一带一路"

沿线国家正处于城市化发展的不同阶段，存在较大差异。具体来看，"一带一路"沿线的北欧、西欧即地中海沿岸、东南亚的部分国家，以及俄罗斯、日本、韩国等国家的城市化率已经超过 70%，甚至科威特、新加坡等国家的城市化率已经达到 100%。这不仅预示着这些国家已经处于城市化成熟阶段，而且也表明这些国家的城市化进程已经完成。东欧、中亚以及非洲西部海岸沿线、东南亚部分国家以及中国和朝鲜等国家处于城市化快速增长期 Ⅱ 阶段，城市化进程在持续推进中，但是增长速度放缓。非洲东部、东南亚以及南亚的部分国家主要处于城市化快速增长期 Ⅰ 阶段，城市化进入快速发展期，城市化进程加速推进。仅有少量位于非洲、西亚、南亚等地区的国家城市化率低于 30%，其中一些非洲国家城市化率甚至尚未达到 20%，表明这些国家尚处于城市化初级阶段。

## 四 "一带一路"沿线国家的城市化潜力

从前文分析来看，非洲、东欧、南亚、东南亚及中亚等地区的城市化发展水平虽然差异较大，但是未来具有较大的发展潜力。尤其是那些城市化率处于 30%~70% 的国家或地区，目前处于城市化加速推进阶段，是未来具有巨大发展潜力的地区。为了辨析未来城市化发展潜力较大的国家和地区，基于《2018 年世界城市化展望》中对 2035 年和 2050 年 "一带一路"沿线国家的城市化率和城市人口规模的预测，以 2018 年为基点，分别计算 2018~2035 年（近期）和 2018~2050 年（远期）"一带一路"沿线国家的城市化率增长量和城市人口增长量。研究发现，未来城市化具有较大的潜力的区域主要位于南亚、东南亚、东亚、西亚及非洲等地区。这些地区将会有数以千万计的农村人口转移至城市，是未来城市化潜力最大的区域。同时印度将会是未来城市化发展潜力最大的国家，中国次之，之后是尼日利亚、刚果民主共和国、巴基斯坦、印度尼西亚、孟加拉国等，多是人口规模较大的发展中国家，有望成为 "一带一路"沿线城市化发展的新引擎。近期城市化发展势头最好的国家有中国、尼日利亚、坦桑尼亚、孟加拉国，远期要加上印度等。

具体来看，从城市化率增长潜力来看，2018~2035 年城市化率增长潜力处于第一梯度的区域主要位于东南亚、南亚以及非洲的西部和南部地区，这些地区将是近期城市化率增幅较大的区域。例如，中国、纳米比亚、孟加拉国、坦桑尼亚、越南等国家的城市化率增幅超过 12%，预示着未来将有 12% 以上的人口由农村转移至城市。西亚、地中海沿岸、东南亚部分以及非洲北部等区域城市化率增长潜力处于第二梯度，具有较大的潜力。而以欧洲国家为代表的区域，城市化增长潜力较小。从远期来看，除西欧、北欧及南欧的部分国家外，其余欧亚大陆国家以及非洲国家均具有较大的发展潜力。例如，纳米比亚、孟加拉国、坦桑尼亚、越南、中国等国家的城市化率增幅超过 20%，是远期"一带一路"沿线国家城市化进程快速推进的代表性国家。

从城市人口规模增长潜力来看，近远期人口增幅最大的国家为印度和中国。2035 年印度将会有 2.15 亿人口由农村转移至城市，到 2050 年将增至 4.16 亿。2035 年中国将会有 2.2 亿人口由农村转移至城市，到 2050 年会增至 2.55 亿。从这一层面来看，印度将会成为未来城市人口规模增长潜力最大的国家。尼日利亚、印度尼西亚、巴基斯坦及刚果民主共和国是城市人口规模增长潜力处于第二梯度的国家，有超过 8000 万以上的人口由农村转移至城市，具有较大的发展潜力。此外，许多位于东南亚、西亚、南亚、非洲的国家会有超过 1000 万以上的人口由农村转移至城市，虽然规模较小，但是仍然具有一定的发展潜力。例如，菲律宾、土耳其、孟加拉国、埃及等国家超过 4000 万人口将于 2050 年由农村转移至城市，这些国家同样具有较大的发展潜力。值得注意的是，以日本、乌克兰、保加利亚为代表的一些国家人口规模增长潜力有限，未来的城市人口规模呈现明显的缩减趋势。

## 第二节 "一带一路"沿线城市体系变动及其发展潜力

在前文的基础上，本节进一步基于联合国发布的《2018 年世界城市化展望》（World Urbanization Prospects 2018）对亚洲、欧洲、非洲三大洲的 145 个国家和地区的城市体系变动及其发展潜力进行分析。

## 一 "一带一路"沿线城市数量变动与质量提升

以城市人口30万人以上为标准,对全球及"一带一路"沿线城市的发育情况进行分析。首先,从城市数量来看,1950年以来全球特别是"一带一路"沿线城市快速发展,人口30万人以上的城市快速增加,从1950年的306个增长到2015年的1774个,增长了4.8倍;而"一带一路"沿线城市也呈现出了类似趋势,从1950年的229个增至2015年的1402个,增长了5.1倍,占全球人口30万人以上城市总量的比重从74.8%增至79.0%。就不同规模城市的数量而言,1950~2015年,30万~50万人、50万~100万人、100万~500万人、500万~1000万人、1000万人以上的城市数量分别增长了5.5倍、5.5倍、6.4倍、9.0倍、14.5倍;同期,"一带一路"沿线相应规模的城市则分别增长了5.8倍、5.7倍、7.0倍、8.5倍、23.0倍。可以看出,"一带一路"沿线不同规模城市的增长速度快于全球相应规模城市的增长速度,且城市规模越大,其数量增加越快,呈现出明显的大城市优先发展趋势,特别是100万人以上的大城市和特大城市增长最为明显。

从空间分布来看(见图2-6),"一带一路"沿线人口30万人以上的城市表现出明显的空间分布不均衡。东亚和南亚凭借庞大的人口规模,人口30万人以上的城市数量分别达到473个和239个,占2015年"一带一路"沿线人口30万人以上城市数量的比重分别为33.7%和17.0%,二者合计超过50%,可见东亚和南亚是"一带一路"沿线城市人口分布最集中的地区,其中,中国和印度此类城市数量较多。而南非、中亚、中非、北欧等区域人口30万人以上的城市数量则相对较少,分别仅占2015年"一带一路"沿线人口30万人以上城市数量的1.1%、1.1%、2.7%、2.8%。就不同规模城市的空间分布来看,东亚和南亚不同规模等级的城市分布为:30万~50万人的城市分别有168个和39个,50万~100万人的城市分别有172个和65个,100万~500万人的城市分别有110个和67个,500万~1000万人的城市分别有15个和6个,1000万人以上的城市数量分别为23个和15个,二者合计分别占对应规模城市数量的46.9%、52.1%、53.5%、61.8%和

65.2%。可见，规模等级越高的城市在东亚和南亚的分布越集中。而其他区域，特别是南非和中亚的城市最少，人口 30 万人以上的城市均仅有 16 个，且均没有人口超过 500 万人的城市，一定程度上也反映了这些地区的经济发展水平相对较低，人口规模较小。

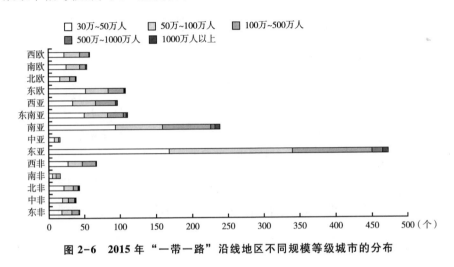

**图 2-6 2015 年 "一带一路" 沿线地区不同规模等级城市的分布**

"一带一路"沿线城市不平衡发展不仅表现在数量上，还突出表现在全球城市的控制力上。基于 2000~2018 年 GaWC 排名结果，可以发现 2000~2018 年 "一带一路" 沿线国家的世界城市（不含中国）数量呈持续、稳定的增加趋势（见图 2-7）。2000 年进入榜单的有 134 个世界城市，到 2018 年世界城市数量为 208 个，新增了 74 个世界城市；从占比情况来看，"一带一路"沿线世界城市在 GaWC 排名城市中所占比重逐年提高。尽管"一带一路"沿线国家的世界城市数量占优势，但总体城市等级仍处较低水平，融入全球化程度依然有待提高。例如，2018 年 "一带一路" 沿线国家世界城市进入 GaWC 榜单的 208 个城市中，准世界城市有 87 个，占 42%。同时，"一带一路"沿线国家世界城市的区域分布不均衡。目前世界城市主要集中分布在欧洲地区，2018 年欧洲地区的世界城市数量最多，有 112 个；其次为亚洲，有 66 个世界城市；非洲地区的世界城市最少，只有 30 个。

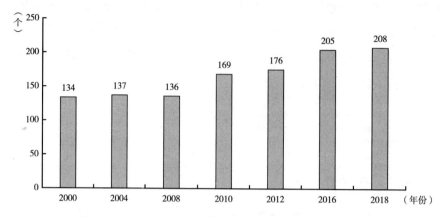

图 2-7　2000~2018 年"一带一路"沿线进入 GaWC 榜单的
世界城市（不含中国）数量

## 二　"一带一路"沿线不同规模等级城市的人口规模变动

从不同规模等级城市的人口变化来看，1950 年以来，全球 30 万人以下城市的人口数量持续减少，占世界城市人口的比重从 1950 年的 60.0%降至 2015 年的 42.5%；与此同时，超过 100 万人的城市人口则持续增加，占世界城市人口的比重从 1950 年的 24.4%增至 2015 年的 41.1%，特别是 1000 万人以上的城市人口增长最快，占世界城市人口的比重增加了 8.5 个百分点。而"一带一路"沿线城市的人口增长规律类似于世界城市人口增长规律，30 万人以下的城市人口持续减少，其占比从 1950 年的 62.5%降至 2015 年的 44.3%；同期，100 万人以上的城市人口占比从 21.4%增至 39.0%，1000 万人以上的城市人口增长较快，其占比增加了 9.5 个百分点。可见，不论是世界城市还是"一带一路"沿线国家（地区）的城市都表现出了向 100 万人以上的大城市，特别是特大城市快速集聚的趋势，这与前文大城市数量快速增加的趋势相一致。

分区域来看，不同区域不同规模等级城市的人口变动情况并不完全一致（见图 2-8）。总体来看，除了北欧，全球 30 万人以下城市人口占该区域城市人口的比重普遍降低。其中，中非降幅最为明显，从 1950 年的 100%降至

2015 年的 34.7%，也就是说 1950 年中非没有人口超过 30 万人的城市，而 2015 年 30 万人以上城市人口比重已达到 65.3%；西非、东非、西亚降幅也较为明显，都超过了 30 个百分点，可见这些地区 30 万人以上城市快速发展；北欧则增加了 9.5 个百分点，这得益于北欧对中小城市发展的重视；西欧、南欧、东南亚、北非 30 万人以下城市人口减少速度也相对较慢，降幅不到 10 个百分点。对于 30 万人以上的城市而言，亚欧非三大洲的情况差异较为明显。对于亚洲 30 万人以上的城市而言，除了东南亚 100 万～500 万人和西亚 30 万～50 万人、50 万～100 万人城市人口占区域人口的比重降低外，其他区域不同规模城市人口占区域城市人口的比重总体呈增加趋势，可见亚洲仍然处于快速城市化进程中；与亚洲有所不同，总体来看，欧洲 100 万人以上城市的人口占比下降较明显，同时呈现出不同区域不同规模等级城市交替变化的现象，既有 500 万～1000 万人大城市人口占比下降，也有 30 万～50 万人中小城市人口占比增加，这在一定程度上也反映了欧洲城市发展的不平衡和差异性，如东欧、北欧、西欧的 500 万～1000 万人城市人口占比发生下降，而东欧和南欧 30 万～50 万人中小城市人口占比增加；非洲区域，北非城市人口占该区域城市人口比重降低比较明显，50 万～100 万人和 100 万～500 万人的城市人口占比下降，但整体仍呈增加趋势。此外，一些区域由于 1950～2015 年一直没有相应规模等级的城市形成，其人口占比未发生变化，这些城市主要是 500 万人以上的特大城市，如东非、南非、西非、中亚、北欧和南欧，一定程度上也还是发展相对较为落后的地区。

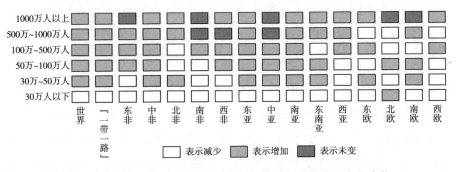

图 2-8 1950～2015 年不同区域不同规模等级城市人口占比变化

### 三 "一带一路"沿线的城市规模分布特征

为了充分了解"一带一路"沿线国家的城市体系特点，本研究除了分析不同规模等级城市的数量外，还利用位序—规模分布方法从整体上考察"一带一路"沿线国家的城市规模结构。位序—规模分布法则从城市的规模和城市规模位序的关系来考察城市体系的规模分布，公式为（许学强等，2009）：

$$\ln P_i = \ln P_1 - q \ln R_i \tag{3}$$

其中，$P_i$ 是第 $i$ 位城市的人口；$P_1$ 为人口规模最大的城市；$R_i$ 为第 $i$ 城市的位序；q 为常数。当 q>1 时，表明城市人口分布较集中，大城市较突出，中小城市发育不够，首位度较高；当 q<1 时，表明城市人口分布较分散，高位次城市不突出，中小城市有一定程度的发育；当 q＝1 时，表示首位城市与最小城市的人口规模之比恰好为区域内整个城市体系的城市数目。

可以发现，145 个沿线国家的城市化快速发展，城市人口快速增加，城市人口数量均小于 30 万人规模的国家从 1950 年的 71 个降至 2015 年的 27 个；其中，减少的这 44 个国家均仅有 1 个 30 万人以上的城市（q＝0）。总体来看，这些没有 30 万人以上城市以及仅有 1 个 30 万人以上城市的国家主要分布在东非、西非、南欧、西亚、中非等地区，除了个别国家属于发达国家外，大部分国家仍为欠发达国家，经济发展还相对落后。

与 1950 年相比，2015 年绝大多数国家的 q 值呈减小趋势。在剔除没有 30 万人以上城市以及仅有 1 个 30 万人以上城市的国家后，74 个国家中有 73% 的国家 q 值减小，说明多数国家的城市发展趋于均衡，不再是单纯地集中在少数大城市，这其实与城市化发展下城市数量增加的趋势相一致。就 2015 年的具体情况来看，q>1 的国家有 45 个，表明这些国家的城市分布比较集中，大城市突出，中小城市发育不够，首位度较高；从空间分布来看，这些国家主要分布在西亚、西非及东非等地区，绝大多数国家相对来说人口规模和面积较小，而且经济发展相对落后；q<1 的国家主要

集中分布在欧洲，特别是西欧和南欧等区域，这些国家的中小城市有一定程度的发育。

## 四　"一带一路"沿线未来城市体系变动趋势

随着"一带一路"沿线国家经济发展水平不断提高，"一带一路"沿线国家的城市化将快速推进，城市数量进一步增加。据预测，到2035年，"一带一路"沿线超过30万人的城市将增加到1906个，比2015年增加504个。其中，1000万人以上的城市达到40个，占全世界1000万人以上城市总数的83.3%；500万～1000万人的城市达到73个，占世界相应规模等级城市总数的78.1%；100万～500万人的城市达到501个，占世界相应规模等级城市总数的78.4%；50万～100万人的城市达到639个，占世界相应规模等级城市总数的84.4%；30万～50万人的城市达到669个，占世界相应规模等级城市总数的79.1%。总体而言，未来"一带一路"沿线城市将在世界城市发展格局中愈加突出，特别是绝大多数1000万人以上的超大城市将分布在"一带一路"沿线国家，且具有较大的发展潜力。

从城市的分布来看（见图2-9），到2035年，"一带一路"沿线30万人以上的城市仍主要分布在东亚、南亚、东南亚、西亚、西非、东欧及东非等区域，这些区域的城市数量占"一带一路"沿线城市总量的比重均在5%以上。从增速来看，2015～2035年，东非、西非、南亚等地区的城市数量增长迅速，占"一带一路"沿线城市数量的比重均增加1个百分点以上，而东亚、东欧、西欧、南欧、北欧及南非等区域的城市数量占"一带一路"沿线城市数量的比重呈减小趋势，表明这些地区未来城市数量的增速放缓。就不同规模城市的空间分布而言，可以发现，2035年不论哪个规模等级的城市在东亚、南亚和东南亚都有一定的分布；除了这三个区域外，非洲也将出现1000万人以上的超大城市，如东非和中非均会增加1个1000万人以上的超大城市，分别为安哥拉的罗安达和刚果的金沙萨；1000万人以上的城市除了集中分布在东亚和南亚等区域外，在东非和西非数量也较多，分别达到5个和8个；100万～500万人的城市除了集中分布在东亚、南亚外，在西亚、东南亚、西非及东欧、中非、东非等区域也较多；50 万~100 万人的城市除了集中分布在东亚、南亚和东南亚三个区域外，在西非、西亚、东非、东欧、北非、南欧和西欧等亦较多，均超过了 20 个；30 万~50 万人的小城市除了主要集中分布在东亚、南亚和东南亚外，在东欧、西亚和西非也有较多。总体来看，未来亚洲和非洲 500 万人以上的特大城市和超大城市将会占较大比重，而欧洲该比重相对较小。

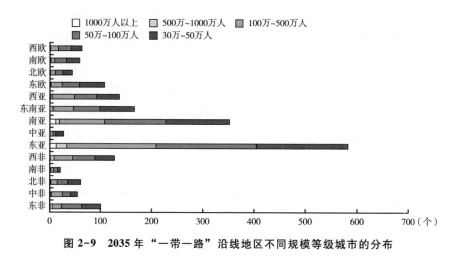

**图 2-9　2035 年"一带一路"沿线地区不同规模等级城市的分布**

每个等级的城市数量都在增长，但不同等级城市人口增长情况却不完全相同（见图 2-10）。总体来看，2035 年"一带一路"沿线国家（地区）的人口主要分布于 30 万人以下的城市和 100 万~500 万人的城市，两者合计占 60.2%。与 2015 年相比，不同规模等级城市人口所占"一带一路"沿线城市总人口的比重的增长趋势并不一致，其中 30 万人以下、30 万~50 万人以及 50 万~100 万人的城市人口比重均呈减小趋势，而 100 万人以上的城市人口占比均呈增加趋势，表明未来"一带一路"沿线城市人口将进一步向大城市集聚。

与此同时，利用位序—规模法考察"一带一路"沿线国家 2035 年的城市规模结构。可以发现，城市人口规模均小于 30 万人的国家有 44 个，仅有 1 个 30 万人以上城市的国家有 27 个，与 2015 年相比没有发生明显变

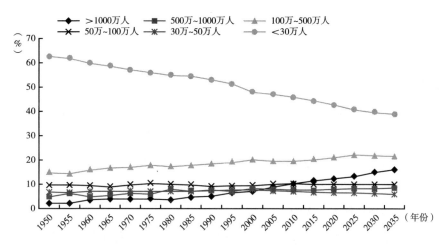

图 2-10 1950~2035 年不同规模等级城市所占"一带一路"沿线城市人口的比重

动,表明这些国家的城市发育趋于停滞或稳定。而与 2015 年相比,在剔除没有 30 万人以上城市以及仅有 1 个 30 万人以上城市的国家后,2035 年 74 个国家的 q 值平均值呈减小趋势,从 2015 年的 1.24 降至 2035 年的 1.22,降幅并不明显,表明"一带一路"沿线城市的规模结构趋于稳定。其中,48.6%的国家 q 值减小,说明这些国家的城市发展趋于均衡,与城市化发展下城市数量增加趋势相一致,除乌兹别克斯坦因 30 万~50 万人的城市数量增加较多导致其位序规模指数的下降幅度比较突出外,其他国家(地区)的 q 值降幅均较小。而 51.4%的国家 q 值增加,表明这些国家的城市发展趋于集中,人口呈现向高等级城市集中的趋势,但总体来看这些国家的 q 值增幅并不明显。因为变动不是很突出,2035 年 q 值的空间分布格局基本与 2015 年保持一致。

## 第三节 "一带一路"沿线城市航空网络 特征及中国对外联系

随着经济全球化的不断深入,劳动分工催生的生产网络不断强化城市间的经济联系，大量基础设施建设与互联网的发展加速了城市之间物质和信息的流动，以全球生产网络为主体，以基础设施网络为支撑的区域性、全国性和全球性的城市网络（Urban Network）出现（李仙德，2015）。城市网络反映了全球化时代一种新的城市空间格局，城市作为网络的节点，其在网络中的地位将不再由城市的形态和功能所主导，而是被穿行在城市之间的各种流所主导，城市的本质属性更多地表现为网络的连通性（Taylor，2004）。城市网络成为城市科学研究领域关注的热点，诸多学者从企业网络、航空网络、互联网等视角考察了世界城市网络（Matsumoto，2007；王聪等，2014；刘涛等，2015；张凡，2016）。

"一带一路"是中国为推动经济全球化深入发展而提出的国际区域经济合作新模式。作为"一带一路"倡议的五个重点合作领域之一，基础设施互联互通是"一带一路"建设的优先领域，包括陆运、水运、客运、能源管道和通信干线等基础设施建设。在此背景下，基础设施网络成为中国加强对外联系的首要途径，也是促进政策沟通、设施联通、贸易畅通、资金融通和民心相通的基本条件。因此，在"一带一路"背景下，一个亟待研究的科学问题即厘清中国对外基础设施互联互通的基本情况。

近年来，"一带一路"倡导的全球区域合作极大地促进了我国对外航空运输的发展。中国民航总局等发布《中国民用航空发展第十三个五年规划》，按照"一带一路"倡议和全面对外开放新格局的要求，统筹制定国际航空运输开放政策，构建通达全球的航线网络，建立通畅的空中丝绸之路，实现"一带一路"沿线国家的互联互通，具体措施包括重点增加至欧美航线航班的密度，积极推进周边区域航空一体化，加强与南亚、中亚、西亚等地区的航空联系，增加至南美、非洲的国际航线。以建设国际枢纽为目标，培育网络型航空公司与低成本航空公司共同发展的多层次、广覆盖、差异化国际航空运输服务体系，提高国际航空枢纽的竞争力。在此背景下，中国国际航空网络得以拓展。截至 2016 年底，我国共有国际航线 739 条，相比 2013 年增长了 73%。我国已与 62 个"一带一路"沿线国家签订了双边航空运输协定，与 45 个国家实现空中直航，每周共有约 5100 个航班（《2016 年民航行业发展统计公报》)。

基于此,为了厘清中国与"一带一路"沿线国家的航空基础设施互联特点,本节重点从国际航空客流的视角对"一带一路"国际航空网络结构、联系特征、枢纽识别等展开深入的分析。

## 一 "一带一路"沿线航空网络研究进展概述

一般而言,不同基础设施互联方式所构成的网络在联系对象、联系范围、空间结构等方面存在不同特点(Taaffe,1996),但总体可以归纳为容量网络(capacity network)和流量网络(flow network)两种类型(Neal,2013)。容量网络指的是由基础设施本身连接而形成的网络,强调网络中的节点和线路,以公路网、铁路网、管道和通信网络为代表。而流量网络则是实际交通流量所构成的网络,更强调节点之间的关系,以海运和航空网络为代表。本研究从流量网络的研究视角,以"一带一路"国际航空网络为具体研究对象,探讨中国对外基础设施互联互通的空间格局。这一选择是出于以下两点考虑:第一,航空运输凭借高速性在长距离交通运输方面占据了主导地位。在速度经济时代,航空运输的重要性逐步提升。据国际民用航空组织(ICAO)统计,2013 年全球航空运输量仅占全球贸易量的 0.5%,附加值却占 35%。此外,将航空运输作为媒介考察城市间或者国家间的联系日益受到学术研究的关注(Keeling,1995)。第二,与海运网络相比,航空网络在覆盖的地域范围和反映的联系类别上具有显著的优势。一方面,相较于海运网络只能反映港口城市之间的联系,航空网络能覆盖更广范围,尤其是众多在全球体系中扮演重要角色的内陆城市。另一方面,国际航空网络包含了客运网络和货运网络,能同时从人员流和货物流两个维度勾勒出中国对外联系的地理轮廓。

国内外学术界针对全球范围内的航空网络已有丰富的实证研究。其中 Cattan(1995)利用欧洲 90 个主要城市之间的国际航班数据,分析了欧洲城市之间的吸引机制和国际化的特征,表明欧洲城市网络是建立在各国本身城市体系的基础上的。Shin 和 Timberlake(2022)则类似地从城市间国际客流量入手，考察了亚洲城市与世界主要城市之间的联系，认为亚洲城市在世界城市网络中的层次逐步提高。Matsumoto（2004）在考虑国际航空客流量的基础上加入货流量这一指标，分别考察了亚洲、欧洲、美洲三大区域内航空客货流网络发展情况，进而对三大区域内的九个枢纽城市的能级进行了评估。相较于国内航空市场，中国民航的国际航线开启时间较晚，20 世纪 90 年代才进入较快的发展期，航线从 1990 年的 44 条增加到 1996 年的 98 条，2002 年进一步增加到 161 条（王成金、金凤君，2005）。从航线结构来看，周一星和胡智勇（2002）最早关注到中国国际航线呈现高度极化特征。其中，2001 年，京津冀和长三角是国际航线最主要的来源地，两者占全国的比重达到 40% 以上；而在省域层面，省会城市在国际航线方面占据绝对主导地位，在多数省份，省会城市甚至成为唯一开通国际航线的城市。王成金和金凤君（2005）进一步探讨了中国对外航空联系的空间地域特征：一是东部地区仍然是国际航空联系集中的区域，但其国际客流占全国的比重逐渐下降，中部和西部地区逐渐参与国际联系；二是从对外联系方向上看，东亚是中国城市对外联系的主要区域，而与北美的联系日益增多。在数据统计分析的基础上，有学者引入网络分析工具，对中国国际航空网络进行分析。例如，吴晋峰等（2012）将国际航空联系所涉及的 49 个国内城市与 110 个国际城市全部纳入一个网络分析框架中，研究发现中国与东亚和东南亚城市之间的联系最为紧密。洲际层面上，中国城市与北美洲的联系最为密切，与欧洲、大洋洲、非洲的联系较少，与南美洲尚无航空联系。王姣娥等（2015）重点考察了国内城市与"一带一路"沿线城市的航空联系，发现国内城市对外航空联系以客运联系为主，货运联系的强度和广度较弱。同时，上海、北京和广州是对外航空客运的枢纽，上海是对外航空货运的枢纽。张凡等（2016）将中国城市对外的航空客运联系作为衡量城市关系的指标，借鉴社会网络分析中的 2-模网络概念构建了中国城市对外联系网络，并对网络的结构特征和演化规律进行了分析。研究结果表明，中国城市对外联系网络表现为"北京—上海—广州"三中心结构。除中心城市外，西部城市上升势头迅猛，网络呈现多元化发展趋势。此外，中国城市对外联系的主要对象逐渐从东南亚向东亚转移，并形成以首尔为核心的网络结构。同时，中国城市对外联系以强化区域内部联系为主，洲际联系发展滞后。此外，对中国航空网络结构的研究维度还包括拓扑特征（周蓓，2006；Bowen，2000）、航空网络的"轴—辐"系统（金凤君等，2005）、航空枢纽的甄别（Wang et al.，2011）、航空网络的复杂性（刘宏鲲和周涛，2007；王姣娥等，2009）。

## 二 研究对象、数据来源与研究方法

本部分根据《2015 年世界城市化展望》中对全球城市人口的统计，筛选出 353 个 100 万人口以上的大城市作为研究样本，包含了五大洲的 353 个城市。航空客流数据来自 2014～2018 年的 Official Aviation Guide（OAG），包括全球航空公司的航线、航班、客流量、主基地航空公司占比、中转率等，通过对数据进行分析，梳理 2014～2018 年国际航空客运网络的空间格局，并对中国"十三五"规划中提出的十大枢纽机场进行识别。

本节采用网络结构分析方法，将中心度模型中的度数中心度与中间中心度作为衡量指标。

### 1. 度数中心度

度数中心度是指网络中与某一点直接相连接的其他点的个数。在网络中，与某一点相连接的点越多，该点的度数中心度越高，代表该点在网络中的覆盖面越广。其中，网络中某个城市 $i$ 的度数中心度 $C(N_i)$ 可以表示为：

$$C(N_i) = \sum_j X_{ij}$$

其中，$N$ 为选取的样本总数。

### 2. 中间中心度

中间中心度是指网络中的点在多大程度上位于其他城市的中间，即中间性（Betweenness），反映了该点在网络中的"中介"作用。网络中某个城市的中间中心度可以表示为：

$$CABI = \sum_{j}^{n} \sum_{k}^{n} g_{jk}(i) / g_{jk}$$

其中，$g_{jk}$ 是城市 $j$ 与 $k$ 之间捷径的数量，$g_{ik}$（$i$）是点 $j$ 和 $k$ 之间经过点 $i$ 的捷径数量。

3. 全球国际航空网络特征

本节通过将 O-D 矩阵导入 GEPHI 网络分析软件，结合《2015 年世界城市化展望》中对全球城市人口的统计，筛选出 353 个 100 万人口以上的城市，将 2018 年这些城市的航班、航线等数据网络可视化，并进行描述性分析。

## 三 国际航空网络的空间分布

图 2-11 展示了 2018 年全球航空网络中重要的节点城市的空间分布特征。总体来看，全球城市航空网络的主要空间分布特征如下。

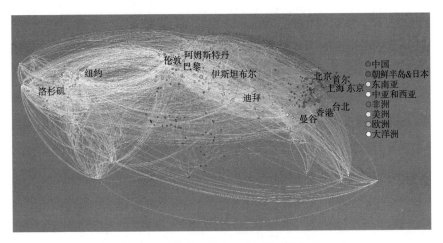

**图 2-11 2018 年全球城市航空网络空间格局示意**

第一，全球航空网络中重要的节点城市主要是分布在欧洲、美洲、亚洲的门户城市或首位城市。亚洲形成了以迪拜、首尔、香港、曼谷、新加坡、东京、上海和北京为枢纽的格局，并且在过去五年中这一格局没有明显的变化。亚洲主要枢纽城市的航线数量除迪拜外均不及其他大洲枢纽城市，但内部网络联系紧密。美洲的主要枢纽城市多伦多、洛杉矶和纽约与其他大洲主要城市均有航线往来，其中纽约与欧洲的航空联系更为密切。欧洲形成了以伦敦、巴黎、阿姆斯特丹、伊斯坦布尔为枢纽的格局。欧洲城市内部之间的航空网络密集程度较其他大洲更高，其中阿姆斯特丹和伦敦 2018 年往来旅客量达到 376. 39 万人次。

第二，迪拜、伊斯坦布尔位于全球航空网络中的中心地带。从地理位置来看，迪拜与伊斯坦布尔位于网络的中心，是全球航空联系的重要中转节点。

第三，非洲、大洋洲在网络中的竞争力较弱。受到地理位置限制，大洋洲的城市在网络中地位较低。非洲诸多城市经济欠发达，所以在网络中的地位同样不突出。

## 四 "一带一路"沿线的国际航空网络特征

"一带一路"沿线的国际航空网络是全球航空网络的重要组成部分，本部分在全球 353 个 100 万人口以上的大城市的基础上进一步筛选出 294 个"一带一路"沿线城市，构建相应的国际航空网络，并通过加权中心度和中间中心度的计算，对网络中的中心城市和中转枢纽进行识别。

（一）"一带一路"沿线的国际航空网络中心城市识别

"一带一路"沿线的国际航空网络中心城市是指拥有最高航空客流量的城市，以 2018 年国际航空客流量数据为基础，首先计算网络的度数中心度，再将城市实际客流量作为权重加入计算，得到所有城市的加权中心度，最后为方便结果展示，以实际计算得分最高的城市上海为 100，按比例折算后得到所有城市的加权中心度，并挑选前四十名城市进行展示（见表 2-2）。因此，加权中心度反映了联系广度和强度，从具体结果来看，"一带一路"沿线的国际航空网络中心城市主要具备以下特征。

表 2-2 "一带一路"沿线的国际航空网络加权中心度排名前四十城市

| 排名 | 城市 | 加权中心度 | 排名 | 城市 | 加权中心度 |
|------|------|-----------|------|------|-----------|
| 1 | 上海 | 100.00 | 21 | 昆明 | 36.99 |
| 2 | 北京 | 92.40 | 22 | 杭州 | 35.61 |
| 3 | 伦敦 | 84.18 | 23 | 伊斯坦布尔 | 33.13 |
| 4 | 东京 | 71.60 | 24 | 米兰 | 31.59 |
| 5 | 广州 | 61.35 | 25 | 莫斯科 | 31.41 |
| 6 | 曼谷 | 56.84 | 26 | 吉隆坡 | 31.41 |
| 7 | 首尔 | 55.76 | 27 | 孟买 | 30.48 |
| 8 | 香港 | 54.35 | 28 | 巴塞罗那 | 29.96 |
| 9 | 深圳 | 50.15 | 29 | 阿姆斯特丹 | 29.80 |
| 10 | 巴黎 | 49.89 | 30 | 南京 | 26.73 |
| 11 | 雅加达 | 49.81 | 31 | 马德里 | 26.31 |
| 12 | 成都 | 47.63 | 32 | 厦门 | 26.24 |
| 13 | 新加坡 | 47.51 | 33 | 罗马 | 25.86 |
| 14 | 台北 | 45.08 | 34 | 海口 | 25.20 |
| 15 | 圣保罗 | 41.55 | 35 | 青岛 | 24.98 |
| 16 | 迪拜 | 41.42 | 36 | 柏林 | 24.41 |
| 17 | 西安 | 39.48 | 37 | 里约热内卢 | 23.84 |
| 18 | 重庆 | 37.97 | 38 | 郑州 | 23.22 |
| 19 | 德里 | 37.65 | 39 | 胡志明市 | 23.16 |
| 20 | 大阪 | 37.26 | 40 | 长沙 | 22.76 |

第一，国内城市成为网络中最为活跃的中心城市，在流量上具备一定的主导地位。上海是"一带一路"沿线的国际航空网络中加权中心度最高的城市，北京紧随其后，位居第二。这一结果表明上海和北京与"一带一路"沿线城市的航空联系在广度和强度上都具有明显的优势。北京作为首都，其对外航空联系的广度要优于上海。但上海与东亚区域内，尤其日韩方向上的城市具有极高的联系强度，客流量优势明显，因此综合来看，上海的加权中

心度得分高于北京。此外，我国在加权中心度排名前四十的城市中占据了17席，在加权中心度排名前二十名的城市中占据了9席，在加权中心度排名前十名的城市中占据了5席。由此可见，国内城市整体上在网络中占据了较为中心的地位，拥有较高的流量。因此，"一带一路"倡议实施后的五年时间里，我国国际航空网络的拓展基本上符合"一带一路"倡议所搭建的空间框架，实现了对外航空联系的快速发展，与"一带一路"沿线城市的互联互通水平日益提高。

第二，全球范围内中心城市仍然集中分布在西欧、东亚和东南亚。除我国城市外，其他"一带一路"沿线的中心城市仍然以西欧、东亚和东南亚的城市为主。加权中心度排名前四十的城市中有一半来自上述三个区域。伦敦、东京和巴黎这样的传统全球城市依然是网络中加权中心度较高的一批城市。首尔、新加坡这类亚洲新兴城市以及米兰、巴塞罗那、阿姆斯特丹和马德里等西欧城市则紧跟传统全球城市之后，同样在网络中占据了相对中心的位置。巴西和印度的人口规模和经济体量较大，德里、孟买、圣保罗和里约热内卢等这类城市的加权中心度也排前四十名。相对而言，同样作为"一带一路"沿线重点联系对象的中亚、西亚和非洲城市在网络中加权中心度较低，相对处于边缘位置。事实上，国内城市与上述区域的联系不断加强。中亚、西亚和非洲城市在"一带一路"航空版图上"隐身"的原因在于这些地区大多城市经济不发达，缺乏与除中国城市外的其他世界城市的联系。

（二）"一带一路"沿线国际航空网络中转枢纽识别

借助加权中心度可以识别"一带一路"沿线的国际航空网络中拥有主要流量的中心城市。网络中城市还有另一种属性，即城市的中介性或者作为中转枢纽的能力。中间中心度作为反映城市中介性的指标，体现的是城市作为关键桥梁桥接其他城市的能力。表2-3为计算出的"一带一路"沿线的国际航空网络中间中心度排名前四十城市，主要表现出以下特征。

表 2-3 "一带一路"沿线的国际航空网络中间中心度排名前四十城市

| 排名 | 城市 | 中间中心度 | 排名 | 城市 | 中间中心度 |
|---|---|---|---|---|---|
| 1 | 巴黎 | 118.08 | 21 | 汉堡 | 107.44 |
| 2 | 新加坡 | 115.26 | 22 | 约翰内斯堡 | 106.85 |
| 3 | 阿姆斯特丹 | 114.70 | 23 | 布鲁塞尔 | 106.40 |
| 4 | 东京 | 114.31 | 24 | 华沙 | 105.52 |
| 5 | 北京 | 114.31 | 25 | 曼谷 | 104.07 |
| 6 | 马尼拉 | 113.20 | 26 | 维也纳 | 103.11 |
| 7 | 上海 | 112.53 | 27 | 巴塞罗那 | 102.53 |
| 8 | 伦敦 | 112.53 | 28 | 苏黎世 | 102.42 |
| 9 | 首尔 | 112.53 | 29 | 慕尼黑 | 102.01 |
| 10 | 香港 | 112.53 | 30 | 曼彻斯特 | 101.86 |
| 11 | 米兰 | 110.94 | 31 | 布拉格 | 101.13 |
| 12 | 莫斯科 | 110.28 | 32 | 孟买 | 99.88 |
| 13 | 马德里 | 110.09 | 33 | 布达佩斯 | 99.25 |
| 14 | 柏林 | 109.91 | 34 | 台北 | 98.85 |
| 15 | 吉隆坡 | 109.29 | 35 | 雅加达 | 98.74 |
| 16 | 罗马 | 109.13 | 36 | 大阪 | 97.76 |
| 17 | 哥本哈根 | 108.83 | 37 | 斯德哥尔摩 | 95.64 |
| 18 | 广州 | 107.73 | 38 | 圣彼得堡 | 92.85 |
| 19 | 迪拜 | 107.50 | 39 | 圣保罗 | 92.79 |
| 20 | 德里 | 107.50 | 40 | 胡志明市 | 88.90 |

第一，我国城市作为中转枢纽的中介性偏弱。尽管我国城市的加权中心度较高，但普遍中间中心度偏低，仅有 5 个城市进入了中间中心度排名前四十名，大陆地区更是只有北京、上海和广州 3 个城市入围。北京的中间中心度为 114.31，超过了上海的 112.53，位居第五名。由此可见，不同于加权中心度体现出的高强度优于高广度的特点，北京对外航空联系在广度上的优势更有助于其发挥中转枢纽的作用，上海的中介性则相对弱一些。

第二，首都城市在"一带一路"沿线城市中可以发挥中转枢纽作用。在中间中心度排前四十名的城市中，绝大部分城市都是首都城市。这说明国家首都作为政治中心，一般承担对外交流的功能作用，具备相对广泛的航空流分布范围，更有机会成为"一带一路"沿线城市中主要的中转枢纽，将更多的城市串联在一起。

## 五　国内核心城市与"一带一路"沿线城市航空联系特征

20世纪80年代我国国际航空发展开始起步。据国际民航组织的统计数据，1990年我国大陆国际航线共38条，国际航空客流量达54.2万人次。1995年，我国大陆国际航线发展到71条，国际航空客流量达到302.5万人次。21世纪初期，我国大陆国际航线发展到108条，国际航空客流量增长到625.2万人次。2000~2005年我国大陆国际航空发展迅速，2005年，国际航线增加至383条，约是2000年航线数的3.5倍；国际航空客流增加至2616.8万人次，约是2000年的4.2倍。2010年，我国大陆国际航线增加至486条，国际航空客流量增加至3494.5万人次。2010~2016年我国大陆国际航空进一步发展。2016年，我国大陆国际航线增加至969条，约是2010年的2倍；国际航空客流量增加至6807.3万人次，约是2010年的2倍。

1995年，我国共有11个城市与国际城市有航空联系，主要集中为与东南亚城市的联系。这一时期，北京的对外联系覆盖范围相对最广，与东京的联系量排首位。总体而言，我国城市联系的国际城市分布相对集中但是也有差别，沈阳仅联系韩国城市，大连仅联系日本城市，青岛与日本和韩国城市均有联系，天津与欧洲城市基辅有航空联系，厦门联系城市为马尼拉和阿布扎比，乌鲁木齐作为我国西北重要城市，这一时期与中亚哈萨克斯坦的阿拉木图有航空联系。

2000年，我国共有18个城市与国际城市有航空联系。联系较为密切的航线有：北京—东京、北京—首尔、北京—新加坡、北京—法兰克福、上海—东京、上海—大阪。东北地区新增长春与呼和浩特，长春联系城市为首尔，哈尔滨联系城市为蒙古乌兰巴托。西北地区新增西安，其主要联系的国际城市为东京。西南地区新增城市为重庆，其联系的国际城市为韩国首尔。这一时期，国内热门旅游城市也有国际航线，新增城市包括桂林和三亚，这两个城市的国际航空联系城市均为韩国首尔。

2005 年，我国共有 37 个城市同国际城市有航空联系。联系量较为集中的航线是北京—首尔、北京—东京、北京—新加坡、上海—东京、上海—首尔、上海—新加坡、广州—曼谷、广州—新加坡、广州—首尔。表 2-4 为 2005 年相比 2000 年我国各个地区新增的对外联系城市。

表 2-4　2005 年相比 2000 年国内新增的对外联系城市

| 华东地区 | 华北地区 | 华南地区 | 华中地区 | 西北地区 | 西南地区 | 东北地区 |
|---|---|---|---|---|---|---|
| 福州<br>济南<br>晋江<br>南京<br>宁波<br>威海<br>盐城<br>黄山 | | 海口<br>南宁<br>汕头<br>深圳 | 长沙<br>武汉<br>郑州 | 喀什 | 成都<br>拉萨 | 延吉 |

数据来源：国际民航组织（International Civil Aviation Organization，ICAO）。

相比于 2000 年，2005 年我国新增城市主要集中于华东地区，这些城市主要联系的国际城市为东南亚城市。济南、南京、威海、盐城和黄山联系量居首位城市均为韩国首尔。西北地区和东北地区各增加 1 个城市，其中喀什联系的国际城市为巴基斯坦的伊斯兰堡，延吉联系的国际城市为韩国首尔。华北地区没有新增城市，华南地区新增城市有 4 个，这些城市主要联系城市为东南亚城市。西南地区新增城市有两个，其中成都与新加坡的航空联系最密切，除了东南亚城市外，成都与欧洲巴黎也有航空联系；拉萨联系的城市为尼泊尔的加德满都。

2010年，我国共有45个城市与国际城市有航空联系。联系量较为集中的航线是上海—东京、上海—新加坡、上海—首尔、上海—法兰克福、北京—首尔、北京—新加坡、北京—东京、北京—迪拜。表2-5为2010年相比2005年我国各个地区新增的对外联系城市。

表2-5 2010年相比2005年国内新增的对外联系城市

| 华东地区 | 华北地区 | 华南地区 | 华中地区 | 西北地区 | 西南地区 | 东北地区 |
|---|---|---|---|---|---|---|
| 合肥 无锡 | 海拉尔 满洲里 石家庄 | | 常德 宜昌 | | 西双版纳 | 佳木斯 牡丹江 |

数据来源：国际民用航空组织（ICAO）。

相比于2005年，2010年我国新增城市主要集中于华北、华中和东北地区，华南和西北地区没有新增与国际城市联系的城市。华东地区新增合肥和无锡，其中合肥主要联系的城市为韩国首尔，无锡与大阪有航空联系。华北地区新增城市中，两个为内蒙古城市且均与俄罗斯城市联系，海拉尔联系城市为俄罗斯的赤塔，满洲里联系城市为俄罗斯的伊尔库茨克；石家庄与韩国首尔有航空联系。华中地区的宜昌主要联系城市为日本大阪，常德主要联系城市为芬兰的基蒂拉。西南地区新增城市为西双版纳，其只与泰国曼谷有航空联系。东北地区新增城市主要联系的国际城市集中于韩国，其中佳木斯和牡丹江与韩国首尔有航空联系。

北京和上海是国内最主要的两大国际航空枢纽，在"一带一路"沿线的国际航空网络中也处于绝对的中心城市和重要的中转枢纽的位置。但北京和上海与"一带一路"沿线城市的航空联系呈现出不同的特点，通过对2018年的数据分析有如下发现。

第一，上海的主要航线流量大于北京。从图2-12可以发现，北京和上海最主要的十条国际航线的目的地分布区域差别不大，仅客流量的排名有略微的差别。其中有9个目的地完全一样，区别在于上海—名古屋和北京—莫斯科两条航线。但上海的主要航线表现出更大的客流量和更高的联系强度。

与东京的航线是上海客流量最大的航线，年度客流量达到 118 万人次；与首尔的航线是北京客流量最大的航线，但年度客流量仅达到 56 万人次，不足上海的一半。相应地，上海联系首尔、大阪、曼谷、新加坡等东亚或东南亚城市的航线强度均高于北京。

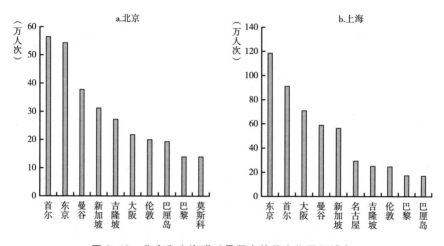

**图 2-12　北京和上海联系最紧密的前十位国际城市**

第二，北京的国际航线分布较上海更为均衡。尽管北京的主要航线联系强度低于上海，但在航线的空间分布上则要更为均衡。从国际航线的洲际分布可以看出（见图 2-13），北京仅有 69.66% 的航线分布在临近的亚洲地区，分布于欧洲地区的航线比重达到 26.60%，分布于非洲地区的航线比重也达到 3.25%；上海的国际航线则更为集中地分布于临近的亚洲地区，比重达到 79.28%，分布于欧洲地区的航线比重仅有 18.59%。

## 第四节　"一带一路"沿线城市海运网络
## 特征及中国对外联系

"21 世纪海上丝绸之路"（以下简称"海丝之路"）是继"丝绸之路经济带"之后提出的新战略构想。本节重点对"海丝之路"沿线集装箱航运

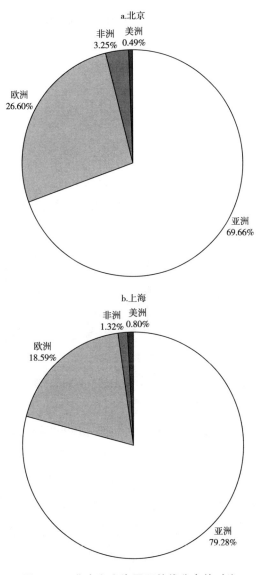

图 2-13 北京和上海国际航线分布的对比

网络演化阶段、航海运输联系空间格局、国内沿海港口地位变化以及核心城市同"海丝之路"港口的联系特征进行分析。

## 一 "海丝之路"沿线集装箱航运网络演化阶段

经济因素、航线网络和区位是集装箱港口生成和演化的驱动力，尤其是国际贸易是其形成和发展的主要动力。如同其他网络成长体，航运网络也经历从无到有、从简单到复杂的发展过程，其中全球经济一体化与贸易格局演变对航运网络的影响深远，此外运输技术变革、地缘政治—经济演变也对航运网络有影响。本部分根据实证研究的结果，将"海丝之路"沿线航运网络的演化划分为发育阶段、等级化阶段、网络化阶段（见图 2-14），并对三阶段港口集装箱航运网络的演变特征和影响因素进行分析。

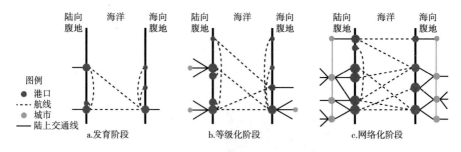

**图 2-14 "海丝之路"航运网络演化阶段示意**

"海丝之路"航运网络发育阶段（1980～1990 年）：该阶段整体网络结构处于发育中，参与港口数量少，率先采用新技术、区位条件突出的少数集装箱港口成为规模较大的枢纽港，枢纽港与"海丝之路"的联系较为稳定，固定航班增多，其他次级枢纽港口与"海丝之路"的联系往往通过枢纽港口中转。这一阶段我国与"海丝之路"国家的航运联系以珠三角为主，南北差异明显。经济全球化加速了产业转移，发达国家纷纷在海外建立生产加工基地。改革开放后，我国东南沿海地区率先承接全球产业转移，积极发展外向型经济。中国 85% 以上的外贸货物运输是通过海运完成的。从运输技术变革来看，1956 年美国首次采用集装箱进行海上运输，经济效益显著。20 世纪六七十年代，集装箱技术在全球迅速推广开来，香港等港口因率先采用集装箱技术而脱颖而出。同时，由于临近东南亚，香港港具有天然的地缘优势,加之其船舶注册和税收优惠政策,使其发挥着中国通往世界各地的门户作用。中国大多数沿海主要集装箱港口均为香港港远洋运输的喂给港,尚未开辟独立的远洋航线。上海港得益于独特的区位优势,与香港港形成"一主一副"的双中心。国外港口中被纳入"海丝之路"的港口并不多,东南亚自古以来就是"海丝之路"的重要区域,同时在中欧贸易中具有"中间性"优势,新加坡等成为"海丝之路"的主要中转枢纽。

"海丝之路"航运网络等级化阶段(2000~2010年):该阶段少数枢纽港口受益于先发优势和规模经济,其枢纽地位更加巩固。随着世界经济不断趋于全球化和一体化,全球产业进一步向中国沿海转移,中国沿海具有建港条件的城市纷纷建设港口,次级枢纽港和一般港口的数量及规模迅速增长。与此同时,全球货运需求量强势增长,航运技术不断发展,集装箱船大型化趋势日益明显,航运公司优先选择具有水深优势、箱量较集中、辐射性较强的港口进行挂靠,导致仅有少数港口成为枢纽港的集中化趋势进一步被强化。港口之间的竞争加剧,各港之间开始形成职能分工,枢纽港—次级枢纽港——般港口的规模等级体系显现。该阶段是集装箱航运网络快速发展期,由于腹地经济的发展和集疏运网络的完善,中国沿海主要港口逐步开通远洋航线,与"海丝之路"沿线各国港口建立直接联系。珠三角、长三角港口网络逐渐形成,环渤海也改变了无次级枢纽港的状态。在国外,新加坡港在航运网络中的中转性较高,各次区域的枢纽港地位得到巩固,大港口在国际贸易中发挥着中转集散作用,整个网络出现等级化现象。

"海丝之路"航运网络网络化阶段(2010年至今):美国学者 Hayuth 认为该阶段边缘港口挑战机制开始形成,少数大型枢纽港因受到诸如港口缺少拓展空间、进出陆向腹地的交通拥堵、码头经营成本上升等限制而发展速度减缓;枢纽港边缘的其他次级枢纽港口得益于陆向腹地交通网络建设、外向型经济发展、不同船公司选择不同的港口挂靠策略等,航运条件进一步得到改善,发展速度快于枢纽港。各港之间的竞争与合作机制进一步形成,航运网络不断完善,次级枢纽港、一般港口开始越过枢纽港而与海向腹地建立起直接的航运网络,等级化结构走向网络化。

在此阶段，经济全球化扩大了国际产业转移的范围和规模，越来越多的发展中国家进入全球分工体系。中国承接全球产业转移出现新的动向，沿海发达地区部分劳动密集型产业开始向中西部地区转移；部分加工制造业迁移方向转向东南亚等地区。中国与东盟、新西兰、新加坡、巴基斯坦、澳大利亚等的自贸协定等的签订，大大推动了成员间的贸易自由化和经济一体化，更多的国外港口被纳入"海丝之路"航运网络，边缘港口对枢纽港的挑战日益明显，中国港口除了与新加坡港联系紧密外，还与新加坡周边的巴生、丹戎帕拉帕斯等港口建立了稳定的联系，国外的中小港口也与中国港口建立了直接联系。国际金融危机后，港口建设和发展临港经济成为推动经济发展的重要抓手。在此背景下，一些建港条件一般的港口在资金、技术等的推动下发展较快，港口间的规模等级差距开始缩小，并走向网络化。

## 二 "海丝之路"航海运输联系空间格局

"海丝之路"是一个开放的合作网络，尚无精确的空间范围。为方便研究，本部分界定"海丝之路"的研究范围包括中国、东南亚、南亚、大洋洲、西亚/中东、非洲东岸等国家和地区的港口，并把上述港口分为国际港口和国内港口两个层面分别进行研究。采用《中国航务周刊》中的数据，包括中国至世界各港的集装箱航线数据，其中缺乏 1995 年台湾至世界各港的船期数据，具体来说，数据包括集装箱船只起讫港口、出发和抵达时间、船名和航次等，通过这些信息能把地理位置分离的港口联系在一起，形成区域内各港口间的集装箱运输通道，从而构建由相关节点（港口）及边（航线）组成的真实集装箱航运网络。本部分基于 1995 年、2005 年、2015 年中国至世界各港的航线数据，以"海丝之路"沿线港口为研究对象。

（一）航运联系范围扩大，但航线趋于集中

整体上，1995~2015 年中国与"海丝之路"沿线国家的联系范围扩大。1995 年、2005 年、2015 年中国分别与"海丝之路"沿线国家 57 个、60 个、77 个港口建立了国际航运联系，通航港口数量增加，联系范围扩大。从航线上分析，中国 1995 年、2005 年、2015 年与"海丝之路"沿线国家分别建立国际航线 264 条、1255 条、2579 条,分别占中国对外航海运输联系总量的 19.4%、29.3%、36.3%。比较而言,2015 年中国与"海丝之路"沿线国家的海运航线约是 1995 年的 10 倍,联系强度增强。

据表 2-6,中国与"海丝之路"沿线国家航运联系发展迅速,1995～2015 年前十位通航国家的航线占中国国际航海运输的比重由 13.5% 上升到 29.7%。此外,1995 年、2005 年、2015 年前十位通航国家的航线分别占"海丝之路"沿线所有国家的 69.7%、81.3% 和 81.7%,前三位通航国家相应数据分别为 37.1%、43.3% 和 44.6%,表明中国对外航海运输联系航线呈现集中化趋势。计算结果显示,1995～2015 年"海丝之路"沿线国外集装箱港口的赫希曼—赫芬达尔指数上升(见表 2-7),也表明沿线国外港口航线呈现出一定程度的集中化趋势。

**表 2-6 "海丝之路"通航国家比重**

单位:%

| 项目 | 1995 年 | 2005 年 | 2015 年 |
| --- | --- | --- | --- |
| 前十位占中国国际航海运输比重 | 13.5 | 23.9 | 29.7 |
| 前十位占"海丝之路"比重 | 69.7 | 81.3 | 81.7 |
| 前三位占"海丝之路"比重 | 37.1 | 43.3 | 44.6 |

注:根据 1995 年、2005 年、2015 年《中国航务周刊》相关数据整理。

**表 2-7 "海丝之路"沿线集装箱港口的赫希曼—赫芬达尔指数**

| 项目 | 1995 年 | 2005 年 | 2015 年 |
| --- | --- | --- | --- |
| 国外港口 | 0.0336 | 0.0409 | 0.0431 |
| 国内港口 | 0.2568 | 0.0922 | 0.0915 |

注:根据 1995 年、2005 年、2015 年《中国航务周刊》相关数据整理。

(二)航运联系紧密程度符合距离衰减规律

按区域分析,中国与东南亚联系最为密切,1995 年共建立航线 102 条,占"海丝之路"沿线中国对外航线总数的 38.6%;2005 年共建立航线 573 条,占比 45.7%;2015 年共建立航线 1449 条,占比 56.2%,航线

占比较大且逐年提升。中国与西亚/中东地区的航海运输联系次之，1995
年、2005 年、2015 年分别占比 36.0%、18.9%、20.2%。中国与非洲东岸
地区的航海运输联系最少，1995 年、2005 年、2015 年分别占比 4.9%、
4.7%、3.7%，联系度最低。按国家分析，中国对外航海运输联系主要集
中在马来西亚、新加坡、埃及、澳大利亚等国，表明"海丝之路"沿线国
家与中国的联系紧密程度基本呈现出距离相近的联系多、距离较远的联系
少，符合一般的距离衰减特征。当然，这种距离衰减特征也受到"海丝之
路"沿线区域"中间性"的影响，马来西亚、新加坡、埃及等重要联系国
家的部分航线是基于中国—欧洲贸易而形成的。中国与欧洲的航线需要经
过马六甲海峡，由此带动了占据咽喉位置的一些国家航线总量的提升。苏
伊士运河是连接红海与地中海的重要通道，每年高达 80% 的欧亚国家间的
海上贸易货运量要借由该运河完成（苏庆义，2015）。但是通过苏伊士运
河时，船舶吃水受到一定限制，41.3 米船宽的船舶最大吃水限制在 12.8
米，而 45.26 米船宽的船舶吃水限制在 11.7 米（袁云昌，2009），使得经
过该运河的大型船舶需在此处换乘，这进一步提升了苏伊士运河作为"咽
喉"的地位。

对外贸易的发展对航海运输有直接或间接的影响，货物贸易增长促
进了航海运输业发展（刘光才、胡婧，2015）。据表 2-8，1995~2015 年
中国与"海丝之路"沿线国家的对外贸易中，虽然与东南亚的进出口总
额比重呈下降趋势，但仍超过 50%；中国与西亚/中东的进出口总额比重
排第二位，与大洋洲、南亚的进出口总额分别排第三、第四位；与非洲
东岸的进出口总额占比非常小。受地理位置的影响，新加坡港、巴生港
等港口大多是中转型港口，因此，东南亚和西亚/中东地区多是"中转集
散贸易"；南亚、非洲东岸等区域主要是"腹地型贸易"，又由于腹地经
济发达程度较低，总体上与中国的贸易量较小，导致中国与这些区域的
航运联系紧密程度较低。

表 2-8 中国与"海丝之路"沿线国家贸易情况

单位：万美元，%

| 地 区 | 1995 年 | | 2005 年 | | 2015 年 | |
|---|---|---|---|---|---|---|
| | 进出口总额 | 比重 | 进出口总额 | 比重 | 进出口总额 | 比重 |
| 东南亚 | 1951283 | 57.2 | 12902321 | 54.5 | 46899262 | 51.8 |
| 南亚 | 241549 | 7.1 | 2393760 | 10.1 | 9507579 | 10.5 |
| 西亚/中东 | 584780 | 17.1 | 4629585 | 19.6 | 15793749 | 17.1 |
| 大洋洲 | 478920 | 14.0 | 2993457 | 12.7 | 12531945 | 13.8 |
| 非洲东岸 | 153808 | 4.5 | 738102 | 3.1 | 5865992 | 6.5 |
| 合 计 | 3410340 | 100.0 | 23657225 | 100.0 | 90598527 | 100.0 |

注：根据 1996 年、2006 年、2016 年《中国统计年鉴》相关数据整理。

（三）航运首位联系国家保持稳定，首位港口变动较大

根据航线数量比例，中国与"海丝之路"沿线次区域的首位联系国家 1995～2015 年比较稳定，大部分的首位联系港口仅在一个国家内部变动（见表 2-9）。从首位联系国家分析，1995 年、2005 年、2015 年中国与南亚、西亚/中东、大洋洲、非洲东岸的首位联系国家都一致，分别为印度、埃及、澳大利亚、南非，与东南亚的首位联系国家 1995 年为新加坡，2005 年、2015 年则为马来西亚。

表 2-9 首位联系国家和港口的变化

| 地 区 | 首位联系国家 | | | 首位联系港口 | | |
|---|---|---|---|---|---|---|
| | 1995 年 | 2005 年 | 2015 年 | 1995 年 | 2005 年 | 2015 年 |
| 东南亚 | 新加坡 | 马来西亚 | 马来西亚 | 新加坡 | 巴生 | 新加坡 |
| 南亚 | 印度 | 印度 | 印度 | 科伦坡 | 科伦坡 | 科伦坡 |
| 西亚/中东 | 埃及 | 埃及 | 埃及 | 塞得 | 达米埃塔 | 苏伊士 |
| 大洋洲 | 澳大利亚 | 澳大利亚 | 澳大利亚 | 悉尼 | 布里斯班 | 布里斯班 |
| 非洲东岸 | 南非 | 南非 | 南非 | 德班 | 德班 | 开普敦 |

注：根据 1995 年、2005 年、2015 年《中国航务周刊》相关数据整理。

首位联系港口与首位联系国家不同，1995～2015 年除南亚地区一直是斯里兰卡的科伦坡港外，其余地区均有变化。1995 年、2005 年、2015

年中国与东南亚地区首位联系港口依次为新加坡港—巴生港—新加坡港；与西亚/中东地区首位联系港口依次为塞得港—达米埃塔港—苏伊士港；与大洋洲地区的首位联系港口 1995 年为悉尼港，2005 年、2015 年为布里斯班港；与非洲东岸地区的首位联系港口 1995 年、2005 年为德班港，2015 年为开普敦港，首位联系港口虽然变动频繁，但基本在同一国家内部变动。

总体而言，首位联系国家变动不大，而首位联系港口变动较大。究其原因，国家与国家之间航运联系主要与经济、贸易相关，印度、埃及、澳大利亚等国家都是该区域经济大国，并且发展相对比较稳定，因此中国与这些区域性经济大国的航运联系变动不大。首位联系港口变动较大，是因为航线挂靠的港口较为灵活，但首位联系港口主要是该区域的重要港口，而且多是在同一个经济大国内变动。新加坡港和巴生港较为特殊，东南亚国家众多，新加坡港是东南亚最大的枢纽港，巴生港是马来西亚规模最大的物流转运中心，也是东南亚第二大港口，二者占据了马六甲海峡的有利地理位置，相互之间竞争激烈。据《2004 年海运回顾》，马来西亚为在转船业务方面保持竞争力，取消了针对主要班轮航线的沿海贸易限制，允许国际班轮航运公司在马来西亚的二级港口（巴生港）上货并转船，为此，巴生港吸引了以往经由新加坡港的转船业务，并于 2005 年取代新加坡港，成为中国与东南亚的首位联系港口。

## 三 "海丝之路"国内沿海港口地位变化

### （一）港口数量较少，但网络层级结构明显

与"海丝之路"沿线国家有航运联系的中国集装箱港口数量并不多，1995 年、2005 年和 2015 年分别有 9 个、15 个和 19 个港口，其中大陆港口分别为 8 个、12 个和 14 个港口，仅分别占大陆已开通集装箱国际航线港口的 36.4%、57.1% 和 43.8%，说明被纳入"海丝之路"航运网络的集装箱港口数量有限，且除了 2005 年有内河港口南京港外，其他港口都位于沿海地带。

中国港口形成了较为明显的层级结构。采用枢纽度模型对中国港口通往"海丝之路"的航线进行计算，并基于 K-means 分类方法对中国港口进行分类：第一类港口是面向"海丝之路"沿线所有国家的核心节点，与"海丝之路"沿线各子区域均保持联系，港口的辐射范围最大，称之为枢纽港；第二类是中国国际航海运输联系的次级节点，港口的辐射范围次之，主要与东南亚、南亚、西亚/中东地区联系较多，称之为次级枢纽港；第三类港口的国际航海运输联系较少，仅与距离较近的东南亚地区保持联系，称之为一般港口。中国面向"海丝之路"沿线的港口分布形成了金字塔结构，并在数量上同步变化，从塔尖到塔底港口数量递增，截至 2015 年，形成了 4 个枢纽港、5 个次级枢纽港和 10 个一般港口（见表 2-10）。这一金字塔式的港口体系还进一步通过长江、珠江等内河运输以及沿海内支线等构成"枢纽—支线"网络。中国国内高速公路的快速建设和铁路客货分流的持续推进，促使港口与腹地之间的集疏运网络进一步完善。

表 2-10　中国面向"海丝之路"沿线国家的港口分类

| 年份 | 1995 年 | | | 2005 年 | | | 2015 年 | | |
|---|---|---|---|---|---|---|---|---|---|
| 港口分类 | 枢纽港 | 次级枢纽港 | 一般港口 | 枢纽港 | 次级枢纽港 | 一般港口 | 枢纽港 | 次级枢纽港 | 一般港口 |
| 港口名称 | 香港 上海 | 深圳 | 天津 北海 青岛 厦门 大连 防城 | 上海 香港 深圳 | 宁波 厦门 青岛 天津 | 高雄 大连 广州 丹东 基隆 福州 南京 连云港 | 上海 深圳 宁波 香港 | 青岛 厦门 高雄 天津 大连 | 广州 台北 福州 基隆 泉州 连云港 汕头 台中 营口 舟山 |

注：K-means 算法以欧式距离作为相似度测度，求对应某一初始聚类中心向量 V 最优分类，使得评价指标 J 最小。首先从 n 个数据对象中任意选择 k 个对象作为初始聚类中心，剩下的对象则根据它们与聚类中心的相似度（距离），分别被分配给与其最相似的聚类，然后再计算每个新聚类的聚类中心（该聚类中所有对象的均值），不断重复上述操作，直到标准测度函数收敛为止。

（二）枢纽港由双中心发展为四中心，形成两种发展模式

据复杂网络中的度中心性可得，1995～2015 年中国与"海丝之路"相连的枢纽港口由一主一副的双中心（香港港、上海港）向三中心（上海港、香港港、深圳港）再向四中心（上海港、深圳港、宁波港、香港港）演变（见图 2-15）。1995～2005 年深圳港增速超过香港港，但规模与香港港相比仍有一定差距。2005 年后，深圳港与香港港在华南形成双核格局。宁波港集装箱运输虽始于 1984 年，但直到 1996 年才开通第一条国际集装箱远洋航线，此后宁波港集装箱运输迅速发展，其国际集装箱枢纽港功能日益显现。从联系强度与广度来比较枢纽港口的重要性，1995 年港口重要性依次为香港港>上海港>深圳港，2005 年依次为上海港>香港港>深圳港，2015 年依次为上海港>深圳港>宁波港>香港港，香港港的地位相对下降，上海港、深圳港地位上升，宁波港迅速崛起。

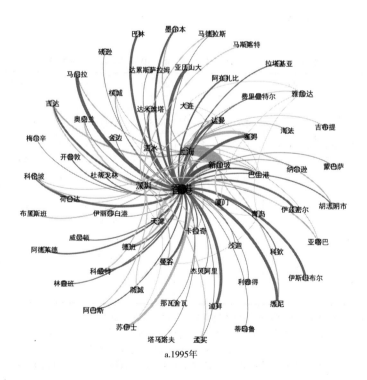

a.1995年

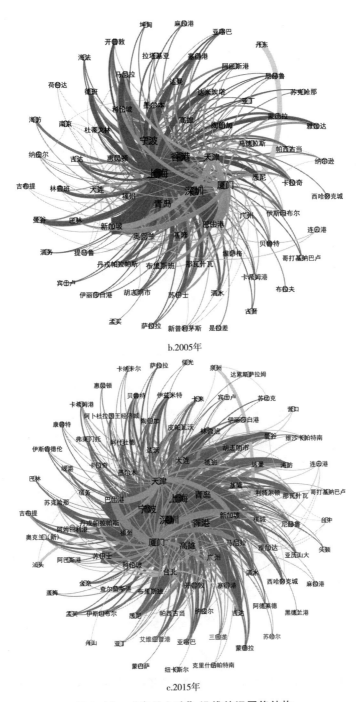

b.2005年

c.2015年

图2-15 "海丝之路"沿线航运网络结构

为了进一步比较上海港、宁波港、香港港、深圳港四枢纽港口的航线发展特点，绘出其面向"海丝之路"沿线国家的港口联系范围（见图 2-16）。在数量上，2015 年上海港挂靠的港口数量多于宁波港，但在空间上，除个别

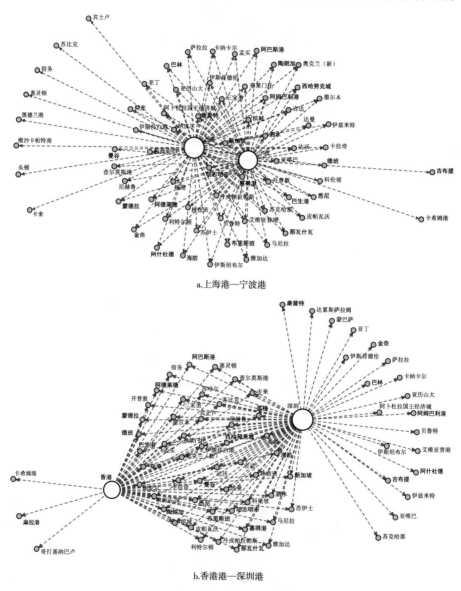

a.上海港—宁波港

b.香港港—深圳港

图 2-16　2015 年上海港—宁波港与香港港—深圳港港口联系范围

港口（吉布提港、卡西姆港等）外，宁波港挂靠港口与上海港基本一致，说明宁波港的覆盖范围与上海港高度重合，很少有独立的航线，上海港与宁波港在同一覆盖范围展开竞争，因此竞争激烈。2015年深圳港挂靠的港口数量超过了香港港，在空间上还形成了独特的港口覆盖范围。香港港与西亚/中东地区的联系明显下降，深圳港填补了这一空白，所开辟的新航线集中分布在西亚/中东地区，原来香港港与西亚/中东联系航线转移到深圳港。深圳港的部分码头投资来自香港港，因而承接了香港港的部分航线，实现了错位竞争。

（三）国内港口呈现分散化趋势，航线南退北进

表2-7中国内港口的赫希曼—赫芬达尔指数由1995年的0.2568下降至2015年的0.0915，说明出现了明显的分散化过程。按照航线统计，1995年前三位港口（香港港、上海港、深圳港）的联系度达到87.1%，2015年前三位港口（上海港、深圳港、宁波港）的联系度仅为57.8%，可见前三位港口的比重不断下降，国内港口的航线分布呈现分散化特征。

同时，航运网络的空间范围呈现"南退北进"的特点，西南沿海地区的港口退出"海丝之路"航运网络，环渤海地区的港口在"海丝之路"航运网络中的地位则有所上升。西南沿海地区的港口与"海丝之路"国家距离较近，北海港、防城港两港口1995年还与海防港、新加坡港、曼谷港等保持航运往来，但受制于腹地经济发展水平，集装箱货运量较小，2005年之后已无航线联系，仅通过珠三角港口与"海丝之路"国家进行联系。珠三角与东南亚、南亚距离较近，凭借着优越的地理及人文条件，与"海丝之路"国家积极进行经贸合作，推动了航海运输业发展。因此，1995年珠三角地区特别是香港港与"海丝之路"国家联系密切，长三角港口大多通过香港港与"海丝之路"国家联系，之后长三角港口依托于腹地经济的发展和集疏运网络的构建，直接与"海丝之路"国家联系。1995年前三位港口香港港、上海港、深圳港都位于长江口以南地区。环渤海地区与"海丝之路"国家距离较远，初期与这些国家的海上联系往往通过韩国釜山港等中转，后期逐渐有航线直接挂靠新加坡港等港口，2005年与2015年青岛

港、天津港和大连港先后跻身次级枢纽港，表明环渤海地区与"海丝之路"沿线国家的联系加强。

（四）港口方向性较为集中，但已出现分化

航线是具有方向的一个矢量指标，其方向性和集中性可以反映出一个港口的对外联系方向，即港口存在方向性（王成金，2012）。从港口角度分析，中国主要枢纽港口与新加坡港的航线联系尤为重要，2015 年深圳港、上海港、宁波港、香港港与新加坡港的航线联系度分别为 16.3%、15.3%、16.9%、18.7%（见表 2-11）。新加坡港是世界主要枢纽港口之一，也是"海丝之路"沿线最重要的中转节点，其地理区位优越、集装箱货物吞吐量庞大、国际班轮航线挂靠繁密。但新加坡港的地位在近年来受到冲击。上海港与新加坡港的航线联系度下降。上海港—巴生港的航线重要性上升，联系度由 1995 年的 1.5% 提高到 2015 的 11.4%。新加坡港、巴生港、丹戎帕拉帕斯港形成三足鼎立之势，在与上海港的贸易联系中，巴生港与新加坡港展开激烈竞争。香港港—巴生港、马尼拉港，深圳港—苏伊士港、巴生港等的航线也较为重要。

**表 2-11 排名前十航线的数量与联系度**

单位：条，%

| 1995 年 | 数量 | 联系度 | 2005 年 | 数量 | 联系度 | 2015 年 | 数量 | 联系度 |
|---|---|---|---|---|---|---|---|---|
| 上海—新加坡 | 24 | 36.4 | 上海—巴生 | 44 | 14.4 | 深圳—新加坡 | 84 | 16.3 |
| 香港—新加坡 | 8 | 5.9 | 香港—新加坡 | 38 | 15.8 | 上海—新加坡 | 83 | 15.3 |
| 北海—海防 | 8 | 100.0 | 上海—新加坡 | 38 | 12.5 | 深圳—巴生 | 75 | 14.6 |
| 香港—马尼拉 | 7 | 5.2 | 深圳—巴生 | 34 | 16.0 | 宁波—新加坡 | 73 | 16.9 |
| 香港—亚历山大 | 7 | 5.2 | 宁波—巴生 | 30 | 20.3 | 上海—巴生 | 62 | 11.4 |
| 香港—塞得 | 6 | 4.4 | 深圳—新加坡 | 28 | 13.1 | 香港—新加坡 | 56 | 18.7 |
| 香港—悉尼 | 6 | 4.4 | 香港—马尼拉 | 23 | 9.6 | 宁波—巴生 | 53 | 12.3 |
| 香港—迪拜 | 6 | 4.4 | 香港—巴生 | 22 | 9.2 | 宁波—丹戎帕拉帕斯 | 35 | 8.1 |
| 上海—塞得 | 6 | 9.1 | 厦门—科伦坡 | 17 | 16.8 | 深圳—苏伊士 | 34 | 6.6 |
| | | | 宁波—新加坡 | 16 | 10.8 | 上海—苏伊士 | 33 | 6.1 |

注：联系度为某港口与其他港口联系航线占该港口拥有的总航线之比；根据 1995 年、2005 年、2015 年《中国航务周刊》相关数据整理。

由此可知,中国枢纽港口在初期主要通过新加坡港与"海丝之路"沿线港口建立联系,但近年来与巴生港、丹戎帕拉帕斯港、苏伊士港等的联系加强。此外,国外中小港口也不断融入"海丝之路",这些中小港口一方面与新加坡港等枢纽港建立起支线联系,另一方面也逐渐与中国沿海港口建立起直接航线。

## 四 国内核心城市同"海丝之路"的联系特征

上海是"海丝之路"上的重要城市,航运被认为是上海最具优势的领域。上海作为我国大陆最大的航运中心,是"海丝之路"建设、发展过程中不可缺少的重要节点。上海港具有广袤的腹地范围,是我国贸易进出口的主要门户。我国提出的建设"海丝之路"也为上海国际航运中心建设带来了难得的机遇。为此,本部分着重分析 1995~2015 年上海的港口发展和航运网络,以此来测度上海与"一带一路"沿线城市的贸易畅通强度。

### (一)上海港与"海丝之路"通航港口增加、航线比重上升

整体上,1995~2015 年上海港与"海丝之路"沿线国家的联系范围扩大,联系强度增强。据表 2-12,1995 年、2005 年、2015 年上海港分别与"海丝之路"沿线国家的 22 个、51 个、67 个港口建立了国际航运联系,通航港口数量日益增加,联系范围不断扩大。同时,上海港与"海丝之路"沿线国家联系航线增长迅速,2015 年共建立航线 544 条,约是 1995 年的 8 倍。

表 2-12 1995~2015 年上海港与"海丝之路"沿线国家联系港口及航线数量

单位:个,条

| 项目 | 1995 年 | 2005 年 | 2015 年 |
|------|---------|---------|---------|
| 港口 | 22 | 51 | 67 |
| 航线 | 66 | 305 | 544 |

从航线分析,上海港 1995 年、2005 年、2015 年与"海丝之路"沿线国家建立的国际航线分别占上海港对外航海运输联系总量的 30.8%、

28.1%、33.0%，总体上"海丝之路"航线比重有所上升。相较于上海港与世界其他区域的联系，上海港与"海丝之路"的联系约占上海港航运总量的1/3（见图2-17）。具体来看，1995~2015年上海港到北美洲、欧洲的航线比重上升较快，与日韩的联系航线比重大幅下降。由此可知，上海港与"海丝之路"的航运联系有所加强，并扩展至北美洲、欧洲地区。

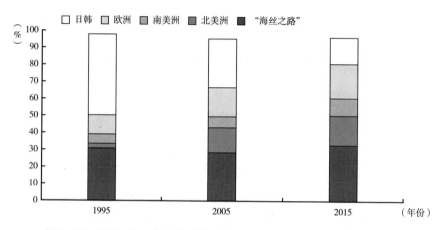

图2-17　1995~2015年上海港与"海丝之路"及其他区域的航线占比

另外，从上海港与"海丝之路"及世界其他区域的贸易发展情况来看（见图2-18），"海丝之路"、欧洲、北美洲、日韩的进出口总额占比远大于

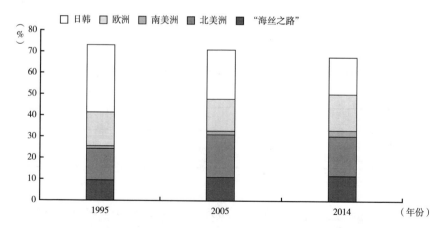

图2-18　1995~2014年上海港与"海丝之路"及其他区域的进出口总额占比

南美洲地区，基本形成"四足鼎立"之势。但近年来上海港与日韩的进出口总额占比下降，与航线的大幅下降趋势相一致；与其他区域的进出口总额占比有所上升，反映出贸易发展促进了航线的快速增加，推动了航海运输业发展。其中，在"海丝之路"统计国家范围内，新加坡、马来西亚、澳大利亚的进出口总额占比增长迅速，对上海港与"海丝之路"沿线航运发展起到了重要作用。

（二）上海港与"海丝之路"中的联系重点是东南亚港口

从区域层面分析（见图2-19），上海港与东南亚、西亚/中东地区联系较多，与非洲东岸地区联系最少。2015年上海港与东南亚的航线联系度持续上升，高达60%，与其他地区的航线联系度均有不同程度的下降，说明上海港将联系重点转移至东南亚地区。

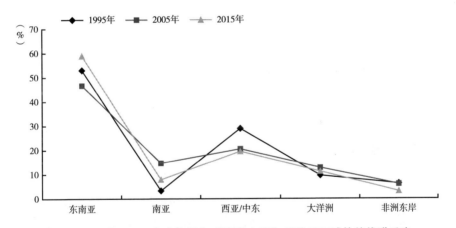

图 2-19  1995~2015 年上海港与"海丝之路"沿线子区域的航线联系度

具体而言，上海港与新加坡港的航线联系尤为重要（见表2-13），新加坡是世界主要枢纽港口之一，也是"海丝之路"沿线最重要的中转节点。新加坡地理区位优越、集装箱货物吞吐量庞大、国际班轮航线挂靠繁密，奠定了其重要航运中心的地位。但新加坡的地位在近年受到冲击，上海港与新加坡的联系度由1995年的36.4%下降到2015年的15.3%，下降幅度较大。2005年上海—巴生取代上海—新加坡成为上海港与"海丝之路"沿线国家最重要的航线。在与上海港的贸易联系中，巴生与新加坡展开激烈的竞争，2015 年上海—新加坡再度成为上海港与"海丝之路"沿线国家最重要的航线。此外，上海港与"海丝之路"沿线国家较为重要的航线还有上海—苏伊士、上海—丹戎帕拉帕斯等。

表 2-13　1995～2015 年上海港与"海丝之路"沿线子区域的航线联系度

单位：%

| 1995 年航线 | 联系度 | 2005 年航线 | 联系度 | 2015 年航线 | 联系度 |
|---|---|---|---|---|---|
| 上海—新加坡 | 36.4 | 上海—巴生 | 14.4 | 上海—新加坡 | 15.3 |
| 上海—塞得 | 9.1 | 上海—新加坡 | 12.5 | 上海—巴生 | 11.4 |
| 上海—苏伊士 | 7.6 | 上海—科伦坡 | 4.9 | 上海—苏伊士 | 6.1 |
| 上海—曼谷 | 4.5 | 上海—马尼拉 | 4.3 | 上海—丹戎帕拉帕斯 | 5.0 |
| 上海—吉达 | 4.5 | 上海—达米埃塔 | 3.6 | 上海—胡志明市 | 4.6 |
| 上海—德班 | 4.5 | 上海—德班 | 3.6 | 上海—林查班 | 4.4 |
| 上海—悉尼 | 3.0 | 上海—布里斯班 | 3.3 | 上海—马尼拉 | 4.0 |
| 上海—墨尔本 | 3.0 | 上海—悉尼 | 3.3 | 上海—曼谷 | 3.3 |
| 上海—马尼拉 | 3.0 | 上海—墨尔本 | 3.0 | 上海—塞得 | 2.8 |
| 上海—胡志明市 | 3.0 | 上海—曼谷 | 2.6 | 上海—布里斯班 | 2.4 |

（三）上海港在整个"海丝之路"航运网络中的综合排名跃居第一

从综合排名来看（见表 2-14），1995 年上海港排第三，仅次于以转口功能为主的香港港、新加坡港两港；2005 年上海港成为"海丝之路"沿线航运网络中排名居首位的港口；2015 年仍保持第一的位置不变，成为"海丝之路"沿线航运网络中最重要的港口。香港港 1995 年排名第一，其很大程度上是依赖于国际贸易货物中转功能，进入 21 世纪以来，内地港口快速发展，香港港航运枢纽地位下降。相较于香港港，上海港是腹地型港口，依托于独特的区位优势和保税港区、自贸区等政策优势，逐渐发展为"海丝之路"沿线最重要的港口。

表 2-14 1995~2015 年"海丝之路"沿线港口重要性综合排名（前十位）

| 排序 | 1995 年 | 2005 年 | 2015 年 |
|------|---------|---------|---------|
| 1 | 香港 | 上海 | 上海 |
| 2 | 新加坡 | 巴生 | 深圳 |
| 3 | 上海 | 新加坡 | 新加坡 |
| 4 | 曼谷 | 香港 | 宁波 |
| 5 | 达曼 | 深圳 | 巴生 |
| 6 | 巴生 | 奥克兰 | 马尼拉 |
| 7 | 卡拉奇 | 宁波 | 香港 |
| 8 | 泗水 | 布里斯班 | 丹戎帕拉帕斯 |
| 9 | 雅加达 | 悉尼 | 胡志明市 |
| 10 | 塞得 | 墨尔本 | 林查班 |

# 第五节 "一带一路"沿线城市铁路网络的发展特征与主要问题

## 一 "一带一路"沿线城市铁路网络的发展历程

铁路是国民经济大动脉、"丝绸之路经济带"的主轴。系统梳理和分析"一带一路"沿线城市铁路网络的发展历程、现状特征及其存在的问题，对于优化"一带一路"沿线城市铁路网络而言意义重大。

### （一）中欧班列发展历程

中欧班列作为"一带一路"建设的早期收获项目，是指由中国铁路总公司组织，按照固定车次、线路、班期和全程时刻表开行，运行于中国与欧洲以及"一带一路"沿线国家间的集装箱等铁路国际联运列车。20 世纪 90 年代初，中国兰新铁路与中亚土西铁路相接，新亚欧大陆桥正式开启铁路国际客货运输（王姣娥等，2017），为中欧班列的发展打下了基础。2011 年 3 月从中国重庆到德国杜伊斯堡的"渝新欧"正式开通——正式启用"中欧班列"统一品牌——《中欧班列建设发展规划（2016—2020 年）》颁布——与沿线国家签署合作协议和国内多家班列平台公司共同发起成立中欧班列运输协调委员会——X8044 次中欧班列（汉堡—武汉）到达武汉吴家山铁路集装箱中心站，中欧班列累计开行数量达到 10000 列，中欧班列走出了一条"探索—规范—顶层设计—迅速增长"的路径（见图 2-20）。

中欧班列现已成为欧亚国际物流陆路运输的骨干方式，得到国际社会的广泛好评和沿线各国的普遍欢迎，成为推进中国与沿海国家经贸交流的重要载体和"一带一路"建设的重要抓手。

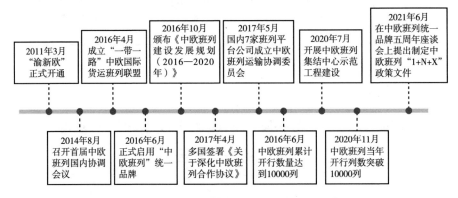

**图 2-20　中欧班列的发展历程示意**

资料来源：根据相关新闻报道和文件整理所得。

（二）其他重点区际、洲际铁路网络发展历程

在"一带一路"沿线城市铁路网络互联互通的过程中，除了推进中欧班列的发展外，其他重点的区际、洲际铁路网络建设同样也取得重大进展。下文对中老铁路、中泰铁路、匈塞铁路、雅万高铁等合作项目的发展历程进行重点梳理。

中老铁路是中国在老挝甚至在东盟推动"一带一路"倡议落实的重点项目和示范项目。该项目由中老两国政府主导，以中国铁路总公司为牵头单位。中老铁路北起中国云南省玉溪市，经普洱市、西双版纳、中老边境口岸磨憨、琅勃拉邦至老挝首都万象，规划设计正线全长 508.53 公里，设计时速客运 160 公里、货运 120 公里，总投资 505.45 亿元人民币。2010 年 10 月

4 日，中方和老挝公共工程与运输部签署了《关于铁路合作的谅解备忘录》和《关于深化落实合作备忘录的会谈纪要》，确定了中老铁路项目；2015 年 11 月 13 日，中老两国代表在北京签署了政府间铁路合作协定，中老铁路项目正式进入实施阶段；2017 年，中老铁路合作企业分别于 3 月和 4 月在琅南塔省段和乌多姆塞省段开启隧道挖掘工作，中老铁路建设工作正式开启（杨卓娟，2019）。

中泰铁路是在"一带一路"倡议下由中国投资、修建一条长 867 公里的双轨标准轨铁路，规划连接我国云南昆明和泰国首都曼谷。总体来看，中泰铁路为双线客货两用线路，规划线路整体呈"人"字形，设计运行时速 180 公里，预留时速 250 公里，属于快速铁路。尽管中泰铁路合作已取得重要进展，但由于政治、资金等方面的问题，合作过程较为艰辛（邹春萌，2018）。2006 年 11 月 10 日，亚洲 18 个国家的代表在韩国釜山签署《亚洲铁路网政府间协定》，"泛亚铁路"的设想成为现实可行的方案，当时泰国政府对建设中泰铁路表示出浓厚的兴趣。直到 2014 年 11 月 18 日，泰国内阁才通过中国投资泰国铁路的合作项目，并于当年 12 月 6 日泰国国家立法议会上批准《中泰铁路合作谅解备忘录草案》；2015 年，中泰两国进行了七次会谈，就铁路融资、技术引进以及线路规划等细节进行了深入的谈判，并于当年 12 月 19 日由中泰双方代表在泰国大城府的清惹克农火车站举行奠基仪式，标志着中泰铁路合作项目正式启动；2017 年 12 月 21 日在泰国呵叻府巴冲县举行了中泰铁路一期工程的开工仪式。

匈塞铁路是中国与中东欧国家合作的旗舰项目。项目自匈牙利首都布达佩斯至塞尔维亚首都贝尔格莱德，线路全长 342 公里，设计时速 200 公里，改造既有线并增建二线，形成电气化客货共线快速铁路。2013 年 11 月 25 日在罗马尼亚中东欧—中国国家领导人会晤时，中匈两国领导人共同宣布合作改造升级匈塞铁路。2015 年 11 月 24 日，在苏州举行的中东欧"16+1"会议上中匈政府签署了《关于匈塞铁路项目匈牙利段开发、建设和融资合作的协议》，中国企业联合体与塞尔维亚政府及企业代表签署了匈塞铁路塞尔维亚段合作总合同，标志着匈塞铁路项目正式启动；2016 年 11 月 5 日，在拉脱维亚中东欧"16+1"峰会期间，中国企业联合体与塞尔维亚政府和相关公司签署匈塞铁路项目现代化及改造贝旧段工程的商务合同，标志着项目进入实施阶段；2017 年 11 月，塞境内贝尔格莱德—旧帕佐瓦段举行开工仪式，2018 年 6 月正式开工。

雅万高铁是印度尼西亚雅加达至万隆的高速铁路，项目全长 142 公里，设计时速最高达 350 公里，建成通车后，雅加达至万隆的通行时间将由现在的 3 个多小时缩短至 40 分钟。该项目是中国"一带一路"倡议和印尼海洋支点战略对接的重大项目，也是中国高铁全方位整体"走出去"的第一单。[①] 2011 年，日本国际交通顾问公司对雅万高铁项目进行了可行性研究。2015 年 3~4 月，中国与印尼签署了关于雅万高铁项目合作建设的谅解备忘录；同年 9 月 2 日，召开中日两国高铁方案最终比较探讨的部长会议；同年 10 月 17 日，中国铁路总公司在雅加达与印度尼西亚 4 家国有企业签署协议成立合资企业，建设雅加达—万隆（雅万）高铁项目。2016 年 3 月 16 日，印尼交通部与印雅万高铁合资公司在印尼雅加达签署特许经营协议。2018 年 6 月，雅万高铁项目进入全面实施推进新阶段。

除了上述重点区际、洲际铁路网络建设之外，泛亚铁路东线、巴基斯坦 1 号铁路干线升级改造、中吉乌铁路等项目也正在积极推进前期研究，中国—尼泊尔跨境铁路已完成预可行性研究。由此可见，"一带一路"沿线城市铁路网络的互联互通已进入加速发展期，有利于沿线国家基础设施的无缝对接，构成立体、综合的设施联通机制，促进各国经贸管理手段趋于一致，提高贸易与投资便利化（杨柏，2015）。

## 二 "一带一路"沿线城市铁路网络的现状分析

### （一）基本空间格局相对清晰

整体而言，根据相关规划和建设方案，"一带一路"沿线城市铁路网络

---

① 《雅万高铁 1 号隧道进展如何？来施工现场看看》，http://news.haiwainet.cn/n/2019/0419/c3544100-31541117.html？baike，2019 年 4 月 19 日。

形成以中国为中心，沿新亚欧大陆桥经济走廊、中蒙俄经济走廊、中国—中南半岛经济走廊、孟中印缅经济走廊呈放射状分布的基本空间格局。其中，在新亚欧大陆桥经济走廊方向上，以横跨亚欧大陆的中欧班列为支撑的格局基本稳定，并形成西、中、东三条铁路大通道，即中欧班列经新疆出境的西通道和经内蒙古出境的中、东通道。在中蒙俄经济走廊方向上，中蒙俄三国积极推动形成以铁路、公路和边境口岸为主体的跨境基础设施联通网络。中俄同江—下列宁斯阔耶界河铁路桥中方侧工程已于 2018 年 10 月完工；中俄企业联合体基本完成莫喀高铁项目的初步方案设计。在中国—中南半岛经济走廊方向上，中老铁路、中泰铁路等项目稳步推进，未来将形成贯穿中南半岛的南北向铁路交通运输大通道。在孟中印缅经济走廊方向上，铁路建设项目正处于顶层设计阶段，中缅两国已签署木姐—曼德勒铁路项目可行性研究文件。[1]

铁路口岸是铁路网络中的重要节点，合理建设布局铁路口岸是保障"一带一路"沿线城市铁路网络长期稳定运营的关键。目前，中国已在"一带一路"沿线布局了若干重要的一类铁路口岸，包括：西北方向的满洲里口岸、阿拉山口口岸、霍尔果斯口岸、二连浩特口岸，东北方向的哈尔滨口岸、绥芬河口岸、珲春口岸、丹东口岸、集安口岸、图们口岸，南部方向的河口口岸、凭祥口岸，以及内陆的郑州铁路东站口岸、西安铁路口岸、成都铁路口岸、重庆铁路口岸、武汉铁路口岸、河源铁路口岸、东莞铁路口岸等。[2] 四川、辽宁等省份大力支持"一带一路"国际多式联运综合试验区建设，全面改造升级铁路口岸，面向"一带一路"沿线国家积极探索多样的国际国内联运模式。

（二）国际联运市场不断壮大

伴随"一带一路"建设的不断推进，中国经济对外交流的深度与广度

---

① 《在"一带一路"国家，中国修了哪些铁路?》，https：//mp. weixin. qq. com/s/2h－Kzbdfxb F2VaURxOLoYQ，2019 年 4 月 25 日。

② 《我国铁路主要货运一类口岸和二类口岸的分布和介绍》，https：//www. amiue. com/p/ 1834/，2018 年 8 月 24 日。

不断拓展。同时，"一带一路"沿线城市铁路运输网络不断完善、运输能力不断增强、铁路口岸建设不断加快，以重庆—杜伊斯堡、成都—罗兹、武汉—帕尔杜比采等中欧班列为代表的铁路国际联运水平稳步提升，货运需求进一步增长。据统计，中欧班列开行数量快速增长，从 2011 年的 17 列增加到 2018 年的 6300 列，累计开行数量达 12937 列（见图 2-21）。

从进口市场看，欧洲、西亚、北非为进口重点增长区域。中欧铁路间进口货运市场仍处于前期开拓阶段，基数较小、潜力较大。中亚铁路间已经具有一定的合作基础，需求基数较大，特别是大宗资源类物资铁路进口需求量较大。从出口市场看，欧洲、亚洲市场平分秋色，稳步增长。我国铁路出口货物主要品类为发往欧洲方向的集装箱，发往中亚、东南亚、东北亚方向的化工产品、钢铁和矿建产品（秦欢欢等，2018）。

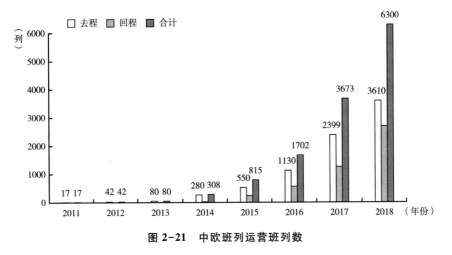

**图 2-21　中欧班列运营班列数**

数据来源：中国铁路总公司。

## （三）投融资模式相对多样

在中国铁路"走出去"的过程中，政府大力支持、积极推介，铁路企业依托于核心技术优势不断拓展海外市场，中老、中印尼、中俄、中泰等双边铁路务实合作取得重要进展；中国制造的铁路机车、客车、货车、动车组及地铁车辆、有轨电车等在"走出去"上取得了重要突破，已进入欧美市场。中国铁路"走出去"投融资模式日趋多样化。例如在中泰铁路项目中，采用的是"融资+设计采购施工总承包（F+EPC）模式"，这种模式是以中国向东道国提供项目贷款为前提来得到工程总承包权（何华武等，2017）；在中老铁路项目中，中方企业参与了项目的投融资、建设和运营，不再仅是建铁路，而是拓展为全生命周期的全产业链一体化发展模式；在雅万高铁项目中，则采用了公私合营（PPP）模式，两国企业进行合作投资，作为共同业主来建设和管理高铁项目，是国际铁路建设与管理模式的一次探索和创新（张静，2018）。

## 三 "一带一路"沿线城市铁路网络存在的主要问题

"一带一路"沿线城市铁路网络建设取得了引人瞩目的成绩，但也面临着不少问题。在目前国内外为数不多的研究成果中，多把货源不充足、回程班列少、通而不畅、价格竞争激烈等问题视作当前"一带一路"沿线城市铁路网络建设面临的主要挑战。实际上，上述问题是货源结构不均衡、制度性平台建设滞后和基础设施瓶颈等根本性难题的具体体现。

（一）长期贸易顺差导致货源结构不均衡

在"一带一路"铁路联运方面，中国铁路进口的多是中亚、俄罗斯等国的大宗资源类物资，出口的却是国内的集装箱货源，由此带来了进出口货源结构不均衡以及不同货物品类在运输组织等方面的不同。在铁路国际联运中，货源结构不均衡给集装箱国际联运班列的组织工作带来困难，班列无法实现均衡对开，不利于铁路国际联运常态化发展（秦欢欢等，2018）。

（二）统一协调的制度性平台有待建设

一方面，在"一带一路"国际铁路网络联运中，主要运输障碍之一是各国铁路轨距不同（铁路轨距有1000mm、1435mm、1520mm、1688mm），且各国铁路技术标准不统一，造成中欧班列运行时间长、费用高，影响了客户满意度。另一方面，在"一带一路"国际联运中统一运单的使用率还不高，大部分国际联运货物仍采用国际货协运单发运，增加了运输过程中的文件流转环节，降低了转关效率，增加了换单的相关费用。此外，中国铁路与

"一带一路"海外铁路、海关等部门缺乏统一的信息共享平台，影响了国际联运的全程运输效率。

### （三）配套设施不足

国内西部地区铁路发展滞后，路网规模小，物流节点少。铁路边境口岸的技术装备水平较差，换装换轨能力不足，不能适应国际物流发展需要。国外沿线国家铁路货运设施基础薄弱，口岸便利化水平不高，铁路运输的线路缺失多、等级低、状况差（国务院发展研究中心"一带一路"设施联通研究课题组，2017）。

## 四 "一带一路"沿线铁路网络枢纽城市识别

结合《中欧班列建设发展规划（2016—2020 年）》中的东中西三条通道以及收集到的"一带一路"沿线铁路网络地图，通过 ArcGIS 分析经过城市的铁路线数量来识别"一带一路"沿线的核心枢纽。由于货运数据较难获取，此处仅分析了铁路交会情况。

根据现有资料，筛选出 127 个城市，其中欧亚大陆通道通过的城市有 28 个，其他通道通过的城市有 12 个，没有通过的城市有 87 个。对有通道通过的 40 个城市进行铁路网络分析，结果如表 2-15 所示。未来南亚地区潜力较大的城市有加尔各答、新德里和拉合尔。从铁路条数来看，加尔各答具有比较优势；从指数得分来看，南亚地区得分最高为拉合尔；从预测人口来看，2035 年人口占有比较优势的城市为新德里。未来东南亚地区潜力较大的城市有曼德勒、新加坡和曼谷。从铁路条数来看，曼德勒铁路条数最多；从指数得分来看，新加坡在"五通"及区域影响、伙伴关系和成长引领中得分最高；在 2035 年曼谷将成为东南亚地区人口最多的城市。未来东亚地区潜力较大的城市有大邱和釜山，从铁路条数来看，大邱相比于釜山和乌兰巴托具有比较优势；从指数得分来看，釜山得分最高；从人口增长潜力来看，相比于 2015 年，大邱人口总数 2035 年呈下降趋势，釜山人口总数仍维持相对较高水平。中亚的铁路网络发育还相对不足，目前，仅有阿斯塔纳处于欧亚大陆通道，且其人口增长潜力较为明显。西亚地区潜力较大的城市是伊斯坦布尔，从铁路条数、指数得分以及人口增长潜力来看，伊斯坦布尔相较于安卡拉均具有比较优势。未来东欧地区潜力较大的城市有鄂木斯克和莫斯科。从铁路条数来看，鄂木斯克铁路网络相对成熟；从指数得分来看，莫斯科分值最高；在人口总数上，莫斯科2015年和2035年的人口总数在东欧地区均具有明显的比较优势。

表2-15　"一带一路"沿线铁路网络枢纽识别结果

| 区域 | 城市 | 通道类型 | 铁路条数（条） | 指数得分 | 人口（万人） | |
|------|------|---------|--------------|---------|---------|---------|
| | | | | | 2015年 | 2035年 |
| 南亚 | 加尔各答 | 欧亚大陆通道 | 5 | 41.67 | 1442.3 | 1956.4 |
| | 新德里 | 欧亚大陆通道 | 4 | 44.99 | 2586.6 | 4334.5 |
| | 坎普尔 | 欧亚大陆通道 | 4 | 33.24 | 301.4 | 413.3 |
| | 瓦拉纳西（贝纳勒斯） | 欧亚大陆通道 | 4 | 33.37 | 153.7 | 226.6 |
| | 阿利加尔 | 欧亚大陆通道 | 3 | 29.59 | 104.2 | 172.4 |
| | 库姆 | 欧亚大陆通道 | 3 | 42.76 | 117.3 | 153.0 |
| | 德黑兰 | 欧亚大陆通道 | 3 | 44.84 | 855.5 | 1066.4 |
| | 拉合尔 | 欧亚大陆通道 | 3 | 49.38 | 1036.9 | 1911.7 |
| | 阿拉哈巴德 | 欧亚大陆通道 | 1 | 29.35 | 129.5 | 189.0 |
| | 马什哈德 | 欧亚大陆通道 | 1 | 42.82 | 293.6 | 380.2 |
| 东南亚 | 曼德勒 | 欧亚大陆通道 | 4 | 43.86 | 126.8 | 193.6 |
| | 仰光 | 欧亚大陆通道 | 4 | 44.70 | 485.1 | 703.9 |
| | 河内 | 欧亚大陆通道 | 3 | 48.93 | 365.7 | 704.4 |
| | 吉隆坡 | 欧亚大陆通道 | 2 | 55.33 | 685.1 | 1046.7 |
| | 新加坡 | 欧亚大陆通道 | 1 | 65.65 | 553.5 | 648.0 |
| | 曼谷 | 欧亚大陆通道 | 1 | 62.39 | 940.3 | 1268.0 |
| | 海防 | 欧亚大陆通道 | 1 | 45.56 | 108.3 | 187.9 |
| | 胡志明市 | 欧亚大陆通道 | 1 | 49.64 | 734.8 | 1223.6 |
| 东亚 | 大邱 | 其他通道 | 3 | 46.32 | 224.3 | 223.2 |
| | 釜山 | 其他通道 | 2 | 51.91 | 344.6 | 357.4 |
| | 乌兰巴托 | 欧亚大陆通道 | 1 | 47.18 | 136.5 | 195.2 |

| 区域 | 城市 | 通道类型 | 铁路条数（条） | 指数得分 | 人口（万人） | |
|---|---|---|---|---|---|---|
| | | | | | 2015 年 | 2035 年 |
| 中亚 | 阿斯塔纳 | 欧亚大陆通道 | 3 | — | 89.4 | 154.9 |
| | 阿拉木图 | 欧亚大陆通道 | 0 | 55.39 | 166.5 | 230.8 |
| 西亚 | 伊斯坦布尔 | 欧亚大陆通道 | 2 | 55.92 | 1412.7 | 1798.6 |
| | 安卡拉 | 欧亚大陆通道 | 1 | 49.20 | 463.3 | 616.5 |
| 东欧 | 鄂木斯克 | 其他通道 | 9 | 50.08 | 117.2 | 118.5 |
| | 布拉格 | 欧亚大陆通道 | 8 | 52.21 | 126.9 | 135.2 |
| | 下诺夫哥罗德 | 其他通道 | 7 | 50.47 | 125.9 | 125.3 |
| | 布拉迪斯拉发 | 欧亚大陆通道 | 7 | 45.57 | 42.2 | 45.8 |
| | 布达佩斯 | 欧亚大陆通道 | 6 | 57.52 | 174.6 | 178.4 |
| | 华沙 | 其他通道 | 5 | 56.91 | 174.0 | 180.2 |
| | 明斯克 | 其他通道 | 4 | 45.69 | 194.5 | 208.6 |
| | 索非亚 | 欧亚大陆通道 | 4 | 51.25 | 125.6 | 126.9 |
| | 新西伯利亚 | 其他通道 | 4 | 52.22 | 157.1 | 172.1 |
| | 彼尔姆 | 其他通道 | 4 | 48.34 | 103.4 | 109.3 |
| | 萨马拉 | 欧亚大陆通道 | 4 | 50.02 | 28.9 | 45.7 |
| | 圣彼得堡 | 其他通道 | 4 | 58.28 | 518.1 | 564.3 |
| | 克拉斯诺亚尔斯克 | 其他通道 | 2 | 50.85 | 105.5 | 119.0 |
| | 莫斯科 | 其他通道 | 2 | 60.24 | 1204.9 | 1282.3 |
| | 叶卡捷琳堡 | 其他通道 | 1 | 51.01 | 142.9 | 154.9 |

## 第六节　本章小结

经济全球化快速发展，推动着世界经济合作与分工程度不断提升，深刻改变着世界经济格局。城市作为经济、社会、文化、环境发展的重要空间载体，在国家和地区发展中具有重要作用，考察"一带一路"沿线的城市化进程和城市网络特征，对于推动中国城市"走出去"和构建城市网络具有重要意义。

第一，从城市化进程来看，对亚洲、欧洲、非洲三大洲的 145 个国家进行研究发现，"一带一路"沿线绝大多数国家正处于快速城市化阶段，城市化水平快速提高，但城市化水平依然较低；而且"一带一路"沿线城市化水平的区域差异较大，其中，北欧、西欧等区域的城市化水平较高，而非洲、西亚等区域的城市化水平依然较低。对 2035 年"一带一路"沿线国家的城市化率和城市人口规模的预测数据进行分析可以发现，未来具有较大潜力的城市主要位于南亚、东南亚、东亚、西亚及非洲等地区。这些地区将会有数以千万计的人口由农村转移至城市，是未来城市化潜力最大的区域，同时印度将会是未来城市化发展潜力最大的国家，中国次之。

第二，从城市体系发育的角度来看，"一带一路"沿线不同规模等级的城市增长速度均要高于全球相应规模等级的城市增长速度，且城市规模越大增长越快，表现出明显的大城市优先发展趋势，特别是 100 万人以上的大城市和特大城市增长最为明显。但"一带一路"沿线城市空间分布不均，东亚和东南亚的城市最多，30 万人以下的城市人口占比持续减少，30 万人以上的城市人口占比变化存在差异。随着未来"一带一路"沿线国家经济社会发展水平的不断提高，其城市化进程将快速推进，城市数量将进一步增加。未来"一带一路"沿线城市将在全球发展格局中愈加突出，特别是 1000 万人以上的超大城市将绝大多数分布在"一带一路"沿线，具有较大的发展潜力。从城市的分布来看，到 2035 年"一带一路"沿线 30 万人以上的城市仍主要分布在东亚、南亚、东南亚、西亚、西非、东欧及东非等区域，这些区域的城市数量占"一带一路"沿线城市总数量的比重均在 5% 以上。从增速来看，2015 ~ 2035 年，东非、西非、南亚等地区的城市数量增长迅速，占"一带一路"沿线城市数量的比重均增加 1 个百分点以上，而东亚、东欧、西欧、南欧、北欧及南非等区域的城市数量占"一带一路"沿线城市数量的比重呈下降趋势。

第三，对"一带一路"沿线城市的航空网络进行分析发现，"一带一路"沿线航空网络是全球航空网络的重要组成部分，我国城市成为网络中最为活跃的中心城市，在流量上占据一定的主导地位，其中上海是"一带一路"沿线国际航空网络中加权中心度最高的城市，北京紧随其后，位居第二。全球范围内中心城市仍然集中分布在西欧、东亚和东南亚，除我国城市外，其他"一带一路"沿线的中心城市仍然以西欧、东亚和东南亚的城市为主。北京和上海作为国内最主要的两大国际航空枢纽，在"一带一路"沿线的国际航空网络中也处于绝对的中心城市和重要的中转枢纽的位置。北京和上海与"一带一路"沿线城市的航空联系呈现不同的特点，上海的主要航线流量高于北京，而北京的国际航线分布比上海更为均衡。

　　第四，对"一带一路"沿线城市的航运网络进行分析可以发现，"海丝之路"沿线航运网络的演化经历了发育阶段、等级化阶段、网络化阶段三个阶段。"海丝之路"航运网络的覆盖范围扩大，但航线趋于集中；航运联系紧密程度符合距离衰减规律，中国与东南亚联系最为密切，与西亚/中东地区的航海运输联系次之。按国家分析，中国对外航海运输联系主要集中为马来西亚、新加坡、埃及、澳大利亚等国，与吉布提、肯尼亚、坦桑尼亚等非洲东岸国家联系较少；航运首位联系国家保持稳定，首位港口变化较大。"海丝之路"上我国沿海港口数量较少，但网络层级结构特征明显；1995~2015 年中国与"海丝之路"相连的枢纽港口由一主一副的双中心（香港港、上海港）向三中心（上海港、香港港、深圳港）再向四中心（上海港、深圳港、宁波港、香港港）演变；国内港口呈现分散化趋势，航线"南退北进"。就国内核心城市与"海丝之路"的联系来看，上海是"海丝之路"上的重要城市，上海港与"海丝之路"通航港口增加、航线占比上升，联系重点港口位于东南亚地区。

　　第五，对"一带一路"沿线城市的铁路网络进行分析可以发现，中欧班列作为"一带一路"建设的早期收获项目，已成为欧亚国际物流陆路运输的骨干方式，得到国际社会的广泛好评和沿线各国的普遍欢迎，成为推进中国与沿海国家经贸交流的重要载体和"一带一路"建设的重要抓手；在"一带一路"铁路网络互联互通的建设中，除了推进中欧班列的发展外，其他重点的区际、洲际铁路网络建设也取得了重大进展，如中老铁路、中泰铁路、匈塞铁路、雅万高铁等合作项目。"一带一路"沿线城市铁路网络的基本空间格局相对清晰,形成以中国为中心,沿新亚欧大陆桥经济走廊、中蒙俄经济走廊、中国—中南半岛经济走廊、孟中印缅经济走廊呈放射状分布的基本空间格局。伴随"一带一路"倡议的践行,"一带一路"铁路运输网络不断完善、运输能力不断增强、铁路口岸建设不断加快,以重庆—杜伊斯堡、成都—罗兹、武汉—帕尔杜比采等中欧班列为代表的铁路国际联运水平稳步提升,货运需求进一步增加。尽管"一带一路"铁路网络建设取得了引人瞩目的成绩,但也面临着不少问题,主要表现为长期贸易顺差导致货源结构不均衡、统一协调的制度性平台缺乏以及配套设施不足。

# 第三章 "一带一路"沿线战略支点城市识别与分析

从"一带一路"建设现状看,一是企业"走出去"面对国外迥异的投资环境,存在准备不足的情况,部分企业面临较大的风险;二是企业对外投资存在"撒胡椒面"和资源投放不聚焦的情况,降低了资源利用效率。以上两种情况的存在影响"一带一路"建设的全面推进,亟须对沿线城市网络进行投资潜力评估和风险评级,引导企业高质量发展。本章试图建立样本城市全覆盖的评价模型,在泛"一带一路"地区甄选战略支点城市,为企业参与"一带一路"建设提供战略区位布局方面的参考和建议。

战略支点城市是指在"一带一路"沿线国家和城市网络中,与中国伙伴关系较密切、对支点城市所在区域有较强集聚和辐射能力、成长潜力较大,同时在政策沟通性、设施联通性、贸易畅通性、资金融通性和民心相通性等"五通"领域具有综合优势的城市。找出战略支点城市,是在整体资源有限的情况下,突出重点、分步骤分阶段全面推动"一带一路"建设的必要手段。基于前人研究,本章尝试建立以"五通+"为主要评价内容的评价体系,识别战略支点城市并进行等级划分,在战略布局和推进时序上对企业投资"一带一路"沿线城市提供参考和有针对性的风险防范建议。本章的创新之处,一是弥补研究空白,将研究尺度由宏观国家尺度推向中观城市尺度。响应《愿景与行动》中提出的"以中心城市为支撑""以重点港口为节点"的推进思路，从"五通+"的维度综合评价"一带一路"城市网络支点功能，为企业"走出去"提供聚焦"城市"的"探照灯"。二是全样本覆盖，本章将泛"一带一路"地区所包含的百万人口城市、首都城市和重要港口城市全部纳入考察范围，避免样本选择偏颇。三是从理论上将"一带一路"沿线所处的亚欧非大陆连接地带从世界体系"边缘地带"归入全球化"参与者"范围，探讨以支点城市带动轴线和区域发展的方式参与全球竞争。

# 第一节 导论

## 一 概念界定

"一带一路"沿线的"丝路城市"不仅是相关国家和地区的经济发展高地，同时也是"一带一路"建设的主要空间节点。"一带一路"建设归根结底将首先落实到城市这一空间维度，并围绕其中的若干核心城市展开投资贸易与金融合作。

"一带一路"沿线战略支点城市[①]主要是指在丝路城市群中发展能级相对较高，资源要素集聚和配置能力较强，对周边区域的辐射带动作用较为突出，并且有一定的国际地位和地区影响力，从而对"一带一路"建设起到显著的战略引领和服务支撑作用的城市。从功能和作用来看，战略支点城市是"一带一路"建设的服务支撑平台。战略支点城市作为国际性或区域性的要素集聚中心和资源配置中心，具有对内外部要素的集散、配置、管控功能，不仅是"一带一路"建设的参与主体，同时也是支撑和服务于"一带一路"建设的战略枢纽和服务平台，主要具备"一带一路"建设中的金融服务平台、投资营运管理平台、经贸合作平台、专业服

---

① 本章内容中的"战略支点城市"主要是指"'一带一路'沿线战略支点城市"，在行文中若没有特别注明，两者内涵一致，并行使用。

务平台以及人文交流平台等功能，为参与"一带一路"的城市和企业提供便捷的服务。

与战略支点城市概念较为相关的是国际中心城市。国际中心城市一般是指资源高度集中，国际化程度极高，国际贸易影响力对内辐射全国、对外辐射全球的国际著名大都市。值得特别强调的是，本研究与既有的国际中心城市以及类似的国际交流枢纽城市分析的主要不同在于识别"一带一路"沿线战略支点城市的意图不同。战略支点城市是从中国推动"一带一路"建设出发，除了对象城市通常的枢纽性和辐射力外，更强调其与中国的联通交流程度。具体来说，与中国城市的"五通"水平是主要的鉴别维度。

由上可知，从概念内涵来看，战略支点城市的基本条件包括："一带一路"沿线城市网络中的重要节点城市，"一带一路"走廊城市群中的重要中心城市，在政策沟通、设施联通、贸易畅通、资金融通、民心相通等"一带一路"战略重点领域具有综合优势，具有集聚、辐射及撬动等功能。总体而言，战略支点城市的功能强调丝路沿线城市作为支点在政策沟通、设施联通、贸易畅通、资金融通和民心相通等重点领域对周边区域乃至其他沿线城市的引领作用、服务作用、撬动作用和支撑作用。

具体而言，战略支点城市有如下功能定位。其一，战略枢纽性。战略支点城市一般在地理空间上具有区位优势，是所在国家和区域的主要枢纽节点，而且能吸引国际国内要素，是资源要素的国际国内配置中心，并与区域内外多层次、不同等级城市频繁互动。其二，战略平台性。作为"一带一路"发展的枢纽性节点，战略支点城市是沿线国家和企业的投融资平台、营运管理中心、商贸流通枢纽、经贸合作纽带以及人文交流重镇，是服务和支撑"一带一路"建设的战略性平台。其三，战略功能性。从战略作用上看，战略支点城市有对内对外的双重功能。一方面，它是所在国的主要发展节点和"中心地"，对于一国乃至区域的发展起到重要的"支撑点"作用；另一方面，它是所在区域与外部联系和经贸互动的主要门户和枢纽，通过自身与外部的贸易、投资、金融、交通运输等连接网络促进区域国际化。

基于上述功能定位,战略支点城市的选择应着重考察该城市对国际要素的集聚、吸引和配置能力,主要评价标准涉及贸易规模、投资规模、金融水平、基础设施水平,以及文化、社会、安全等领域的综合配套能力。

## 二 问题提出

战略支点城市是指在"一带一路"沿线城市网络中发展基础条件较好,在政策沟通、设施联通、贸易畅通、资金融通、民心相通等"一带一路"重点领域具有单项或综合优势,对"一带一路"城市走廊和"一带一路"沿线城市网络及其广大地域而言具有较强的集聚、辐射及撬动等功能,在推动"一带一路"建设中具有重要地位的城市。战略支点城市是推动"五通",进而推进"一带一路"倡议成功践行的保证。确定战略支点城市,是我国在各方面资源有限情况下,保证政策有效和资源投入高效,进而撬动全局的有效手段。要真正发挥战略支点城市的作用,重中之重是对其予以确定与分类,这决定着未来政策的完善方向,以及未来的资源布局和推进时序。而当前从筛选评价、战略布局和推进时序等方面对战略支点城市的综合研究十分缺乏,存在"一哄而上"造成资源投放不聚焦的风险。

(一)当前"一带一路"建设中,缺乏战略支点城市来推动沿线城市结网,从而撬动跨国"五通"

对"一带一路"沿线城市的了解不充分,缺乏对关键战略支点城市的识别和引导聚焦。"一带一路"建设覆盖了人口数量众多、地域分散的欧亚大陆中轴。但是,不少沿线国家经济基础相对薄弱,工业化水平参差不齐,金融及配套服务体系相对缺乏。而这些国家往往远离传统的国际中心城市的辐射带。战略支点城市最重要的作用就在于对周边地区的"撬动"作用和"辐射"作用。只有形成战略支点城市辐射周边地区的网络格局,充分发挥城市集群效应,才能撬动跨国互信、撬动基础设施互联互通、撬动跨国贸易与跨国投资、撬动跨国物流与人际交往，从而实现共同发展、共享繁荣。因此，必须进行理论创新、政策创新和实践创新，从"一带一路"建设实际出发，培育战略支点城市。

（二）践行"一带一路"倡议，推动跨国"五通"，缺乏对战略支点城市的筛选与评价，尚未找到发挥关键作用的战略支点城市

"五通"是"一带一路"建设的主要内容，"五通"之间也存在相互影响的关系，强调地域接近性的同时对于具体城市能力条件考虑少，真正综合能力强的城市的作用没有得到发挥。中国国家主席习近平提出，要以点带面、从线到片，逐步推进区域大合作。"一带一路"建设的切入点是找对战略支点城市。因此，寻找战略支点城市符合推动"一带一路"建设的客观规律。

（三）战略支点城市的布局合理性不足，存在"一哄而上"的问题

推进战略支点城市建设，首要问题就是哪些城市应当成为战略支点城市、如何建设战略支点城市。我国省区市层面的"一带一路"建设还处于本地招商引资的水准。"一带一路"建设中地方层面的对外合作无序、"一盘散沙"。建设战略支点城市，是从宏观角度的战略行为，仅仅依靠一个或几个城市是无法实现的。无序投资下，虽已有大量投资，但成效不明显，没有形成"早期收获"效应。要与"一带一路"关键支点城市开展合作；要实现支点城市规划与基础设施互联互通相融合。而这就要求明确国际国内哪些城市应当成为战略支点城市，应当如何与这些城市展开合作。

（四）"一带一路"理论研究层面缺乏战略支点城市相关研究，更缺少对战略支点城市的筛选与综合评价

"一带一路"倡议提出以来，产学研各界对"一带一路"沿线国家、区域的研究较多，提出了很多有建设性的政策建议。但对战略支点城市的研究较少，没有提出如何选取战略支点城市并予以培育，也没有提出具体的建设思路。因此，必须充分重视理论研究对战略支点城市建设的引导作用，为战略支点城市的选取和评价提供理论、政策和方法支持。

针对以上问题，本章借助已有研究成果，弥补研究空白，希望对"一带一路"建设的推进以及战略支点城市的研究做出贡献。第一，不同于国际中心城市的研究，本章创造性地提出战略支点城市，更强调沿线城市作为支点的支撑、撬动和辐射作用。第二，在提出战略支点城市概念的基础上，创造性地提出包括两类八大项 31 个小项指标的战略支点城市识别指标体系，以科学定量的分析方法解决如何确定战略支点城市的问题，并对国内与国外的战略支点城市进行类别和等级划分研究。第三，基于战略支点城市的撬动作用，本章从国家战略与区域发展的视角，综合分析战略支点城市的优劣势。第四，本章对于当前战略支点城市的研究与分析是以"一带一路"城市网络和"一带一路"走廊城市群为基础，并综合分析了国内与国外的战略支点城市。

## 第二节　理论框架与模型设计

### 一　理论基础

#### （一）地缘政治

19 世纪末 20 世纪初，随着蒸汽机技术的应用，解决了轮船动力问题，将海洋作为空间一体化的实现路径得以贯通，"海权论"应运而生。阿尔弗雷德·赛耶·马汉（Alfred Thayer Mahan）19 世纪末提出"海权论"，被称为"海军之父"。战时的海权论对于争夺海上主导权以维护国家的国际政治地位有重要的指导意义，当代海权论的价值则主要体现为对于一国基于国内生产、海上基地和海上交通线发展海洋运输的启示。

随着铁路技术和桥梁技术的成熟，陆权论在批判海权论的基础上发展而来。1904 年，哈尔福德·约翰·麦金德（Halford John Mackinder）在英国皇家地理学会上宣读的论文《历史的地理枢纽》，奠定了"陆权论"的核心地位。陆权论认为得益于物资丰富和交通条件日益改善，陆权将成为海陆一体化中的重点，而欧亚非三洲陆上交通发达、人口众多、资源丰富，将成为核心地带。麦金德陆权论在战时的历史价值显著，当代的价值则是开了从全球角度分析地缘政治的先河，将一体化的空间范围从沿海地域扩展到全局范围。

以海权论和陆权论为代表的地缘政治理论均有其历史局限性，如海权论所提出的建立国家海权的六大必要条件中，多与自然地理或人文地理有关，如地理位置、自然结构、领土范围、人口数量、民族特点和政府性质等，带有先验判断的特点，忽略了经济和通信技术发展对海权建设的影响，且对陆权的认识也仅限于视其为支撑海权的必要基础，处于从属地位。陆权论的提出是以英国海权地位受到陆权威胁为时代背景，但麦金德对交通运输条件影响陆权的分析，在当代仍有重要的启示意义。

（二）流动空间

从经济学的视角，无论"海权"还是"陆权"都是通信技术进步带来的运输成本下降、要素流动空间扩大进而改变国家间关系的结果。从亚当·斯密（Adam Smith）在《国富论》中提出"运输成本高限制市场范围，而劳动分工受到市场范围限制"，到区位理论鼻祖约翰·海因里希·冯·杜能（Johann Heinrich von Thünen）在《孤立国》中将运输成本纳入农作物种植范畴，再到保罗·萨缪尔森（Paul Samuelson）20 世纪 50 年代提出著名的"冰山运输成本"以及保罗·克鲁格曼（Paul Krugman）基于"冰山运输成本"探讨"本地市场效应"的尝试，均说明运输成本对国内国际贸易和本地市场结构的关键作用。

通信技术的发展对广义上的运输成本而言具有变革性影响，对全球经济社会一体化理论发展和社会空间形式的变化有推动作用。1996 年曼纽尔·卡斯特（Manuel Castells）在《网络社会的崛起》中提出"流动空间"概念，认为城市是在人、物、资金、技术和信息等要素流动基础上形成的空间形态，由政治边界界定的"地方空间"被纳入社会网格，作为网格单元而存在，城市的空间组织形式的塑造也更多地受到流动空间的影响。

（三）城市网络

"流动空间"理论重新整合了区域关系，将城市发展视为空间互动的网络化过程，每个城市则被视为网络节点。该理论认为流动要素、网络节点和空间组织对流动空间的形成而言缺一不可。在全球化和世界城市研究中，卡斯特将流动空间理论予以提炼，率先提出城市"网络"观点，强调网络构成单元之间的平等、共享、合作。20世纪90年代中期以来，世界城市研究范式发生了系列转变，一是由重视城市间等级关系转而重视城市间网络关系，二是由关注城市间竞争转而关注城市间合作（马学才、李贵才，2011）。

在"网络"观点的支撑下，英国地理学家泰勒（1997）开启了GaWC这项著名的跨国城市网络实证研究，推动城市关系从"等级"向"网络"转变，开创了由商务服务公司作为网络制造者的"互联网络模型"（Interlocking Network Model），包括网络层（全球经济）、节点层（城市）和次节点层（企业）的研究范式。[1]

（四）地缘政治、城市网络与"一带一路"沿线战略支点城市选择

国际经济社会发展经历了从"海权社会"到"陆权社会"再到"流动空间"的演变，其关键即通信技术变革。结合中国运输技术特别是高铁技术和桥梁技术具有全球比较优势的实际，"一带一路"倡议的提出既是顺势而为，又可通过布局支点城市乘势而上。具体来讲，中国高铁技术的发展，[2]对以蒸汽机为动力的近代海洋交通技术具有一定的替代作用，促进了陆权的回归（高柏，2012），对以地缘经济为基础的陆权战略的意义在于，高铁突破了地理条件对地缘经济的限制，打通了欧亚大陆交通大动脉，促使欧亚大陆生产要素在更大范围内自由流动进而形成"流动空间"。

在"流动空间"中，战略支点城市本质上是随着交通技术发展，在陆权回归、"海陆共治"背景下，作为"流动空间"第二层次的网络节点而存在。根据流动空间理论，全球产业分工将在最有利的空间内进行。不难判断，根据资源禀赋和发展基础，寻找特定类型的战略支点城市是推进"一

---

① GaWC 网站注释（https：//www.lboro.ac.uk/gawc/Taylor.html）。

② 根据世界银行2014年7月发布的报告《中国的高速铁路发展》，中国高铁建设成本大约相当于其他国家的2/3，而票价仅相当于其他国家的1/5～1/4。

带一路"建设的必要条件。鉴于现有相关研究对象多为国内城市或"一带一路"沿线国家，本章尝试将研究维度进一步推至"流动空间"第二层次——支点城市。

## 二 样本选择

纳入本章评价范围的城市样本主要包含三个部分。第一，根据联合国发布的《2018 年世界城市化展望》中的相关数据，甄选参与"一带一路"建设的国家中人口规模超过 100 万的城市样本。[①] 第二，为保证样本的全面性，本章将样本国家的首都城市全部纳入评价范围。第三，港口城市对国际进出口贸易流量具有重要作用，因此本章同步考察了"一带一路"沿线城市网络中港口城市的支点功能。最终选出 138 个国家的 350 个样本城市。[②] 样本城市在各区域的分布情况如表 3-1 所示。[③]

### 表 3-1 样本国家（地区）和城市

单位：个

| 大洲 | 地理亚区 | 国家 | | 城市数量 |
| --- | --- | --- | --- | --- |
| | | 名称 | 数量 | |
| 大洋洲 | 美拉尼西亚 | 巴布亚新几内亚 | 1 | 1 |
| | 波利尼西亚 | 萨摩亚、纽埃 | 2 | 2 |
| | 澳大利亚和新西兰 | 新西兰 | 1 | 2 |
| 美洲 | 南美 | 玻利维亚、乌拉圭、委内瑞拉、苏里南、圭亚那 | 5 | 11 |
| | 中美 | 哥斯达黎加、巴拿马 | 2 | 2 |
| | 加勒比地区 | 格林纳达、多米尼克、安提瓜和巴布达、特立尼达和多巴哥 | 4 | 4 |

---

① United Nations, 2008, "Department of Economic and Social Affairs, Population Division." World Urbanization Prospects: The 2018 Revision, Online Edition.

② 截至 2018 年 10 月，中国一带一路网（https://www.yidaiyilu.gov.cn/info/iList.jsp? cat_ id = 10037）共列示 118 个国家，本书将 118 个国家全部纳入考察范围，同时增加泛"一带一路"地区的 20 个国家，以适应参与"一带一路"建设的国家不断增加的趋势。

③ 由于统计数据缺失，本研究未包含西撒哈拉和海峡群岛。

续表

| 大洲 | 地理亚区 | 国家 | | 城市数量 |
| --- | --- | --- | --- | --- |
| | | 名称 | 数量 | |
| 欧洲 | 南欧 | 希腊、塞尔维亚、黑山、斯洛文尼亚、波斯尼亚和黑塞哥维那、阿尔巴尼亚、克罗地亚、马其顿、马耳他、葡萄牙、西班牙、意大利 | 12 | 19 |
| | 东欧 | 白俄罗斯、保加利亚、捷克、匈牙利、波兰、罗马尼亚、俄罗斯、乌克兰、摩尔多瓦、斯洛伐克 | 10 | 27 |
| | 西欧 | 奥地利、比利时、德国、法国、荷兰、卢森堡、瑞士 | 7 | 19 |
| | 北欧 | 立陶宛、拉脱维亚、爱沙尼亚、爱尔兰、冰岛、丹麦、芬兰、挪威、瑞典、英国 | 10 | 15 |
| 亚洲 | 南亚 | 阿富汗、孟加拉国、印度、伊朗、尼泊尔、巴基斯坦、斯里兰卡、不丹、马尔代夫 | 9 | 86 |
| | 东南亚 | 柬埔寨、印度尼西亚、马来西亚、缅甸、菲律宾、新加坡、泰国、越南、东帝汶、文莱、老挝 | 11 | 33 |
| | 东亚 | 蒙古、韩国、朝鲜、日本 | 4 | 21 |
| | 中亚 | 哈萨克斯坦、乌兹别克斯坦、土库曼斯坦、塔吉克斯坦、吉尔吉斯斯坦 | 5 | 6 |
| | 西亚 | 亚美尼亚、阿塞拜疆、格鲁吉亚、伊拉克、以色列、约旦、科威特、黎巴嫩、阿曼、沙特阿拉伯、叙利亚、土耳其、阿联酋、也门、巴勒斯坦、巴林、卡塔尔、塞浦路斯 | 18 | 42 |
| 非洲 | 东非 | 埃塞俄比亚、肯尼亚、马达加斯加、莫桑比克、索马里、乌干达、坦桑尼亚、赞比亚、津巴布韦、塞舌尔、布隆迪、南苏丹、吉布提、卢旺达 | 14 | 17 |
| | 西非 | 科特迪瓦、加纳、几内亚、毛里塔尼亚、尼日利亚、塞内加尔、塞拉利昂、多哥、佛得角、冈比亚 | 10 | 19 |
| | 中非 | 安哥拉、喀麦隆、乍得、刚果、加蓬 | 5 | 7 |
| | 南非 | 纳米比亚、南非 | 2 | 7 |
| | 北非 | 阿尔及利亚、埃及、利比亚、摩洛哥、苏丹、突尼斯 | 6 | 10 |
| 合 计 | | | 138 | 350 |

注：地理亚区参考联合国相关划分标准。

### 三　模型构建

（一）"一带一路"沿线战略支点城市评价模型设计

近年来城市网络是区域城市体系研究的热点，而支点城市是城市网络语境下的概念。在全球化和世界城市研究中，Manuel Castells（2006）最早提出城市"网络"观点，强调网络构成单元之间的平等、共享与合作。受 Manuel Castells 网络理论影响，20 世纪 90 年代中期以来世界城市研究范式发生了系列转变，一是由重视城市间等级关系转而重视城市间网络关系，二是由关注城市间竞争转而关注城市间合作（马学广、李贵才，2011）。研究表明，现实中世界和地区城市体系往往兼具网络化和等级性特征（Taylor，2004），这种新型地理空间包含地缘关系和场所空间对流动空间的适应，即同时存在跨区域合作、增长极（轴），以及强调平等与合作的城市网络。

地缘关系侧重于从国家战略角度推进跨区域合作，在"一带一路"倡议背景下"一带一路"沿线战略支点城市增长极（轴）侧重于场所空间范围内中心城市与周围市镇的互动，二者都考察了"一带一路"沿线城市网络化发展潜力，是形成战略支点城市功能的重要内容。[1]

考察"一带一路"沿线战略支点城市的另一重要内容即城市的网络化发展水准。城市网络是由城市间的关系和流所形成的体系（李涛、程遥，2017），与要素流动和市场发育程度相关。与网络社会相适应的流动空间理论认为，支点城市是将区域与全球网络连接起来的中介（Manuel Castells，2006），内容包括人、物、资金、技术和信息等流动要素，条件则包括技术性基础设施、劳动力市场及与之相关的支持性服务等。根据这一思路，绘制"一带一路"沿线战略支点城市理论定位示意图（见图 3-1），其中与要素流动相关的基础设施及配套服务的完善程度是考察支点城市的重要内容。

---

[1]　GaWC 是对这一范式进行应用的成功案例，开创了由商务服务公司作为网络制造者的"互联网络模型"（Interlocking Network Model）。

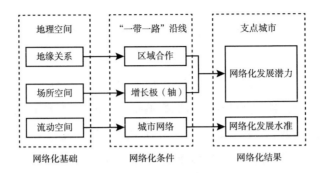

图 3-1 城市网络中"一带一路"沿线战略支点城市理论定位

（二）"一带一路"沿线战略支点城市指标体系

基于上述研究思路，"一带一路"沿线战略支点城市的筛选指标包括以下几个方面。

1. 网络化发展潜力

借鉴 Manuel Castells（2006）的网络社会观点，城市网络化发展潜力是指某城市与区域内其他城市协作的能力，使区域内城市群运行和发展具备网络互动属性。因此具有网络化发展潜力的城市一般是所在区域的主要枢纽（Wal，2000；赵雅婷，2015）。同时，如上所述，"一带一路"沿线战略支点城市需具备与中国网络化发展的潜力。在"一带一路"相关研究中，大多学者关注沿线国家与中国的政治共识（赵雅婷，2015），或中国对该地施加影响的可能性，因此对华关系是评价"一带一路"城市战略功能的重要内容之一。本章以"伙伴关系"、"区域影响"和"成长引领"评价"一带一路"沿线城市的网络化发展潜力。

2. 网络化发展水准

支点城市需具备较为完善的市场结构和城市开放合作机制，使空间内各种要素的自由流动成为可能。一般而言，要素流通的城市的商流、物流、资金流和信息流高度汇聚，具有较强的集聚、辐射功能，[①] 能够与

---

① 见商务部等 10 部门联合印发的《全国流通节点城市布局规划（2015—2020 年）》中对流通节点城市的定义。

沿线城市互联互通。结合"一带一路"倡议，本章以代表政策、通信、贸易、金融和文化要素的"五通"指标评价"一带一路"沿线城市网络化发展水准。

具体测量指标①见表 3-2，共包含 8 个二级指数和 31 个三级指标。8 个二级指数分别是伙伴关系指数、区域影响指数、成长引领指数、政策沟通指数、设施联通指数、贸易畅通指数、资金融通指数及民心相通指数。基于世界经济领域 5 位专家的打分均值，设定三级指标权重。各指标含义及数据来源见表 3-3。

**表 3-2 "一带一路"沿线战略支点城市评价指标体系**

单位：%

| 领域 | 二级指数 | 序号 | 三级指标 | 数据属性 | 权重 |
|---|---|---|---|---|---|
| 网络化发展潜力 | 伙伴关系 | 1 | 所在国家与中国的双边政治关系 | 国家 | 4 |
| | | 2 | 中国发起成立的国际合作组织、机构/协议中的成员国 | 国家 | 3 |
| | | 3 | 中国一带一路网列出的国家 | 国家 | 3 |
| | 区域影响 | 4 | 所在国家拥有区域合作组织总部 | 国家 | 2 |
| | | 5 | GaWC 区域中心城市等级 | 城市 | 3 |
| | | 6 | 城市人口与国家人口比值 | 城市 | 3 |
| | | 7 | "一带一路"走廊城市 | 城市 | 2 |
| | 成长引领 | 8 | "全球竞争力报告"国家表现 | 国家 | 3 |
| | | 9 | 近五年年均经济增长率 | 国家 | 2 |
| | | 10 | 未来十年预期人口平均增长率 | 城市 | 3 |
| | | 11 | 世界 500 强企业数量 | 国家 | 2 |

---

① 本研究具有导向性，即以中国投资者的角度观察"一带一路"全域范围内城市发展特点，寻找合适的投资目标。在这一目标导向下，一些国际知名城市如果具有与中国文化距离较大、资金融通性较弱等特点，则有可能不会成为首选。同时，本书综合 5 位世界经济领域的专家意见，突出样本城市在"五通"领域的综合表现，即更加侧重于从"中外城市对话"的角度，强调中外要素流动和市场发育程度对样本城市支点功能的作用。

续表

| 领域 | 二级指数 | | 序号 | 三级指标 | 数据属性 | 权重 |
|---|---|---|---|---|---|---|
| 网络化发展水准 | "五通"指标 | 政策沟通 | 12 | 政治稳定性 | 国家 | 4 |
| | | | 13 | 法律秩序 | 国家 | 3 |
| | | | 14 | 与中国建立友好关系 | 城市 | 4 |
| | | | 15 | 经济自由度指数 | 国家 | 3 |
| | | 设施联通 | 16 | 基础设施水平 | 国家 | 3 |
| | | | 17 | 区域性铁路站点 | 城市 | 4 |
| | | | 18 | 信息化水平 | 国家 | 3 |
| | | | 19 | 往来中国航班数 | 城市 | 4 |
| | | 贸易畅通 | 20 | 中国境外合作区或中国开发区、共建园区 | 城市 | 5 |
| | | | 21 | WTO 成员方 | 国家 | 3 |
| | | | 22 | 双边贸易总量 | 国家 | 3 |
| | | | 23 | 自由贸易区数量 | 国家 | 3 |
| | | 资金融通 | 24 | 来自中国的直接外商投资 | 国家 | 3 |
| | | | 25 | 货币稳定性 | 国家 | 3 |
| | | | 26 | 双边投资协定 | 国家 | 3 |
| | | | 27 | 金融国际化水平 | 城市 | 5 |
| | | 民心相通 | 28 | 文化距离 | 国家 | 3 |
| | | | 29 | 孔子学院数量 | 城市 | 4 |
| | | | 30 | 城市往来中国航空客流量 | 城市 | 4 |
| | | | 31 | 中国免签国家 | 国家 | 3 |

注：基于世界经济领域5位专家的打分均值，设定三级指标权重。①根据外交部资料，与中国双边政治关系主要包括友好合作关系、合作伙伴关系、友好合作伙伴关系、全面合作伙伴关系、全面友好合作伙伴关系、全方位合作伙伴关系、全方位友好合作伙伴关系、战略互惠关系、互惠战略伙伴关系、战略合作关系、战略性合作关系、战略伙伴关系、战略合作伙伴关系、创新全面伙伴关系、创新战略伙伴关系、全面战略伙伴关系、全面战略合作伙伴关系、全方位战略伙伴关系、全面战略协作伙伴关系和全天候战略合作伙伴关系等20类。②本研究梳理的相对重要的区域合作组织、机构主要包括阿拉伯国家联盟、阿拉伯马格里布联盟、非洲开发银行、非洲发展银行、经济合作组织、南亚区域合作联盟、东南亚国家联盟、亚洲开发银行、亚太经合组织、阿拉伯石油输出国组织、海湾阿拉伯国家合作委员会、伊斯兰会议组织、阿拉伯议会联盟、黑海经济合作区、独立国家联合体、石油输出国组织、欧盟、经济合作与发展组织、世界贸易组织、世界卫生组织、万国邮政联盟、国际标准化组织、国际劳工组织、英联邦等。

资料来源：笔者整理。

表 3-3　指标含义及数据来源

| 序号 | 指标 | 含义 | 参考数据来源 | 发布机构 |
|---|---|---|---|---|
| 1 | 所在国家与中国的双边政治关系 | 城市所在国与中国的合作定位 | 外交部声明公报 | 外交部 |
| 2 | 中国发起成立的国际合作组织、机构/协议中的成员国 | 主要包括金砖国家、上合组织国家、参与亚洲基础设施银行成员国家AIIB | AIIB官网、上海合作组织官网、金砖国家官网 | AIIB官网、上海合作组织官网、金砖国家官网 |
| 3 | 中国一带一路网列出的国家 | 中国一带一路网列出的国家 | 中国一带一路网（https://www.yidaiyilu.gov.cn/index.htm） | 国家信息中心 |
| 4 | 所在国家拥有区域合作组织总部 | 该城市所在国家拥有相对重要的区域合作组织总部 | 根据维基百科按区域查询汇总 | 维基百科 |
| 5 | GaWC区域中心城市等级 | GaWC世界城市排名中的城市等级 | GaWC世界城市名单(2018) | GaWC |
| 6 | 城市人口与国家人口比值 | 该城市人口与所在国家总人口比值 | 《世界人口展望2018》 | 联合国 |
| 7 | "一带一路"走廊城市 | 位于"一带一路"城市走廊的城市 | "'一带一路'沿线城市网络与中国战略支点布局研究"课题研究成果 | "'一带一路'沿线城市网络与中国战略支点布局研究"课题组 |
| 8 | "全球竞争力报告"国家表现 | 衡量国家竞争力，反映了决定长期增长的因素 | 《全球竞争力报告2018》 | 世界经济论坛 |
| 9 | 近五年年均经济增长率 | 过去五年该国经济的平均增长速度 | https://data.imf.org/？sk=388DFA60-1D26-4ADE-B505-A05A558D9A42 | 国际货币基金组织 |
| 10 | 未来十年预期人口平均增长率 | 未来十年人口平均增长率 | 《世界人口展望2018》 | 联合国 |
| 11 | 世界500强企业数量 | 该国拥有的世界500强企业总部数量 | 《财富》世界500强排行榜 | 《财富》杂志 |
| 12 | 政治稳定性 | 该国政治稳定性 | 《世界各国风险指南》 | The PRS Group |
| 13 | 法律秩序 | 该国是否拥有较好的法律秩序 | 《世界各国风险指南》 | The PRS Group |

续表

| 序号 | 指标 | 含义 | 参考数据来源 | 发布机构 |
|---|---|---|---|---|
| 14 | 与中国建立友好关系 | 是否与中国建立了友好城市关系 | http://www.cifca.org.cn/Web/SearchByCity.aspx?HYCity=&WFCity=%E 3%80%82 | 中国国际友好城市联合会 |
| 15 | 经济自由度指数 | 政府对经济的干涉程度 | 《2018 经济自由度指数》（2018 Index of Economic Freedom） | 美国传统基金会 |
| 16 | 基础设施水平 | 国家基础设施建设水平 | The Global Competitiveness Report | 世界经济论坛（World Economic Forum） |
| 17 | 区域性铁路站点 | 城市是否拥有区域性铁路站点 | 中欧、中亚铁路通道图 | 中国铁道出版社（2015 年 3 月） |
| 18 | 信息化水平 | 国家信息化水平 | 《国际统计年鉴》 | 中华人民共和国国家统计局 |
| 19 | 往来中国航班数 | 不同城市往来中国的航班数 | 国际民用航空组织（ICAO）航班起讫点统计 | 国际民用航空组织 |
| 20 | 中国境外合作区或中国开发区、共建园区 | 拥有中国境外合作区或中国开发区、共建园区的数量 | http://www.fmprc.gov.cn；http://www.mofcom.gov.cn | 外交部、商务部等 |
| 21 | WTO 成员方 | 城市所在国家为世界贸易组织的成员国或观察员国 | https://www.wto.org/ | 世界贸易组织官网 |
| 22 | 双边贸易总量 | 该城市所在国家与中国的进出口贸易总额 | 《中国统计年鉴 2018》 | 中华人民共和国国家统计局 |
| 23 | 自由贸易区数量 | 城市所在国家拥有的"自由贸易区"数量 | https://en.wikipedia.org/wiki/List_of_free-trade_zones#Seychelles | 维基百科/世界自贸区网 |
| 24 | 来自中国的直接外商投资 | 城市所在国家一年内吸引来自中国的投资总额 | 《中国统计年鉴 2018》 | 中华人民共和国国家统计局 |
| 25 | 货币稳定性 | 城市所在国家货币与美元间官方汇率的变动幅度 | Real Historical Exchange Rates for Baseline Countries/Regions（2010 base year），1970–2014 | USDA |

| 序号 | 指标 | 含义 | 参考数据来源 | 发布机构 |
|------|------|------|------------|----------|
| 26 | 双边投资协定 | 是否与中国签订专门用于国际投资保护的双边条约 | http://tfs.mofcom.gov.cn/article/Nocategory/201111/20111107819474.shtml | 中华人民共和国商务部条约法律司 |
| 27 | 金融国际化水平 | 该国金融活动超越本国国界,在全球范围展开经营、寻求融合、求得发展 | https://en.wikipedia.org/wiki/Global_Financial_Centres_Index | 维基百科(Global Financial Centres Index) |
| 28 | 文化距离 | 不同国家文化差异、价值取向 | https://geert-hofstede.com/ | 吉尔特·霍夫斯塔德官方网站 |
| 29 | 孔子学院数量 | 拥有的孔子学院、孔子课堂的加权平均数 | http://www.hanban.edu.cn/confuciousinstitutes/node_10961.htm | 孔子学院总部/国家汉办 |
| 30 | 城市往来中国航空客流量 | 指一年内该城市往来中国的航空客流总数 | 国际民用航空组织(ICAO)航班起讫点统计 | 国际民用航空组织 |
| 31 | 中国免签国家 | 是否为中国免签国 | 中国与外国互免签证协定一览表 | 中国领事服务网 |

运用极值化方法对指标数据进行标准化处理,即将原始数据转换为[0,1]区间的数值,以消除指标计量单位和数量级对指标得分的影响。具体地,以 $x_i$ 代表构成二级指数 $x$ 的第 $i$ 项单项指标($i \in 1, \cdots, 4$),其中 $x \in \{a, b, c, d, e, f, g, h\}$,分别代表伙伴关系、区域影响、成长引领、政策沟通、设施联通、贸易畅通、资金融通和民心相通 8 个二级指数,计算方法如下:

$$x'_{ij} = \frac{x_{ij} - \min\{x_{ij}\}}{\max\{x_{ij}\} - \min\{x_{ij}\}}$$

其中, $x_{ij}$ 代表二级指数 $x$ 第 $i$ 项单项指标中第 $j$ 个城市的统计性原始数据; $\min\{x_{ij}\}$ 为指标 $x_i$ 的最小值, $\max\{x_{ij}\}$ 为指标 $x_i$ 的最大值; $x'_{ij}$ 为标

准化后的数据，且 $x'_{ij} \sim [0，1]$。

特别地，对逆向指标"文化距离"，标准化公式需要调整为：

$$x'_{ij} = \frac{\max\{x_{ij}\} - x_{ij}}{\max\{x_{ij}\} - \min\{x_{ij}\}}$$

对各项二级指数加权平均得到战略支点城市指数得分，计算公式为：

$$I_x = \sum_{i=1}^{m} x_i w_i$$

其中，$I_x$ 代表指数 $x$ 的综合得分，$w_i$ 为二级指数 $x_i$ 的权重，共计算得出 8 个二级指数，分别是伙伴关系、区域影响、成长引领 3 个二级指数和政策沟通、设施联通、贸易畅通、资金融通和民心相通 5 个战略支点城市"五通"指数。

## 第三节　总体表现与等级类型

2019 年 4 月，中国推进"一带一路"建设工作领导小组办公室发布《共建"一带一路"倡议：进展、贡献与展望》，指出截至 2019 年 3 月中国已经与 131 个国家和 30 个国际组织签署了 187 份合作文件，共建"一带一路"国家由亚欧地区延伸至非洲、拉美等地区，"一带一路"建设正式升级为"七路"共建——和平之路、繁荣之路、开放之路、绿色之路、创新之路、文明之路和廉洁之路。

随着"一带一路"从绘就总体布局的"大写意"到聚焦重点、精雕细琢的"工笔画"，"一带一路"倡议的落地和实施更加需要聚焦"城市"这一空间的引导和把控政策，由点到线、由线及面，绘就一幅缜密、生动的"工笔画"。本章构建"一带一路"沿线战略支点城市指数体系，基于 2018 年和 2019 年两年的数据，对"一带一路"沿线城市网络中的战略支点城市进行计算和分析。[①]

---

① 以下文字和图表如无特别说明均是采用 2019 年度评估的数据和结果。

## 一 总体分析

### （一）指数得分均值不高，支点功能整体不显著

表 3-4 显示，战略支点城市指数综合得分均值为 39.11，表明样本城市的支点功能总体仍处于相对较低的水平。样本城市中，战略支点城市指数得分最大值为 65.65，最小值为 18.79。在伙伴关系、区域影响和成长引领 3 项二级指数中，伙伴关系指数表现较好，均值为 5.05，满分达标率① 为 50.53%；区域影响指数表现欠佳，满分达标率为 19.03%。在政策沟通、设施联通、贸易畅通、资金融通和民心相通 5 项"五通"二级指数中，政策沟通指数和资金融通指数表现较好，满分达标率分别为 58.93% 和 45.73%。

表 3-4 2019 年"一带一路"沿线战略支点城市指数得分统计信息

| 指数 | | 均值 | 最大值 | 最小值 | 标准差 | 中位数 |
|---|---|---|---|---|---|---|
| 战略支点城市指数 | | 39.11 | 65.65 | 18.79 | 9.03 | 38.91 |
| 二级指数 | 伙伴关系 | 5.05 | 9.78 | 0.44 | 2.15 | 4.08 |
| | 区域影响 | 1.90 | 8.38 | 0.00 | 1.73 | 2.00 |
| | 成长引领 | 4.22 | 6.17 | 0.53 | 0.94 | 4.34 |
| | 政策沟通 | 8.84 | 12.85 | 2.99 | 2.33 | 9.74 |
| | 设施联通 | 4.35 | 12.71 | 0.00 | 2.73 | 3.35 |
| | 贸易畅通 | 3.83 | 8.03 | 0.00 | 1.16 | 3.80 |
| | 资金融通 | 6.86 | 13.62 | 3.29 | 2.14 | 6.75 |
| | 民心相通 | 4.06 | 8.86 | 0.95 | 1.79 | 4.78 |

### （二）频率分布：支点城市极化现象明显改善，各城市得分数值分布更为均匀

以数值 5 为组距对 350 个样本城市的战略支点城市指数综合得分进行分组，观察得分频次分布。图 3-2 为样本城市频次分布图，2019 年样本城市

---

① 满分达标率=（指数得分/指标权重）×100%。

战略支点城市指数得分较为均匀,指数得分极化现象有明显改善。其中,57个城市得分处于[26,31),60个城市得分处于[31,36),65个城市得分处于[36,41),64个城市得分处于[41,46),51个城市得分处于[46,51)。总体来说,84.9%的样本城市得分位于[26,51)。

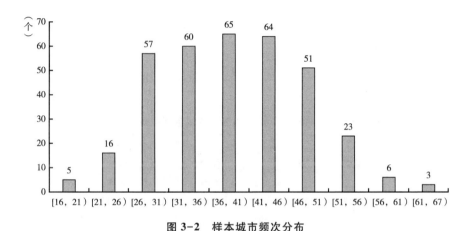

图3-2 样本城市频次分布

(三)满分达标率:样本城市的政策沟通性较好,区域影响力相对不足

可计算样本城市8个二级指数的均值满分达标率(见图3-3),2019年战略支点城市的区域影响指数和"五通"指数表现较好,伙伴关系和成长

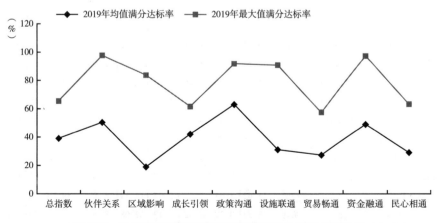

图3-3 战略支点城市二级指数均值和最大值满分达标率

引领指数有所下降。2019 年样本城市 8 项二级指数中，区域影响指数满分达标率最低，仅为 19.03%。政策沟通指数、伙伴关系指数和资金融通指数的满分达标率较高，分别为 63.11%、50.53%和 49.01%。

（四）战略支点城市20强：亚洲近邻持续领跑，欧洲城市居多，西欧地区重要程度上升

新加坡的战略支点城市指数得分最高，为 65.65，蝉联首位；泰国曼谷得分为 62.39，蝉联第二名。前 20 位城市中，欧洲国家的伙伴关系、资金融通和民心相通指数改善，是欧洲城市名次较为靠前的主要原因（见表 3-5）。

表 3-5　"一带一路"沿线战略支点城市指数得分前 20 强

| 排名 | 城市 | 国家 | 区域 | 战略支点城市指数 | | | | | | | | |
|---|---|---|---|---|---|---|---|---|---|---|---|---|
| | | | | 总分 | 伙伴关系 | 区域影响 | 成长引领 | 政策沟通 | 设施联通 | 贸易畅通 | 资金融通 | 民心相通 |
| 1 | 新加坡 | 新加坡 | 东南亚 | 65.65 | 5.31 | 8.38 | 4.84 | 12.85 | 12.18 | 3.76 | 13.62 | 4.72 |
| 2 | 曼谷 | 泰国 | 东南亚 | 62.39 | 7.53 | 5.25 | 4.48 | 9.92 | 11.44 | 3.80 | 11.12 | 8.86 |
| 3 | 首尔 | 韩国 | 东亚 | 62.38 | 6.19 | 3.45 | 4.93 | 11.29 | 12.71 | 5.87 | 11.39 | 6.55 |
| 4 | 莫斯科 | 俄罗斯 | 东欧 | 60.24 | 9.78 | 5.18 | 3.58 | 10.27 | 9.71 | 4.51 | 10.86 | 6.36 |
| 5 | 圣彼得堡 | 俄罗斯 | 东欧 | 58.28 | 9.78 | 4.15 | 3.61 | 10.27 | 8.44 | 5.76 | 10.81 | 5.47 |
| 6 | 布达佩斯 | 匈牙利 | 东欧 | 57.52 | 7.61 | 5.23 | 3.64 | 11.02 | 9.07 | 4.35 | 10.62 | 5.98 |
| 7 | 华沙 | 波兰 | 东欧 | 56.91 | 7.61 | 4.96 | 3.79 | 10.58 | 8.89 | 4.62 | 10.78 | 5.66 |
| 8 | 维也纳 | 奥地利 | 西欧 | 56.39 | 4.86 | 5.59 | 4.29 | 11.66 | 9.88 | 3.09 | 10.88 | 6.14 |
| 9 | 巴黎 | 法国 | 西欧 | 56.35 | 4.31 | 3.86 | 5.45 | 10.97 | 10.36 | 3.58 | 11.38 | 6.45 |
| 10 | 伊斯坦布尔 | 土耳其 | 西亚 | 55.92 | 5.97 | 5.55 | 3.71 | 10.27 | 8.44 | 4.77 | 10.95 | 6.25 |
| 11 | 汉堡 | 德国 | 西欧 | 55.71 | 3.33 | 4.71 | 5.33 | 11.28 | 9.53 | 4.68 | 11.36 | 5.48 |
| 12 | 伦敦 | 英国 | 北欧 | 55.58 | 4.31 | 3.80 | 5.11 | 11.41 | 6.66 | 4.11 | 12.01 | 8.17 |
| 13 | 阿拉木图 | 哈萨克斯坦 | 中亚 | 55.39 | 8.36 | 4.66 | 3.71 | 10.57 | 8.08 | 4.43 | 10.26 | 5.31 |
| 14 | 吉隆坡 | 马来西亚 | 东南亚 | 55.33 | 6.86 | 5.61 | 4.84 | 6.54 | 10.00 | 4.59 | 11.48 | 5.40 |
| 15 | 迪拜 | 阿联酋 | 西亚 | 55.28 | 6.86 | 3.81 | 4.55 | 12.09 | 5.90 | 4.92 | 11.82 | 5.34 |
| 16 | 阿姆斯特丹 | 荷兰 | 西欧 | 55.06 | 2.08 | 4.28 | 4.68 | 11.85 | 10.49 | 3.78 | 11.30 | 5.61 |
| 17 | 里斯本 | 葡萄牙 | 南欧 | 54.86 | 6.86 | 3.30 | 4.91 | 11.31 | 9.10 | 3.05 | 10.83 | 6.01 |
| 18 | 卢森堡 | 卢森堡 | 西欧 | 54.80 | 3.97 | 5.31 | 4.07 | 11.63 | 9.32 | 3.03 | 12.05 | 5.42 |
| 19 | 苏黎世 | 瑞士 | 西欧 | 53.62 | 3.64 | 7.31 | 5.05 | 12.39 | 6.35 | 3.39 | 10.44 | 5.06 |
| 20 | 东京 | 日本 | 东亚 | 53.32 | 0.89 | 3.82 | 6.13 | 12.08 | 8.96 | 6.00 | 11.74 | 3.70 |

从分布看，战略支点城市前 20 强全部来自欧洲和亚洲，欧洲城市 12 个，其中西欧 6 个，东欧 4 个，南欧和北欧各 1 个，比重为 60%；亚洲城市 8 个，其中东南亚 3 个，东亚和西亚各 2 个，中亚 1 个（见图 3-4）。

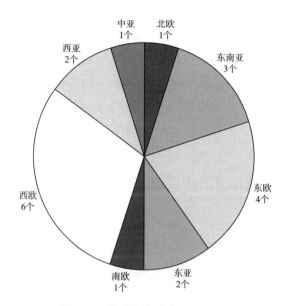

**图 3-4　战略支点城市 20 强分布**

**（五）战略支点城市100强：政策沟通性和资金融通性较好**

表 3-6 为前 100 位样本城市的战略支点城市指数得分统计信息。综合指数得分均值为 50.07，最小值为 44.99，最大值为 65.65。从二级指数满分达标率来看，百强城市政策沟通指数较好，均值满分达标率达 76.25%；其次为资金融通指数，均值满分达标率为 62.12%。

从分布情况看，2019 年百强战略支点城市主要分布于欧亚大陆，共计 95 个。欧洲有 54 个百强城市，东欧和西欧城市最多，分别有 20 个和 16 个百强战略支点城市；亚洲有 41 个百强城市，东亚、东南亚和西亚城市最多，分别有 13 个、11 个和 10 个百强战略支点城市。非洲和澳新地区分别有 3 个和 2 个百强城市（见图 3-5）。

表 3-6  "一带一路"沿线战略支点城市指数前 100 位城市得分统计信息

| 指数 | | 均值 | 最大值 | 最小值 | 标准差 | 中位数 | 均值满分达标率(%) |
|---|---|---|---|---|---|---|---|
| 战略支点城市指数 | | 50.07 | 65.65 | 44.99 | 4.30 | 49.46 | 50.07 |
| 二级指数 | 伙伴关系 | 5.98 | 9.78 | 0.89 | 2.36 | 6.19 | 59.77 |
| | 区域影响 | 3.36 | 8.38 | 0.02 | 1.68 | 3.50 | 33.58 |
| | 成长引领 | 4.34 | 6.13 | 1.14 | 0.84 | 4.36 | 43.41 |
| | 政策沟通 | 10.67 | 12.85 | 6.54 | 1.05 | 10.60 | 76.25 |
| | 设施联通 | 7.56 | 12.71 | 3.17 | 1.96 | 8.14 | 54.00 |
| | 贸易畅通 | 4.20 | 8.03 | 1.51 | 1.08 | 4.11 | 30.02 |
| | 资金融通 | 8.70 | 13.62 | 4.36 | 2.29 | 7.08 | 62.12 |
| | 民心相通 | 5.26 | 8.86 | 2.59 | 0.92 | 5.32 | 37.54 |

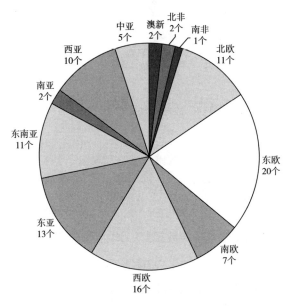

图 3-5  战略支点城市 100 强分布

## 二  等级分析

根据战略支点城市综合指数得分高低,以 2.5 分为组距,对样本城市得分进行分组①。分组结果见表3-7。其中重要战略支点城市23个，次要战略支点城市19个，一般战略支点城市23个，共计65个，为"一带一路"高质量发展的先导城市。

**表 3-7　样本城市分类方法及数量**

| 序号 | 城市组别 | | 分值区间 | 数量（个） | 指数得分均值 | 城市类别符号 |
|---|---|---|---|---|---|---|
| 1 | 重要战略支点城市 | | ≥52.5 | 23 | 56.48 | $\alpha$ |
| 2 | 次要战略支点城市 | | [50.0,52.5) | 19 | 50.98 | $\beta$ |
| 3 | 一般战略支点城市 | | [47.5,50.0) | 23 | 48.95 | $\gamma$ |
| 4 | 潜在战略支点城市 | I 类潜在战略支点城市 | [45.0,47.5) | 34 | 46.12 | $\delta++$ |
| | | II 类潜在战略支点城市 | [42.5,45.0) | 37 | 43.84 | $\delta+$ |
| | | III 类潜在战略支点城市 | [40.0,42.5) | 29 | 40.86 | $\delta$ |
| 5 | 普通战略支点城市 | | <40.0 | 185 | 32.00 | $\varepsilon$ |

利用2019年的数据计算得出，重要战略支点城市共计23个，是"一带一路"建设和企业投资"一带一路"空间的重点区域，以新兴经济体城市居多。次要战略支点城市共计19个，在全面推进"一带一路"建设过程中居于重要地位。一般战略支点城市共计23个，潜在战略支点城市共计100个，普通战略支点城市共计185个。

（一）重要战略支点城市：西欧和东欧经济体居多，东亚近邻城市居首

重要战略支点城市综合指数得分≥52.5，共计23个，是深化"一带一路"建设的重要区域（见表3-8）。由表3-8可见，重要战略支点城市综合指数得分均值为56.48，高于全样本均值17.37。政策沟通指数和资金融通指数的满分达标率较高，分别为78.49%和80.51%。

---

① 利用ArcGIS工具对样本城市按自然间断点分级法（Jenks）进行分类，若以5类划分，得分从高往低，第1类城市共23个，第2类城市共19个，第3类城市共23个，第4类城市共100个，第5类城市共185个。尽管自然间断点分级法较为常见，但结合实际，为了更准确地反映样本城市节点功能的层次性，本书依然沿用较为传统的2.5分组距分类法对样本城市进行分类。

表 3-8 重要战略支点城市指数得分

| 排名 | 城市 | 国家 | 区域 | 战略支点城市指数 | | | | | | | | |
|---|---|---|---|---|---|---|---|---|---|---|---|---|
| | | | | 总分 | 伙伴关系 | 区域影响 | 成长引领 | 政策沟通 | 设施联通 | 贸易畅通 | 资金融通 | 民心相通 |
| 1 | 新加坡 | 新加坡 | 东南亚 | 65.65 | 5.31 | 8.38 | 4.84 | 12.85 | 12.18 | 3.76 | 13.62 | 4.72 |
| 2 | 曼谷 | 泰国 | 东南亚 | 62.39 | 7.53 | 5.25 | 4.48 | 9.92 | 11.44 | 3.80 | 11.12 | 8.86 |
| 3 | 首尔 | 韩国 | 东亚 | 62.38 | 6.19 | 3.45 | 4.93 | 11.29 | 12.71 | 5.87 | 11.39 | 6.55 |
| 4 | 莫斯科 | 俄罗斯 | 东欧 | 60.24 | 9.78 | 5.18 | 3.58 | 10.27 | 9.71 | 4.51 | 10.86 | 6.36 |
| 5 | 圣彼得堡 | 俄罗斯 | 东欧 | 58.28 | 9.78 | 4.15 | 3.61 | 10.27 | 8.44 | 5.76 | 10.81 | 5.47 |
| 6 | 布达佩斯 | 匈牙利 | 东欧 | 57.52 | 7.61 | 5.23 | 3.64 | 11.02 | 9.07 | 4.35 | 10.62 | 5.98 |
| 7 | 华沙 | 波兰 | 东欧 | 56.91 | 7.61 | 4.96 | 3.79 | 10.58 | 8.89 | 4.62 | 10.78 | 5.66 |
| 8 | 维也纳 | 奥地利 | 西欧 | 56.39 | 4.86 | 5.59 | 4.29 | 11.66 | 9.88 | 3.09 | 10.88 | 6.14 |
| 9 | 巴黎 | 法国 | 西欧 | 56.35 | 4.31 | 3.86 | 5.45 | 10.97 | 10.36 | 3.58 | 11.38 | 6.45 |
| 10 | 伊斯坦布尔 | 土耳其 | 西亚 | 55.92 | 5.97 | 5.55 | 3.71 | 10.27 | 8.44 | 4.77 | 10.95 | 6.25 |
| 11 | 汉堡 | 德国 | 西欧 | 55.71 | 3.33 | 4.71 | 5.33 | 11.28 | 9.53 | 4.68 | 11.36 | 5.48 |
| 12 | 伦敦 | 英国 | 北欧 | 55.58 | 4.31 | 3.80 | 5.11 | 11.41 | 6.66 | 4.11 | 12.01 | 8.17 |
| 13 | 阿拉木图 | 哈萨克斯坦 | 中亚 | 55.39 | 8.36 | 4.66 | 3.71 | 10.57 | 8.08 | 4.43 | 10.26 | 5.31 |
| 14 | 吉隆坡 | 马来西亚 | 东南亚 | 55.33 | 6.86 | 5.61 | 4.84 | 6.54 | 10.00 | 4.59 | 11.48 | 5.40 |
| 15 | 迪拜 | 阿联酋 | 西亚 | 55.28 | 6.86 | 3.81 | 4.55 | 12.09 | 5.90 | 4.92 | 11.82 | 5.34 |
| 16 | 阿姆斯特丹 | 荷兰 | 西欧 | 55.06 | 2.08 | 5.00 | 4.88 | 11.85 | 10.49 | 3.78 | 11.38 | 5.61 |
| 17 | 里斯本 | 葡萄牙 | 南欧 | 54.86 | 6.86 | 3.80 | 3.91 | 11.31 | 9.10 | 3.05 | 10.83 | 6.01 |
| 18 | 卢森堡 | 卢森堡 | 西欧 | 54.80 | 3.97 | 5.31 | 4.07 | 11.63 | 9.32 | 3.03 | 12.05 | 5.42 |
| 19 | 苏黎世 | 瑞士 | 西欧 | 53.62 | 3.64 | 7.31 | 5.05 | 12.39 | 6.35 | 3.39 | 10.44 | 5.06 |
| 20 | 东京 | 日本 | 东亚 | 53.32 | 0.89 | 3.82 | 6.13 | 12.08 | 8.96 | 6.00 | 11.74 | 3.70 |
| 21 | 努尔苏丹 | 哈萨克斯坦 | 中亚 | 52.87 | 8.36 | 1.69 | 4.32 | 10.57 | 8.44 | 3.18 | 10.91 | 5.40 |
| 22 | 马德里 | 西班牙 | 南欧 | 52.64 | 3.86 | 3.31 | 4.45 | 10.74 | 10.03 | 3.61 | 11.14 | 5.50 |
| 23 | 特拉维夫-雅法 | 以色列 | 西亚 | 52.58 | 6.42 | 4.07 | 4.85 | 11.19 | 5.36 | 3.20 | 11.43 | 6.07 |
| 均 值 | | | | 56.48 | 5.86 | 4.72 | 4.50 | 10.99 | 9.10 | 4.18 | 11.27 | 5.87 |
| 均值满分达标率(%) | | | | 56.48 | 58.59 | 47.17 | 45.00 | 78.49 | 65.01 | 29.84 | 80.51 | 41.90 |
| 高于全样本均值 | | | | 17.37 | 0.81 | 2.81 | 0.28 | 2.15 | 4.75 | 0.35 | 4.41 | 1.80 |

从空间区位角度，重要战略支点城市主要位于东欧、西欧和东南亚。从空间分布看，重要战略支点城市集中分布于欧亚大陆，主要分布于西欧、东欧、东南亚和西亚地区。欧洲有13个重要战略支点城市，其中西欧6个、东欧4个；亚洲有10个重要战略支点城市，其中东南亚和西亚各3个（见图3-6）。

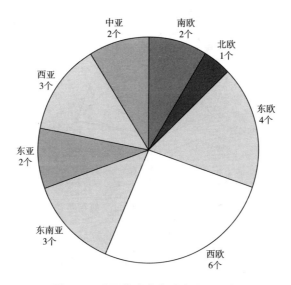

**图3-6　重要战略支点城市空间分布**

图3-7列示了重要战略支点城市和全样本城市二级指数均值情况。相较于全样本城市，重要战略支点城市在区域影响、设施联通和资金融通三个方面具有明显优势；伙伴关系、成长引领和贸易畅通方面两者基本持平。

（二）次要战略支点城市：地理分布集中，近一半城市位于东欧，在设施联通领域具有明显优势，成长引领性相对欠缺

次要战略支点城市综合指数得分处于［50.0，52.5），共计19个，在推进"一带一路"高质量发展的过程中发挥着重要作用。由表3-9可见，次要战略支点城市综合指数得分均值为50.98，高于全样本均值11.86。伙伴关系、政策沟通和资金融通指数的均值满分达标率均较高。

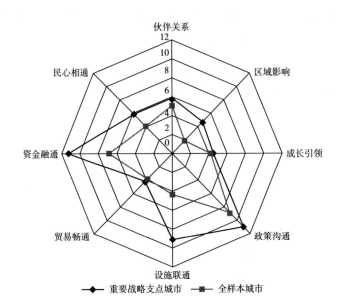

图 3-7　重要战略支点城市二级指数均值

表 3-9　次要战略支点城市指数得分

| 排名 | 城市 | 国家 | 区域 | 战略支点城市指数 | | | | | | | | |
| --- | --- | --- | --- | --- | --- | --- | --- | --- | --- | --- | --- |
| | | | | 总分 | 伙伴关系 | 区域影响 | 成长引领 | 政策沟通 | 设施联通 | 贸易畅通 | 资金融通 | 民心相通 |
| 1 | 新西伯利亚 | 俄罗斯 | 东欧 | 52.22 | 9.78 | 2.81 | 3.62 | 10.27 | 8.62 | 4.51 | 6.92 | 5.70 |
| 2 | 布拉格 | 捷克 | 东欧 | 52.21 | 4.64 | 5.07 | 4.03 | 10.01 | 9.48 | 3.15 | 10.84 | 4.99 |
| 3 | 釜山 | 韩国 | 东亚 | 51.91 | 6.19 | 0.20 | 4.92 | 11.29 | 6.71 | 5.87 | 11.29 | 5.43 |
| 4 | 柏林 | 德国 | 西欧 | 51.89 | 3.33 | 4.67 | 5.35 | 11.28 | 9.71 | 4.68 | 7.15 | 5.71 |
| 5 | 米兰 | 意大利 | 南欧 | 51.51 | 6.86 | 5.09 | 4.06 | 10.12 | 4.90 | 3.57 | 11.02 | 5.88 |
| 6 | 罗马 | 意大利 | 南欧 | 51.44 | 6.86 | 4.90 | 4.12 | 10.12 | 5.45 | 3.57 | 10.76 | 5.66 |
| 7 | 乌法 | 俄罗斯 | 东欧 | 51.36 | 9.78 | 2.02 | 3.55 | 10.27 | 8.26 | 5.76 | 6.92 | 4.81 |
| 8 | 索非亚 | 保加利亚 | 东欧 | 51.25 | 4.64 | 5.00 | 3.63 | 9.76 | 8.06 | 4.65 | 10.53 | 4.98 |
| 9 | 叶卡捷琳堡 | 俄罗斯 | 东欧 | 51.01 | 9.78 | 2.03 | 3.60 | 10.27 | 8.44 | 4.51 | 6.92 | 5.47 |
| 10 | 布鲁塞尔 | 比利时 | 西欧 | 50.88 | 2.75 | 3.79 | 3.28 | 11.06 | 9.35 | 3.22 | 10.82 | 6.61 |
| 11 | 克拉斯诺亚尔斯克 | 俄罗斯 | 东欧 | 50.85 | 9.78 | 2.02 | 3.67 | 10.27 | 8.44 | 4.51 | 6.92 | 5.25 |
| 12 | 下诺夫哥罗德 | 俄罗斯 | 东欧 | 50.47 | 9.78 | 2.02 | 3.47 | 10.27 | 8.26 | 4.51 | 6.92 | 5.25 |

续表

| 排名 | 城市 | 国家 | 区域 | 战略支点城市指数 | | | | | | | | |
|---|---|---|---|---|---|---|---|---|---|---|---|---|
| | | | | 总分 | 伙伴关系 | 区域影响 | 成长引领 | 政策沟通 | 设施联通 | 贸易畅通 | 资金融通 | 民心相通 |
| 13 | 大阪 | 日本 | 东亚 | 50.45 | 0.89 | 2.56 | 6.11 | 12.08 | 8.59 | 6.00 | 11.40 | 2.81 |
| 14 | 赫尔辛基 | 芬兰 | 北欧 | 50.34 | 1.64 | 3.05 | 4.39 | 11.58 | 9.93 | 3.07 | 10.76 | 5.93 |
| 15 | 雅典 | 希腊 | 南欧 | 50.30 | 7.61 | 5.52 | 3.31 | 10.01 | 4.68 | 3.06 | 10.20 | 5.90 |
| 16 | 雅加达 | 印度尼西亚 | 东南亚 | 50.19 | 6.86 | 5.19 | 4.38 | 10.19 | 3.82 | 5.18 | 10.28 | 4.28 |
| 17 | 科隆 | 德国 | 西欧 | 50.16 | 3.33 | 3.89 | 5.47 | 11.28 | 9.53 | 4.68 | 7.15 | 4.82 |
| 18 | 鄂木斯克 | 俄罗斯 | 东欧 | 50.08 | 9.78 | 2.02 | 3.52 | 10.27 | 8.26 | 4.51 | 6.92 | 4.81 |
| 19 | 萨马拉 | 俄罗斯 | 东欧 | 50.02 | 9.78 | 2.02 | 3.46 | 10.27 | 8.26 | 4.51 | 6.92 | 4.81 |
| 均 值 | | | | 50.98 | 6.53 | 3.36 | 4.10 | 10.56 | 7.83 | 4.40 | 8.98 | 5.22 |
| 均值满分达标率(%) | | | | 50.98 | 65.29 | 33.62 | 41.02 | 75.44 | 55.92 | 31.39 | 64.15 | 37.26 |
| 高于全样本均值 | | | | 11.86 | 1.48 | 1.46 | -0.11 | 1.73 | 3.48 | 0.57 | 2.12 | 1.15 |

从空间分布看(见图3-8),次要战略支点城市的地理分布较为集中,近一半次要战略支点城市分布于东欧地区,共包含9个次要战略支点城市。84.21%的次要战略支点城市分布于欧洲,亚洲地区仅有3个次要战略支点城市。

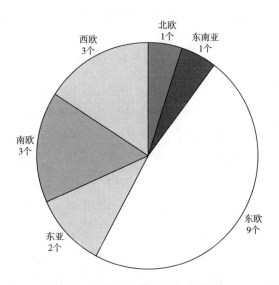

**图3-8 次要战略支点城市空间分布**

与全样本城市相比（见图 3-9），次要战略支点城市在设施联通领域具有明显优势，在伙伴关系、区域影响、政策沟通、资金融通和民心相通等领域的发展略具优势，成长引领和贸易畅通指数得分与全样本城市基本持平。

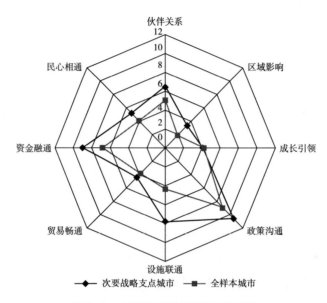

图 3-9　次要战略支点城市二级指数

（三）一般战略支点城市：空间分布较为均匀，各区域在各领域发展的相对优劣势开始凸显

一般战略支点城市在"一带一路"建设中具有重要的意义（见表 3-10）。一般战略支点城市得分处于 [47.5，50.0），共计 23 个，综合指数得分均值为48.95，高于全样本均值 9.84。从满分达标率的角度，一般战略支点城市政策沟通和伙伴关系领域发展较好，均值满分达标率分别为 75.06% 和 66.18%。

一般战略支点城市空间分布较为均匀，东南亚城市相对较多，包含 5 个一般战略支点城市，西亚和东欧各包含 4 个一般战略支点城市，北欧包含 3 个一般战略支点城市（见图 3-10）。总体来看，一般战略支点城市主要分布于亚欧大陆，亚洲包含 12 个一般战略支点城市，欧洲包含 10 个一般战略支点城市，另有 1 个一般战略支点城市位于新西兰。

表 3-10 一般战略支点城市指数得分

| 排名 | 城市 | 国家 | 区域 | 战略支点城市指数 | | | | | | | | |
|---|---|---|---|---|---|---|---|---|---|---|---|---|
| | | | | 总分 | 伙伴关系 | 区域影响 | 成长引领 | 政策沟通 | 设施联通 | 贸易畅通 | 资金融通 | 民心相通 |
| 1 | 马尼拉 | 菲律宾 | 东南亚 | 49.92 | 6.86 | 5.30 | 4.35 | 9.55 | 4.04 | 4.11 | 10.26 | 5.46 |
| 2 | 格拉斯哥 | 英国 | 北欧 | 49.89 | 4.31 | 2.60 | 4.96 | 11.41 | 5.57 | 4.11 | 10.98 | 5.95 |
| 3 | 阿布扎比 | 阿联酋 | 西亚 | 49.80 | 6.86 | 2.93 | 4.63 | 8.09 | 5.54 | 4.92 | 11.49 | 5.34 |
| 4 | 仁川 | 韩国 | 东亚 | 49.68 | 6.19 | 0.16 | 5.02 | 11.29 | 8.71 | 5.87 | 7.01 | 5.43 |
| 5 | 胡志明市 | 越南 | 东南亚 | 49.64 | 7.53 | 4.92 | 4.79 | 10.38 | 8.14 | 5.60 | 4.36 | 3.91 |
| 6 | 哥本哈根 | 丹麦 | 北欧 | 49.60 | 3.86 | 3.28 | 4.45 | 11.63 | 5.87 | 3.11 | 10.73 | 6.67 |
| 7 | 万象 | 老挝 | 东南亚 | 49.58 | 7.53 | 3.07 | 4.29 | 9.89 | 6.51 | 8.03 | 5.32 | 4.95 |
| 8 | 喀山 | 俄罗斯 | 东欧 | 49.54 | 9.78 | 0.96 | 3.60 | 10.27 | 8.26 | 4.51 | 6.92 | 5.25 |
| 9 | 拉合尔 | 巴基斯坦 | 南亚 | 49.38 | 9.25 | 4.34 | 4.53 | 9.24 | 5.79 | 4.57 | 6.63 | 5.02 |
| 10 | 塔林 | 爱沙尼亚 | 北欧 | 49.24 | 3.97 | 2.85 | 4.15 | 11.25 | 8.77 | 3.01 | 10.62 | 4.77 |
| 11 | 安卡拉 | 土耳其 | 西亚 | 49.20 | 5.97 | 4.34 | 3.78 | 10.27 | 7.90 | 4.77 | 6.80 | 5.37 |
| 12 | 鹿特丹 | 荷兰 | 西欧 | 49.16 | 2.08 | 4.27 | 4.79 | 11.85 | 9.76 | 3.78 | 7.02 | 5.61 |
| 13 | 波尔图 | 葡萄牙 | 南欧 | 49.14 | 6.86 | 2.60 | 3.87 | 11.31 | 8.73 | 3.05 | 6.70 | 6.01 |
| 14 | 波尔多 | 法国 | 西欧 | 49.04 | 4.31 | 3.40 | 5.55 | 10.97 | 9.45 | 3.58 | 6.67 | 5.12 |
| 15 | 河内 | 越南 | 东南亚 | 48.93 | 7.53 | 4.73 | 5.08 | 10.38 | 8.14 | 4.35 | 4.36 | 4.36 |
| 16 | 彼尔姆 | 俄罗斯 | 东欧 | 48.34 | 9.78 | 0.02 | 3.56 | 10.27 | 8.26 | 4.51 | 6.92 | 5.03 |
| 17 | 布加勒斯特 | 罗马尼亚 | 东欧 | 48.21 | 6.28 | 4.85 | 3.54 | 9.99 | 7.93 | 3.59 | 6.80 | 5.24 |
| 18 | 伊兹密尔 | 土耳其 | 西亚 | 48.16 | 5.97 | 3.89 | 3.63 | 7.90 | 7.90 | 4.77 | 6.80 | 4.92 |
| 19 | 车里雅宾斯克 | 俄罗斯 | 东欧 | 48.13 | 9.78 | 0.02 | 3.57 | 10.27 | 8.26 | 4.51 | 6.92 | 4.81 |
| 20 | 伊斯兰堡 | 巴基斯坦 | 南亚 | 47.99 | 9.25 | 3.95 | 4.43 | 9.24 | 6.15 | 3.32 | 6.63 | 5.02 |
| 21 | 惠灵顿 | 新西兰 | 澳大利亚和新西兰 | 47.95 | 6.11 | 2.24 | 5.34 | 11.73 | 4.83 | 3.15 | 11.26 | 3.29 |
| 22 | 金边 | 柬埔寨 | 东南亚 | 47.79 | 7.53 | 4.21 | 4.79 | 9.72 | 7.00 | 4.32 | 6.37 | 3.86 |
| 23 | 多哈 | 卡塔尔 | 西亚 | 47.57 | 4.64 | 3.29 | 4.18 | 12.42 | 4.86 | 3.11 | 10.80 | 4.28 |
| 均 值 | | | | 48.95 | 6.62 | 3.14 | 4.38 | 10.51 | 7.23 | 4.29 | 7.75 | 5.03 |
| 均值满分达标率(%) | | | | 48.95 | 66.18 | 31.40 | 43.79 | 75.06 | 51.66 | 30.64 | 55.39 | 35.92 |
| 高于全样本均值 | | | | 9.84 | 1.57 | 1.24 | 0.16 | 1.67 | 2.88 | 0.46 | 0.89 | 0.96 |

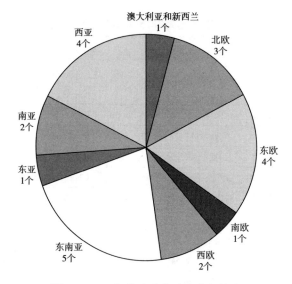

图 3-10　一般战略支点城市空间分布

与全样本城市相比，一般战略支点城市在设施联通领域具有明显优势（见图 3-11）。东南亚国家在伙伴关系、区域影响、贸易畅通领域发展较好；

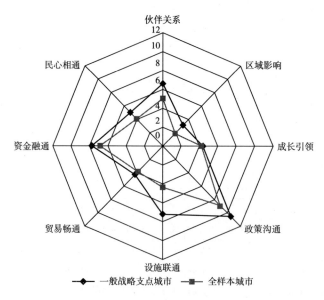

图 3-11　一般战略支点城市二级指数

东欧国家在伙伴关系领域具有明显优势,但区域影响表现欠佳;西亚国家在资金融通领域发展较好,伙伴关系表现相对欠佳。

(四)潜在战略支点城市:城市基数大,Ⅰ类潜在战略支点城市设施联通性好,Ⅱ类潜在战略支点城市政策沟通性好,Ⅲ类潜在战略支点城市贸易畅通性优势明显

潜在战略支点城市得分为[40.0,47.5),共计100个,是"一带一路"建设中的预备空间。潜在战略支点城市指数综合得分均值为43.75,高于全样本均值4.64。以2.5分为组距将潜在战略支点城市进一步分类为Ⅰ类潜在战略支点城市、Ⅱ类潜在战略支点城市和Ⅲ类潜在战略支点城市。

1. 共识别34个Ⅰ类潜在战略支点城市(见表3-11)

Ⅰ类潜在战略支点城市综合指数得分均值为46.12,高于全样本均值7.01。从二级指数得分情况看,与全样本城市相比,Ⅰ类潜在战略支点城市设施联通领域较好,成长引领领域相对不足。从满分达标率的角度,Ⅰ类潜在战略支点城市政策沟通指数均值满分达标率最高,为76.04%,其次为伙伴关系和资金融通指数,均值达标率分别为53.77%和52.54%。

表3-11 Ⅰ类潜在战略支点城市指数得分

| 排名 | 城市 | 国家 | 区域 | 战略支点城市指数 | | | | | | | | |
| --- | --- | --- | --- | --- | --- | --- | --- | --- | --- | --- | --- | --- |
| | | | | 总分 | 伙伴关系 | 区域影响 | 成长引领 | 政策沟通 | 设施联通 | 贸易畅通 | 资金融通 | 民心相通 |
| 1 | 乌兰巴托 | 蒙古 | 东亚 | 47.18 | 6.86 | 4.03 | 3.68 | 10.17 | 7.01 | 3.23 | 6.34 | 5.86 |
| 2 | 巴库 | 阿塞拜疆 | 西亚 | 47.16 | 3.97 | 4.69 | 3.51 | 10.37 | 8.27 | 1.51 | 10.47 | 4.36 |
| 3 | 开普敦 | 南非 | 南非 | 47.09 | 6.86 | 2.63 | 4.15 | 8.78 | 3.17 | 4.65 | 10.96 | 5.89 |
| 4 | 北榄府(沙没巴干府) | 泰国 | 东南亚 | 46.92 | 7.53 | 2.05 | 4.41 | 9.92 | 7.44 | 3.80 | 6.92 | 4.86 |
| 5 | 里尔 | 法国 | 西欧 | 46.91 | 4.31 | 1.38 | 5.44 | 10.97 | 9.45 | 3.58 | 6.67 | 5.12 |
| 6 | 奥克兰 | 新西兰 | 澳大利亚和新西兰 | 46.78 | 6.86 | 3.55 | 5.51 | 11.73 | 5.92 | 3.15 | 6.77 | 3.29 |
| 7 | 里加 | 拉脱维亚 | 北欧 | 46.78 | 3.97 | 3.14 | 3.50 | 11.24 | 8.43 | 3.24 | 7.53 | 5.72 |
| 8 | 龙仁 | 韩国 | 东亚 | 46.65 | 6.19 | 0.06 | 5.22 | 11.29 | 5.80 | 5.87 | 7.01 | 5.21 |
| 9 | 麦纳麦 | 巴林 | 西亚 | 46.65 | 3.97 | 3.55 | 4.76 | 10.92 | 4.68 | 3.09 | 10.95 | 4.73 |

| 排名 | 城市 | 国家 | 区域 | 战略支点城市指数 | | | | | | | | |
|---|---|---|---|---|---|---|---|---|---|---|---|---|
| | | | | 总分 | 伙伴关系 | 区域影响 | 成长引领 | 政策沟通 | 设施联通 | 贸易畅通 | 资金融通 | 民心相通 |
| 10 | 大田 | 韩国 | 东亚 | 46.64 | 6.19 | 0.09 | 4.96 | 11.29 | 5.80 | 5.87 | 7.01 | 5.43 |
| 11 | 曼彻斯特 | 英国 | 北欧 | 46.54 | 4.31 | 2.80 | 5.01 | 11.41 | 5.93 | 4.11 | 7.01 | 5.95 |
| 12 | 不莱梅 | 德国 | 西欧 | 46.51 | 4.08 | 3.15 | 5.36 | 7.28 | 9.53 | 4.68 | 7.15 | 5.26 |
| 13 | 第比利斯 | 格鲁吉亚 | 西亚 | 46.46 | 3.97 | 4.79 | 3.37 | 10.95 | 7.47 | 4.41 | 6.72 | 4.77 |
| 14 | 大邱 | 韩国 | 东亚 | 46.32 | 6.19 | 0.13 | 4.86 | 11.29 | 5.98 | 5.87 | 7.01 | 4.99 |
| 15 | 格但斯克 | 波兰 | 东欧 | 46.29 | 7.61 | 0.04 | 3.75 | 10.58 | 8.53 | 3.37 | 6.73 | 5.66 |
| 16 | 杜尚别 | 塔吉克斯坦 | 中亚 | 46.22 | 8.36 | 3.15 | 3.97 | 10.62 | 6.64 | 3.39 | 6.81 | 3.28 |
| 17 | 光州 | 韩国 | 东亚 | 46.18 | 6.19 | 0.09 | 4.94 | 11.29 | 5.80 | 5.87 | 7.01 | 4.99 |
| 18 | 慕尼黑 | 德国 | 西欧 | 46.02 | 3.33 | 2.76 | 5.49 | 7.28 | 5.89 | 4.68 | 11.32 | 5.26 |
| 19 | 水原 | 韩国 | 东亚 | 45.95 | 6.19 | 0.07 | 5.17 | 11.29 | 5.80 | 5.87 | 7.01 | 4.55 |
| 20 | 开罗 | 埃及 | 北非 | 45.89 | 6.86 | 3.72 | 3.72 | 9.87 | 4.00 | 5.05 | 6.76 | 5.90 |
| 21 | 南安普顿 | 英国 | 北欧 | 45.83 | 4.31 | 2.44 | 5.03 | 11.41 | 5.57 | 4.11 | 7.01 | 5.95 |
| 22 | 安特卫普 | 比利时 | 西欧 | 45.74 | 2.75 | 4.32 | 3.24 | 11.06 | 9.17 | 3.22 | 6.70 | 5.28 |
| 23 | 明斯克 | 白俄罗斯 | 东欧 | 45.69 | 6.86 | 4.59 | 1.14 | 9.74 | 8.91 | 3.14 | 6.71 | 4.60 |
| 24 | 伯明翰 | 英国 | 北欧 | 45.67 | 4.31 | 2.74 | 5.01 | 11.41 | 5.57 | 4.11 | 7.01 | 5.51 |
| 25 | 昌原 | 韩国 | 东亚 | 45.67 | 6.19 | 0.06 | 4.90 | 11.29 | 5.80 | 5.87 | 7.01 | 4.55 |
| 26 | 都灵 | 意大利 | 南欧 | 45.62 | 6.86 | 4.06 | 4.07 | 10.12 | 4.72 | 3.57 | 6.79 | 5.44 |
| 27 | 比什凯克 | 吉尔吉斯斯坦 | 中亚 | 45.61 | 8.36 | 2.47 | 4.23 | 10.06 | 6.56 | 3.05 | 6.72 | 4.17 |
| 28 | 塔什干 | 乌兹别克斯坦 | 中亚 | 45.61 | 8.36 | 3.32 | 1.41 | 10.54 | 7.32 | 1.56 | 6.89 | 6.20 |
| 29 | 布拉迪斯拉发 | 斯洛伐克 | 东欧 | 45.57 | 3.97 | 4.55 | 3.75 | 10.35 | 8.48 | 3.07 | 6.70 | 4.70 |
| 30 | 海防 | 越南 | 东南亚 | 45.56 | 7.53 | 2.04 | 4.87 | 10.38 | 6.87 | 5.60 | 4.36 | 3.91 |
| 31 | 伯尔尼 | 瑞士 | 西欧 | 45.17 | 3.64 | 4.14 | 5.05 | 12.39 | 5.80 | 3.39 | 5.69 | 5.06 |
| 32 | 维尔纽斯 | 立陶宛 | 北欧 | 45.14 | 3.97 | 2.47 | 3.94 | 10.66 | 8.45 | 3.54 | 6.69 | 5.40 |
| 33 | 神户 | 日本 | 东亚 | 45.06 | 0.89 | 2.03 | 6.02 | 12.08 | 8.59 | 6.00 | 6.85 | 2.59 |
| 34 | 奥斯陆 | 挪威 | 北欧 | 45.05 | 0.97 | 3.11 | 4.46 | 11.93 | 4.90 | 3.13 | 10.77 | 5.78 |
| 均　值 | | | | 46.12 | 5.38 | 2.59 | 4.35 | 10.65 | 6.71 | 4.08 | 7.36 | 5.01 |
| 均值满分达标率(%) | | | | 46.12 | 53.77 | 25.94 | 43.50 | 76.04 | 47.95 | 29.13 | 52.54 | 35.76 |
| 高于全样本均值 | | | | 7.01 | 0.32 | 0.69 | 0.13 | 1.81 | 2.36 | 0.25 | 0.49 | 0.94 |

Ⅰ类潜在战略支点城市中，有16个城市位于亚洲，主要分布于东亚；15个Ⅰ类潜在战略支点城市位于欧洲，主要分布于北欧和西欧地区（见图3-12）。另有2个Ⅰ类潜在战略支点城市位于非洲地区，1个Ⅰ类潜在战略支点城市位于澳新地区。

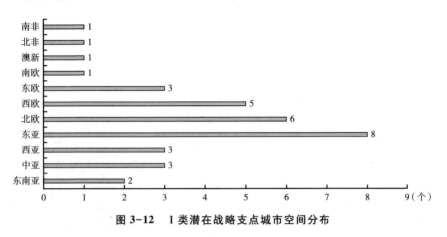

图3-12 Ⅰ类潜在战略支点城市空间分布

2. 共识别37个Ⅱ类潜在战略支点城市

Ⅱ类潜在战略支点城市综合指数得分均值为43.84，高于全样本均值4.73。与全样本城市相比，Ⅱ类潜在战略支点城市政策沟通指数得分相对较高，成长引领指数得分较低。从满分达标率的角度，Ⅱ类潜在战略支点城市的政策沟通和伙伴关系领域发展较好，均值满分达标率分别为72.34%和56.84%（见表3-12）。

表3-12 Ⅱ类潜在战略支点城市指数得分

| 排名 | 城市 | 国家 | 区域 | 战略支点城市指数 | | | | | | | | |
|---|---|---|---|---|---|---|---|---|---|---|---|---|
| | | | | 总分 | 伙伴关系 | 区域影响 | 成长引领 | 政策沟通 | 设施联通 | 贸易畅通 | 资金融通 | 民心相通 |
| 1 | 卡萨布兰卡 | 摩洛哥 | 北非 | 44.99 | 3.89 | 3.03 | 3.98 | 10.44 | 3.31 | 3.41 | 11.34 | 5.60 |
| 2 | 新德里 | 印度 | 南亚 | 44.99 | 3.44 | 2.85 | 5.08 | 10.30 | 7.15 | 4.55 | 10.56 | 1.06 |
| 3 | 罗斯托克 | 德国 | 西欧 | 44.93 | 4.08 | 2.07 | 5.31 | 11.28 | 5.53 | 4.68 | 7.15 | 4.82 |
| 4 | 德黑兰 | 伊朗 | 南亚 | 44.84 | 6.86 | 2.72 | 3.51 | 10.20 | 7.44 | 3.75 | 4.72 | 5.64 |
| 5 | 贝尔格莱德 | 塞尔维亚 | 南欧 | 44.82 | 7.61 | 4.81 | 3.46 | 10.29 | 8.08 | 1.58 | 3.73 | 5.25 |

续表

| 排名 | 城市 | 国家 | 区域 | 战略支点城市指数 | | | | | | | | |
|------|------|------|------|------|------|------|------|------|------|------|------|------|
| | | | | 总分 | 伙伴关系 | 区域影响 | 成长引领 | 政策沟通 | 设施联通 | 贸易畅通 | 资金融通 | 民心相通 |
| 6 | 那不勒斯 | 意大利 | 南欧 | 44.81 | 6.86 | 3.31 | 4.01 | 10.12 | 4.72 | 3.57 | 6.79 | 5.44 |
| 7 | 加济安泰普 | 土耳其 | 西亚 | 44.71 | 5.97 | 0.26 | 3.81 | 10.27 | 7.90 | 4.77 | 6.80 | 4.92 |
| 8 | 科尼亚 | 土耳其 | 西亚 | 44.70 | 5.97 | 0.24 | 3.82 | 10.27 | 7.90 | 4.77 | 6.80 | 4.92 |
| 9 | 仰光 | 缅甸 | 东南亚 | 44.70 | 7.53 | 4.04 | 2.15 | 9.38 | 5.66 | 3.14 | 6.94 | 5.87 |
| 10 | 科威特市 | 科威特 | 西亚 | 44.51 | 3.89 | 4.77 | 3.98 | 9.90 | 3.58 | 3.17 | 10.80 | 4.42 |
| 11 | 热那亚 | 意大利 | 南欧 | 44.49 | 6.86 | 3.46 | 3.98 | 10.12 | 4.72 | 3.57 | 6.79 | 4.99 |
| 12 | 伏尔加格勒 | 俄罗斯 | 东欧 | 44.44 | 9.78 | 0.02 | 3.45 | 10.27 | 4.26 | 4.51 | 6.92 | 5.25 |
| 13 | 达卡 | 孟加拉国 | 南亚 | 44.23 | 6.19 | 4.66 | 4.89 | 9.53 | 5.99 | 3.84 | 3.86 | 5.26 |
| 14 | 都柏林 | 爱尔兰 | 北欧 | 44.22 | 1.86 | 3.50 | 5.02 | 11.73 | 4.78 | 3.21 | 8.08 | 6.04 |
| 15 | 沃罗涅日 | 俄罗斯 | 东欧 | 44.13 | 9.78 | 0.02 | 3.58 | 10.27 | 4.26 | 4.51 | 6.92 | 4.81 |
| 16 | 罗斯托夫 | 俄罗斯 | 东欧 | 44.07 | 9.78 | 0.02 | 3.52 | 10.27 | 4.26 | 4.51 | 6.92 | 4.81 |
| 17 | 卡拉奇 | 巴基斯坦 | 南亚 | 44.01 | 9.25 | 4.66 | 4.28 | 9.24 | 1.61 | 3.32 | 6.63 | 5.02 |
| 18 | 名古屋 | 日本 | 东亚 | 43.98 | 0.89 | 1.59 | 6.15 | 12.08 | 8.05 | 6.00 | 6.84 | 2.37 |
| 19 | 里昂 | 法国 | 西欧 | 43.87 | 4.31 | 2.28 | 5.50 | 10.97 | 5.45 | 3.58 | 6.67 | 5.12 |
| 20 | 曼德勒 | 缅甸 | 东南亚 | 43.86 | 7.53 | 2.07 | 2.25 | 9.38 | 5.66 | 4.39 | 6.94 | 5.64 |
| 21 | 布尔萨 | 土耳其 | 西亚 | 43.79 | 5.97 | 3.40 | 3.75 | 10.27 | 3.90 | 4.77 | 6.80 | 4.92 |
| 22 | 威尼斯 | 意大利 | 南欧 | 43.59 | 6.86 | 2.03 | 4.06 | 10.12 | 4.72 | 3.57 | 6.79 | 5.44 |
| 23 | 巴塞罗那 | 西班牙 | 南欧 | 43.59 | 3.86 | 3.09 | 4.44 | 10.74 | 5.48 | 3.61 | 6.86 | 5.50 |
| 24 | 横滨 | 日本 | 东亚 | 43.44 | 0.89 | 2.09 | 6.11 | 12.08 | 7.50 | 6.00 | 6.85 | 1.92 |
| 25 | 西约克 | 英国 | 北欧 | 43.40 | 4.31 | 0.48 | 5.00 | 11.41 | 5.57 | 4.11 | 7.01 | 5.51 |
| 26 | 清迈 | 泰国 | 东南亚 | 43.36 | 7.53 | 0.05 | 4.41 | 9.92 | 5.44 | 3.80 | 6.92 | 5.30 |
| 27 | 赫法（海法） | 以色列 | 西亚 | 43.27 | 6.42 | 0.40 | 4.62 | 11.19 | 5.00 | 3.20 | 6.82 | 5.62 |
| 28 | 萨格勒布 | 克罗地亚 | 南欧 | 43.12 | 5.08 | 4.92 | 3.43 | 10.46 | 4.53 | 3.01 | 6.70 | 4.98 |
| 29 | 马赛-普罗旺斯地区艾克斯 | 法国 | 西欧 | 43.02 | 4.31 | 1.51 | 5.42 | 10.97 | 5.45 | 3.58 | 6.67 | 5.12 |
| 30 | 孟买 | 印度 | 南亚 | 42.95 | 3.44 | 4.91 | 4.76 | 10.30 | 2.79 | 4.55 | 10.69 | 1.51 |
| 31 | 泗水 | 印度尼西亚 | 东南亚 | 42.90 | 6.86 | 3.93 | 4.31 | 10.19 | 2.91 | 3.93 | 6.48 | 4.28 |
| 32 | 基辅 | 乌克兰 | 东欧 | 42.89 | 3.89 | 2.72 | 3.15 | 10.11 | 7.71 | 4.49 | 6.70 | 4.11 |
| 33 | 马什哈德 | 伊朗 | 南亚 | 42.82 | 6.86 | 2.51 | 3.58 | 10.20 | 7.26 | 2.50 | 4.72 | 5.19 |
| 34 | 库姆 | 伊朗 | 南亚 | 42.76 | 6.86 | 2.44 | 3.59 | 10.20 | 7.26 | 2.50 | 4.72 | 5.19 |
| 35 | 利雅得 | 沙特阿拉伯 | 西亚 | 42.71 | 6.86 | 4.10 | 4.51 | 7.12 | 4.48 | 3.80 | 10.46 | 1.36 |

续表

| 排名 | 城市 | 国家 | 区域 | 战略支点城市指数 | | | | | | | | |
|------|------|------|------|------|------|------|------|------|------|------|------|------|
| | | | | 总分 | 伙伴关系 | 区域影响 | 成长引领 | 政策沟通 | 设施联通 | 贸易畅通 | 资金融通 | 民心相通 |
| 36 | 斯德哥尔摩 | 瑞典 | 北欧 | 42.65 | 1.19 | 3.27 | 4.57 | 7.72 | 5.61 | 3.16 | 11.29 | 5.84 |
| 37 | 内罗毕 | 肯尼亚 | 东非 | 42.58 | 6.78 | 2.73 | 5.39 | 5.40 | 1.89 | 7.30 | 7.56 | 5.53 |
| 均 值 | | | | 43.84 | 5.68 | 2.57 | 4.24 | 10.13 | 5.35 | 3.97 | 7.20 | 4.72 |
| 均值满分达标率(%) | | | | 43.84 | 56.84 | 25.66 | 42.39 | 72.34 | 38.19 | 28.32 | 51.39 | 33.70 |
| 高于全样本均值 | | | | 4.73 | 0.63 | 0.66 | 0.02 | 1.29 | 0.99 | 0.14 | 0.33 | 0.66 |

Ⅱ类潜在战略支点城市主要分布于南亚、西亚和南欧地区。其中南亚包含 7 个Ⅱ类潜在战略支点城市,西亚和南欧各包含 6 个Ⅱ类潜在战略支点城市。综合来看,亚洲地区共包含 19 个Ⅱ类潜在战略支点城市,欧洲地区共包含 16 个Ⅱ类潜在战略支点城市,另有 2 个Ⅱ类潜在战略支点城市位于非洲地区(见图 3-13)。

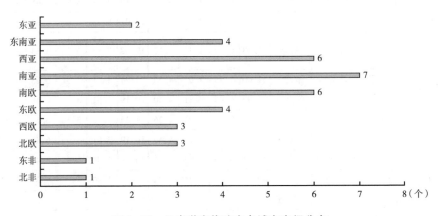

**图 3-13 Ⅱ类潜在战略支点城市空间分布**

3. 共识别 29 个Ⅲ类潜在战略支点城市

Ⅲ类潜在战略支点城市综合指数得分均值为 40.86,高于全样本均值 1.75。与全样本城市相比,Ⅲ类潜在战略支点城市在贸易畅通和成长引领方面发展较好,分别高于全样本均值 5.85 和 1.15,政策沟通和资金融通方面发展相对不足，分别低于全样本均值 6.78 和 2.96。从满分达标率的角度，Ⅲ类潜在战略支点城市贸易畅通、伙伴关系和成长引领等发展较好，均值满分达标率分别为 69.12%、53.66% 和 53.66%。

表3-13　Ⅲ类潜在战略支点城市指数得分

| 排名 | 城市 | 国家 | 区域 | 战略支点城市指数 | | | | | | | | |
|---|---|---|---|---|---|---|---|---|---|---|---|---|
| | | | | 总分 | 伙伴关系 | 区域影响 | 成长引领 | 政策沟通 | 设施联通 | 贸易畅通 | 资金融通 | 民心相通 |
| 1 | 三宝垄 | 印度尼西亚 | 东南亚 | 42.16 | 6.86 | 2.22 | 4.48 | 10.19 | 2.91 | 5.18 | 6.48 | 3.84 |
| 2 | 沙迦 | 阿拉伯联合酋长国 | 西亚 | 42.11 | 6.86 | 0.49 | 4.84 | 8.09 | 4.99 | 4.92 | 7.03 | 4.89 |
| 3 | 尼科西亚 | 塞浦路斯 | 西亚 | 41.90 | 3.97 | 4.86 | 3.81 | 7.09 | 4.58 | 3.01 | 10.58 | 4.01 |
| 4 | 加尔各答 | 印度 | 南亚 | 41.67 | 3.44 | 4.04 | 4.68 | 10.30 | 6.60 | 4.55 | 6.75 | 1.29 |
| 5 | 春武里 | 泰国 | 东南亚 | 41.59 | 7.53 | 0.06 | 4.41 | 9.92 | 3.44 | 3.80 | 6.92 | 5.53 |
| 6 | 费萨拉巴德 | 巴基斯坦 | 南亚 | 41.40 | 9.25 | 2.04 | 4.28 | 9.24 | 1.61 | 3.32 | 6.63 | 5.02 |
| 7 | 约翰内斯堡 | 南非 | 南非 | 41.28 | 6.86 | 3.05 | 4.24 | 4.78 | 3.17 | 3.40 | 10.78 | 5.00 |
| 8 | 万隆 | 印度尼西亚 | 东南亚 | 41.21 | 6.86 | 2.23 | 4.32 | 10.19 | 2.91 | 3.93 | 6.48 | 4.28 |
| 9 | 札幌 | 日本 | 东亚 | 41.15 | 0.89 | 0.06 | 6.13 | 12.08 | 6.78 | 6.00 | 6.84 | 2.37 |
| 10 | 北九州-福冈 | 日本 | 东亚 | 41.03 | 0.89 | 1.31 | 6.12 | 12.08 | 5.87 | 6.00 | 6.84 | 1.92 |
| 11 | 奎达 | 巴基斯坦 | 南亚 | 41.00 | 9.25 | 2.01 | 4.36 | 5.24 | 5.61 | 3.32 | 6.63 | 4.57 |
| 12 | 茂物 | 印度尼西亚 | 东南亚 | 40.93 | 6.86 | 2.21 | 4.50 | 10.19 | 2.91 | 3.93 | 6.48 | 3.84 |
| 13 | 木尔坦 | 巴基斯坦 | 南亚 | 40.92 | 9.25 | 2.02 | 4.28 | 5.24 | 1.61 | 3.32 | 6.63 | 4.57 |
| 14 | 巨港 | 印度尼西亚 | 东南亚 | 40.89 | 6.86 | 2.22 | 4.46 | 10.19 | 2.91 | 3.93 | 6.48 | 3.84 |
| 15 | 棉兰 | 印度尼西亚 | 东南亚 | 40.81 | 6.86 | 2.22 | 4.37 | 10.19 | 2.91 | 3.93 | 6.48 | 3.84 |
| 16 | 安塔利亚 | 土耳其 | 西亚 | 40.79 | 5.97 | 0.24 | 3.92 | 10.27 | 3.90 | 4.77 | 6.80 | 4.92 |
| 17 | 芹苴 | 越南 | 东南亚 | 40.75 | 7.53 | 2.04 | 5.31 | 10.38 | 2.87 | 4.35 | 4.36 | 3.91 |
| 18 | 蒙得维的亚 | 乌拉圭 | 南美 | 40.74 | 3.89 | 4.00 | 3.61 | 9.39 | 4.06 | 3.04 | 6.70 | 6.05 |
| 19 | 瓦莱塔 | 马耳他 | 南欧 | 40.55 | 3.97 | 1.44 | 3.94 | 7.19 | 4.62 | 3.02 | 10.43 | 5.95 |
| 20 | 阿什哈巴德 | 土库曼斯坦 | 中亚 | 40.51 | 5.39 | 2.41 | 2.12 | 10.36 | 7.77 | 0.83 | 6.68 | 4.95 |
| 21 | 哈拉雷 | 津巴布韦 | 东非 | 40.49 | 6.78 | 2.48 | 4.07 | 8.84 | 1.07 | 5.51 | 6.58 | 5.16 |
| 22 | 卢布尔雅那 | 斯洛文尼亚 | 南欧 | 40.37 | 3.97 | 2.28 | 3.80 | 10.39 | 4.58 | 3.05 | 6.70 | 5.60 |
| 23 | 科伦坡 | 斯里兰卡 | 南亚 | 40.20 | 6.19 | 2.25 | 3.81 | 9.47 | 3.54 | 3.04 | 6.68 | 5.22 |
| 24 | 静冈-浜松 | 日本 | 东亚 | 40.19 | 0.89 | 0.07 | 6.16 | 12.08 | 6.23 | 6.00 | 6.84 | 1.92 |

续表

| 排名 | 城市 | 国家 | 区域 | 战略支点城市指数 | | | | | | | | |
|---|---|---|---|---|---|---|---|---|---|---|---|---|
| | | | | 总分 | 伙伴关系 | 区域影响 | 成长引领 | 政策沟通 | 设施联通 | 贸易畅通 | 资金融通 | 民心相通 |
| 25 | 广岛 | 日本 | 东亚 | 40.13 | 0.89 | 0.05 | 6.11 | 12.08 | 6.23 | 6.00 | 6.84 | 1.92 |
| 26 | 拉各斯 | 尼日利亚 | 西非 | 40.10 | 3.89 | 2.71 | 4.17 | 8.93 | 0.94 | 6.91 | 6.73 | 5.81 |
| 27 | 达累斯萨拉姆 | 坦桑尼亚 | 东非 | 40.04 | 4.33 | 2.42 | 5.34 | 10.74 | 0.88 | 4.36 | 6.64 | 5.34 |
| 28 | 巴拿马城 | 巴拿马 | 中美 | 40.02 | 3.22 | 3.63 | 4.48 | 9.87 | 3.22 | 3.14 | 7.56 | 4.90 |
| 29 | 斯里巴加湾市 | 文莱 | 东南亚 | 40.01 | 6.19 | 2.45 | 3.47 | 11.58 | 4.33 | 3.02 | 3.69 | 5.29 |
| 均　值 | | | | 40.86 | 5.37 | 2.05 | 5.37 | 2.05 | 4.47 | 9.68 | 3.90 | 4.12 |
| 均值满分达标率（%） | | | | 40.86 | 53.66 | 20.52 | 53.66 | 14.65 | 31.91 | 69.12 | 27.84 | 29.46 |
| 高于全样本均值 | | | | 1.75 | 0.31 | 0.15 | 1.15 | -6.78 | 0.12 | 5.85 | -2.96 | 0.06 |

Ⅲ类潜在战略支点城市主要分布于亚洲地区，共计21个。其中东南亚城市居多，共包含8个Ⅲ类潜在战略支点城市；其次为南亚地区，共包含5个Ⅲ类潜在战略支点城市。另有4个Ⅲ类潜在战略支点城市位于非洲地区，2个Ⅲ类潜在战略支点城市位于南欧，各有1个Ⅲ类潜在战略支点城市位于南美和中美地区（见图3-14）。

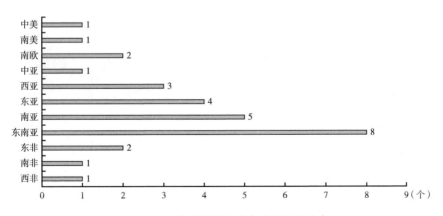

图3-14　Ⅲ类潜在战略支点城市空间分布

（五）风险防范

将重要战略支点城市、次要战略支点城市和一般战略支点城市统称为"一带一路"战略支点城市。据测算，其中多个城市在成长引领、贸易畅通等领域的发展并不均衡，单项指数得分在350个样本城市中处于后100位水平，发展存在短板（见表3-14），需提前防范。本章对"一带一路"战略支点城市短板进行分析，建议采取错位、互补的发展策略，满足特定情境下企业投资的特殊需求。[①]

表3-14 战略支点城市存在的潜在风险

| 城市 | 伙伴关系 | 区域影响 | 成长引领 | 政策沟通 | 设施联通 | 贸易畅通 | 资金融通 | 民心相通 |
|---|---|---|---|---|---|---|---|---|
| 莫斯科 | | | √ | | | | | |
| 汉堡 | √ | | | | | | | |
| 布拉格 | | | | | | √ | | |
| 柏林 | √ | | | | | | √ | |
| 釜山 | | √ | | | | | | |
| 科隆 | √ | | | | | | √ | |
| 伦敦 | √ | | | | | | | |
| 格拉斯哥 | √ | | | | | | | |
| 萨马拉 | | | √ | | | | | |
| 龙仁 | | √ | | | | | | |
| 维也纳 | | | | | | √ | | |
| 巴黎 | √ | | | | | | √ | |
| 布鲁塞尔 | √ | | | | | | | |
| 阿斯塔纳 | | √ | | | | | | |
| 曼彻斯特 | √ | | | | | | | |
| 伯明翰 | √ | | | | | | √ | |
| 索非亚 | | | √ | | | | | |
| 下诺夫哥罗德 | | | √ | | | | | |
| 鄂木斯克 | | | √ | | | | | |

---

① 此为利用2018年数据测算结果。

续表

| 城市 | 伙伴关系 | 区域影响 | 成长引领 | 政策沟通 | 设施联通 | 贸易畅通 | 资金融通 | 民心相通 |
|------|----------|----------|----------|----------|----------|----------|----------|----------|
| 乌法 | | | √ | | | | | |
| 大邱 | | √ | | | | | | |
| 东京 | √ | | | | | | √ | |
| 仁川 | | √ | | | | | | |
| 水原 | | √ | | | | | | |
| 大田 | | √ | | | | | | |
| 光州 | | √ | | | | | | |
| 雅典 | | | √ | | | | | |
| 马德里 | √ | | | | | | √ | |
| 孟买 | | | | | | | | √ |
| 波尔多 | √ | | | | | | √ | |
| 苏黎世 | √ | | | | | | √ | |
| 多哈 | | | | | | √ | | √ |

注:"√"表示该项指数得分在 350 个样本城市中处于后 100 位水平,即发展短板。

## 第四节　类型分析

　　"五通"领域重点关注战略支点城市的市场成熟度。政策沟通侧重于评价战略支点城市的政策稳定度,设施联通侧重于分析战略支点城市的通信时效,贸易畅通侧重于评价战略支点城市与中国的贸易往来密集度,资金融通侧重于评价战略支点城市的货币稳定性和国际化程度,民心相通关注战略支点城市与中国的民间沟通和文化相近性,上述维度对特定类型的投资主体而言具有重要的参考意义。

## 一　"政策沟通"型城市:政策互信度较高

　　"政策沟通"型城市的政策稳定性较高、法律秩序较好、与中国城市具有友好合作关系,并且经济自由度较高。将"政策沟通"指数得分排名前 50 位的城市界定为"政策沟通"型城市(见表 3-15)。

表 3-15 "政策沟通"型城市

| "政策沟通"指标排名 | 城市 | 国家 | 区域 | 战略支点城市指数 | 城市类别 |
|---|---|---|---|---|---|
| 1 | 新加坡 | 新加坡 | 东南亚 | 65.65 | α |
| 2 | 多哈 | 卡塔尔 | 西亚 | 47.57 | γ |
| 3 | 苏黎世 | 瑞士 | 西欧 | 53.62 | α |
| 4 | 伯尔尼 | 瑞士 | 西欧 | 45.17 | δ++ |
| 5 | 迪拜 | 阿拉伯联合酋长国 | 西亚 | 55.28 | α |
| 6 | 东京 | 日本 | 东亚 | 53.32 | α |
| 7 | 大阪 | 日本 | 东亚 | 50.45 | β |
| 8 | 神户 | 日本 | 东亚 | 45.06 | δ++ |
| 9 | 名古屋 | 日本 | 东亚 | 43.98 | δ+ |
| 10 | 横滨 | 日本 | 东亚 | 43.44 | δ+ |
| 11 | 札幌 | 日本 | 东亚 | 41.15 | δ |
| 12 | 北九州-福冈 | 日本 | 东亚 | 41.03 | δ |
| 13 | 静冈-浜松 | 日本 | 东亚 | 40.19 | δ |
| 14 | 广岛 | 日本 | 东亚 | 40.13 | δ |
| 15 | 仙台 | 日本 | 东亚 | 39.82 | ε |
| 16 | 奥斯陆 | 挪威 | 北欧 | 45.05 | δ++ |
| 17 | 马累 | 马尔代夫 | 南亚 | 37.39 | ε |
| 18 | 阿姆斯特丹 | 荷兰 | 西欧 | 55.06 | α |
| 19 | 鹿特丹 | 荷兰 | 西欧 | 49.16 | γ |
| 20 | 惠灵顿 | 新西兰 | 澳大利亚和新西兰 | 47.95 | γ |
| 21 | 奥克兰 | 新西兰 | 澳大利亚和新西兰 | 46.78 | δ++ |
| 22 | 都柏林 | 爱尔兰 | 北欧 | 44.22 | δ+ |
| 23 | 维也纳 | 奥地利 | 西欧 | 56.39 | α |
| 24 | 卢森堡 | 卢森堡 | 西欧 | 54.80 | α |
| 25 | 哥本哈根 | 丹麦 | 北欧 | 49.60 | γ |
| 26 | 斯里巴加湾市 | 文莱 | 东南亚 | 40.01 | δ |
| 27 | 赫尔辛基 | 芬兰 | 北欧 | 50.34 | β |
| 28 | 伦敦 | 英国 | 北欧 | 55.58 | α |
| 29 | 格拉斯哥 | 英国 | 北欧 | 49.89 | γ |
| 30 | 曼彻斯特 | 英国 | 北欧 | 46.54 | δ++ |
| 31 | 南安普顿 | 英国 | 北欧 | 45.83 | δ++ |

续表

| "政策沟通"<br>指标排名 | 城市 | 国家 | 区域 | 战略支点<br>城市指数 | 城市类别 |
|---|---|---|---|---|---|
| 32 | 伯明翰 | 英国 | 北欧 | 45.67 | $\delta++$ |
| 33 | 西约克 | 英国 | 北欧 | 43.40 | $\delta+$ |
| 34 | 里斯本 | 葡萄牙 | 南欧 | 54.86 | $\alpha$ |
| 35 | 波尔图 | 葡萄牙 | 南欧 | 49.14 | $\gamma$ |
| 36 | 首尔 | 韩国 | 东亚 | 62.38 | $\alpha$ |
| 37 | 釜山 | 韩国 | 东亚 | 51.91 | $\beta$ |
| 38 | 仁川 | 韩国 | 东亚 | 49.68 | $\gamma$ |
| 39 | 龙仁 | 韩国 | 东亚 | 46.65 | $\delta++$ |
| 40 | 大田 | 韩国 | 东亚 | 46.64 | $\delta++$ |
| 41 | 大邱 | 韩国 | 东亚 | 46.32 | $\delta++$ |
| 42 | 光州 | 韩国 | 东亚 | 46.18 | $\delta++$ |
| 43 | 水原 | 韩国 | 东亚 | 45.95 | $\delta++$ |
| 44 | 昌原 | 韩国 | 东亚 | 45.67 | $\delta++$ |
| 45 | 温得和克 | 纳米比亚 | 南非 | 36.27 | $\varepsilon$ |
| 46 | 汉堡 | 德国 | 西欧 | 55.71 | $\alpha$ |
| 47 | 柏林 | 德国 | 西欧 | 51.89 | $\beta$ |
| 48 | 科隆 | 德国 | 西欧 | 50.16 | $\beta$ |
| 49 | 罗斯托克 | 德国 | 西欧 | 44.93 | $\delta+$ |
| 50 | 塔林 | 爱沙尼亚 | 北欧 | 49.24 | $\gamma$ |

注：分别以 $\alpha$、$\beta$、$\gamma$、$\delta++$、$\delta+$、$\delta$、$\varepsilon$ 代表重要战略支点城市、次要战略支点城市、一般战略支点城市、Ⅰ类潜在战略支点城市、Ⅱ类潜在战略支点城市和Ⅲ类潜在战略支点城市、普通战略支点城市，下同。

## 二  "设施联通"型城市：通信时效性高

"设施联通"型城市基础设施水平较高、拥有枢纽性的铁路站点、信息化水平较高，以及往来中国航班数较多。将"设施联通"指数得分排名前50位的城市界定为"设施联通"型城市（见表3-16）。

表 3-16 "设施联通"型城市

| "设施联通"指标排名 | 城市 | 国家 | 区域 | 战略支点城市指数 | 城市类别 |
|---|---|---|---|---|---|
| 1 | 首尔 | 韩国 | 东亚 | 62.38 | α |
| 2 | 新加坡 | 新加坡 | 东南亚 | 65.65 | α |
| 3 | 曼谷 | 泰国 | 东南亚 | 62.39 | α |
| 4 | 阿姆斯特丹 | 荷兰 | 西欧 | 55.06 | α |
| 5 | 巴黎 | 法国 | 西欧 | 56.35 | α |
| 6 | 马德里 | 西班牙 | 南欧 | 52.64 | α |
| 7 | 吉隆坡 | 马来西亚 | 东南亚 | 55.33 | α |
| 8 | 赫尔辛基 | 芬兰 | 北欧 | 50.34 | β |
| 9 | 维也纳 | 奥地利 | 西欧 | 56.39 | α |
| 10 | 鹿特丹 | 荷兰 | 西欧 | 49.16 | γ |
| 11 | 莫斯科 | 俄罗斯 | 东欧 | 60.24 | α |
| 12 | 柏林 | 德国 | 西欧 | 51.89 | β |
| 13 | 汉堡 | 德国 | 西欧 | 55.71 | α |
| 14 | 科隆 | 德国 | 西欧 | 50.16 | β |
| 15 | 不莱梅 | 德国 | 西欧 | 46.51 | δ++ |
| 16 | 布拉格 | 捷克 | 东欧 | 52.21 | β |
| 17 | 波尔多 | 法国 | 西欧 | 49.04 | γ |
| 18 | 里尔 | 法国 | 西欧 | 46.91 | δ++ |
| 19 | 布鲁塞尔 | 比利时 | 西欧 | 50.88 | β |
| 20 | 卢森堡 | 卢森堡 | 西欧 | 54.80 | α |
| 21 | 安特卫普 | 比利时 | 西欧 | 45.74 | δ++ |
| 22 | 里斯本 | 葡萄牙 | 南欧 | 54.86 | α |
| 23 | 布达佩斯 | 匈牙利 | 东欧 | 57.52 | α |
| 24 | 东京 | 日本 | 东亚 | 53.32 | α |
| 25 | 明斯克 | 白俄罗斯 | 东欧 | 45.69 | δ++ |
| 26 | 华沙 | 波兰 | 东欧 | 56.91 | α |
| 27 | 塔林 | 爱沙尼亚 | 北欧 | 49.24 | γ |
| 28 | 波尔图 | 葡萄牙 | 南欧 | 49.14 | γ |
| 29 | 仁川 | 韩国 | 东亚 | 49.68 | γ |
| 30 | 新西伯利亚 | 俄罗斯 | 东欧 | 52.22 | β |

续表

| "设施联通"<br>指标排名 | 城市 | 国家 | 区域 | 战略支点<br>城市指数 | 城市类别 |
|---|---|---|---|---|---|
| 31 | 大阪 | 日本 | 东亚 | 50.45 | $\beta$ |
| 32 | 神户 | 日本 | 东亚 | 45.06 | $\delta++$ |
| 33 | 格但斯克 | 波兰 | 东欧 | 46.29 | $\delta++$ |
| 34 | 布拉迪斯拉发 | 斯洛伐克 | 东欧 | 45.57 | $\delta++$ |
| 35 | 维尔纽斯 | 立陶宛 | 北欧 | 45.14 | $\delta++$ |
| 36 | 伊斯坦布尔 | 土耳其 | 西亚 | 55.92 | $\alpha$ |
| 37 | 努尔苏丹 | 哈萨克斯坦 | 中亚 | 52.87 | $\alpha$ |
| 38 | 圣彼得堡 | 俄罗斯 | 东欧 | 58.28 | $\alpha$ |
| 39 | 叶卡捷琳堡 | 俄罗斯 | 东欧 | 51.01 | $\beta$ |
| 40 | 克拉斯诺亚尔斯克 | 俄罗斯 | 东欧 | 50.85 | $\beta$ |
| 41 | 里加 | 拉脱维亚 | 北欧 | 46.78 | $\delta++$ |
| 42 | 巴库 | 阿塞拜疆 | 西亚 | 47.16 | $\delta++$ |
| 43 | 乌法 | 俄罗斯 | 东欧 | 51.36 | $\beta$ |
| 44 | 下诺夫哥罗德 | 俄罗斯 | 东欧 | 50.47 | $\beta$ |
| 45 | 鄂木斯克 | 俄罗斯 | 东欧 | 50.08 | $\beta$ |
| 46 | 萨马拉 | 俄罗斯 | 东欧 | 50.02 | $\beta$ |
| 47 | 喀山 | 俄罗斯 | 东欧 | 49.54 | $\gamma$ |
| 48 | 彼尔姆 | 俄罗斯 | 东欧 | 48.34 | $\gamma$ |
| 49 | 车里雅宾斯克 | 俄罗斯 | 东欧 | 48.13 | $\gamma$ |
| 50 | 胡志明市 | 越南 | 东南亚 | 49.64 | $\gamma$ |

## 三 "贸易畅通"型城市：与中国贸易往来较频繁

"贸易畅通"型城市一般拥有中国境外合作区或共建园区、遵守WTO贸易协定、双边贸易总额较大，以及自由贸易区较多。将"贸易畅通"指数得分排名前50位的城市界定为"贸易畅通"型城市（见表3-17）。

### 表 3-17 "贸易畅通"型城市

| "贸易畅通"<br>指标排名 | 城市 | 国家 | 区域 | 战略支点<br>城市指数 | 城市类别 |
|---|---|---|---|---|---|
| 1 | 万象 | 老挝 | 东南亚 | 49.58 | γ |
| 2 | 内罗毕 | 肯尼亚 | 东非 | 42.58 | δ+ |
| 3 | 艾哈迈达巴德 | 印度 | 南亚 | 36.03 | ε |
| 4 | 拉各斯 | 尼日利亚 | 西非 | 40.10 | δ |
| 5 | 蒙巴萨 | 肯尼亚 | 东非 | 37.45 | ε |
| 6 | 阿达纳 | 土耳其 | 西亚 | 37.81 | ε |
| 7 | 东京 | 日本 | 东亚 | 53.32 | α |
| 8 | 大阪 | 日本 | 东亚 | 50.45 | β |
| 9 | 神户 | 日本 | 东亚 | 45.06 | δ++ |
| 10 | 名古屋 | 日本 | 东亚 | 43.98 | δ+ |
| 11 | 横滨 | 日本 | 东亚 | 43.44 | δ+ |
| 12 | 札幌 | 日本 | 东亚 | 41.15 | δ |
| 13 | 静冈-浜松 | 日本 | 东亚 | 40.19 | δ |
| 14 | 广岛 | 日本 | 东亚 | 40.13 | δ |
| 15 | 北九州-福冈 | 日本 | 东亚 | 41.03 | δ |
| 16 | 仙台 | 日本 | 东亚 | 39.82 | ε |
| 17 | 首尔 | 韩国 | 东亚 | 62.38 | α |
| 18 | 仁川 | 韩国 | 东亚 | 49.68 | γ |
| 19 | 釜山 | 韩国 | 东亚 | 51.91 | β |
| 20 | 大邱 | 韩国 | 东亚 | 46.32 | δ++ |
| 21 | 龙仁 | 韩国 | 东亚 | 46.65 | δ++ |
| 22 | 大田 | 韩国 | 东亚 | 46.64 | δ++ |
| 23 | 光州 | 韩国 | 东亚 | 46.18 | δ++ |
| 24 | 水原 | 韩国 | 东亚 | 45.95 | δ++ |
| 25 | 昌原 | 韩国 | 东亚 | 45.67 | δ++ |
| 26 | 圣彼得堡 | 俄罗斯 | 东欧 | 58.28 | α |
| 27 | 乌法 | 俄罗斯 | 东欧 | 51.36 | β |
| 28 | 胡志明市 | 越南 | 东南亚 | 49.64 | γ |
| 29 | 海防 | 越南 | 东南亚 | 45.56 | δ++ |
| 30 | 卢萨卡 | 赞比亚 | 东非 | 32.98 | ε |
| 31 | 哈拉雷 | 津巴布韦 | 东非 | 40.49 | δ |
| 32 | 雅加达 | 印度尼西亚 | 东南亚 | 50.19 | β |
| 33 | 三宝垄 | 印度尼西亚 | 东南亚 | 42.16 | δ |

续表

| "贸易畅通"指标排名 | 城市 | 国家 | 区域 | 战略支点城市指数 | 城市类别 |
|---|---|---|---|---|---|
| 34 | 吉达 | 沙特阿拉伯 | 西亚 | 37.34 | ε |
| 35 | 开罗 | 埃及 | 北非 | 45.89 | δ++ |
| 36 | 迪拜 | 阿拉伯联合酋长国 | 西亚 | 55.28 | α |
| 37 | 阿布扎比 | 阿拉伯联合酋长国 | 西亚 | 49.80 | γ |
| 38 | 沙迦 | 阿拉伯联合酋长国 | 西亚 | 42.11 | δ |
| 39 | 伊斯坦布尔 | 土耳其 | 西亚 | 55.92 | α |
| 40 | 安卡拉 | 土耳其 | 西亚 | 49.20 | γ |
| 41 | 伊兹密尔 | 土耳其 | 西亚 | 48.16 | γ |
| 42 | 加济安泰普 | 土耳其 | 西亚 | 44.71 | δ+ |
| 43 | 科尼亚 | 土耳其 | 西亚 | 44.70 | δ+ |
| 44 | 布尔萨 | 土耳其 | 西亚 | 43.79 | δ+ |
| 45 | 安塔利亚 | 土耳其 | 西亚 | 40.79 | δ |
| 46 | 柏林 | 德国 | 西欧 | 51.89 | β |
| 47 | 汉堡 | 德国 | 西欧 | 55.71 | α |
| 48 | 科隆 | 德国 | 西欧 | 50.16 | β |
| 49 | 不莱梅 | 德国 | 西欧 | 46.51 | δ++ |
| 50 | 慕尼黑 | 德国 | 西欧 | 46.02 | δ++ |

## 四 "资金融通"型城市：金融国际化水平较高

"资金融通"型城市来自中国的 FDI 规模较大、货币稳定性较高、签订了双边投资协定，以及金融国际化水平较高。将"资金融通"指数得分排名前 50 位的城市界定为"资金融通"型城市（见表3-18）。

表 3-18 "资金融通"型城市

| "资金融通"指标排名 | 城市 | 国家 | 区域 | 战略支点城市指数 | 城市类别 |
|---|---|---|---|---|---|
| 1 | 新加坡 | 新加坡 | 东南亚 | 65.65 | α |
| 2 | 卢森堡 | 卢森堡 | 西欧 | 54.80 | α |
| 3 | 伦敦 | 英国 | 北欧 | 55.58 | α |
| 4 | 迪拜 | 阿拉伯联合酋长国 | 西亚 | 55.28 | α |

| "资金融通"指标排名 | 城市 | 国家 | 区域 | 战略支点城市指数 | 城市类别 |
|---|---|---|---|---|---|
| 5 | 东京 | 日本 | 东亚 | 53.32 | α |
| 6 | 阿布扎比 | 阿拉伯联合酋长国 | 西亚 | 49.80 | γ |
| 7 | 吉隆坡 | 马来西亚 | 东南亚 | 55.33 | α |
| 8 | 特拉维夫-雅法 | 以色列 | 西亚 | 52.58 | α |
| 9 | 大阪 | 日本 | 东亚 | 50.45 | β |
| 10 | 首尔 | 韩国 | 东亚 | 62.38 | α |
| 11 | 阿姆斯特丹 | 荷兰 | 西欧 | 55.06 | α |
| 12 | 巴黎 | 法国 | 西欧 | 56.35 | α |
| 13 | 汉堡 | 德国 | 西欧 | 55.71 | α |
| 14 | 卡萨布兰卡 | 摩洛哥 | 北非 | 44.99 | δ+ |
| 15 | 慕尼黑 | 德国 | 西欧 | 46.02 | δ++ |
| 16 | 釜山 | 韩国 | 东亚 | 51.91 | β |
| 17 | 斯德哥尔摩 | 瑞典 | 北欧 | 42.65 | δ+ |
| 18 | 惠灵顿 | 新西兰 | 澳大利亚和新西兰 | 47.95 | γ |
| 19 | 马德里 | 西班牙 | 南欧 | 52.64 | α |
| 20 | 曼谷 | 泰国 | 东南亚 | 62.39 | α |
| 21 | 米兰 | 意大利 | 南欧 | 51.51 | β |
| 22 | 格拉斯哥 | 英国 | 北欧 | 49.89 | γ |
| 23 | 开普敦 | 南非 | 南非 | 47.09 | δ++ |
| 24 | 伊斯坦布尔 | 土耳其 | 西亚 | 55.92 | α |
| 25 | 麦纳麦 | 巴林 | 西亚 | 46.65 | δ++ |
| 26 | 努尔苏丹 | 哈萨克斯坦 | 中亚 | 52.87 | α |
| 27 | 维也纳 | 奥地利 | 西欧 | 56.39 | α |
| 28 | 莫斯科 | 俄罗斯 | 东欧 | 60.24 | α |
| 29 | 布拉格 | 捷克 | 东欧 | 52.21 | β |
| 30 | 里斯本 | 葡萄牙 | 南欧 | 54.86 | α |
| 31 | 布鲁塞尔 | 比利时 | 西欧 | 50.88 | β |
| 32 | 圣彼得堡 | 俄罗斯 | 东欧 | 58.28 | α |
| 33 | 多哈 | 卡塔尔 | 西亚 | 47.57 | γ |
| 34 | 科威特市 | 科威特 | 西亚 | 44.51 | δ+ |
| 35 | 华沙 | 波兰 | 东欧 | 56.91 | α |
| 36 | 约翰内斯堡 | 南非 | 南非 | 41.28 | δ |
| 37 | 奥斯陆 | 挪威 | 北欧 | 45.05 | δ++ |

| "资金融通"<br>指标排名 | 城市 | 国家 | 区域 | 战略支点<br>城市指数 | 城市类别 |
|---|---|---|---|---|---|
| 38 | 赫尔辛基 | 芬兰 | 北欧 | 50.34 | β |
| 39 | 罗马 | 意大利 | 南欧 | 51.44 | β |
| 40 | 哥本哈根 | 丹麦 | 北欧 | 49.60 | γ |
| 41 | 孟买 | 印度 | 南亚 | 42.95 | δ+ |
| 42 | 塔林 | 爱沙尼亚 | 北欧 | 49.24 | γ |
| 43 | 布达佩斯 | 匈牙利 | 东欧 | 57.52 | α |
| 44 | 尼科西亚 | 塞浦路斯 | 西亚 | 41.90 | δ |
| 45 | 新德里 | 印度 | 南亚 | 44.99 | δ+ |
| 46 | 索非亚 | 保加利亚 | 东欧 | 51.25 | β |
| 47 | 雷克雅未克 | 冰岛 | 北欧 | 39.42 | ε |
| 48 | 巴库 | 阿塞拜疆 | 西亚 | 47.16 | δ++ |
| 49 | 利雅得 | 沙特阿拉伯 | 西亚 | 42.71 | δ+ |
| 50 | 苏黎世 | 瑞士 | 西欧 | 53.62 | α |

## 五 "民心相通"型城市:与中国文化交往频繁

"民心相通"型城市与中国文化距离较小、孔子学院数量较多、与中国往来航空客流量较大,大多位于中国免签国家。将"民心相通"指数得分排名前50位的城市界定为"民心相通"型城市(见表3-19)。

表3-19 "民心相通"型城市

| "民心相通"<br>指标排名 | 城市 | 国家 | 区域 | 战略支点<br>城市指数 | 城市类别 |
|---|---|---|---|---|---|
| 1 | 曼谷 | 泰国 | 东南亚 | 62.39 | α |
| 2 | 伦敦 | 英国 | 北欧 | 55.58 | α |
| 3 | 哥本哈根 | 丹麦 | 北欧 | 49.60 | γ |
| 4 | 布鲁塞尔 | 比利时 | 西欧 | 50.88 | β |
| 5 | 首尔 | 韩国 | 东亚 | 62.38 | α |
| 6 | 巴黎 | 法国 | 西欧 | 56.35 | α |
| 7 | 莫斯科 | 俄罗斯 | 东欧 | 60.24 | α |

| "民心相通"<br>指标排名 | 城市 | 国家 | 区域 | 战略支点<br>城市指数 | 城市类别 |
|---|---|---|---|---|---|
| 8 | 加拉加斯 | 委内瑞拉 | 南美 | 26.93 | $\varepsilon$ |
| 9 | 加德满都 | 尼泊尔 | 南亚 | 39.81 | $\varepsilon$ |
| 10 | 伊斯坦布尔 | 土耳其 | 西亚 | 55.92 | $\alpha$ |
| 11 | 塔什干 | 乌兹别克斯坦 | 中亚 | 45.61 | $\delta++$ |
| 12 | 维也纳 | 奥地利 | 西欧 | 56.39 | $\alpha$ |
| 13 | 特拉维夫-雅法 | 以色列 | 西亚 | 52.58 | $\alpha$ |
| 14 | 耶路撒冷(以色列管理部分) | 地位未定 | 西亚 | 39.75 | $\varepsilon$ |
| 15 | 蒙得维的亚 | 乌拉圭 | 南美 | 40.74 | $\delta$ |
| 16 | 都柏林 | 爱尔兰 | 北欧 | 44.22 | $\delta+$ |
| 17 | 里斯本 | 葡萄牙 | 南欧 | 54.86 | $\alpha$ |
| 18 | 波尔图 | 葡萄牙 | 南欧 | 49.14 | $\gamma$ |
| 19 | 布达佩斯 | 匈牙利 | 东欧 | 57.52 | $\alpha$ |
| 20 | 格拉斯哥 | 英国 | 北欧 | 49.89 | $\gamma$ |
| 21 | 曼彻斯特 | 英国 | 北欧 | 46.54 | $\delta++$ |
| 22 | 南安普顿 | 英国 | 北欧 | 45.83 | $\delta++$ |
| 23 | 瓦莱塔 | 马耳他 | 南欧 | 40.55 | $\delta$ |
| 24 | 赫尔辛基 | 芬兰 | 北欧 | 50.34 | $\beta$ |
| 25 | 雅典 | 希腊 | 南欧 | 50.30 | $\beta$ |
| 26 | 开罗 | 埃及 | 北非 | 45.89 | $\delta++$ |
| 27 | 开普敦 | 南非 | 南非 | 47.09 | $\delta++$ |
| 28 | 瓦伦西亚 | 委内瑞拉 | 南美 | 24.57 | $\varepsilon$ |
| 29 | 马拉开波 | 委内瑞拉 | 南美 | 24.19 | $\varepsilon$ |
| 30 | 马拉凯 | 委内瑞拉 | 南美 | 23.97 | $\varepsilon$ |
| 31 | 巴基西梅托 | 委内瑞拉 | 南美 | 23.97 | $\varepsilon$ |
| 32 | 米兰 | 意大利 | 南欧 | 51.51 | $\beta$ |
| 33 | 仰光 | 缅甸 | 东南亚 | 44.70 | $\delta+$ |
| 34 | 马普托 | 莫桑比克 | 东非 | 35.08 | $\varepsilon$ |
| 35 | 乌兰巴托 | 蒙古 | 东亚 | 47.18 | $\delta++$ |
| 36 | 斯德哥尔摩 | 瑞典 | 北欧 | 42.65 | $\delta+$ |
| 37 | 阿克拉 | 加纳 | 西非 | 36.88 | $\varepsilon$ |
| 38 | 拉各斯 | 尼日利亚 | 西非 | 40.10 | $\delta$ |
| 39 | 科纳克里 | 几内亚 | 西非 | 33.12 | $\varepsilon$ |

续表

| "民心相通"<br>指标排名 | 城市 | 国家 | 区域 | 战略支点<br>城市指数 | 城市类别 |
|:---:|:---:|:---:|:---:|:---:|:---:|
| 40 | 奥斯陆 | 挪威 | 北欧 | 45.05 | $\delta$++ |
| 41 | 利伯维尔 | 加蓬 | 中非 | 36.76 | $\varepsilon$ |
| 42 | 班珠尔 | 冈比亚 | 西非 | 31.83 | $\varepsilon$ |
| 43 | 阿皮亚 | 萨摩亚 | 波利尼西亚 | 32.58 | $\varepsilon$ |
| 44 | 布琼布拉 | 布隆迪 | 东非 | 29.25 | $\varepsilon$ |
| 45 | 里加 | 拉脱维亚 | 北欧 | 46.78 | $\delta$++ |
| 46 | 柏林 | 德国 | 西欧 | 51.89 | $\beta$ |
| 47 | 新西伯利亚 | 俄罗斯 | 东欧 | 52.22 | $\beta$ |
| 48 | 华沙 | 波兰 | 东欧 | 56.91 | $\alpha$ |
| 49 | 格但斯克 | 波兰 | 东欧 | 46.29 | $\delta$++ |
| 50 | 罗马 | 意大利 | 南欧 | 51.44 | $\beta$ |

## 第五节　空间格局

从空间分布看（见表3-20），各类型支点城市的分布具有明显的空间差异性。重要战略支点城市主要分布在西欧、东欧地区，次要战略支点城市主要分布在东欧地区，一般战略支点城市主要分布于东南亚、西亚和东欧地区，潜在战略支点城市则主要分布于东亚、东南亚、南亚和西亚地区。本节分区域分析战略支点城市排名和类别。

表 3-20　各类别样本城市的区域空间分布

单位：个

| 城市<br>类别 | 东亚 | 东南亚 | 南亚 | 中亚 | 西亚 | 东欧 | 北欧 | 西欧 | 南欧 | 北非 | 东非 | 南非 | 西非 | 南美 | 中美 | 澳新 | 合计 |
|:---:|:--:|:--:|:--:|:--:|:--:|:--:|:--:|:--:|:--:|:--:|:--:|:--:|:--:|:--:|:--:|:--:|:--:|
| 重要战略<br>支点城市 | 2 | 3 |  | 2 | 3 | 4 | 1 | 6 | 2 |  |  |  |  |  |  |  | 23 |
| 次要战略<br>支点城市 | 2 | 1 |  |  |  | 9 | 1 | 3 | 3 |  |  |  |  |  |  |  | 19 |

续表

| 城市<br>类别 | 东亚 | 东南亚 | 南亚 | 中亚 | 西亚 | 东欧 | 北欧 | 西欧 | 南欧 | 北非 | 东非 | 南非 | 西非 | 南美 | 中美 | 澳新 | 合计 |
|---|---|---|---|---|---|---|---|---|---|---|---|---|---|---|---|---|---|
| 一般战略<br>支点城市 | 1 | 5 | 2 | | 4 | 4 | 3 | 2 | 1 | | | | | | | 1 | 23 |
| 潜在战略<br>支点城市 | 14 | 14 | 12 | 4 | 12 | 7 | 9 | 8 | 9 | 2 | 3 | 2 | 1 | 1 | 1 | 1 | 100 |
| 合计 | 19 | 23 | 14 | 6 | 19 | 24 | 14 | 19 | 15 | 2 | 3 | 2 | 1 | 1 | 1 | 2 | 165 |

## 一 亚洲地区

### （一）东亚地区：设施联通性较强、伙伴关系较弱

如表 3-21 所示，东亚地区共包含 21 个样本城市，其中包含 2 个重要战略支点城市、2 个次要战略支点城市、1 个一般战略支点城市、14 个潜在战略支点城市和 2 个普通战略支点城市，指数综合得分为 45.50，高于全样本均值 6.39。与全样本城市均值相比，东亚地区设施联通指数、政策沟通指数较高，分别高于全样本均值 2.77 和 2.66。从满分达标率角度，东亚地区政策沟通满分达标率最高，为 82.09%，区域影响满分达标率最低，为 10.62%。

表 3-21 东亚地区样本城市

| 城市 | 国家 | 战略支点城<br>市指数得分 | 城市<br>类别 | 城市 | 国家 | 战略支点城<br>市指数得分 | 城市<br>类别 |
|---|---|---|---|---|---|---|---|
| 首尔 | 韩国 | 62.38 | $\alpha$ | 昌原 | 韩国 | 45.67 | $\delta++$ |
| 东京 | 日本 | 53.32 | $\alpha$ | 神户 | 日本 | 45.06 | $\delta++$ |
| 釜山 | 韩国 | 51.91 | $\beta$ | 名古屋 | 日本 | 43.98 | $\delta+$ |
| 大阪 | 日本 | 50.45 | $\beta$ | 横滨 | 日本 | 43.44 | $\delta+$ |
| 仁川 | 韩国 | 49.68 | $\gamma$ | 札幌 | 日本 | 41.15 | $\delta$ |
| 乌兰巴托 | 蒙古 | 47.18 | $\delta++$ | 北九州-福冈 | 日本 | 41.03 | $\delta$ |
| 龙仁 | 韩国 | 46.65 | $\delta++$ | 静冈-浜松 | 日本 | 40.19 | $\delta$ |
| 大田 | 韩国 | 46.64 | $\delta++$ | 广岛 | 日本 | 40.13 | $\delta$ |
| 大邱 | 韩国 | 46.32 | $\delta++$ | 仙台 | 日本 | 39.82 | $\varepsilon$ |
| 光州 | 韩国 | 46.18 | $\delta++$ | 平壤 | 朝鲜 | 28.49 | $\varepsilon$ |
| 水原 | 韩国 | 45.95 | $\delta++$ | | | | |

（二）东南亚地区：与中国伙伴关系较好，支点功能处于全样本均值水平

如表 3-22 所示，东南亚地区共包含 33 个样本城市，其中包含 3 个重要战略支点城市、1 个次要战略支点城市、5 个一般战略支点城市、14 个潜在战略支点城市和 10 个普通战略支点城市。33 个城市指数综合得分为 43.30，高于全样本均值 4.19。与全样本城市相比，除伙伴关系指数得分高于全样本均值 1.93 外，其他二级指数得分与全样本均值基本持平，资金融通指数得分略低于全样本均值。从满分达标率角度看，东南亚地区伙伴关系满分达标率最高，为 69.80%，区域影响相对较弱，满分达标率最低，为 26.95%。

表 3-22 东南亚地区样本城市

| 城市 | 国家 | 战略支点城市指数得分 | 城市类别 |
|---|---|---|---|
| 新加坡 | 新加坡 | 65.65 | α |
| 曼谷 | 泰国 | 62.39 | α |
| 吉隆坡 | 马来西亚 | 55.33 | α |
| 雅加达 | 印度尼西亚 | 50.19 | β |
| 马尼拉 | 菲律宾 | 49.92 | γ |
| 胡志明市 | 越南 | 49.64 | γ |
| 万象 | 老挝 | 49.58 | γ |
| 河内 | 越南 | 48.93 | γ |
| 金边 | 柬埔寨 | 47.79 | γ |
| 北榄府(沙没巴干府) | 泰国 | 46.92 | δ++ |
| 海防 | 越南 | 45.56 | δ++ |
| 仰光 | 缅甸 | 44.70 | δ+ |
| 曼德勒 | 缅甸 | 43.86 | δ+ |
| 清迈 | 泰国 | 43.36 | δ+ |
| 泗水 | 印度尼西亚 | 42.90 | δ+ |
| 三宝垄 | 印度尼西亚 | 42.16 | δ |
| 春武里 | 泰国 | 41.59 | δ |
| 万隆 | 印度尼西亚 | 41.21 | δ |
| 茂物 | 印度尼西亚 | 40.93 | δ |
| 巨港 | 印度尼西亚 | 40.89 | δ |
| 棉兰 | 印度尼西亚 | 40.81 | δ |

| 城市 | 国家 | 战略支点城市指数得分 | 城市类别 |
|---|---|---|---|
| 芹苴 | 越南 | 40.75 | δ |
| 斯里巴加湾市 | 文莱 | 40.01 | δ |
| 达沃市 | 菲律宾 | 39.08 | ε |
| 内比都 | 缅甸 | 38.98 | ε |
| 巴淡岛 | 印度尼西亚 | 37.43 | ε |
| 登巴萨 | 印度尼西亚 | 37.18 | ε |
| 北干巴鲁 | 印度尼西亚 | 37.07 | ε |
| 望加锡 | 印度尼西亚 | 36.90 | ε |
| 德波 | 印度尼西亚 | 35.33 | ε |
| 勿加泗 | 印度尼西亚 | 35.22 | ε |
| 丹格朗 | 印度尼西亚 | 35.04 | ε |
| 帝力 | 东帝汶 | 21.58 | ε |

（三）南亚地区：样本城市数量庞大，支点功能略低于全样本均值水平

如表 3-23 所示，南亚地区共包含 86 个样本城市，其中包含 2 个一般战略支点城市、12 个潜在战略支点城市和 72 个普通战略支点城市。86 个城市指数综合得分为 34.04，低于全样本均值 5.07。与全样本城市相比，除成长引领和贸易畅通指数得分略高外，其余二级指数得分较低。从满分达标率角度看，南亚地区政策沟通领域发展较好，满分达标率最高，为 54.46%；其次为伙伴关系指数，满分达标率为 46.80%；区域影响指数满分达标率最低，为 11.51%。

表 3-23　南亚地区样本城市

| 城市 | 国家 | 战略支点城市指数得分 | 城市类别 |
|---|---|---|---|
| 拉合尔 | 巴基斯坦 | 49.38 | γ |
| 伊斯兰堡 | 巴基斯坦 | 47.99 | γ |
| 新德里 | 印度 | 44.99 | δ+ |
| 德黑兰 | 伊朗 | 44.84 | δ+ |
| 达卡 | 孟加拉国 | 44.23 | δ+ |
| 卡拉奇 | 巴基斯坦 | 44.01 | δ+ |

续表

| 城市 | 国家 | 战略支点城市指数得分 | 城市类别 |
|---|---|---|---|
| 孟买 | 印度 | 42.95 | $\delta+$ |
| 马什哈德 | 伊朗 | 42.82 | $\delta+$ |
| 库姆 | 伊朗 | 42.76 | $\delta+$ |
| 加尔各答 | 印度 | 41.67 | $\delta$ |
| 费萨拉巴德 | 巴基斯坦 | 41.40 | $\delta$ |
| 奎达 | 巴基斯坦 | 41.00 | $\delta$ |
| 木尔坦 | 巴基斯坦 | 40.92 | $\delta$ |
| 科伦坡 | 斯里兰卡 | 40.20 | $\delta$ |
| 加德满都 | 尼泊尔 | 39.81 | $\varepsilon$ |
| 伊斯法罕 | 伊朗 | 38.84 | $\varepsilon$ |
| 西拉 | 伊朗 | 38.71 | $\varepsilon$ |
| 大不里士 | 伊朗 | 38.63 | $\varepsilon$ |
| 金奈(马德拉斯) | 印度 | 38.51 | $\varepsilon$ |
| 班加罗尔 | 印度 | 38.37 | $\varepsilon$ |
| 海得拉巴(印度) | 印度 | 37.72 | $\varepsilon$ |
| 马累 | 马尔代夫 | 37.39 | $\varepsilon$ |
| 海得拉巴(巴基斯坦) | 巴基斯坦 | 37.15 | $\varepsilon$ |
| 白沙瓦 | 巴基斯坦 | 37.11 | $\varepsilon$ |
| 古杰朗瓦拉 | 巴基斯坦 | 37.02 | $\varepsilon$ |
| 拉瓦尔品第 | 巴基斯坦 | 36.87 | $\varepsilon$ |
| 斯里贾亚瓦德纳普拉科特 | 斯里兰卡 | 36.10 | $\varepsilon$ |
| 艾哈迈达巴德 | 印度 | 36.03 | $\varepsilon$ |
| 吉大港 | 孟加拉国 | 35.76 | $\varepsilon$ |
| 阿散索尔 | 印度 | 35.35 | $\varepsilon$ |
| 卡拉季 | 伊朗 | 34.49 | $\varepsilon$ |
| 印多尔 | 印度 | 33.67 | $\varepsilon$ |
| 哥打 | 印度 | 33.66 | $\varepsilon$ |
| 纳西克 | 印度 | 33.58 | $\varepsilon$ |
| 奥兰加巴德 | 印度 | 33.56 | $\varepsilon$ |
| 勒克瑙 | 印度 | 33.51 | $\varepsilon$ |
| 阿格拉 | 印度 | 33.50 | $\varepsilon$ |
| 巴罗达 | 印度 | 33.43 | $\varepsilon$ |
| 阿姆利则 | 印度 | 33.37 | $\varepsilon$ |
| 瓦拉纳西(贝纳勒斯) | 印度 | 33.37 | $\varepsilon$ |

| 城市 | 国家 | 战略支点城市指数得分 | 城市类别 |
|---|---|---|---|
| 那格浦尔 | 印度 | 33.37 | ε |
| 卢迪亚纳 | 印度 | 33.35 | ε |
| 坎普尔 | 印度 | 33.24 | ε |
| 阿瓦士 | 伊朗 | 32.68 | ε |
| 浦那 | 印度 | 31.66 | ε |
| 维杰亚瓦达 | 印度 | 31.66 | ε |
| 莫拉达巴德 | 印度 | 31.61 | ε |
| 詹谢普尔 | 印度 | 31.41 | ε |
| 蒂鲁吉拉伯利 | 印度 | 31.34 | ε |
| 库尔纳 | 孟加拉国 | 31.18 | ε |
| 科钦 | 印度 | 30.79 | ε |
| 马拉普兰 | 印度 | 30.33 | ε |
| 科泽科德 | 印度 | 30.08 | ε |
| 科莱 | 印度 | 29.99 | ε |
| 特里苏尔 | 印度 | 29.97 | ε |
| 苏拉特 | 印度 | 29.88 | ε |
| 蒂鲁普 | 印度 | 29.86 | ε |
| 特里凡得琅 | 印度 | 29.85 | ε |
| 哥印拜陀 | 印度 | 29.78 | ε |
| 赖布尔 | 印度 | 29.75 | ε |
| 拉杰果德 | 印度 | 29.62 | ε |
| 阿利加尔 | 印度 | 29.59 | ε |
| 坎努尔 | 印度 | 29.58 | ε |
| 布巴内斯瓦尔 | 印度 | 29.57 | ε |
| 焦特布尔 | 印度 | 29.54 | ε |
| 斋浦尔 | 印度 | 29.54 | ε |
| 兰契 | 印度 | 29.52 | ε |
| 巴雷利 | 印度 | 29.52 | ε |
| 博帕尔 | 印度 | 29.51 | ε |
| 维沙卡帕特南 | 印度 | 29.50 | ε |
| 斯利那加 | 印度 | 29.49 | ε |
| 瓜廖尔 | 印度 | 29.49 | ε |
| 迈索尔 | 印度 | 29.45 | ε |
| 塞勒姆 | 印度 | 29.42 | ε |

| 城市 | 国家 | 战略支点城市指数得分 | 城市类别 |
|---|---|---|---|
| 密鲁特 | 印度 | 29.41 | $\varepsilon$ |
| 巴特那 | 印度 | 29.41 | $\varepsilon$ |
| 马杜赖 | 印度 | 29.40 | $\varepsilon$ |
| 昌迪加尔 | 印度 | 29.40 | $\varepsilon$ |
| 胡布利-达尔瓦德县 | 印度 | 29.40 | $\varepsilon$ |
| 古瓦哈提 | 印度 | 29.37 | $\varepsilon$ |
| 阿拉哈巴德 | 印度 | 29.35 | $\varepsilon$ |
| 贾巴尔普尔 | 印度 | 29.34 | $\varepsilon$ |
| 杜尔格 | 印度 | 29.33 | $\varepsilon$ |
| 丹巴德 | 印度 | 29.30 | $\varepsilon$ |
| 喀布尔 | 阿富汗 | 28.98 | $\varepsilon$ |
| 廷布 | 不丹 | 24.96 | $\varepsilon$ |

（四）中亚地区：伙伴关系领域发展较好，首都城市支点功能凸显

如表 3-24 所示，中亚地区共包含 6 个样本城市，其中包含 2 个重要战略支点城市和 4 个潜在战略支点城市。6 个城市指数综合得分为 47.70，高于全样本均值 8.59。与全样本城市相比，除成长引领和贸易畅通指数得分略低外，其余二级指数得分均略高。从满分达标率角度看，中亚地区伙伴关系指数和政策沟通指数表现较好，满分达标率分别为 78.66% 和 74.69%，贸易畅通指数满分达标率最低，为 19.57%。

表 3-24 中亚地区样本城市

| 城市 | 国家 | 战略支点城市指数得分 | 类别 |
|---|---|---|---|
| 阿拉木图 | 哈萨克斯坦 | 55.39 | $\alpha$ |
| 努尔苏丹 | 哈萨克斯坦 | 52.87 | $\alpha$ |
| 杜尚别 | 塔吉克斯坦 | 46.22 | $\delta++$ |
| 比什凯克 | 吉尔吉斯斯坦 | 45.61 | $\delta++$ |
| 塔什干 | 乌兹别克斯坦 | 45.61 | $\delta++$ |
| 阿什哈巴德 | 土库曼斯坦 | 40.51 | $\delta$ |

**（五）西亚地区：样本城市战略支点功能略低于全样本均值水平**

如表 3-25 所示，西亚地区共包含 42①个样本城市，其中包含 3 个重要战略支点城市、4 个一般战略支点城市和 12 个潜在战略支点城市。42 个城市指数综合得分为 37.29，低于全样本均值 1.83。与全样本城市相比，除区域影响和资金融通指数得分稍高外，其余二级指数得分稍低。从满分达标率角度看，西亚地区样本城市政策沟通满分达标率最高，为 59.82%；其次为资金融通指数，满分达标率为 50.97%。

表 3-25　西亚地区样本城市

| 城市 | 国家 | 战略支点城市指数得分 | 城市类别 |
|---|---|---|---|
| 伊斯坦布尔 | 土耳其 | 55.92 | α |
| 迪拜 | 阿拉伯联合酋长国 | 55.28 | α |
| 特拉维夫-雅法 | 以色列 | 52.58 | α |
| 阿布扎比 | 阿拉伯联合酋长国 | 49.80 | γ |
| 安卡拉 | 土耳其 | 49.20 | γ |
| 伊兹密尔 | 土耳其 | 48.16 | γ |
| 多哈 | 卡塔尔 | 47.57 | γ |
| 巴库 | 阿塞拜疆 | 47.16 | δ++ |
| 麦纳麦 | 巴林 | 46.65 | δ++ |
| 第比利斯 | 格鲁吉亚 | 46.46 | δ++ |
| 加济安泰普 | 土耳其 | 44.71 | δ+ |
| 科尼亚 | 土耳其 | 44.70 | δ+ |
| 科威特市 | 科威特 | 44.51 | δ+ |
| 布尔萨 | 土耳其 | 43.79 | δ+ |
| 赫法（海法） | 以色列 | 43.27 | δ+ |
| 利雅得 | 沙特阿拉伯 | 42.71 | δ+ |
| 沙迦 | 阿拉伯联合酋长国 | 42.11 | δ |
| 尼科西亚 | 塞浦路斯 | 41.90 | δ |
| 安塔利亚 | 土耳其 | 40.79 | δ |
| 耶路撒冷 | 地位未定（以色列实际管理） | 39.75 | ε |
| 马斯喀特 | 阿曼 | 39.06 | ε |
| 埃里温 | 亚美尼亚 | 38.59 | ε |

---

① 由于耶路撒冷归属国存在争议，此处按照联合国城市划分处理方案，将耶路撒冷分别按照归属国不同测算得分，名义上计算为 2 个城市。

**续表**

| 城市 | 国家 | 战略支点城市指数得分 | 城市类别 |
|---|---|---|---|
| 阿达纳 | 土耳其 | 37.81 | ε |
| 安曼 | 约旦 | 37.61 | ε |
| 吉达 | 沙特阿拉伯 | 37.34 | ε |
| 达曼 | 沙特阿拉伯 | 37.12 | ε |
| 麦加 | 沙特阿拉伯 | 35.86 | ε |
| 麦地那 | 沙特阿拉伯 | 35.65 | ε |
| 贝鲁特 | 黎巴嫩 | 33.03 | ε |
| 阿勒颇 | 叙利亚 | 28.45 | ε |
| 大马士革 | 叙利亚 | 28.22 | ε |
| 亚丁 | 也门 | 27.27 | ε |
| 巴格达 | 伊拉克 | 27.11 | ε |
| 霍姆斯 | 叙利亚 | 24.03 | ε |
| 哈马 | 叙利亚 | 23.72 | ε |
| 萨那 | 也门 | 22.96 | ε |
| 摩苏尔 | 伊拉克 | 22.08 | ε |
| 苏莱曼尼亚 | 伊拉克 | 21.85 | ε |
| 巴士拉 | 伊拉克 | 21.84 | ε |
| 埃尔比勒 | 伊拉克 | 21.68 | ε |
| 加沙 | 巴勒斯坦 | 18.93 | ε |
| 耶路撒冷 | （巴勒斯坦归属） | 18.79 | ε |

## 二　欧洲地区

### （一）东欧地区：承担丝路战略支点功能的重要区域

如表3-26所示，东欧地区共包含27个样本城市，其中包含4个重要战略支点城市、9个次要战略支点城市、4个一般战略支点城市和7个潜在战略支点城市。27个城市指数综合得分为48.34，高于全样本均值9.23。与全样本城市相比，除成长引领指数得分稍低外，其余二级指数得分较高。其中伙伴关系指数得分高于全样本均值2.75。从满分达标率的角度，东欧地区样本城市伙伴关系指数和政策沟通指数满分达标率最高，分别为78.07%和73.18%；区域影响指数满分达标率最低，为24.38%。

表 3-26 东欧地区样本城市

| 城市 | 国家 | 战略支点城市指数得分 | 城市类别 |
|---|---|---|---|
| 莫斯科 | 俄罗斯 | 60.24 | α |
| 圣彼得堡 | 俄罗斯 | 58.28 | α |
| 布达佩斯 | 匈牙利 | 57.52 | α |
| 华沙 | 波兰 | 56.91 | α |
| 新西伯利亚 | 俄罗斯 | 52.22 | β |
| 布拉格 | 捷克 | 52.21 | β |
| 乌法 | 俄罗斯 | 51.36 | β |
| 索非亚 | 保加利亚 | 51.25 | β |
| 叶卡捷琳堡 | 俄罗斯 | 51.01 | β |
| 克拉斯诺亚尔斯克 | 俄罗斯 | 50.85 | β |
| 下诺夫哥罗德 | 俄罗斯 | 50.47 | β |
| 鄂木斯克 | 俄罗斯 | 50.08 | β |
| 萨马拉 | 俄罗斯 | 50.02 | β |
| 喀山 | 俄罗斯 | 49.54 | γ |
| 彼尔姆 | 俄罗斯 | 48.34 | γ |
| 布加勒斯特 | 罗马尼亚 | 48.21 | γ |
| 车里雅宾斯克 | 俄罗斯 | 48.13 | γ |
| 格但斯克 | 波兰 | 46.29 | δ++ |
| 明斯克 | 白俄罗斯 | 45.69 | δ++ |
| 布拉迪斯拉发 | 斯洛伐克 | 45.57 | δ++ |
| 伏尔加格勒 | 俄罗斯 | 44.44 | δ+ |
| 沃罗涅日 | 俄罗斯 | 44.13 | δ+ |
| 罗斯托夫 | 俄罗斯 | 44.07 | δ+ |
| 基辅 | 乌克兰 | 42.89 | δ+ |
| 基希讷乌 | 摩尔多瓦 | 37.27 | ε |
| 敖德萨 | 乌克兰 | 34.10 | ε |
| 哈尔科夫 | 乌克兰 | 34.08 | ε |

（二）北欧地区：资金融通性较好，城市支点功能较强

如表 3-27 所示，北欧地区共包含 15 个样本城市，其中包含 1 个重要战略支点城市、1 个次要战略支点城市、3 个一般战略支点城市和 9 个潜在战略支点城市。15 个城市指数综合得分为 46.62，高于全样本均值 7.51。与全样本城市相比，伙伴关系指数和贸易畅通指数得分较低，其余二级指数得分较高。从满分

达标率的角度，北欧地区样本城市政策沟通指数满分达标率最高，为78.08%；贸易畅通指数满分达标率最低，为25.31%。

表3-27 北欧地区样本城市

| 城市 | 国家 | 战略支点城市指数得分 | 城市类别 | 城市 | 国家 | 战略支点城市指数得分 | 城市类别 |
|---|---|---|---|---|---|---|---|
| 伦敦 | 英国 | 55.58 | α | 伯明翰 | 英国 | 45.67 | δ++ |
| 赫尔辛基 | 芬兰 | 50.34 | β | 维尔纽斯 | 立陶宛 | 45.14 | δ++ |
| 格拉斯哥 | 英国 | 49.89 | γ | 奥斯陆 | 挪威 | 45.05 | δ++ |
| 哥本哈根 | 丹麦 | 49.60 | γ | 都柏林 | 爱尔兰 | 44.22 | δ+ |
| 塔林 | 爱沙尼亚 | 49.24 | γ | 西约克 | 英国 | 43.40 | δ+ |
| 里加 | 拉脱维亚 | 46.78 | δ++ | 斯德哥尔摩 | 瑞典 | 42.65 | δ+ |
| 曼彻斯特 | 英国 | 46.54 | δ++ | 雷克雅未克 | 冰岛 | 39.42 | ε |
| 南安普顿 | 英国 | 45.83 | δ++ | | | | |

（三）西欧地区：承担丝路战略支点功能的重要区域

如表3-28所示，西欧地区共包含19个样本城市，其中包含6个重要战略支点城市、3个次要战略支点城市、2个一般战略支点城市和8个潜在战略支点城市。19个城市指数综合得分为49.75，高于全样本均值10.64。与全样本城市相比，伙伴关系指数得分较低，其余二级指数得分较高。从满分达标率角度看，西欧地区样本城市政策沟通指数满分达标率最高，为78.35%；贸易畅通指数满分达标率最低，为27.40%。

表3-28 西欧地区样本城市

| 城市 | 国家 | 战略支点城市指数得分 | 城市类别 |
|---|---|---|---|
| 维也纳 | 奥地利 | 56.39 | α |
| 巴黎 | 法国 | 56.35 | α |
| 汉堡 | 德国 | 55.71 | α |
| 阿姆斯特丹 | 荷兰 | 55.06 | α |
| 卢森堡 | 卢森堡 | 54.80 | α |
| 苏黎世 | 瑞士 | 53.62 | α |
| 柏林 | 德国 | 51.89 | β |

续表

| 城市 | 国家 | 战略支点城市指数得分 | 城市类别 |
|---|---|---|---|
| 布鲁塞尔 | 比利时 | 50.88 | $\beta$ |
| 科隆 | 德国 | 50.16 | $\beta$ |
| 鹿特丹 | 荷兰 | 49.16 | $\gamma$ |
| 波尔多 | 法国 | 49.04 | $\gamma$ |
| 里尔 | 法国 | 46.91 | $\delta++$ |
| 不莱梅 | 德国 | 46.51 | $\delta++$ |
| 慕尼黑 | 德国 | 46.02 | $\delta++$ |
| 安特卫普 | 比利时 | 45.74 | $\delta++$ |
| 伯尔尼 | 瑞士 | 45.17 | $\delta++$ |
| 罗斯托克 | 德国 | 44.93 | $\delta+$ |
| 里昂 | 法国 | 43.87 | $\delta+$ |
| 马赛-普罗旺斯地区艾克斯 | 法国 | 43.02 | $\delta+$ |

（四）南欧地区：区域影响力较好，贸易畅通性相对不足

如表3-29所示，南欧地区共包含19个样本城市，其中包含2个重要战略支点城市、3个次要战略支点城市、1个一般战略支点城市和9个潜在战略支点城市。19个城市指数综合得分为43.99，高于全样本均值4.88。与全样本城市相比，成长引领和贸易畅通指数得分较低，其余二级指数得分较高。从满分达标率的角度，南欧地区样本城市政策沟通指数满分达标率最高，为71.02%；贸易畅通指数满分达标率最低，为22.18%。

表 3-29　南欧地区样本城市

| 城市 | 国家 | 战略支点城市指数得分 | 城市类别 |
|---|---|---|---|
| 里斯本 | 葡萄牙 | 54.86 | $\alpha$ |
| 马德里 | 西班牙 | 52.64 | $\alpha$ |
| 米兰 | 意大利 | 51.51 | $\beta$ |
| 罗马 | 意大利 | 51.44 | $\beta$ |
| 雅典 | 希腊 | 50.30 | $\beta$ |
| 波尔图 | 葡萄牙 | 49.14 | $\gamma$ |
| 都灵 | 意大利 | 45.62 | $\delta++$ |

| 城市 | 国家 | 战略支点城市指数得分 | 城市类别 |
|---|---|---|---|
| 贝尔格莱德 | 塞尔维亚 | 44.82 | δ+ |
| 那不勒斯 | 意大利 | 44.81 | δ+ |
| 热那亚 | 意大利 | 44.49 | δ+ |
| 威尼斯 | 意大利 | 43.59 | δ+ |
| 巴塞罗那 | 西班牙 | 43.59 | δ+ |
| 萨格勒布 | 克罗地亚 | 43.12 | δ+ |
| 瓦莱塔 | 马耳他 | 40.55 | δ |
| 卢布尔雅那 | 斯洛文尼亚 | 40.37 | δ |
| 斯科普里 | 北马其顿共和国 | 39.77 | ε |
| 地拉那 | 阿尔巴尼亚 | 38.26 | ε |
| 波德戈里察 | 黑山 | 29.27 | ε |
| 萨拉热窝 | 波斯尼亚和黑塞哥维那 | 27.74 | ε |

## 三 非洲地区

### (一)北非地区:以增强设施联通性为抓手提升城市支点功能

如表3-30所示,北非地区共包含10个样本城市,其中包含2个潜在战略支点城市。10个城市指数综合得分为36.65,低于全样本均值2.46。与全样本城市相比,政策沟通、资金融通和民心相通指数得分稍高,其余二级指数得分较低。从满分达标率角度看,政策沟通指数满分达标率最高,为65.47%;区域影响指数满分达标率最低,为14.77%。

表3-30 北非地区样本城市

| 城市 | 国家 | 战略支点城市指数得分 | 城市类别 | 城市 | 国家 | 战略支点城市指数得分 | 城市类别 |
|---|---|---|---|---|---|---|---|
| 开罗 | 埃及 | 45.89 | δ++ | 非斯 | 摩洛哥 | 37.31 | ε |
| 卡萨布兰卡 | 摩洛哥 | 44.99 | δ+ | 马拉喀什 | 摩洛哥 | 37.25 | ε |
| 突尼斯 | 突尼斯 | 38.40 | ε | 亚历山大港 | 埃及 | 36.69 | ε |
| 阿尔及尔 | 阿尔及利亚 | 37.86 | ε | 喀土穆 | 苏丹 | 31.29 | ε |
| 拉巴特 | 摩洛哥 | 37.71 | ε | 的黎波里 | 利比亚 | 19.11 | ε |

（二）东非地区：以增强设施联通性为抓手提升城市支点功能

如表 3-31 所示，东非地区共包含 17 个样本城市，其中包含 3 个潜在战略支点城市。17 个城市指数综合得分为 32.87，低于全样本均值 6.24。与全样本城市相比，成长引领和民心相通指数得分略高，其余二级指数得分较低。从满分达标率的角度，政策沟通指数满分达标率最高，为 57.91%；设施联通指数满分达标率最低，为 9.93%。

表 3-31　东非地区样本城市

| 城市 | 国家 | 战略支点城市指数得分 | 城市类别 |
| --- | --- | --- | --- |
| 内罗毕 | 肯尼亚 | 42.58 | δ+ |
| 哈拉雷 | 津巴布韦 | 40.49 | δ |
| 达累斯萨拉姆 | 坦桑尼亚 | 40.04 | δ |
| 亚的斯亚贝巴(埃塞俄比亚首都) | 埃塞俄比亚 | 39.59 | ε |
| 蒙巴萨 | 肯尼亚 | 37.45 | ε |
| 马普托 | 莫桑比克 | 35.08 | ε |
| 维多利亚 | 塞舌尔 | 33.04 | ε |
| 卢萨卡 | 赞比亚 | 32.98 | ε |
| 塔那那利佛 | 马达加斯加 | 32.53 | ε |
| 坎帕拉 | 乌干达 | 32.27 | ε |
| 基加利 | 卢旺达 | 31.36 | ε |
| 多多马 | 坦桑尼亚 | 31.17 | ε |
| 布琼布拉 | 布隆迪 | 29.25 | ε |
| 马托拉 | 莫桑比克 | 29.14 | ε |
| 吉布提市 | 吉布提 | 27.39 | ε |
| 朱巴 | 南苏丹 | 23.61 | ε |
| 摩加迪沙 | 索马里 | 20.90 | ε |

（三）中非地区：以增强设施联通性为突破口提升城市支点功能

如表 3-32 所示，中非地区共包含 7 个样本城市，7 个城市指数综合得分为 31.27，低于全样本均值 7.84。与全样本城市相比，政策沟通指数得分略高，其余二级指数得分较低，其中设施联通指数最低，低于全样本均值 3.38。从满分达标率的角度，政策沟通指数满分达标率最高，为 64.37%。

表 3-32 中非地区样本城市

| 城市 | 国家 | 战略支点城市指数得分 | 城市类别 | 城市 | 国家 | 战略支点城市指数得分 | 城市类别 |
|------|------|------|------|------|------|------|------|
| 利伯维尔 | 加蓬 | 36.76 | $\varepsilon$ | 雅温得 | 喀麦隆 | 28.84 | $\varepsilon$ |
| 布拉柴维尔 | 刚果(布) | 35.39 | $\varepsilon$ | 杜阿拉 | 喀麦隆 | 28.21 | $\varepsilon$ |
| 黑角 | 刚果(布) | 34.07 | $\varepsilon$ | 恩贾梅纳 | 乍得 | 24.08 | $\varepsilon$ |
| 罗安达 | 安哥拉 | 31.56 | $\varepsilon$ | | | | |

（四）南非地区：以增强政策沟通和设施联通性为抓手提升城市支点功能

如表 3-33 所示，南非地区共包含 7 个样本城市，其中包含 2 个潜在战略支点城市。7 个城市指数综合得分为 38.94，低于全样本均值 0.18。与全样本城市相比，伙伴关系、资金融通和民心相通指数得分略高，其余二级指数得分较低。从满分达标率角度看，伙伴关系指数满分达标率最高，为 68.49%；区域影响指数满分达标率最低，为 15.17%。

表 3-33 南非地区样本城市

| 城市 | 国家 | 战略支点城市指数得分 | 城市类别 |
|------|------|------|------|
| 开普敦 | 南非 | 47.09 | $\delta++$ |
| 约翰内斯堡 | 南非 | 41.28 | $\delta$ |
| 德班 | 南非 | 39.98 | $\varepsilon$ |
| 艾库鲁勒尼 | 南非 | 38.00 | $\varepsilon$ |
| 温得和克 | 纳米比亚 | 36.27 | $\varepsilon$ |
| 伊丽莎白港(纳尔逊曼德拉湾) | 南非 | 35.94 | $\varepsilon$ |
| 茨瓦内 | 南非 | 34.00 | $\varepsilon$ |

（五）西非地区：以增强设施联通性为突破口提升城市支点功能

如表 3-34 所示，西非地区共包含 19 个样本城市，其中包含 1 个潜在战略支点城市。19 个城市指数综合得分为 32.28，低于全样本均值 6.83。与全样本城市相比，民心相通指数得分较高，成长引领和贸易畅通指数得分与全样本均值基本持平，其余二级指数得分较低，其中设施联通指数最低，低于全样本均值 3.11。从满分达标率的角度，政策沟通指数满分达标率最高，为 51.21%。

表 3-34　西非地区样本城市

| 城市 | 国家 | 战略支点城市指数得分 | 城市类别 | 城市 | 国家 | 战略支点城市指数得分 | 城市类别 |
|---|---|---|---|---|---|---|---|
| 拉各斯 | 尼日利亚 | 40.10 | δ | 哈科特港 | 尼日利亚 | 31.68 | ε |
| 阿克拉 | 加纳 | 36.88 | ε | 奥尼查 | 尼日利亚 | 30.76 | ε |
| 弗里敦 | 塞拉利昂 | 35.47 | ε | 贝宁市 | 尼日利亚 | 30.41 | ε |
| 库马西 | 加纳 | 34.86 | ε | 伊巴丹 | 尼日利亚 | 30.34 | ε |
| 普拉亚 | 佛得角 | 33.62 | ε | 卡诺 | 尼日利亚 | 30.32 | ε |
| 科纳克里 | 几内亚 | 33.12 | ε | 卡杜纳 | 尼日利亚 | 30.12 | ε |
| 阿比让 | 科特迪瓦 | 33.00 | ε | 努瓦克肖特 | 毛里塔尼亚 | 30.04 | ε |
| 阿布贾 | 尼日利亚 | 32.60 | ε | 洛美 | 多哥 | 29.21 | ε |
| 班珠尔 | 冈比亚 | 31.83 | ε | 亚穆苏克罗 | 科特迪瓦 | 27.23 | ε |
| 达喀尔 | 塞内加尔 | 31.71 | ε | | | | |

## 四　中南美洲和大洋洲地区

中南美洲和大洋洲地区共包含 22 个样本城市,其中包含 1 个一般战略支点城市、3 个潜在战略支点城市。22 个城市指数综合得分为 32.25,低于全样本均值 6.86。与全样本城市相比,除民心相通指数得分略高外,中南美洲和大洋洲地区城市其他二级指数得分较低,其中设施联通指数得分最低,低于全样本均值 1.57。从满分达标率的角度,政策沟通指数满分达标率最高,为 54.82%。

表 3-35　中南美洲和大洋洲地区样本城市

| 城市 | 国家 | 战略支点城市指数得分 | 城市类别 |
|---|---|---|---|
| 惠灵顿 | 新西兰 | 47.95 | γ |
| 奥克兰 | 新西兰 | 46.78 | δ++ |
| 蒙得维的亚 | 乌拉圭 | 40.74 | δ |
| 巴拿马城 | 巴拿马 | 40.02 | δ |
| 莫尔兹比港 | 巴布亚新几内亚 | 36.44 | ε |
| 圣荷西 | 哥斯达黎加 | 36.29 | ε |
| 拉巴斯 | 玻利维亚 | 34.81 | ε |

| 城市 | 国家 | 战略支点城市指数得分 | 城市类别 |
|---|---|---|---|
| 圣克鲁斯 | 玻利维亚 | 34.40 | $\varepsilon$ |
| 西班牙港 | 特立尼达和多巴哥 | 33.74 | $\varepsilon$ |
| 科恰班巴 | 玻利维亚 | 33.41 | $\varepsilon$ |
| 阿皮亚 | 萨摩亚 | 32.58 | $\varepsilon$ |
| 罗索 | 多米尼克 | 32.45 | $\varepsilon$ |
| 乔治敦 | 圭亚那 | 31.48 | $\varepsilon$ |
| 圣乔治 | 格林纳达 | 31.06 | $\varepsilon$ |
| 帕拉马里博 | 苏里南 | 28.21 | $\varepsilon$ |
| 加拉加斯 | 委内瑞拉 | 26.93 | $\varepsilon$ |
| 圣约翰（纽芬兰） | 安提瓜和巴布达 | 25.60 | $\varepsilon$ |
| 瓦伦西亚 | 委内瑞拉 | 24.57 | $\varepsilon$ |
| 马拉开波 | 委内瑞拉 | 24.19 | $\varepsilon$ |
| 马拉凯 | 委内瑞拉 | 23.97 | $\varepsilon$ |
| 巴基西梅托 | 委内瑞拉 | 23.97 | $\varepsilon$ |
| 阿洛菲 | 纽埃 | 19.97 | $\varepsilon$ |

## 第六节　本章小结

2019 年，"一带一路"倡议的实施进入第二个五年，从"大写意"阶段步入"工笔画"阶段需要精确到城市尺度的"探照灯"。战略支点城市是"一带一路"倡议成功实施的重要抓手和重点对接对象，本章为甄选战略支点城市提供了重要参考。一方面，中国在"一带一路"合作框架下应将"战略支点城市"作为投资先导区，同时应注意有针对性地防范风险。另一方面，中国布局"战略支点城市"应在区域空间策略上有所侧重，满足企业发展需求。

基于 Manuel Castells 提出的网络社会分析工具，本章建立"一带一路"沿线战略支点城市评价模型，对沿线 350 个城市网络化发展潜力和网络化发展水准进行综合分析，筛选出"一带一路"沿线战略支点城市。以城市为空间尺度的支点功能研究，提供了推进"一带一路"高质量发展的网络化视角，弥补了目前文献以国内城市为主要研究对象或空间尺度过大的不足，针对性和指向性较强。研究发现如下。

第一，"一带一路"沿线城市战略支点功能普遍偏弱。以城市战略支点功能满分为 100 分计，2019 年 350 个样本城市战略支点指数综合得分均值为 39.11，总体仍处于相对较低的水平。样本城市战略支点城市指数得分的最大值 65.65，最小值为 18.79。在伙伴关系、区域影响和成长引领 3 项二级指数中，伙伴关系指数表现较好，均值为 5.05，满分达标率为 50.53%；区域影响指数表现欠佳，满分达标率为 19.03%。在政策沟通、设施联通、贸易畅通、资金融通和民心相通 5 项"五通"二级指数中，政策沟通指数和资金融通指数表现较好，满分达标率分别为 58.93% 和 45.73%，说明沿线城市要素集聚、辐射能力及其与中国之间的要素流通性整体不足。特别是"一带一路"沿线城市在区域影响、设施联通和贸易畅通三个方面的不足制约了其高水平支点功能作用的发挥。

第二，"一带一路"沿线战略支点城市功能呈现明显的层次性。"一带一路"建设需根据支点城市的层次性确定推进时序。23 个重要战略支点城市、19 个次要战略支点城市和 23 个一般战略支点城市应作为推进"一带一路"建设的重要支点，进而撬动全局发展。

同时必须认识到，本章识别的战略支点城市并不是"全能"的。重要战略支点城市、次要战略支点城市和一般战略支点城市共计 65 个，其中有 36 个城市在不同领域存在发展不均衡现象。在伙伴关系和资金融通两个领域同时存在短板的重要战略支点城市包括柏林、科隆、巴黎、伯明翰、东京、马德里、波尔多和苏黎世等。因此，尽管 65 个战略支点城市是推进"一带一路"建设的首选区域，但仍需采取错位、互补、针对性强的发展战略，规避可能存在的风险。

第三，空间统计分析表明，"一带一路"沿线战略支点城市的区域分化特征明显。在纳入考量范围的五大洲中，前 100 位支点城市几乎全部位于欧亚板块，其中东欧、西欧、东南亚是"一带一路"重要战略支点城市的主要集聚区。另外,"一带一路"沿线战略支点城市呈现明显的空间自相关特性,在欧洲、日韩和东南亚等地深入推进"一带一路"建设预计可达到事半功倍的效果。

基于研究结果,我们建议如下。第一,扬长补短,针对沿线城市的资源禀赋特征,寻求不同层级和类别的合作机会。对自然资源较丰富的国家,建议签署以高效开发和利用能源为内容的合作框架;对技术先进和制度自由度较高的国家,建议签署以寻求市场和战略资源为内容的合作框架。第二,可优先布局重要战略支点城市和次要战略支点城市分布相对集中的东南亚、东欧和西欧地区。建议考虑以合作共建园区的方式开展合作。同时需要国内特别是成熟型城市群的产业支撑,将对外投资、经贸联系与国内产业发展有效结合,逐渐形成新型国际关系。第三,注重形成以 65 个战略支点城市为骨干的国际经贸合作走廊,联合各支点城市腹地内经济实力较为雄厚的城镇或地区,构建城市合作网络,形成新的城镇体系。第四,结合国内城市特点推动地方层次和行业层次的互动交流,在"次节点层"丰富城市网络关系,同时加强文化交流、夯实民意基础,为共建"一带一路"构筑良好的营商环境。

# 第四章　"一带一路"沿线战略
# 支点城市发展变化

本章基于 2020~2022 年数据，对"一带一路"沿线战略支点城市进行跟踪评估，分析其发展变化。总体来看，"一带一路"沿线战略支点城市受到疫情影响，指数得分有所波动，重要战略支点城市向欧洲地区集中，但指数得分的极化现象有所缓解。在近三年评估中，澳新城市首次入围次要战略支点城市，且发展潜力十足。最新数据表明，西欧城市的战略支点作用持续领先，南非重点城市迅速发展，百强城市在欧亚地区的分布趋于平衡。

## 第一节　2020年"一带一路"沿线战略
## 支点城市及变化①

### 一　总体分析

2020 年度"一带一路"沿线战略支点城市研究纳入 138 个样本国家的 350 个样本城市，本节就样本城市整体得分情况及其较上年得分变化做具体分析。

---

① 为纳入疫情对"一带一路"沿线战略支点城市识别的影响，相较于 2019 年，2020~2022 年评价指标体系在"政策沟通"领域增加"公共卫生能力"评估指标，具体用"一带一路"沿线国家新冠确诊人数及死亡人数、接种疫苗人数衡量，权重设置为 2%，并将"政策稳定性"指标权重调整为 2%，其余指标及权重设置与 2019 年保持一致。

（一）整体表现：受疫情冲击，指数得分均值较上年略有下降，首末位城市综合实力差距拉大

表4-1为2020年"一带一路"沿线战略支点城市指数得分统计信息。本年度"一带一路"沿线战略支点城市指数综合得分均值为38.93，较上年39.11的均值水平降低了0.18。综合指数得分最大值为71.84，较上年最大值65.65提升了6.19；最小值为15.67，较上年最小值18.79下降了3.12；中位数38.29，与上年基本持平；极差为56.17，较上年有所增加。以上数据表明，虽受新冠疫情影响，"一带一路"沿线战略支点城市的整体支点功能基本保持稳定，但首末位城市间综合实力差距拉大。在二级指数中，"一带一路"沿线战略支点城市依旧在伙伴关系上满分达标率表现突出，为57.36%。区域影响指数满分达标率有待提高，仅为13.20%。在"五通"（即政策沟通、设施联通、贸易畅通、资金融通、民心相通）二级指数方面，政策沟通指数满分达标率表现优异，为62.35%，较上年提升明显。

表4-1 2020年"一带一路"沿线战略支点城市指数得分统计信息

| 指数 | | 均值 | 最大值 | 最小值 | 标准差 | 中位数 |
|---|---|---|---|---|---|---|
| 战略支点城市指数 | | 38.93 | 71.84 | 15.67 | 8.07 | 38.29 |
| 二级指数 | 伙伴关系 | 5.74 | 9.85 | 0.62 | 1.90 | 6.23 |
| | 区域影响 | 1.32 | 8.38 | 0.00 | 1.43 | 0.71 |
| | 成长引领 | 4.06 | 6.28 | 0.41 | 1.04 | 4.18 |
| | 政策沟通 | 8.73 | 13.42 | 0.00 | 2.73 | 9.37 |
| | 设施联通 | 4.91 | 12.52 | 0.30 | 2.45 | 4.15 |
| | 贸易畅通 | 3.42 | 11.90 | 0.00 | 2.17 | 3.37 |
| | 资金融通 | 6.24 | 13.87 | 2.99 | 1.81 | 6.40 |
| | 民心相通 | 4.52 | 12.93 | 0.00 | 1.54 | 4.84 |

（二）频次分布：战略支点城市指数得分极化现象加剧，中上水平城市总数明显增加

以数值6为组距对2019年和2020年的350个样本城市战略支点城市综合指数得分进行分组，所得频次分布如图4-1所示。2020年全样本城市指

数得分与 2019 年相比虽然分布更为集中，但极大值分布更离散，说明受疫情影响指数得分极化现象加剧。2020 年全样本城市中，130 个城市得分分布于［33，39），84 个城市得分分布于［39，45），56 个城市得分分布于［45，51）。总体来说，87.43% 的样本城市指数得分位于［27，51）的中上水平，较上年提升 2.9 个百分点。

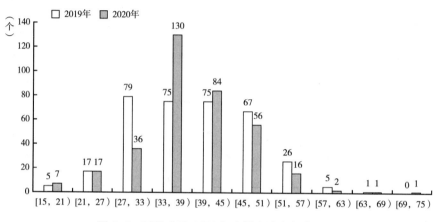

**图 4-1　2019 年和 2020 年全样本城市频次分布**

（三）满分达标率：样本城市政策沟通表现突出，区域影响力短板问题凸显

2020 年全样本城市的满分达标率情况与 2019 年基本一致。样本城市在伙伴关系与政策沟通方面表现较好，其中伙伴关系均值满分达标率为 57.36%，较上年提升了 6.83 个百分点，说明虽受疫情影响，"一带一路"建设仍在积极推进中。区域影响指数均值满分达标率最低，为 13.23%，且较上年下降了 5.8 个百分点，区域影响的短板问题持续凸显。在"五通"指数方面，设施联通和贸易畅通指数均值满分达标率相对不高。贸易畅通和资金融通指数受疫情冲击较大，满分达标率与上年相比均有不同程度的下降。

（四）2020 年战略支点城市 20 强：西欧战略支点城市优势明显，东南亚海上丝绸之路初绽光芒

本年度指数得分前三名战略支点城市均位于亚洲，新加坡战略支点城市

指数得分为 71.84，稳居首位；首尔（韩国）得分为 63.79，上升至第二名；曼谷（泰国）得分为 62.83，居第三名。从图 4-2 的地理分布上看，前 20 强战略支点城市中，13 个来自欧洲，7 个来自亚洲，说明欧亚大陆作为"一带一路"建设的重要板块，其战略支点城市的发展势头强劲。本年度 20 强新晋城市共 6 个，3 个来自西欧地区，2 个来自东南亚地区，1 个来自南欧地区，分别为胡志明市（越南）、不莱梅（德国）、万象（老挝）、柏林（德国）、马德里（西班牙）及科隆（德国）。中德关于"一带一路"建设的合作起步早、项目实，德国是亚投行的创始成员国和最大的域外出资国。德国总理默克尔在 2019 年访问汉堡港时表示，中国对推动汉堡港的发展起到了显著作用。中德合作在推动欧洲战略支点城市加入"一带一路"建设中起到了关键作用，因此德国战略支点城市的影响力不断提升。在新冠疫情期间，亚洲国家公共卫生应急能力优势明显，亚洲战略支点城市排名上升显著，东京由上年的第 20 名上升至第 8 名。此外，随着 21 世纪海上丝绸之路建设的不断推进，胡志明市和万象 2020 年挺进 20 强，分别居第 10 名和第 16 名。

**表 4-2　2020 年战略支点城市指数得分前 20 强**

| 排名 | 国家 | 城市 | 区域 | 总分 | 伙伴关系 | 区域影响 | 成长引领 | 政策沟通 | 设施联通 | 贸易畅通 | 资金融通 | 民心相通 |
|---|---|---|---|---|---|---|---|---|---|---|---|---|
| 1 | 新加坡 | 新加坡 | 东南亚 | 71.84 | 5.75 | 8.38 | 5.00 | 13.42 | 11.27 | 5.57 | 13.87 | 8.57 |
| 2 | 韩国 | 首尔 | 东亚 | 63.79 | 6.98 | 4.34 | 4.93 | 12.00 | 12.52 | 2.71 | 9.77 | 10.55 |
| 3 | 泰国 | 曼谷 | 东南亚 | 62.83 | 7.13 | 3.49 | 4.28 | 10.34 | 11.59 | 3.76 | 9.31 | 12.93 |
| 4 | 英国 | 伦敦 | 北欧 | 59.69 | 7.29 | 4.12 | 5.35 | 12.13 | 8.07 | 4.25 | 11.93 | 6.56 |
| 5 | 俄罗斯 | 莫斯科 | 东欧 | 56.65 | 9.85 | 3.26 | 3.64 | 9.84 | 8.43 | 7.05 | 8.52 | 6.06 |
| 6 | 德国 | 汉堡 | 西欧 | 56.21 | 3.83 | 2.68 | 5.32 | 12.47 | 9.11 | 6.90 | 10.73 | 5.17 |
| 7 | 卢森堡 | 卢森堡 | 西欧 | 55.82 | 4.21 | 5.29 | 5.20 | 12.96 | 9.43 | 3.02 | 10.82 | 4.89 |
| 8 | 日本 | 东京 | 东亚 | 55.69 | 0.77 | 4.41 | 6.22 | 12.46 | 9.79 | 6.00 | 11.39 | 4.65 |
| 9 | 匈牙利 | 布达佩斯 | 东欧 | 55.30 | 6.67 | 3.42 | 3.50 | 10.84 | 8.99 | 9.81 | 7.60 | 4.47 |
| 10 | 越南 | 胡志明市 | 东南亚 | 55.20 | 7.13 | 2.85 | 4.68 | 10.05 | 8.85 | 9.87 | 5.72 | 6.04 |
| 11 | 德国 | 不莱梅 | 西欧 | 54.96 | 3.83 | 0.35 | 5.36 | 4.47 | 9.11 | 11.90 | 7.13 | 4.81 |
| 12 | 马来西亚 | 吉隆坡 | 东南亚 | 53.86 | 6.67 | 1.17 | 5.13 | 7.19 | 12.09 | 4.18 | 9.82 | 7.59 |
| 13 | 俄罗斯 | 圣彼得堡 | 东欧 | 53.60 | 9.85 | 2.20 | 3.69 | 9.84 | 8.43 | 7.05 | 7.52 | 5.03 |
| 14 | 奥地利 | 维也纳 | 西欧 | 52.85 | 6.52 | 4.01 | 4.42 | 12.64 | 8.17 | 3.10 | 9.57 | 4.43 |

续表

| 排名 | 国家 | 城市 | 区域 | 总分 | 伙伴关系 | 区域影响 | 成长引领 | 政策沟通 | 设施联通 | 贸易畅通 | 资金融通 | 民心相通 |
|---|---|---|---|---|---|---|---|---|---|---|---|---|
| 15 | 瑞士 | 苏黎世 | 西欧 | 52.80 | 3.37 | 5.56 | 5.29 | 13.09 | 6.70 | 3.30 | 10.95 | 4.55 |
| 16 | 老挝 | 万象 | 东南亚 | 52.50 | 7.13 | 1.09 | 3.82 | 10.50 | 8.60 | 8.04 | 6.72 | 6.60 |
| 17 | 德国 | 柏林 | 西欧 | 52.40 | 3.83 | 2.77 | 5.35 | 12.47 | 9.11 | 6.90 | 7.13 | 4.83 |
| 18 | 西班牙 | 马德里 | 南欧 | 52.14 | 3.67 | 3.53 | 4.49 | 11.54 | 9.44 | 5.05 | 9.54 | 4.89 |
| 19 | 法国 | 巴黎 | 西欧 | 51.82 | 3.67 | 4.18 | 5.59 | 11.47 | 10.01 | 0.67 | 10.74 | 5.50 |
| 20 | 德国 | 科隆 | 西欧 | 51.22 | 3.83 | 1.84 | 5.50 | 12.47 | 9.11 | 6.90 | 7.13 | 4.44 |

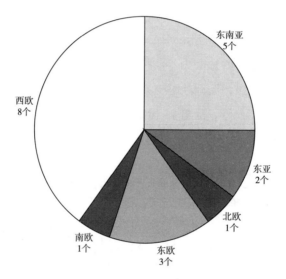

**图 4-2　2020 年战略支点城市 20 强分布**

（五）2020年战略支点城市100强：欧洲城市实力强劲，南美城市首次挺进百强

如表 4-3 所示，本年度前 100 强战略支点城市综合指数得分均值为 48.55，较上年下降 1.52。受疫情影响，全球经济逆增长，前 100 强战略支点城市的区域影响和资金融通两个二级指数得分下滑造成综合得分下降。综合得分最大值为 71.84，较上年提升 6.19，最小值为 43.31，较上年下降 1.68，在新增公共卫生能力指数后，前 100 强战略支点城市的综合实力差距

拉大。从二级指数满分达标率来看，前100强战略支点城市政策沟通领域表现较好，满分达标率为78.22%，较上年提升1.97个百分点，说明在疫情冲击下表现出了较强的政治稳定性和公共卫生能力。

表4-3 2020年前100强战略支点城市得分统计信息

| 指数 | | 均值 | 最大值 | 最小值 | 标准差 | 中位数 | 均值满分达标率（%） |
|---|---|---|---|---|---|---|---|
| 战略支点城市指数 | | 48.55 | 71.84 | 43.31 | 4.84 | 47.42 | 48.55 |
| 二级指数 | 伙伴关系 | 6.41 | 9.85 | 0.77 | 2.18 | 6.67 | 64.11 |
| | 区域影响 | 2.27 | 8.38 | 0.01 | 1.67 | 2.58 | 22.69 |
| | 成长引领 | 4.36 | 6.22 | 2.72 | 0.75 | 4.29 | 43.58 |
| | 政策沟通 | 10.95 | 13.42 | 7.19 | 1.39 | 10.74 | 78.22 |
| | 设施联通 | 7.32 | 12.52 | 2.06 | 2.20 | 8.11 | 52.28 |
| | 贸易畅通 | 4.32 | 11.90 | 0.01 | 2.56 | 4.22 | 30.85 |
| | 资金融通 | 7.82 | 13.87 | 3.66 | 1.77 | 7.10 | 55.85 |
| | 民心相通 | 5.11 | 12.93 | 1.27 | 1.45 | 4.89 | 36.48 |

图4-3对比了2019年与2020年前百强战略支点城市的二级指数均值。本年度前百强战略支点城市二级指数均值整体表现稳定，可以认为虽遭受疫情冲击，但城市韧性较强。本年度前百强战略支点城市在伙伴关系、政策沟通指数上进步较大；在成长引领和贸易畅通方面，表现与上年基本持平；区

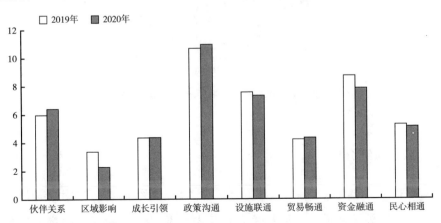

图4-3 2019年和2020年前百强战略支点城市二级指数均值

域影响和资金融通指数则受疫情冲击较大，较上年略有下滑。

从分布情况看（见图4-4），前百强战略支点城市主要分布于欧亚大陆（共计93个），且欧洲战略支点城市综合实力强劲（共计54个），主要分布于东欧（21个）与西欧（14个）；亚洲前百强战略支点城市共计39个，与上年相比减少2个，主要分布于东南亚（11个）与东亚（11个）。南非地区新增1个前百强战略支点城市，为德班（南非），居第97名。南美地区城市蒙得维的亚（乌拉圭）首次挺进前百强，列第78名，说明在非洲与美洲"一带一路"建设正在积极推进中。

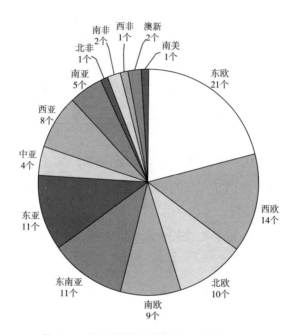

**图4-4　2020年前百强战略支点城市分布**

## 二　等级分析

根据战略支点城市综合指数得分，以2.5分为组距，对样本城市得分进行分组，如表4-4所示。重要战略支点城市30个，与上年相比增加7个；次要战略支点城市18个，较上年减少1个；一般战略支点城市28个，较上年增加 5 个。此三类战略支点城市共计 76 个，较上年增加 11 个，说明"一带一路"高质量发展引领战略支点城市数量快速增加。

表 4-4 2020 年样本城市分类方法及数量

| 序号 | 城市组别 | | 分值区间 | 数量（个） | 指数得分均值 | 城市类别符号 |
|---|---|---|---|---|---|---|
| 1 | 重要战略支点城市 | | ≥50.0 | 30 | 54.16 | α |
| 2 | 次要战略支点城市 | | [47.5,50.0) | 18 | 48.75 | β |
| 3 | 一般战略支点城市 | | [45.0,47.5) | 28 | 46.35 | γ |
| 4 | 潜在战略支点城市 | I 类潜在战略支点城市 | [42.5,45.0) | 31 | 43.70 | δ++ |
| | | II 类潜在战略支点城市 | [40.0,42.5) | 41 | 41.15 | δ+ |
| | | III 类潜在战略支点城市 * | [38.5,40.0) | 19 | 39.18 | δ |
| 5 | 普通战略支点城市 * | | <38.5 | 183 | 33.00 | ε |

注："*"考虑到城市数量的均衡变化，该处将组距微调为 1.5。

（一）重要战略支点城市（α 城市）：贸易畅通领域进步明显，东西欧、东南亚潜力十足

重要战略支点城市综合指数得分 ≥50，共计 30 个，较上年增加 7 个，是"一带一路"建设中最具影响力的城市。如表 4-5 所示，重要战略支点城市综合指数得分均值 54.16，较上年下降 2.32，高于全样本城市 15.23。政策沟通指数满分达标率 80.36%，表现稳定且优异。伙伴关系指数满分达标率 64.73%，较上年增长 6.14 个百分点。但本年度受疫情影响，重要战略支点城市在区域影响和资金融通指数方面表现欠佳，满分达标率较上年分别下降 19.49 个百分点和 17.04 个百分点。

表 4-5 2020 年重要战略支点城市指数得分

| 总分排名 | 国家 | 城市 | 区域 | 总分 | 伙伴关系 | 区域影响 | 成长引领 | 政策沟通 | 设施联通 | 贸易畅通 | 资金融通 | 民心相通 |
|---|---|---|---|---|---|---|---|---|---|---|---|---|
| 1 | 新加坡 | 新加坡 | 东南亚 | 71.84 | 5.75 | 8.38 | 5.00 | 13.42 | 11.27 | 5.57 | 13.87 | 8.57 |
| 2 | 韩国 | 首尔 | 东亚 | 63.79 | 6.98 | 4.34 | 4.93 | 12.00 | 12.52 | 2.71 | 9.77 | 10.55 |
| 3 | 泰国 | 曼谷 | 东南亚 | 62.83 | 7.13 | 3.49 | 4.28 | 10.34 | 11.59 | 3.76 | 9.31 | 12.93 |

续表

| 总分排名 | 国家 | 城市 | 区域 | 总分 | 伙伴关系 | 区域影响 | 成长引领 | 政策沟通 | 设施联通 | 贸易畅通 | 资金融通 | 民心相通 |
|---|---|---|---|---|---|---|---|---|---|---|---|---|
| 4 | 英国 | 伦敦 | 北欧 | 59.69 | 7.29 | 4.12 | 5.35 | 12.13 | 8.07 | 4.25 | 11.93 | 6.56 |
| 5 | 俄罗斯 | 莫斯科 | 东欧 | 56.65 | 9.85 | 3.26 | 3.64 | 9.84 | 8.43 | 7.05 | 8.52 | 6.06 |
| 6 | 德国 | 汉堡 | 西欧 | 56.21 | 3.83 | 2.68 | 5.32 | 12.47 | 9.11 | 6.90 | 10.73 | 5.17 |
| 7 | 卢森堡 | 卢森堡 | 西欧 | 55.82 | 4.21 | 5.29 | 5.20 | 12.96 | 9.43 | 3.02 | 10.82 | 4.89 |
| 8 | 日本 | 东京 | 东亚 | 55.69 | 0.77 | 4.41 | 6.22 | 12.46 | 9.79 | 6.00 | 11.39 | 4.65 |
| 9 | 匈牙利 | 布达佩斯 | 东欧 | 55.30 | 6.67 | 3.42 | 3.50 | 10.84 | 8.99 | 9.81 | 7.60 | 4.47 |
| 10 | 越南 | 胡志明市 | 东南亚 | 55.20 | 7.13 | 2.85 | 4.68 | 10.05 | 8.85 | 9.87 | 5.72 | 6.04 |
| 11 | 德国 | 不莱梅 | 西欧 | 54.96 | 3.83 | 0.35 | 5.36 | 12.47 | 9.11 | 11.90 | 7.13 | 4.81 |
| 12 | 马来西亚 | 吉隆坡 | 东南亚 | 53.86 | 6.67 | 1.17 | 5.13 | 7.19 | 12.09 | 4.18 | 9.82 | 7.59 |
| 13 | 俄罗斯 | 圣彼得堡 | 东欧 | 53.60 | 9.85 | 2.20 | 3.69 | 9.84 | 8.43 | 7.05 | 7.52 | 5.03 |
| 14 | 奥地利 | 维也纳 | 西欧 | 52.85 | 6.52 | 4.01 | 4.42 | 12.64 | 8.17 | 3.10 | 9.57 | 4.43 |
| 15 | 瑞士 | 苏黎世 | 西欧 | 52.80 | 3.37 | 5.56 | 5.29 | 13.09 | 6.70 | 3.30 | 10.95 | 4.55 |
| 16 | 老挝 | 万象 | 东南亚 | 52.50 | 7.13 | 1.09 | 3.82 | 10.50 | 8.60 | 8.04 | 6.72 | 6.60 |
| 17 | 德国 | 柏林 | 西欧 | 52.40 | 3.83 | 2.77 | 5.35 | 12.47 | 9.11 | 6.90 | 7.13 | 4.83 |
| 18 | 西班牙 | 马德里 | 南欧 | 52.14 | 3.67 | 3.53 | 4.49 | 11.54 | 9.44 | 5.05 | 9.54 | 4.89 |
| 19 | 法国 | 巴黎 | 西欧 | 51.82 | 3.67 | 4.18 | 5.59 | 11.47 | 10.01 | 0.67 | 10.74 | 5.50 |
| 20 | 德国 | 科隆 | 西欧 | 51.22 | 3.83 | 1.84 | 5.50 | 12.47 | 9.11 | 6.90 | 7.13 | 4.44 |
| 21 | 俄罗斯 | 新西伯利亚 | 东欧 | 50.76 | 9.85 | 0.12 | 3.70 | 9.84 | 8.43 | 7.05 | 6.71 | 5.07 |
| 22 | 俄罗斯 | 叶卡捷琳堡 | 东欧 | 50.65 | 9.85 | 0.05 | 3.68 | 9.84 | 8.43 | 7.05 | 6.71 | 5.05 |
| 23 | 阿拉伯联合酋长国 | 迪拜 | 西亚 | 50.46 | 6.67 | 4.34 | 4.63 | 11.89 | 5.08 | 0.46 | 11.31 | 6.08 |
| 24 | 俄罗斯 | 喀山 | 东欧 | 50.39 | 9.85 | 0.18 | 3.68 | 9.84 | 8.43 | 7.05 | 6.71 | 4.67 |
| 25 | 葡萄牙 | 里斯本 | 南欧 | 50.36 | 6.67 | 3.80 | 3.85 | 11.86 | 8.90 | 3.06 | 7.98 | 4.23 |
| 26 | 俄罗斯 | 克拉斯诺亚尔斯克 | 东欧 | 50.35 | 9.85 | 0.03 | 3.75 | 9.84 | 8.43 | 7.05 | 6.71 | 4.69 |
| 27 | 英国 | 格拉斯哥 | 北欧 | 50.25 | 7.29 | 2.30 | 5.25 | 12.13 | 5.67 | 4.25 | 8.94 | 4.42 |
| 28 | 俄罗斯 | 彼尔姆 | 东欧 | 50.20 | 9.85 | 0.03 | 3.63 | 9.84 | 8.43 | 7.05 | 6.71 | 4.66 |
| 29 | 荷兰 | 阿姆斯特丹 | 西欧 | 50.15 | 2.60 | 3.24 | 5.08 | 12.67 | 10.22 | 0.81 | 12.21 | 3.32 |
| 30 | 俄罗斯 | 下诺夫哥罗德 | 东欧 | 50.09 | 9.85 | 0.04 | 3.52 | 9.84 | 8.43 | 7.05 | 6.71 | 4.66 |
| 均 值 | | | | 54.16 | 6.48 | 2.77 | 4.58 | 11.26 | 8.98 | 5.57 | 8.89 | 5.65 |
| 满分达标率(%) | | | | 54.16 | 64.73 | 27.68 | 45.83 | 80.36 | 64.12 | 39.78 | 63.47 | 40.33 |
| 高于全样本均值 | | | | 15.23 | 0.74 | 1.45 | 0.52 | 2.53 | 4.07 | 2.15 | 2.65 | 1.13 |

从空间分布看（见图4-5），重要战略支点城市全部分布于欧亚大陆，其中欧洲重要战略支点城市共计22个且集中位于东欧（9个）和西欧（9个）地区，总数较上年增加9个，实力稳步提升。亚洲重要战略支点城市共计8个，包括东南亚5个、东亚2个、西亚1个。随着中国—东盟合作、澜沧江—湄公河合作等区域合作的不断深化，东南亚重要战略支点城市较上年新增2个，为胡志明市（越南）和万象（老挝），东南亚战略支点城市发展潜力较大。

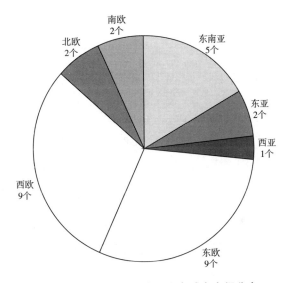

**图4-5 2020年重要战略支点城市空间分布**

对比重要战略支点城市与全样本城市的二级指数均值，重要战略支点城市在政策沟通、设施联通、贸易畅通、资金融通四个方面优势明显，其中贸易畅通领域较上年进步明显；在区域影响和民心相通方面得分高于全样本城市；伙伴关系和成长引领方面得分与全样本城市基本持平。

（二）次要战略支点城市（β城市）：欧亚空间分布更均衡，澳新城市首次入围，民心相通性略有下降

次要战略支点城市综合指数得分位于［47.5，50.0），共计18个，数量与上年基本持平。如表4-6所示，次要战略支点城市综合指数得分均值

为 48.75，较上年下降 2.23，高于全样本均值 9.82，是成为"一带一路"重要战略支点城市的潜力城市。在伙伴关系、政策沟通和资金融通领域的满分达标率均超过 55%，区域影响和民心相通指数满分达标率均较低。

表 4-6　2020 年次要战略支点城市指数得分

| 总分排名 | 国家 | 城市 | 区域 | 总分 | 伙伴关系 | 区域影响 | 成长引领 | 政策沟通 | 设施联通 | 贸易畅通 | 资金融通 | 民心相通 |
|---|---|---|---|---|---|---|---|---|---|---|---|---|
| 31 | 卡塔尔 | 多哈 | 西亚 | 49.88 | 6.21 | 4.37 | 4.32 | 11.81 | 5.64 | 3.11 | 8.73 | 5.70 |
| 32 | 俄罗斯 | 车里雅宾斯克 | 东欧 | 49.85 | 9.85 | 0.04 | 3.64 | 9.84 | 8.43 | 7.05 | 6.71 | 4.30 |
| 33 | 俄罗斯 | 乌法 | 东欧 | 49.82 | 9.85 | 0.03 | 3.64 | 9.84 | 8.43 | 7.05 | 6.71 | 4.30 |
| 34 | 俄罗斯 | 鄂木斯克 | 东欧 | 49.76 | 9.85 | 0.04 | 3.55 | 9.84 | 8.43 | 7.05 | 6.71 | 4.30 |
| 35 | 俄罗斯 | 萨马拉 | 东欧 | 49.72 | 9.85 | 0.04 | 3.51 | 9.84 | 8.43 | 7.05 | 6.71 | 4.30 |
| 36 | 印度尼西亚 | 雅加达 | 东南亚 | 49.65 | 6.67 | 3.22 | 4.32 | 10.25 | 3.21 | 9.19 | 6.47 | 6.33 |
| 37 | 丹麦 | 哥本哈根 | 北欧 | 49.58 | 3.67 | 3.63 | 4.69 | 13.18 | 5.77 | 5.25 | 9.61 | 3.77 |
| 38 | 哈萨克斯坦 | 阿拉木图 | 中亚 | 49.10 | 8.94 | 2.58 | 3.95 | 10.60 | 8.22 | 0.21 | 9.01 | 5.59 |
| 39 | 英国 | 曼彻斯特 | 北欧 | 48.86 | 7.29 | 2.84 | 5.31 | 12.13 | 5.67 | 4.25 | 6.93 | 4.44 |
| 40 | 瑞士 | 伯尔尼 | 西欧 | 48.28 | 6.37 | 3.13 | 5.29 | 13.09 | 5.90 | 3.30 | 6.69 | 4.51 |
| 41 | 意大利 | 米兰 | 南欧 | 48.11 | 6.67 | 3.15 | 3.99 | 10.72 | 4.89 | 3.95 | 9.63 | 5.11 |
| 42 | 越南 | 河内 | 东南亚 | 48.10 | 7.13 | 0.22 | 4.96 | 10.05 | 8.85 | 4.87 | 5.72 | 6.30 |
| 43 | 德国 | 慕尼黑 | 西欧 | 47.83 | 3.83 | 2.78 | 5.52 | 8.47 | 5.11 | 6.90 | 10.34 | 4.87 |
| 44 | 韩国 | 仁川 | 东亚 | 47.82 | 6.98 | 0.42 | 5.04 | 12.00 | 8.52 | 2.71 | 6.33 | 5.82 |
| 45 | 波兰 | 华沙 | 东欧 | 47.80 | 6.67 | 3.04 | 3.76 | 11.47 | 8.94 | 0.26 | 8.88 | 4.78 |
| 46 | 比利时 | 布鲁塞尔 | 西欧 | 47.78 | 3.06 | 4.11 | 4.25 | 11.80 | 10.02 | 0.24 | 9.66 | 4.65 |
| 47 | 日本 | 大阪 | 东亚 | 47.78 | 0.77 | 2.99 | 6.20 | 12.46 | 7.39 | 6.00 | 8.63 | 3.33 |
| 48 | 新西兰 | 奥克兰 | 澳大利亚和新西兰 | 47.77 | 6.67 | 4.07 | 4.61 | 13.32 | 6.35 | 4.89 | 6.46 | 1.39 |
| 均　值 | | | | 48.75 | 6.68 | 2.26 | 4.47 | 11.15 | 7.12 | 4.63 | 7.77 | 4.66 |
| 均值满分达标率（%） | | | | 48.75 | 66.84 | 22.62 | 44.72 | 79.64 | 50.87 | 33.08 | 55.52 | 33.25 |
| 高于全样本均值 | | | | 9.82 | 0.95 | 0.94 | 0.42 | 2.42 | 2.22 | 1.21 | 1.53 | 0.14 |

本年度次要战略支点城市空间分布与上年相比更为均衡（见图 4-6）。18 个次要战略支点城市中，11 个位于欧洲，6 个位于亚洲，1 个位于大洋洲。此分布与上年东欧城市"一枝独大"的局面相比更为合理。奥克兰

（新西兰）首次入围次要战略支点城市，标志着"一带一路"建设的区域影响力不断提升。

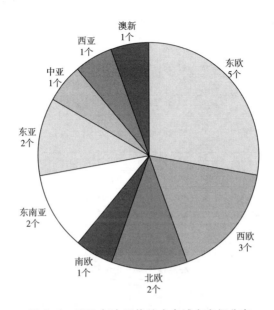

**图 4-6 2020 年次要战略支点城市空间分布**

与全样本城市相比，次要战略支点城市在政策沟通、设施联通和贸易畅通、资金融通领域的二级指数得分较高。伙伴关系、区域影响和成长引领指数得分与全样本城市均值基本持平。民心相通领域发展稍显不足，指数得分仅高全样本均值 0.14，有待提高。

（三）一般战略支点城市（γ 城市）：整体空间分布均匀，3 个非洲城市入榜，政策沟通水平与次要战略支点城市持平

一般战略支点城市综合指数得分位于 [45.0, 47.5)，共计 28 个，较上年增加 5 个。一般战略支点城市综合指数得分均值 46.35，较上年降低 2.6，高于全样本均值 7.42。随着"一带一路"建设的深入，更多的沿线国家加入，中国与各大洲国家的双边贸易协定迅猛增加，因此一般战略支点城市伙伴关系与政策沟通指数的满分达标率上表现较好，均超过 65%；其中，政策沟通指数的满分达标率为 76.80%，与次要战略支点城市旗鼓相当（见表 4-7）。

**表 4-7　2020 年一般战略支点城市指数得分统计信息**

| 总分排名 | 国家 | 城市 | 区域 | 总分 | 伙伴关系 | 区域影响 | 成长引领 | 政策沟通 | 设施联通 | 贸易畅通 | 资金融通 | 民心相通 |
|---|---|---|---|---|---|---|---|---|---|---|---|---|
| 49 | 英国 | 伯明翰 | 北欧 | 47.49 | 7.29 | 1.86 | 5.31 | 12.13 | 5.67 | 4.25 | 6.93 | 4.05 |
| 50 | 巴基斯坦 | 拉合尔 | 南亚 | 47.45 | 9.25 | 2.21 | 4.08 | 8.45 | 5.83 | 5.17 | 6.84 | 5.62 |
| 51 | 意大利 | 罗马 | 南欧 | 47.38 | 6.67 | 2.91 | 4.06 | 10.72 | 4.89 | 3.95 | 9.08 | 5.09 |
| 52 | 葡萄牙 | 波尔图 | 南欧 | 47.33 | 6.67 | 2.48 | 3.80 | 11.86 | 8.90 | 3.06 | 6.32 | 4.23 |
| 53 | 印度 | 新德里 | 南亚 | 47.28 | 6.23 | 2.79 | 4.88 | 9.81 | 8.15 | 4.31 | 8.29 | 2.82 |
| 54 | 新西兰 | 惠灵顿 | 澳大利亚和新西兰 | 47.24 | 6.67 | 1.92 | 4.42 | 13.32 | 4.75 | 4.89 | 10.00 | 1.27 |
| 55 | 韩国 | 釜山 | 东亚 | 47.15 | 6.98 | 0.55 | 4.92 | 12.00 | 5.32 | 2.71 | 8.80 | 5.88 |
| 56 | 南非 | 开普敦 | 南非 | 47.04 | 6.67 | 2.70 | 3.92 | 10.42 | 3.38 | 5.55 | 7.89 | 6.51 |
| 57 | 塞尔维亚 | 贝尔格莱德 | 南欧 | 46.70 | 6.67 | 2.99 | 3.25 | 10.33 | 9.00 | 3.01 | 6.38 | 5.06 |
| 58 | 罗马尼亚 | 布加勒斯特 | 东欧 | 46.63 | 5.90 | 2.94 | 3.26 | 11.27 | 8.81 | 3.07 | 6.31 | 5.06 |
| 59 | 蒙古 | 乌兰巴托 | 东亚 | 46.53 | 6.67 | 2.34 | 3.47 | 10.60 | 7.90 | 3.08 | 6.05 | 6.40 |
| 60 | 芬兰 | 赫尔辛基 | 北欧 | 46.43 | 2.29 | 3.49 | 4.58 | 12.84 | 10.52 | 0.07 | 8.31 | 4.33 |
| 61 | 越南 | 海防 | 东南亚 | 46.34 | 7.13 | 0.06 | 4.76 | 10.05 | 8.05 | 4.87 | 5.72 | 5.70 |
| 62 | 英国 | 西约克 | 北欧 | 46.16 | 7.29 | 0.54 | 5.30 | 12.13 | 5.67 | 4.25 | 6.93 | 4.05 |
| 63 | 摩洛哥 | 卡萨布兰卡 | 北非 | 46.08 | 5.46 | 2.90 | 3.78 | 12.15 | 3.58 | 5.19 | 9.35 | 5.68 |
| 64 | 俄罗斯 | 伏尔加格勒 | 东欧 | 46.05 | 9.85 | 0.03 | 3.48 | 9.84 | 4.43 | 7.05 | 6.71 | 4.66 |
| 65 | 以色列 | 特拉维夫-雅法 | 西亚 | 45.90 | 4.98 | 4.88 | 4.90 | 11.93 | 2.43 | 3.14 | 9.79 | 3.85 |
| 66 | 哈萨克斯坦 | 努尔苏丹 | 中亚 | 45.88 | 8.94 | 0.29 | 3.95 | 10.60 | 8.22 | 0.21 | 8.45 | 5.21 |
| 67 | 俄罗斯 | 沃罗涅日 | 东欧 | 45.86 | 9.85 | 0.03 | 3.65 | 9.84 | 4.43 | 7.05 | 6.71 | 4.30 |
| 68 | 立陶宛 | 维尔纽斯 | 北欧 | 45.83 | 3.46 | 2.68 | 3.58 | 11.93 | 8.62 | 3.01 | 8.29 | 4.25 |
| 69 | 塔吉克斯坦 | 杜尚别 | 中亚 | 45.80 | 8.17 | 0.59 | 4.18 | 9.29 | 8.06 | 3.02 | 6.53 | 5.96 |
| 70 | 科威特 | 科威特市 | 西亚 | 45.79 | 5.46 | 5.85 | 4.02 | 10.62 | 4.23 | 3.16 | 7.46 | 4.98 |
| 71 | 俄罗斯 | 罗斯托夫 | 东欧 | 45.78 | 9.85 | 0.03 | 3.57 | 9.84 | 4.43 | 7.05 | 6.71 | 4.30 |
| 72 | 尼日利亚 | 拉各斯 | 西非 | 45.73 | 5.46 | 2.35 | 4.04 | 8.88 | 2.06 | 10.33 | 6.46 | 6.15 |
| 73 | 希腊 | 雅典 | 南欧 | 45.58 | 6.67 | 3.89 | 3.09 | 10.82 | 4.86 | 4.79 | 7.19 | 4.27 |
| 74 | 土耳其 | 伊斯坦布尔 | 西亚 | 45.49 | 4.67 | 1.09 | 3.84 | 9.34 | 9.49 | 3.20 | 7.88 | 5.97 |
| 75 | 德国 | 罗斯托克 | 西欧 | 45.44 | 3.83 | 0.01 | 5.55 | 12.47 | 5.11 | 6.90 | 7.13 | 4.44 |
| 76 | 泰国 | 北榄府(沙没巴干府) | 东南亚 | 45.36 | 7.13 | 0.09 | 4.20 | 10.34 | 7.59 | 3.76 | 7.07 | 5.18 |
| 均　值 | | | | 46.35 | 6.65 | 1.95 | 4.14 | 10.78 | 6.23 | 4.29 | 7.48 | 4.83 |
| 满分达标率(%) | | | | 46.35 | 66.50 | 19.47 | 41.37 | 76.80 | 44.49 | 30.65 | 53.46 | 34.51 |
| 高于全样本均值 | | | | | 7.42 | 0.91 | 0.62 | 0.08 | 2.05 | 1.32 | 0.87 | 1.24 | 0.32 |

从空间上看，一般战略支点城市的空间分布均衡（见图4-7）。28个一般战略支点城市分布于欧洲（13个）、亚洲（11个）、非洲（3个）与大洋洲（1个）。其中3个非洲城市开普敦（南非）、卡萨布兰卡（摩洛哥）和拉各斯（尼日利亚）均为本年度新晋一般战略支点城市，说明随着"一带一路"建设在非洲的推进，非洲城市逐渐成为具有区域影响力的战略支点城市。

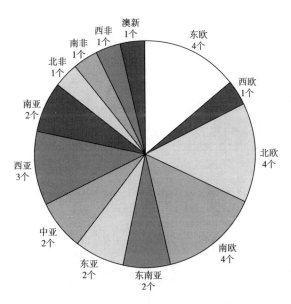

**图4-7 2020年一般战略支点城市空间分布**

一般战略支点城市二级指数得分在政策沟通、设施联通和资金融通上表现较好。但较上年相比，一般战略支点城市的设施联通优势减弱。在民心相通、区域影响和成长引领方面仍有待提高。因此如何利用自身优势，提升区域影响力，成为高质量发展先导城市，是一般战略支点城市晋级为更高层次战略支点城市的努力方向。

（四）潜在战略支点城市：主要分布于欧亚大陆，三类潜在战略支点城市的政策沟通性均表现较好，区域影响力相对不足

潜在战略支点城市综合指数得分位于［38.5，45.0），共计91个城市，

是推动"一带一路"高质量发展的储备城市。潜在战略支点城市综合指数得分为 41.61，较上年下降 2.14，高于全样本均值 2.68。以 2.5 分为组距，将潜在战略支点城市进一步划分为Ⅰ类潜在战略支点城市（δ++城市），分值区间［42.5，45.0）；Ⅱ类潜在战略支点城市（δ+城市），分值区间［40.0，42.5）；Ⅲ类潜在战略支点城市（δ城市），分值区间［38.5，40.0）。

1. Ⅰ类潜在战略支点城市共计 31 个

Ⅰ类潜在战略支点城市综合指数得分均值 43.70，高于全样本均值 4.77。与全样本均值相比，Ⅰ类潜在战略支点城市政策沟通表现较好。从满分达标率角度，Ⅰ类潜在战略支点城市政策沟通表现最突出，高达 75.88%，区域影响表现欠佳。

表 4-8  2020 年Ⅰ类潜在战略支点城市指数得分统计信息

| 总分排名 | 国家 | 城市 | 区域 | 总分 | 伙伴关系 | 区域影响 | 成长引领 | 政策沟通 | 设施联通 | 贸易畅通 | 资金融通 | 民心相通 |
|---|---|---|---|---|---|---|---|---|---|---|---|---|
| 77 | 柬埔寨 | 金边 | 东南亚 | 44.76 | 7.13 | 2.36 | 4.30 | 9.37 | 9.20 | 0.09 | 6.40 | 5.90 |
| 78 | 乌拉圭 | 蒙得维的亚 | 南美 | 44.74 | 6.21 | 4.86 | 3.41 | 11.95 | 4.43 | 3.05 | 6.33 | 4.49 |
| 79 | 斯洛伐克 | 布拉迪斯拉发 | 东欧 | 44.64 | 3.46 | 2.57 | 3.62 | 10.94 | 8.89 | 3.08 | 6.32 | 5.75 |
| 80 | 西班牙 | 巴塞罗那 | 南欧 | 44.60 | 3.67 | 2.95 | 4.47 | 11.54 | 5.44 | 5.05 | 6.61 | 4.86 |
| 81 | 孟加拉国 | 达卡 | 南亚 | 44.58 | 6.98 | 2.73 | 4.32 | 9.24 | 7.65 | 3.17 | 3.66 | 6.83 |
| 82 | 印度 | 加尔各答 | 南亚 | 44.46 | 6.23 | 1.96 | 4.49 | 9.81 | 8.15 | 4.31 | 6.40 | 3.09 |
| 83 | 荷兰 | 鹿特丹 | 西欧 | 44.31 | 2.60 | 2.11 | 4.97 | 12.67 | 9.42 | 0.81 | 8.48 | 3.25 |
| 84 | 印度 | 孟买 | 南亚 | 44.30 | 6.23 | 2.98 | 4.57 | 9.81 | 4.15 | 4.31 | 9.13 | 3.10 |
| 85 | 韩国 | 龙仁 | 东亚 | 44.23 | 6.98 | 0.16 | 5.27 | 12.00 | 5.32 | 2.71 | 6.33 | 5.46 |
| 86 | 英国 | 南安普顿 | 北欧 | 44.15 | 4.29 | 1.13 | 5.34 | 12.13 | 5.67 | 4.25 | 6.93 | 4.42 |
| 87 | 爱沙尼亚 | 塔林 | 北欧 | 44.10 | 3.46 | 2.77 | 3.92 | 12.58 | 7.70 | 0.01 | 8.78 | 4.88 |
| 88 | 韩国 | 大田 | 东亚 | 44.00 | 6.98 | 0.24 | 4.96 | 12.00 | 5.32 | 2.71 | 6.33 | 5.46 |
| 89 | 阿拉伯联合酋长国 | 阿布扎比 | 西亚 | 43.82 | 6.67 | 3.11 | 4.72 | 7.89 | 5.08 | 0.46 | 10.04 | 5.84 |
| 90 | 韩国 | 大邱 | 东亚 | 43.66 | 6.98 | 0.34 | 4.84 | 12.00 | 5.32 | 2.71 | 6.33 | 5.14 |
| 91 | 阿塞拜疆 | 巴库 | 西亚 | 43.65 | 4.21 | 2.98 | 3.75 | 10.76 | 7.77 | 0.01 | 8.59 | 5.57 |
| 92 | 韩国 | 光州 | 东亚 | 43.61 | 6.98 | 0.23 | 4.95 | 12.00 | 5.32 | 2.71 | 6.33 | 5.09 |
| 93 | 乌克兰 | 基辅 | 东欧 | 43.60 | 5.46 | 2.71 | 2.86 | 9.36 | 8.51 | 3.11 | 6.33 | 5.26 |
| 94 | 捷克 | 布拉格 | 东欧 | 43.58 | 5.46 | 3.23 | 3.86 | 8.30 | 8.94 | 0.17 | 9.07 | 4.56 |

续表

| 总分排名 | 国家 | 城市 | 区域 | 总分 | 伙伴关系 | 区域影响 | 成长引领 | 政策沟通 | 设施联通 | 贸易畅通 | 资金融通 | 民心相通 |
|---|---|---|---|---|---|---|---|---|---|---|---|---|
| 95 | 土耳其 | 安卡拉 | 西亚 | 43.50 | 4.67 | 2.14 | 3.93 | 9.34 | 8.69 | 3.20 | 6.32 | 5.20 |
| 96 | 韩国 | 水原 | 东亚 | 43.48 | 6.98 | 0.19 | 5.22 | 12.00 | 5.32 | 2.71 | 6.33 | 4.73 |
| 97 | 南非 | 德班 | 南非 | 43.39 | 6.67 | 1.95 | 3.64 | 10.42 | 3.38 | 5.55 | 6.37 | 5.42 |
| 98 | 缅甸 | 仰光 | 东南亚 | 43.39 | 7.13 | 1.68 | 2.72 | 8.99 | 7.80 | 3.18 | 5.38 | 6.51 |
| 99 | 吉尔吉斯斯坦 | 比什凯克 | 中亚 | 43.34 | 8.17 | 1.47 | 3.79 | 9.12 | 7.64 | 0.06 | 6.36 | 6.73 |
| 100 | 意大利 | 都灵 | 南欧 | 43.31 | 6.67 | 1.72 | 3.99 | 10.72 | 4.89 | 3.95 | 6.68 | 4.68 |
| 101 | 韩国 | 昌原 | 东亚 | 43.12 | 6.98 | 0.16 | 4.90 | 12.00 | 5.32 | 2.71 | 6.33 | 4.73 |
| 102 | 泰国 | 清迈 | 东南亚 | 42.94 | 7.13 | 0.08 | 4.20 | 10.34 | 4.39 | 3.76 | 7.07 | 5.97 |
| 103 | 泰国 | 春武里 | 东南亚 | 42.89 | 7.13 | 0.09 | 4.20 | 10.34 | 4.39 | 3.76 | 7.07 | 5.91 |
| 104 | 越南 | 芹苴 | 东南亚 | 42.76 | 7.13 | 0.07 | 5.17 | 10.05 | 4.05 | 4.87 | 5.72 | 5.69 |
| 105 | 保加利亚 | 索非亚 | 东欧 | 42.67 | 5.46 | 3.05 | 3.39 | 10.74 | 8.48 | 0.03 | 6.35 | 5.18 |
| 106 | 意大利 | 那不勒斯 | 南欧 | 42.65 | 6.67 | 1.13 | 3.93 | 10.72 | 4.89 | 3.95 | 6.68 | 4.68 |
| 107 | 斯里兰卡 | 科伦坡 | 南亚 | 42.58 | 6.98 | 1.73 | 3.58 | 10.19 | 4.46 | 3.04 | 6.44 | 6.16 |
| 均　值 | | | | 43.70 | 6.06 | 1.77 | 4.23 | 10.62 | 6.32 | 2.69 | 6.82 | 5.18 |
| 均值满分达标率(%) | | | | 43.70 | 60.58 | 17.71 | 42.34 | 75.88 | 45.16 | 19.24 | 48.73 | 36.99 |
| 高于全样本均值 | | | | 4.77 | 0.32 | 0.45 | 0.18 | 1.89 | 1.42 | -0.73 | 0.58 | 0.66 |

从空间分布看（见图4-8），I类潜在战略支点城市主要集中分布在欧亚大陆。其中，超过半数分布于亚洲（19个），较上年增加3个；其次主要分布于欧洲（10个），较上年减少5个；2个位于非洲（1个）和美洲（1个）。

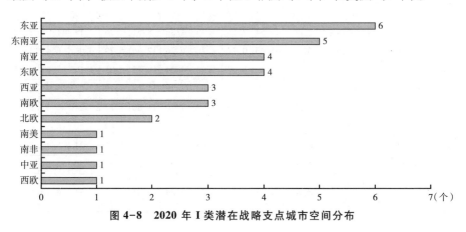

**图4-8 2020年I类潜在战略支点城市空间分布**

**2. Ⅱ类潜在战略支点城市共计 41 个**

Ⅱ类潜在战略支点城市综合指数得分均值 41.15，高于全样本均值
2.22。与全样本均值相比，Ⅱ类潜在战略支点城市政策沟通表现较好，但伙
伴关系和贸易畅通较薄弱，二级指数得分低于全样本均值。从满分达标率角
度看，Ⅱ类潜在战略支点城市在政策沟通领域分值较高，为 72.89%，较上
年上升 0.55 个百分点，而区域影响和贸易畅通相对不足。

**表 4-9　2020 年Ⅱ类潜在战略支点城市指数得分统计信息**

| 总分排名 | 国家 | 城市 | 区域 | 总分 | 伙伴关系 | 区域影响 | 成长引领 | 政策沟通 | 设施联通 | 贸易畅通 | 资金融通 | 民心相通 |
|---|---|---|---|---|---|---|---|---|---|---|---|---|
| 108 | 菲律宾 | 马尼拉 | 东南亚 | 42.46 | 4.83 | 5.24 | 4.35 | 9.80 | 3.74 | 0.58 | 6.93 | 7.00 |
| 109 | 南非 | 约翰内斯堡 | 南非 | 42.36 | 6.67 | 3.27 | 4.01 | 6.42 | 3.38 | 5.55 | 7.63 | 5.43 |
| 110 | 挪威 | 奥斯陆 | 北欧 | 42.32 | 0.90 | 3.17 | 4.76 | 13.06 | 5.00 | 3.50 | 8.43 | 3.50 |
| 111 | 法国 | 波尔多 | 西欧 | 42.31 | 3.67 | 0.90 | 5.70 | 11.47 | 9.21 | 0.67 | 6.52 | 4.17 |
| 112 | 波兰 | 格但斯克 | 东欧 | 42.27 | 6.67 | 0.06 | 3.71 | 11.47 | 8.94 | 0.26 | 6.38 | 4.78 |
| 113 | 法国 | 里尔 | 西欧 | 42.22 | 3.67 | 0.94 | 5.57 | 11.47 | 0.67 | 0.67 | 6.52 | 4.17 |
| 114 | 意大利 | 威尼斯 | 南欧 | 41.99 | 6.67 | 0.04 | 3.99 | 10.72 | 4.89 | 3.95 | 6.68 | 5.04 |
| 115 | 意大利 | 热那亚 | 南欧 | 41.80 | 6.67 | 0.67 | 3.89 | 10.72 | 4.89 | 3.95 | 6.68 | 4.31 |
| 116 | 乌兹别克斯坦 | 塔什干 | 中亚 | 41.76 | 8.17 | 1.20 | 2.37 | 9.89 | 7.72 | 3.07 | 3.37 | 5.98 |
| 117 | 克罗地亚 | 萨格勒布 | 南欧 | 41.68 | 4.69 | 3.34 | 3.15 | 11.15 | 4.68 | 3.01 | 6.33 | 5.33 |
| 118 | 南非 | 艾库鲁勒尼 | 南非 | 41.66 | 6.67 | 0.32 | 3.90 | 10.42 | 3.38 | 5.55 | 6.37 | 5.06 |
| 119 | 拉脱维亚 | 里加 | 北欧 | 41.66 | 3.46 | 3.67 | 3.22 | 10.88 | 8.58 | 3.01 | 5.17 | 3.67 |
| 120 | 白俄罗斯 | 明斯克 | 东欧 | 41.65 | 6.67 | 2.11 | 1.62 | 10.48 | 8.63 | 0.03 | 6.35 | 5.76 |
| 121 | 瑞典 | 斯德哥尔摩 | 北欧 | 41.54 | 2.13 | 3.26 | 4.85 | 8.61 | 5.36 | 3.17 | 11.08 | 3.07 |
| 122 | 日本 | 名古屋 | 东亚 | 41.46 | 0.77 | 1.78 | 6.26 | 12.46 | 5.79 | 6.00 | 6.43 | 1.98 |
| 123 | 印度尼西亚 | 泗水 | 东南亚 | 41.42 | 6.67 | 1.23 | 4.24 | 10.25 | 3.21 | 4.19 | 5.52 | 6.11 |
| 124 | 格鲁吉亚 | 第比利斯 | 西亚 | 41.40 | 4.21 | 3.08 | 3.29 | 11.14 | 8.19 | 0.01 | 5.91 | 5.57 |
| 125 | 比利时 | 安特卫普 | 西欧 | 41.38 | 3.06 | 2.63 | 4.20 | 11.80 | 9.22 | 0.24 | 6.32 | 3.92 |
| 126 | 土耳其 | 加济安泰普 | 西亚 | 41.32 | 4.67 | 0.29 | 3.96 | 91.34 | 8.69 | 3.20 | 6.32 | 4.84 |
| 127 | 印度 | 班加罗尔 | 南亚 | 41.32 | 6.23 | 2.66 | 5.02 | 9.81 | 4.15 | 4.31 | 6.40 | 2.72 |
| 128 | 土耳其 | 科尼亚 | 西亚 | 41.30 | 4.67 | 0.27 | 3.96 | 9.34 | 8.69 | 3.20 | 6.32 | 4.84 |
| 129 | 印度 | 海得拉巴（印度） | 南亚 | 41.22 | 6.23 | 2.74 | 4.84 | 9.81 | 4.15 | 4.31 | 6.40 | 2.72 |

| 总分排名 | 国家 | 城市 | 区域 | 总分 | 伙伴关系 | 区域影响 | 成长引领 | 政策沟通 | 设施联通 | 贸易畅通 | 资金融通 | 民心相通 |
|---|---|---|---|---|---|---|---|---|---|---|---|---|
| 130 | 土耳其 | 伊兹密尔 | 西亚 | 41.20 | 4.67 | 0.37 | 3.76 | 9.34 | 8.69 | 3.20 | 6.32 | 4.84 |
| 131 | 印度 | 金奈（马德拉斯） | 南亚 | 41.18 | 6.23 | 2.39 | 4.80 | 9.81 | 4.15 | 4.31 | 6.40 | 3.08 |
| 132 | 巴基斯坦 | 伊斯兰堡 | 南亚 | 40.99 | 9.25 | 1.79 | 3.04 | 8.45 | 5.83 | 0.17 | 6.84 | 5.62 |
| 133 | 印度 | 艾哈迈达巴德 | 南亚 | 40.95 | 6.23 | 2.52 | 4.80 | 9.81 | 4.15 | 4.31 | 6.40 | 2.72 |
| 134 | 缅甸 | 曼德勒 | 东南亚 | 40.73 | 7.13 | 0.12 | 2.82 | 8.99 | 7.00 | 3.18 | 5.38 | 6.10 |
| 135 | 文莱 | 斯里巴加湾市 | 东南亚 | 40.47 | 6.98 | 1.50 | 3.73 | 11.64 | 4.50 | 3.01 | 3.32 | 5.78 |
| 136 | 摩洛哥 | 拉巴特 | 北非 | 40.47 | 5.46 | 0.25 | 3.80 | 10.14 | 3.58 | 5.19 | 6.36 | 5.68 |
| 137 | 印度尼西亚 | 万隆 | 东南亚 | 40.44 | 6.67 | 0.24 | 4.26 | 10.25 | 3.21 | 4.19 | 5.52 | 6.10 |
| 138 | 坦桑尼亚 | 达累斯萨拉姆 | 东非 | 40.38 | 4.69 | 2.23 | 4.98 | 9.78 | 3.33 | 3.04 | 6.39 | 5.94 |
| 139 | 土库曼斯坦 | 阿什哈巴德 | 中亚 | 40.34 | 6.96 | 0.65 | 2.85 | 7.78 | 8.17 | 3.09 | 6.29 | 4.55 |
| 140 | 约旦 | 安曼 | 西亚 | 40.28 | 6.21 | 3.06 | 3.63 | 10.64 | 4.12 | 3.47 | 3.36 | 5.78 |
| 141 | 印度尼西亚 | 茂物 | 东南亚 | 40.24 | 6.67 | 0.22 | 4.45 | 10.25 | 3.21 | 4.19 | 5.52 | 5.74 |
| 142 | 沙特阿拉伯 | 利雅得 | 西亚 | 40.22 | 6.21 | 4.45 | 4.47 | 6.10 | 4.87 | 3.74 | 7.70 | 2.22 |
| 143 | 印度尼西亚 | 三宝垄 | 东南亚 | 40.22 | 6.67 | 0.23 | 4.42 | 10.25 | 3.21 | 4.19 | 5.52 | 5.74 |
| 144 | 印度尼西亚 | 巨港 | 东南亚 | 40.20 | 6.67 | 0.24 | 4.40 | 10.25 | 3.21 | 4.19 | 5.52 | 5.74 |
| 145 | 爱尔兰 | 都柏林 | 北欧 | 40.15 | 3.37 | 3.97 | 4.83 | 12.29 | 3.75 | 0.16 | 6.93 | 4.85 |
| 146 | 印度尼西亚 | 棉兰 | 东南亚 | 40.12 | 6.67 | 0.24 | 4.31 | 10.25 | 3.21 | 4.19 | 5.52 | 5.74 |
| 147 | 摩洛哥 | 非斯 | 北非 | 40.12 | 5.46 | 0.16 | 3.90 | 10.14 | 3.58 | 5.19 | 6.36 | 5.32 |
| 148 | 斯洛文尼亚 | 卢布尔雅那 | 南欧 | 40.10 | 3.46 | 2.50 | 3.71 | 11.73 | 4.87 | 3.03 | 6.32 | 4.48 |
| 均 值 | | | | 41.15 | 5.47 | 1.71 | 4.09 | 10.20 | 5.52 | 3.13 | 6.25 | 4.78 |
| 均值满分达标率(%) | | | | 41.15 | 54.69 | 17.07 | 40.93 | 72.89 | 39.43 | 22.38 | 44.61 | 34.14 |
| 高于全样本均值 | | | | 2.22 | -0.27 | 0.38 | 0.04 | 1.48 | 0.61 | -0.29 | 0.00 | 0.26 |

Ⅱ类潜在战略支点城市主要分布于亚洲，共计 23 个，其中东南亚 9 个、西亚 6 个和南亚 5 个（见图 4-9）。与上年相比，亚洲Ⅱ类潜在战略支点城市数量明显增加，其中东南亚增加 5 个；非洲Ⅱ类潜在战略支点城市数量也明显上升，其中南非增加 2 个，北非增加 1 个。

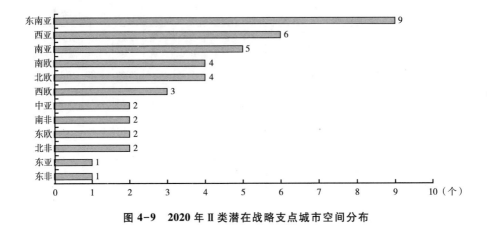

**图 4-9  2020 年 II 类潜在战略支点城市空间分布**

### 3. III 类潜在战略支点城市共计 19 个

III 类潜在战略支点城市综合指数得分均值 39.18，与全样本均值基本持平。III 类潜在战略支点城市政策沟通表现突出，满分达标率高达 76.78%，高于一般战略支点城市。但 III 类潜在战略支点城市在伙伴关系、区域影响、设施联通和民心相通方面短板明显，二级指数得分甚至低于全样本均值，且与上年相比贸易畅通和伙伴关系指数得分明显下滑。

**表 4-10  2020 年 III 类潜在战略支点城市指数得分统计信息**

| 总分排名 | 国家 | 城市 | 区域 | 总分 | 伙伴关系 | 区域影响 | 成长引领 | 政策沟通 | 设施联通 | 贸易畅通 | 资金融通 | 民心相通 |
|---|---|---|---|---|---|---|---|---|---|---|---|---|
| 149 | 尼泊尔 | 加德满都 | 南亚 | 39.98 | 6.98 | 0.42 | 4.29 | 10.00 | 2.62 | 5.16 | 3.37 | 7.14 |
| 150 | 法国 | 里昂 | 西欧 | 39.96 | 3.67 | 2.61 | 5.64 | 11.47 | 5.21 | 0.67 | 6.52 | 4.17 |
| 151 | 日本 | 北九州-福冈 | 东亚 | 39.80 | 0.77 | 0.79 | 6.21 | 12.46 | 5.79 | 6.00 | 6.43 | 1.35 |
| 152 | 日本 | 神户 | 东亚 | 39.72 | 0.77 | 0.10 | 6.25 | 12.46 | 5.79 | 6.00 | 6.43 | 1.92 |
| 153 | 日本 | 札幌 | 东亚 | 39.55 | 0.77 | 0.19 | 6.22 | 12.46 | 5.79 | 6.00 | 6.43 | 1.69 |
| 154 | 斯里兰卡 | 斯里贾亚瓦德纳普拉科特 | 南亚 | 39.49 | 6.98 | 0.02 | 3.02 | 10.19 | 4.46 | 3.04 | 6.44 | 5.34 |
| 155 | 巴林 | 麦纳麦 | 西亚 | 39.49 | 4.21 | 3.60 | 4.65 | 10.35 | 2.88 | 0.01 | 8.62 | 5.16 |
| 156 | 埃及 | 开罗 | 北非 | 39.29 | 6.67 | 3.86 | 3.88 | 8.55 | 3.57 | 0.13 | 6.39 | 6.23 |

**续表**

| 总分排名 | 国家 | 城市 | 区域 | 总分 | 伙伴关系 | 区域影响 | 成长引领 | 政策沟通 | 设施联通 | 贸易畅通 | 资金融通 | 民心相通 |
|---|---|---|---|---|---|---|---|---|---|---|---|---|
| 157 | 塞浦路斯 | 尼科西亚 | 西亚 | 39.09 | 4.21 | 3.14 | 3.90 | 6.96 | 4.72 | 3.01 | 8.33 | 4.84 |
| 158 | 日本 | 静冈-浜松 | 东亚 | 39.07 | 0.77 | 0.12 | 6.26 | 12.46 | 5.79 | 6.00 | 6.43 | 1.24 |
| 159 | 日本 | 横滨 | 东亚 | 39.04 | 0.77 | 0.15 | 6.25 | 12.46 | 5.79 | 6.00 | 6.43 | 1.19 |
| 160 | 日本 | 仙台 | 东亚 | 39.00 | 0.77 | 0.08 | 6.28 | 12.46 | 5.79 | 6.00 | 6.43 | 1.20 |
| 161 | 日本 | 广岛 | 东亚 | 38.96 | 0.77 | 0.08 | 6.21 | 12.46 | 5.79 | 6.00 | 6.43 | 1.22 |
| 162 | 法国 | 马赛-普罗旺斯地区艾克斯 | 西欧 | 38.81 | 3.67 | 1.56 | 5.55 | 11.47 | 5.21 | 0.67 | 6.52 | 4.17 |
| 163 | 摩洛哥 | 马拉喀什 | 北非 | 38.77 | 5.46 | 0.34 | 2.38 | 10.14 | 3.58 | 5.19 | 6.36 | 5.32 |
| 164 | 巴基斯坦 | 卡拉奇 | 南亚 | 38.63 | 9.25 | 2.65 | 3.83 | 8.45 | 1.83 | 0.17 | 6.84 | 5.62 |
| 165 | 印度 | 印多尔 | 南亚 | 38.59 | 6.23 | 0.01 | 4.95 | 9.81 | 4.15 | 4.31 | 6.40 | 2.72 |
| 166 | 印度 | 哥打 | 南亚 | 38.58 | 6.23 | 0.00 | 4.95 | 9.81 | 4.15 | 4.31 | 6.40 | 2.72 |
| 167 | 印度 | 纳西克 | 南亚 | 38.51 | 6.23 | 0.00 | 4.87 | 9.81 | 4.15 | 4.31 | 6.40 | 2.72 |
| 均 值 | | | | 39.18 | 3.96 | 1.04 | 5.03 | 10.75 | 4.58 | 3.84 | 6.50 | 3.47 |
| 均值满分达标率(%) | | | | 39.18 | 39.57 | 10.38 | 50.31 | 76.78 | 32.74 | 27.43 | 46.46 | 24.79 |
| 高于全样本均值 | | | | 0.25 | -1.78 | -0.29 | 0.97 | 2.02 | -0.32 | 0.42 | 0.26 | -1.04 |

Ⅲ类潜在战略支点城市主要集中分布于东亚（7个）和南亚（6个）地区，亚洲共计15个，占比78.9%（见图4-10）。东亚地区的Ⅲ类潜在战略支点城市均位于日本。日本经济发达，基础设施现代化，但在伙伴关系与民

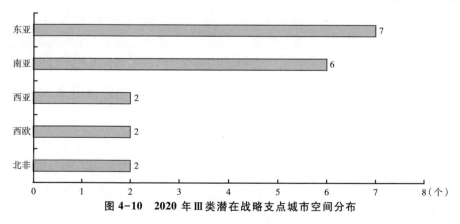

**图4-10 2020年Ⅲ类潜在战略支点城市空间分布**

心相通领域有待加强。南亚地区的Ⅲ类潜在战略支点城市主要集中分布在印度，印度城市作为主要的陆路与海路枢纽是潜在的高质量战略支点城市，其在政策沟通性上表现较好，在民心相通领域发展相对不足。

# 第二节 2021年"一带一路"沿线战略支点城市及变化

## 一 总体分析

2021年度"一带一路"沿线战略支点城市研究纳入138个样本国家的350个样本城市，本节就"一带一路"沿线战略支点城市整体得分情况及其较上年得分变化进行具体分析。

（一）整体表现：全球经济复苏，指数均值上升，但首末位城市综合实力差距增大

表4-11为2021年"一带一路"沿线战略支点城市指数得分统计信息。本年度"一带一路"沿线战略支点城市指数综合得分均值为39.81，较上年38.93的均值水平上升了0.88，甚至高于疫情前均值39.11。综合指数得分的最大值为74.31，较上年最大值71.84提升了2.47；最小值为10.78，较上年最小值15.67下降了4.89；中位数为38.62，与上年基本持平；极差为63.53，与上年56.17相比有明显上升。以上数据表明，随着疫情防控常态化，首末位城市的综合实力差距进一步拉大。本年度战略支点城市的功能提升主要体现在设施联通与贸易畅通领域。其中，设施联通指数的满分达标率达37.07%，较上年提升2个百分点；贸易畅通指数的满分达标率达32.43%，较上年提升8个百分点。随着国际交通与贸易往来的复苏，战略支点城市的设施联通与贸易畅通功能逐步恢复。战略支点城市在伙伴关系、区域影响和成长引领方面表现与上年基本持平；但在政策沟通方面，满分达标率较上年下降了7.2个百分点，说明受国际政局变动、疫情反复的影响，战略支点城市整体在治理稳定性、公共卫生能力等方面表现不如上年。

表 4-11 2021 年战略支点城市指数统计得分信息

| 指数 | | 均值 | 最大值 | 最小值 | 标准差 | 中位数 |
|---|---|---|---|---|---|---|
| 战略支点城市指数 | | 39.81 | 74.31 | 10.78 | 9.29 | 38.62 |
| 二级指数 | 伙伴关系 | 5.99 | 9.85 | 0.00 | 2.14 | 6.23 |
| | 区域影响 | 1.13 | 6.15 | 0.00 | 1.26 | 0.50 |
| | 成长引领 | 4.09 | 6.29 | 0.41 | 1.04 | 4.20 |
| | 政策沟通 | 7.72 | 13.34 | 0.01 | 3.08 | 8.38 |
| | 设施联通 | 5.19 | 12.67 | 0.30 | 2.65 | 4.15 |
| | 贸易畅通 | 4.54 | 12.39 | 0.00 | 1.72 | 4.18 |
| | 资金融通 | 6.46 | 13.98 | 2.36 | 2.23 | 6.31 |
| | 民心相通 | 4.68 | 11.07 | 0.00 | 1.81 | 4.86 |

（二）频次分布：战略支点城市指数极化现象缓解，中等水平城市数量增加

以数值 6 为组距对 2020 年和 2021 年的 350 个样本城市的战略支点城市综合指数得分进行分组，所得频次分布如图 4-11 所示。2021 年全样本指数得分与 2020 年相比虽然极值增大，但分布更为集中，说明随着经济复苏，指数得分极化现象有所缓解。2021 年全样本城市中，134 个城市得分分布于 [34，40），84 个城市得分分布于 [40，46），46 个城市得分分布于 [46，52），共有 86.57% 的城市位于 [28，52）的中等水平，比上年增加 4.29 个百分点。

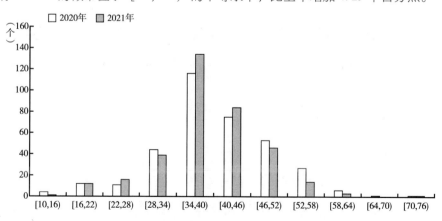

图 4-11 2020 年和 2021 年全样本城市频次分布

（三）满分达标率：政策沟通领域面临挑战，但设施联通与贸易畅通领域复苏明显

如图 4-12 所示，2021 年全样本城市均值满分达标率情况与 2020 年基本一致。样本城市在伙伴关系与政策沟通两个二级指数上得分最高。伙伴关系指数满分达标率为 59.9%。国际政局形势多变，但"一带一路"建设仍在积极推进中。但政策沟通指数满分达标率为 55.14%，较上年下降 7.2 个百分点。区域影响指数满分达标率最低，为 11.3%，较上年下降 1.93 个百分点，已连续两年下滑。受疫情的影响，战略支点城市在政策沟通和区域影响方面面临挑战。在"五通"指数方面，设施联通指数的满分达标率达 37.07%，较上年提升 2 个百分点；贸易畅通指数满分达标率达 32.43%，较上年提升 8 个百分点。在设施联通与贸易畅通方面，战略支点城市有明显复苏迹象。

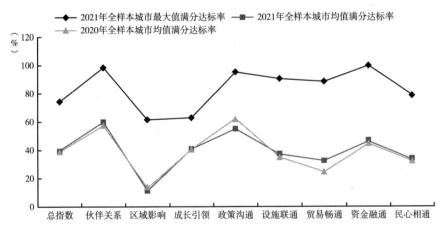

**图 4-12　2020 年和 2021 年战略支点城市二级指数均值和最大值满分达标率**

（四）2021年战略支点城市20强：西欧城市持续领先，西亚重点城市迅速崛起

本年度指数得分前三名城市分别来自东南亚、东亚和西欧。新加坡得分 74.31，位居第一；首尔（韩国）得分 67.87，居第二；苏黎世（瑞士）得分 62.29，居第三，苏黎世是首个入围前三名的西欧城市。从图 4-14 的地理分布来看，前 20 强战略支点城市中，12 个城市来自欧洲，8 个城市来自

亚洲，与上年基本一致。但从区域板块分析，较上年相比，前20强战略支点城市中新增2个西亚城市，分别为居第12名的迪拜（阿拉伯联合酋长国，简称"阿联酋"）和居第17名的多哈（卡塔尔）。阿联酋位于"一带一路"的交汇点，与中国是共建"一带一路"的重要合作伙伴。2013年以来，中阿两国在能源、金融、产能、高新技术等领域合作亮点纷呈，成果喜人。迪拜是西亚地区最大的区域中心城市之一。与迪拜共建"一带一路"对促进中东和平稳定具有重要意义。卡塔尔是最早响应"一带一路"倡议的国家之一，也是中东地区唯一与我国央行签署货币互换协议并拥有人民币清算和结算中心的国家。中国与卡塔尔积极共建"一带一路"，已初步形成以油气合作为主轴、以基础设施建设为重点、以金融和投资为新增长点的合作新格局。多哈是卡塔尔首都与最大的城市，也是西亚地区著名的港口城市。近两年卡塔尔自由区建设成果显著，中方也正在积极地推进中国高科技企业参与卡塔尔自由区建设。

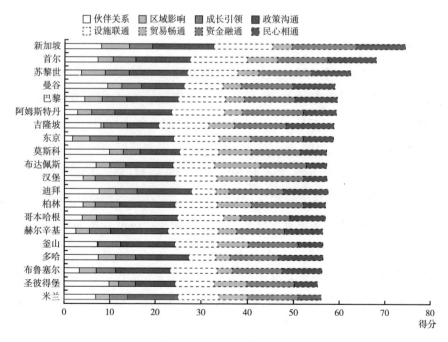

**图4-13 2021年战略支点城市指数得分前20强**

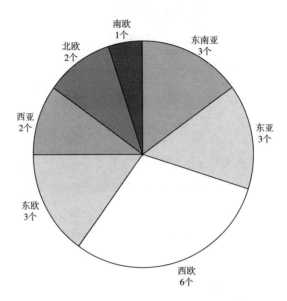

**图 4-14  2021 年战略支点城市 20 强分布**

（五）2021年战略支点城市100强：设施联通强势复苏，欧洲百强城市由东向西转移

如表 4-12 所示，2021 年度前 100 强战略支点城市综合指数得分均值为 49.72，尚未恢复至疫情前水平，任重道远。综合得分的最大值为 72.60，较上年上升 0.76；最小值为 42.55，较上年下降 0.76。在引入疫苗接种率数据后，前 100 强战略支点城市在政策沟通领域的差距进一步拉大，极差为 8.53，较上年扩大 36.9%。前 100 强战略支点城市的综合指数得分的提升主要来自区域影响、设施联通、贸易畅通和资金融通四个二级指数的得分提升。从满分达标率来看，设施联通指数进步最明显，满分达标率为 76.83%，说明"一带一路"倡议在改善各成员国之间交通条件与基础设施上持续释放积极信号。但受国际环境的变化影响，2021 年度前 100 强战略支点城市在伙伴关系与政策沟通两个指数上的得分均有所下滑。

表 4-12　2021 年战略支点城市指数前 100 强城市得分统计信息

| 指数 | | 均值 | 最小值 | 最大值 | 标准差 | 中位数 | 均值满分达标率（%） |
|---|---|---|---|---|---|---|---|
| 战略支点城市指数 | | 49.27 | 42.55 | 72.60 | 4.94 | 48.27 | 49.27 |
| 二级指数 | 伙伴关系 | 3.88 | 0.00 | 5.88 | 1.32 | 3.54 | 38.83 |
| | 区域影响 | 3.10 | 0.00 | 6.09 | 1.32 | 2.70 | 30.95 |
| | 成长引领 | 4.29 | 3.33 | 7.61 | 0.75 | 4.21 | 42.90 |
| | 政策沟通 | 8.64 | 3.82 | 12.35 | 2.17 | 8.69 | 61.75 |
| | 设施联通 | 10.76 | 6.44 | 13.59 | 1.64 | 10.90 | 76.83 |
| | 贸易畅通 | 4.39 | 1.51 | 11.00 | 1.57 | 4.05 | 31.39 |
| | 资金融通 | 9.77 | 3.41 | 11.47 | 1.34 | 9.80 | 69.80 |
| | 民心相通 | 4.43 | 0.33 | 10.71 | 2.40 | 4.11 | 31.66 |

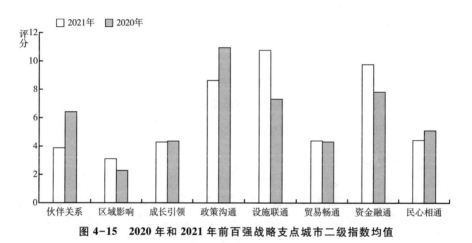

图 4-15　2020 年和 2021 年前百强战略支点城市二级指数均值

从分布情况上看（见图 4-16），前百强战略支点城市主要分布于欧亚大陆（共计 95 个），且欧洲（55 个）、亚洲（40 个）战略支点城市实力均增强，各较上年增加 1 个。但 2021 年度欧洲前百强战略支点城市的分布由东欧、北欧向西欧、南欧转移，东欧前百强战略支点城市较上年减少 3 个，西欧前百强战略支点城市较上年增加 3 个。亚洲前百强战略支点城市共计 40 个，且主要分布于东南亚和东亚。其中，东南亚前百强战略支点城市（12 个）较上年增加 1 个，东亚（12 个）较上年增加 1 个。南非（2 个）、北非（1 个）以及澳大利亚和新西兰（2 个）地区的战略支点城市数量与上年持平，但西非城市拉各斯（尼日利亚）2020 年未能入围前百强战略支点城市。

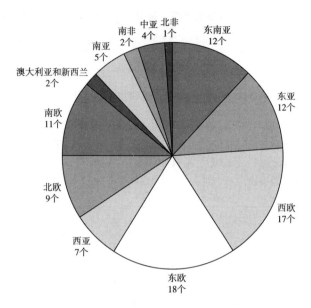

图 4-16　2021 年前百强战略支点城市分布

## 二　等级分析

根据战略支点城市综合指数得分，以 2.5 分为组距，对样本城市得分进行分组，如表 4-13 所示。重要战略支点城市 35 个，与上年相比增加 5 个；次要战略支点城市 13 个，较上年减少 5 个；一般战略支点城市 34 个。此三

表 4-13　2021 年样本城市分类方法及数量

| 序号 | 城市组别 | | 分值区间 | 数量（个） | 指数得分均值 | 城市类别符号 |
|---|---|---|---|---|---|---|
| 1 | 重要战略支点城市 | | ≥52.0 | 35 | 56.63 | $\alpha$ |
| 2 | 次要战略支点城市 | | [49.5,52.0) | 13 | 50.61 | $\beta$ |
| 3 | 一般战略支点城市 | | [47.0,49.5) | 34 | 48.30 | $\gamma$ |
| 4 | 潜在战略支点城市 | I 类潜在战略支点城市 | [44.5,47.0) | 24 | 45.46 | $\delta++$ |
| | | II 类潜在战略支点城市 | [42.0,44.5) | 26 | 43.32 | $\delta+$ |
| | | III 类潜在战略支点城市 | [39.5,42.0) | 32 | 40.97 | $\delta$ |
| 5 | 普通战略支点城市 | | <39.5 | 186 | 32.92 | $\varepsilon$ |

类战略支点城市共计82个,较上年增加6个,说明"一带一路"建设中高质量发展引领城市数量稳步增长。

（一）重要战略支点城市（α城市）：民心相通"软实力"进一步提升,欧亚分布趋向平衡

如表4-14所示,重要战略支点城市综合指数得分≥52.0,共计35个,较上年增加5个,是推进"一带一路"建设中最具影响力的沿线城市。重要战略支点城市综合指数得分均值为56.63,高于全样本城市16.82,综合实力突出。重要战略支点城市在资金融通和民心相通方面的实力进一步增强,其中资金融通指数满分达标率73%,较上年提升9.53个百分点;民心相通指数满分达标率49.96%,较上年提升9.63个百分点。在经济全球化背景下,加快国际金融中心建设和增强文化沟通"软实力"对提升"一带一路"沿线城市的综合竞争力而言至关重要。2021年因疫情反复且国际政治形势更趋复杂,重要战略支点城市在政策沟通与设施联通领域的满分达标率略有下滑。其中政策沟通下降1.29个百分点,设施联通下降1.36个百分点。

表4-14 2021年重要战略支点城市指数得分

| 排名 | 国家 | 城市 | 区域 | 总分 | 伙伴关系 | 区域影响 | 成长引领 | 政策沟通 | 设施联通 | 贸易畅通 | 资金融通 | 民心相通 |
|------|------|------|------|------|----------|----------|----------|----------|----------|----------|----------|----------|
| 1 | 新加坡 | 新加坡 | 东南亚 | 74.31 | 8.00 | 6.15 | 5.09 | 13.34 | 12.67 | 4.27 | 13.98 | 10.81 |
| 2 | 韩国 | 首尔 | 东亚 | 67.87 | 7.23 | 3.35 | 4.98 | 11.87 | 12.32 | 6.55 | 11.03 | 10.55 |
| 3 | 瑞士 | 苏黎世 | 西欧 | 62.29 | 3.62 | 5.21 | 5.28 | 12.73 | 10.90 | 4.50 | 11.56 | 8.51 |
| 4 | 法国 | 巴黎 | 西欧 | 59.43 | 4.38 | 3.81 | 5.43 | 11.29 | 10.21 | 4.06 | 10.98 | 9.26 |
| 5 | 荷兰 | 阿姆斯特丹 | 西欧 | 59.25 | 2.85 | 3.09 | 5.09 | 12.46 | 11.42 | 3.87 | 13.21 | 7.25 |
| 6 | 泰国 | 曼谷 | 东南亚 | 58.88 | 9.38 | 3.16 | 4.32 | 9.32 | 8.39 | 3.93 | 11.20 | 9.18 |
| 7 | 马来西亚 | 吉隆坡 | 东南亚 | 58.73 | 7.92 | 0.63 | 5.20 | 6.89 | 10.89 | 5.52 | 11.24 | 10.42 |
| 8 | 日本 | 东京 | 东亚 | 58.63 | 1.77 | 3.76 | 6.24 | 12.19 | 9.79 | 6.86 | 11.38 | 6.65 |
| 9 | 阿拉伯联合酋长国 | 迪拜 | 西亚 | 57.49 | 7.59 | 3.70 | 4.65 | 11.92 | 5.28 | 2.82 | 11.72 | 9.80 |
| 10 | 德国 | 汉堡 | 西欧 | 57.22 | 4.08 | 2.64 | 5.40 | 12.12 | 9.11 | 7.39 | 11.33 | 5.17 |
| 11 | 匈牙利 | 布达佩斯 | 东欧 | 57.17 | 6.92 | 3.02 | 3.52 | 10.36 | 8.99 | 9.82 | 10.07 | 4.46 |
| 12 | 俄罗斯 | 莫斯科 | 东欧 | 57.11 | 9.85 | 3.07 | 3.66 | 8.69 | 8.43 | 7.05 | 10.61 | 5.76 |

续表

| 排名 | 国家 | 城市 | 区域 | 总分 | 伙伴关系 | 区域影响 | 成长引领 | 政策沟通 | 设施联通 | 贸易畅通 | 资金融通 | 民心相通 |
|---|---|---|---|---|---|---|---|---|---|---|---|---|
| 13 | 德国 | 柏林 | 西欧 | 56.92 | 4.08 | 2.68 | 5.43 | 12.12 | 9.11 | 7.39 | 11.31 | 4.81 |
| 14 | 丹麦 | 哥本哈根 | 北欧 | 56.89 | 3.92 | 3.12 | 4.74 | 13.04 | 9.97 | 3.56 | 10.82 | 7.73 |
| 15 | 卡塔尔 | 多哈 | 西亚 | 56.41 | 7.46 | 3.88 | 4.35 | 11.62 | 5.84 | 3.10 | 10.48 | 9.67 |
| 16 | 韩国 | 釜山 | 东亚 | 56.39 | 7.23 | 0.20 | 4.97 | 11.87 | 9.32 | 6.55 | 10.79 | 5.46 |
| 17 | 芬兰 | 赫尔辛基 | 北欧 | 56.29 | 2.54 | 2.97 | 4.63 | 12.61 | 10.92 | 3.92 | 10.40 | 8.30 |
| 18 | 比利时 | 布鲁塞尔 | 西欧 | 56.19 | 3.31 | 3.72 | 4.28 | 11.95 | 10.22 | 3.27 | 10.79 | 8.65 |
| 19 | 意大利 | 米兰 | 南欧 | 56.04 | 6.92 | 3.03 | 3.99 | 11.04 | 8.89 | 6.09 | 11.02 | 5.04 |
| 20 | 卢森堡 | 卢森堡 | 西欧 | 55.75 | 4.46 | 4.86 | 5.23 | 12.54 | 9.43 | 3.02 | 11.33 | 4.89 |
| 21 | 英国 | 伦敦 | 北欧 | 55.47 | 4.54 | 3.72 | 5.52 | 12.13 | 5.67 | 6.02 | 11.64 | 6.24 |
| 22 | 韩国 | 仁川 | 东亚 | 55.26 | 7.23 | 0.15 | 5.09 | 11.87 | 8.32 | 6.55 | 6.23 | 9.82 |
| 23 | 俄罗斯 | 圣彼得堡 | 东欧 | 55.21 | 9.85 | 2.12 | 3.71 | 8.69 | 8.43 | 7.05 | 10.33 | 5.03 |
| 24 | 德国 | 不莱梅 | 西欧 | 55.13 | 4.08 | 0.34 | 5.44 | 12.12 | 9.11 | 12.39 | 6.86 | 4.81 |
| 25 | 越南 | 胡志明市 | 东南亚 | 54.06 | 7.38 | 2.66 | 4.71 | 8.82 | 8.05 | 9.96 | 6.77 | 5.69 |
| 26 | 西班牙 | 马德里 | 南欧 | 53.91 | 3.92 | 3.22 | 4.44 | 11.69 | 9.44 | 5.50 | 10.85 | 4.83 |
| 27 | 葡萄牙 | 里斯本 | 南欧 | 53.12 | 6.92 | 3.17 | 3.88 | 12.00 | 8.90 | 3.49 | 10.52 | 4.23 |
| 28 | 德国 | 慕尼黑 | 西欧 | 53.05 | 4.08 | 2.74 | 5.60 | 8.12 | 9.11 | 7.39 | 11.21 | 4.81 |
| 29 | 新西兰 | 奥克兰 | 澳大利亚和新西兰 | 53.03 | 8.92 | 3.34 | 4.65 | 12.78 | 6.75 | 4.89 | 6.42 | 5.27 |
| 30 | 印度尼西亚 | 雅加达 | 东南亚 | 53.02 | 7.92 | 3.14 | 4.41 | 8.99 | 3.21 | 9.18 | 10.07 | 6.10 |
| 31 | 奥地利 | 维也纳 | 西欧 | 52.67 | 6.77 | 3.54 | 4.41 | 12.17 | 7.37 | 3.52 | 10.48 | 4.41 |
| 32 | 阿拉伯联合酋长国 | 阿布扎比 | 西亚 | 52.43 | 7.59 | 2.78 | 4.73 | 7.92 | 5.28 | 2.82 | 11.48 | 9.80 |
| 33 | 老挝 | 万象 | 东南亚 | 52.37 | 9.38 | 0.89 | 3.84 | 9.18 | 7.80 | 8.04 | 6.79 | 6.46 |
| 34 | 韩国 | 龙仁 | 东亚 | 52.04 | 7.23 | 0.06 | 5.32 | 11.87 | 9.32 | 6.55 | 6.23 | 5.46 |
| 35 | 柬埔寨 | 金边 | 东南亚 | 52.02 | 8.72 | 2.09 | 4.32 | 9.13 | 8.60 | 3.09 | 6.54 | 9.52 |
| 均　值 | | | | 56.63 | 6.23 | 2.86 | 4.76 | 11.07 | 8.79 | 5.71 | 10.22 | 6.99 |
| 满分达标率（%） | | | | 56.63 | 62.30 | 28.58 | 47.58 | 79.07 | 62.76 | 40.81 | 73.00 | 49.96 |
| 高于全样本均值 | | | | 16.82 | 0.24 | 1.72 | 0.67 | 3.35 | 3.59 | 1.17 | 3.76 | 2.31 |

从空间分布看（见图 4-17），重要战略支点城市主要分布于欧亚大陆，且分布逐步均衡，澳大利亚和新西兰地区的奥克兰首次入选重要战略支点城市。欧洲重要战略支点城市共计 19 个，其中 10 个位于西欧地区，且分布由

东欧向西欧、北欧、南欧转移。亚洲重要战略支点城市共计 15 个，较上年增加 7 个。其中东南亚 7 个，较上年增加 2 个；东亚 5 个，较上年增加 3 个；西亚 3 个，较上年增加 2 个。亚洲重要战略支点城市占比稳步提升，亚欧地区"一体化融合"合作框架初见成效。2020 年底中国与新西兰签署了自贸协定，奥克兰抓住发展机遇，成为"一带一路"建设中的重要战略支点城市，未来其将发挥区域性的关键作用。

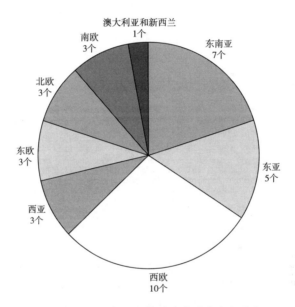

**图 4-17  2021 年重要战略支点城市空间分布**

对比重要战略支点城市与全样本城市的二级指数均值，重要战略支点城市在"五通"领域优势明显，其中在政策沟通、设施联通、资金融通方面表现最为突出，显著高于全样本城市均值；在民心相通方面较上年进步明显，与全样本城市均值的差距进一步拉大；在伙伴关系和成长引领方面与全样本城市基本持平。

（二）次要战略支点城市（β 城市）：欧亚实力差距缩小，澳新城市潜力十足，伙伴关系表现下滑

次要战略支点城市综合指数得分位于［49.5，52.0），共计 13 个，数量

较上年减少 5 个。如表 4-15 所示，次要战略支点城市综合指数得分均值 50.61，高于全样本均值 10.80，是潜在成为 "一带一路" 沿线重要战略支点城市的高质量发展城市。在伙伴关系、政策沟通、设施联通、贸易畅通、资金融通、民心相通领域的满分达标率均高于 50%。成长引领、政策沟通和资金融通能力较上年有所提高，但伙伴关系、区域影响领域的表现有所下滑。

表 4-15　2021 年次要战略支点城市指数得分

| 排名 | 国家 | 城市 | 区域 | 总分 | 伙伴关系 | 区域影响 | 成长引领 | 政策沟通 | 设施联通 | 贸易畅通 | 资金融通 | 民心相通 |
|---|---|---|---|---|---|---|---|---|---|---|---|---|
| 36 | 波兰 | 华沙 | 东欧 | 51.80 | 6.92 | 2.94 | 3.74 | 10.83 | 8.94 | 3.29 | 10.36 | 4.78 |
| 37 | 韩国 | 大田 | 东亚 | 51.76 | 7.23 | 0.08 | 5.01 | 11.87 | 9.32 | 6.55 | 6.23 | 5.46 |
| 38 | 意大利 | 罗马 | 南欧 | 51.42 | 6.92 | 2.76 | 4.06 | 11.04 | 4.89 | 6.09 | 10.61 | 5.04 |
| 39 | 德国 | 科隆 | 西欧 | 51.38 | 4.08 | 1.81 | 5.58 | 12.12 | 9.11 | 7.39 | 6.86 | 4.44 |
| 40 | 韩国 | 大邱 | 东亚 | 51.31 | 7.23 | 0.12 | 4.89 | 11.87 | 9.32 | 6.55 | 6.23 | 5.09 |
| 41 | 韩国 | 水原 | 东亚 | 51.27 | 7.23 | 0.06 | 5.27 | 11.87 | 9.32 | 6.55 | 6.23 | 4.73 |
| 42 | 英国 | 格拉斯哥 | 北欧 | 51.01 | 4.54 | 2.25 | 5.43 | 12.13 | 5.67 | 6.02 | 10.57 | 4.42 |
| 43 | 缅甸 | 仰光 | 东南亚 | 49.81 | 8.38 | 1.47 | 2.76 | 7.46 | 10.00 | 3.18 | 6.14 | 10.43 |
| 44 | 新西兰 | 惠灵顿 | 澳大利亚和新西兰 | 49.67 | 8.92 | 1.74 | 4.46 | 12.78 | 4.75 | 4.89 | 10.86 | 1.27 |
| 45 | 菲律宾 | 马尼拉 | 东南亚 | 49.65 | 6.08 | 4.96 | 4.39 | 8.41 | 3.74 | 5.29 | 10.21 | 6.57 |
| 46 | 德国 | 罗斯托克 | 西欧 | 49.62 | 4.08 | 0.01 | 5.62 | 12.12 | 9.11 | 7.39 | 6.86 | 4.44 |
| 47 | 意大利 | 都灵 | 南欧 | 49.61 | 6.92 | 1.66 | 4.00 | 11.04 | 8.89 | 6.09 | 6.33 | 4.68 |
| 48 | 瑞士 | 伯尔尼 | 西欧 | 49.57 | 3.62 | 2.33 | 5.28 | 12.73 | 9.90 | 4.50 | 6.72 | 4.51 |
| 均　值 | | | | 50.61 | 6.32 | 1.71 | 4.65 | 11.25 | 7.92 | 5.68 | 8.02 | 5.07 |
| 满分达标率(%) | | | | 50.61 | 63.20 | 17.06 | 46.54 | 80.35 | 56.58 | 40.54 | 57.26 | 36.19 |
| 高于全样本均值 | | | | 10.80 | 0.33 | 0.57 | 0.57 | 3.53 | 2.73 | 1.13 | 1.55 | 0.38 |

2021 年度次要战略支点城市空间分布与上年相比更为均衡（见图 4-18）。13 个次要战略支点城市中，7 个位于欧洲，5 个位于亚洲，1 个位于大洋洲。在次要战略支点城市中，欧亚实力差距缩小。其中大洋洲的惠灵顿首次入选次要战略支点城市，上年度为次要战略支点城市的奥克兰本年度晋级为重要战略支点城市，说明大洋洲地区整体的城市影响力逐步提高。

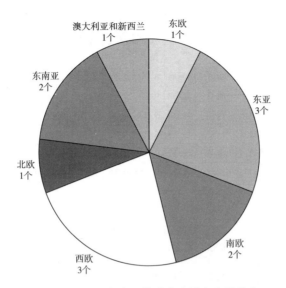

**图 4-18　2021 年次要战略支点城市空间分布**

与全样本城市相比，次要战略支点城市的政策沟通、设施联通、贸易畅通领域和资金融通二级指数得分较高。伙伴关系、区域影响、成长引领和民心相通指数得分与全样本均值基本持平。伙伴关系领域的发展稍有不足，指数得分仅高全样本均值 0.33，仍有待提高。

**（三）一般战略支点城市（γ 城市）：伙伴关系成绩突出，公共卫生能力亟待改善**

如表 4-16 所示，一般战略支点城市综合指数得分位于［47.0，49.5），共计 34 个。一般战略支点城市综合指数得分均值 48.30，高于全样本均值 8.49。伙伴关系指数满分达标率进一步提升至 75.63%，甚至高于次要战略支点城市，表现优异。但在引入疫苗接种率后，一般战略支点城市政策沟通指数的满分达标率下滑至 68.80%，较上年下降 8 个百分点，说明一般战略支点城市在疫苗接种方面工作仍有待加强。

从空间上看，一般战略支点城市的空间分布主要集中于欧洲（见图 4-19）。34 个一般战略支点城市分布于欧洲（21 个）、亚洲（11 个）、非洲（2 个）。其中东欧地区识别出一般战略支点城市 13 个。俄罗斯的新西伯利亚、叶

表 4-16 2021 年一般战略支点城市指数得分统计信息

| 排名 | 国家 | 城市 | 区域 | 总分 | 伙伴关系 | 区域影响 | 成长引领 | 政策沟通 | 设施联通 | 贸易畅通 | 资金融通 | 民心相通 |
|---|---|---|---|---|---|---|---|---|---|---|---|---|
| 49 | 印度 | 新德里 | 南亚 | 49.35 | 6.23 | 2.74 | 4.92 | 8.38 | 8.15 | 5.97 | 10.24 | 2.72 |
| 50 | 俄罗斯 | 新西伯利亚 | 东欧 | 49.33 | 9.85 | 0.10 | 3.72 | 8.69 | 8.43 | 7.05 | 6.47 | 5.03 |
| 51 | 俄罗斯 | 叶卡捷琳堡 | 东欧 | 49.24 | 9.85 | 0.03 | 3.70 | 8.69 | 8.43 | 7.05 | 6.47 | 5.03 |
| 52 | 土耳其 | 伊斯坦布尔 | 西亚 | 49.13 | 6.26 | 0.70 | 3.87 | 8.81 | 8.69 | 4.51 | 10.36 | 5.93 |
| 53 | 南非 | 开普敦 | 南非 | 49.12 | 7.92 | 2.53 | 3.94 | 9.04 | 3.38 | 5.48 | 10.31 | 6.51 |
| 54 | 俄罗斯 | 喀山 | 东欧 | 49.01 | 9.85 | 0.16 | 3.70 | 8.69 | 8.43 | 7.05 | 6.47 | 4.66 |
| 55 | 俄罗斯 | 克拉斯诺亚尔斯克 | 东欧 | 48.94 | 9.85 | 0.02 | 3.77 | 8.69 | 8.43 | 7.05 | 6.47 | 4.66 |
| 56 | 俄罗斯 | 彼尔姆 | 东欧 | 48.82 | 9.85 | 0.02 | 3.65 | 8.69 | 8.43 | 7.05 | 6.47 | 4.66 |
| 57 | 西班牙 | 巴塞罗那 | 南欧 | 48.76 | 3.92 | 2.69 | 4.43 | 11.69 | 9.44 | 5.50 | 6.26 | 4.83 |
| 58 | 俄罗斯 | 下诺夫哥罗德 | 东欧 | 48.71 | 9.85 | 0.02 | 3.54 | 8.69 | 8.43 | 7.05 | 6.47 | 4.66 |
| 59 | 孟加拉国 | 达卡 | 南亚 | 48.69 | 8.23 | 2.45 | 4.38 | 7.59 | 8.65 | 3.18 | 3.41 | 10.79 |
| 60 | 俄罗斯 | 伏尔加格勒 | 东欧 | 48.67 | 9.85 | 0.02 | 3.50 | 8.69 | 8.43 | 7.05 | 6.47 | 4.66 |
| 61 | 俄罗斯 | 沃罗涅日 | 东欧 | 48.47 | 9.85 | 0.02 | 3.67 | 8.69 | 8.43 | 7.05 | 6.47 | 4.30 |
| 62 | 俄罗斯 | 车里雅宾斯克 | 东欧 | 48.47 | 9.85 | 0.02 | 3.66 | 8.69 | 8.43 | 7.05 | 6.47 | 4.30 |
| 63 | 哈萨克斯坦 | 阿拉木图 | 中亚 | 48.46 | 5.69 | 2.36 | 3.97 | 9.62 | 8.22 | 3.20 | 9.83 | 5.56 |
| 64 | 俄罗斯 | 乌法 | 东欧 | 48.44 | 9.85 | 0.02 | 3.63 | 8.69 | 8.43 | 7.05 | 6.47 | 4.30 |
| 65 | 日本 | 大阪 | 东亚 | 48.44 | 1.77 | 2.66 | 6.22 | 12.19 | 5.79 | 6.86 | 11.03 | 1.92 |
| 66 | 俄罗斯 | 罗斯托夫 | 东欧 | 48.40 | 9.85 | 0.02 | 3.59 | 8.69 | 8.43 | 7.05 | 6.47 | 4.30 |
| 67 | 俄罗斯 | 鄂木斯克 | 东欧 | 48.37 | 9.85 | 0.02 | 3.57 | 8.69 | 8.43 | 7.05 | 6.47 | 4.30 |
| 68 | 俄罗斯 | 萨马拉 | 东欧 | 48.33 | 9.85 | 0.02 | 3.53 | 8.69 | 8.43 | 7.05 | 6.47 | 4.30 |
| 69 | 巴基斯坦 | 拉合尔 | 南亚 | 48.24 | 9.00 | 2.08 | 4.07 | 6.84 | 5.83 | 8.17 | 6.65 | 5.61 |
| 70 | 意大利 | 热那亚 | 南欧 | 48.13 | 6.92 | 0.65 | 3.89 | 11.04 | 8.89 | 6.09 | 6.33 | 4.31 |
| 71 | 哈萨克斯坦 | 努尔苏丹 | 中亚 | 48.09 | 6.69 | 0.16 | 4.03 | 9.62 | 8.22 | 3.20 | 10.22 | 5.94 |
| 72 | 泰国 | 清迈 | 东南亚 | 47.95 | 9.38 | 0.04 | 4.24 | 9.32 | 8.39 | 3.93 | 7.10 | 5.54 |
| 73 | 阿塞拜疆 | 巴库 | 西亚 | 47.84 | 7.26 | 2.48 | 3.74 | 9.83 | 7.77 | 1.51 | 9.68 | 5.56 |
| 74 | 葡萄牙 | 波尔图 | 南欧 | 47.79 | 6.92 | 2.20 | 3.84 | 12.00 | 8.90 | 3.49 | 6.21 | 4.23 |
| 75 | 英国 | 曼彻斯特 | 北欧 | 47.66 | 4.54 | 2.76 | 5.49 | 12.13 | 5.67 | 6.02 | 6.64 | 4.42 |
| 76 | 法国 | 里昂 | 西欧 | 47.44 | 4.38 | 2.55 | 5.49 | 11.29 | 9.21 | 4.06 | 6.28 | 4.17 |
| 77 | 希腊 | 雅典 | 南欧 | 47.44 | 6.92 | 3.22 | 3.13 | 10.37 | 4.86 | 4.79 | 9.88 | 4.26 |
| 78 | 荷兰 | 鹿特丹 | 西欧 | 47.43 | 2.85 | 1.99 | 5.06 | 12.46 | 9.42 | 3.87 | 8.54 | 3.25 |

续表

| 排名 | 国家 | 城市 | 区域 | 总分 | 伙伴关系 | 区域影响 | 成长引领 | 政策沟通 | 设施联通 | 贸易畅通 | 资金融通 | 民心相通 |
|---|---|---|---|---|---|---|---|---|---|---|---|---|
| 79 | 韩国 | 光州 | 东亚 | 47.38 | 7.23 | 0.08 | 5.00 | 11.87 | 5.32 | 6.55 | 6.23 | 5.09 |
| 80 | 摩洛哥 | 卡萨布兰卡 | 北非 | 47.36 | 6.13 | 2.88 | 3.81 | 9.57 | 3.58 | 5.19 | 10.52 | 5.68 |
| 81 | 越南 | 河内 | 东南亚 | 47.16 | 7.38 | 0.11 | 4.99 | 8.82 | 8.05 | 4.96 | 6.77 | 6.06 |
| 82 | 爱沙尼亚 | 塔林 | 北欧 | 47.13 | 3.46 | 2.04 | 3.98 | 11.98 | 7.70 | 3.01 | 10.08 | 4.88 |
| 均 值 | | | | 48.30 | 7.56 | 1.17 | 4.11 | 9.63 | 7.76 | 5.62 | 7.55 | 4.90 |
| 满分达标率(%) | | | | 48.30 | 75.62 | 11.73 | 41.09 | 68.80 | 55.40 | 40.16 | 53.93 | 34.97 |
| 高于全样本均值 | | | | 8.49 | 1.57 | 0.04 | 0.02 | 1.92 | 2.56 | 1.08 | 1.09 | 0.21 |

卡捷叶卡捷琳堡、喀山和克拉斯诺亚尔斯克等原重要战略支点城市得分下降而成为一般战略支点城市。俄罗斯新增确诊病例与病死率均达到疫情暴发以来的最高值，而疫苗接种率为 33%，相对较低。因此，东欧一般战略支点城市的政策沟通指数得分下滑明显。亚洲地区的一般战略支点城市数量与上年基本保持一致。

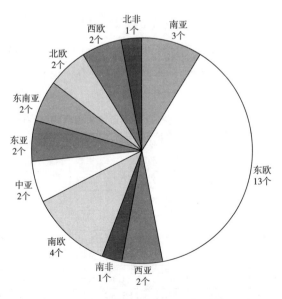

**图 4-19  2021 年一般战略支点城市空间分布**

一般战略支点城市在伙伴关系、政策沟通、设施联通、贸易畅通和资金融通方面的表现均明显优于全样本平均水平。尤其在设施联通领域，一般战略支点城市较上年进步较大。但在区域影响、成长引领和民心相通领域仍有待提高，且此三个维度长期以来都是一般战略支点城市的短板，应有针对性地予以加强。

（四）潜在战略支点城市：政策沟通表现优异，区域影响与贸易畅通有待提高

潜在战略支点城市综合指数得分为［39.5，47.0），共计 82 个城市，是推动"一带一路"高质量发展的储备城市。潜在战略支点城市综合指数得分 43.03，高于全样本均值 3.22。以 2.5 分为组距，将潜在战略支点城市进一步划分为 Ⅰ 类潜在战略支点城市（δ++ 城市），分值区间［44.5，47.0）；Ⅱ 类潜在战略支点城市（δ+ 城市），分值区间［42.0，44.5）；Ⅲ 类潜在战略支点城市（δ 城市），分值区间［39.5，42.0）。

1. Ⅰ 类潜在战略支点城市共计 24 个

Ⅰ 类潜在战略支点城市综合指数得分均值 45.46，高于全样本均值 5.65。与全样本均值相比，Ⅰ 类潜在战略支点城市政策沟通指数表现较好，高于均值水平 2.38。从满分达标率角度看，Ⅰ 类潜在战略支点城市政策沟通领域表现最为突出，满分达标率高达 72.10%，但贸易畅通表现欠佳，得分低于全样本均值 0.25。

表 4-17　2021 年 Ⅰ 类潜在战略支点城市指数得分统计信息

| 排名 | 国家 | 城市 | 区域 | 总分 | 伙伴关系 | 区域影响 | 成长引领 | 政策沟通 | 设施联通 | 贸易畅通 | 资金融通 | 民心相通 |
|------|------|------|------|------|----------|----------|----------|----------|----------|----------|----------|----------|
| 83 | 韩国 | 昌原 | 东亚 | 46.94 | 7.23 | 0.06 | 4.94 | 11.87 | 5.32 | 6.55 | 6.23 | 4.73 |
| 84 | 立陶宛 | 维尔纽斯 | 北欧 | 46.92 | 3.00 | 2.25 | 3.65 | 11.44 | 8.62 | 3.43 | 10.29 | 4.25 |
| 85 | 越南 | 海防 | 东南亚 | 46.51 | 7.38 | 0.03 | 4.79 | 8.82 | 8.05 | 4.96 | 6.77 | 5.69 |
| 86 | 英国 | 伯明翰 | 北欧 | 46.32 | 4.54 | 1.78 | 5.49 | 12.13 | 5.67 | 6.02 | 6.64 | 4.05 |
| 87 | 科威特 | 科威特市 | 西亚 | 46.12 | 6.13 | 4.25 | 4.04 | 9.18 | 4.23 | 3.14 | 10.18 | 4.98 |
| 88 | 英国 | 南安普顿 | 北欧 | 46.02 | 4.54 | 1.10 | 5.51 | 12.13 | 5.67 | 6.02 | 6.64 | 4.42 |
| 89 | 蒙古 | 乌兰巴托 | 东亚 | 46.00 | 7.59 | 1.29 | 3.53 | 10.35 | 7.90 | 3.06 | 5.93 | 6.34 |
| 90 | 罗马尼亚 | 布加勒斯特 | 东欧 | 45.92 | 6.15 | 2.74 | 3.27 | 10.16 | 8.81 | 3.50 | 6.22 | 5.06 |

续表

| 排名 | 国家 | 城市 | 区域 | 总分 | 伙伴关系 | 区域影响 | 成长引领 | 政策沟通 | 设施联通 | 贸易畅通 | 资金融通 | 民心相通 |
|---|---|---|---|---|---|---|---|---|---|---|---|---|
| 91 | 土耳其 | 安卡拉 | 西亚 | 45.83 | 6.26 | 2.01 | 3.96 | 8.81 | 8.69 | 4.51 | 6.39 | 5.20 |
| 92 | 法国 | 波尔多 | 西欧 | 45.82 | 4.38 | 0.87 | 5.55 | 11.29 | 9.21 | 4.06 | 6.28 | 4.17 |
| 93 | 法国 | 里尔 | 西欧 | 45.72 | 4.38 | 0.90 | 5.41 | 11.29 | 9.21 | 4.06 | 6.28 | 4.17 |
| 94 | 印度 | 孟买 | 南亚 | 45.71 | 6.23 | 2.94 | 4.62 | 8.38 | 4.15 | 5.97 | 10.34 | 3.08 |
| 95 | 巴林 | 麦纳麦 | 西亚 | 45.03 | 5.46 | 2.79 | 4.66 | 10.00 | 2.88 | 3.44 | 10.64 | 5.16 |
| 96 | 英国 | 西约克 | 北欧 | 45.00 | 4.54 | 0.48 | 5.48 | 12.13 | 5.67 | 6.02 | 6.64 | 4.05 |
| 97 | 意大利 | 那不勒斯 | 南欧 | 44.93 | 6.92 | 1.05 | 3.93 | 11.04 | 4.89 | 6.09 | 6.33 | 4.68 |
| 98 | 吉尔吉斯斯坦 | 比什凯克 | 中亚 | 44.92 | 8.92 | 1.13 | 3.85 | 7.52 | 7.64 | 3.03 | 6.11 | 6.73 |
| 99 | 克罗地亚 | 萨格勒布 | 南欧 | 44.86 | 4.69 | 2.98 | 3.18 | 10.28 | 8.68 | 3.44 | 6.28 | 5.33 |
| 100 | 波兰 | 格但斯克 | 东欧 | 44.76 | 6.92 | 0.03 | 3.69 | 10.83 | 8.94 | 3.29 | 6.28 | 4.78 |
| 101 | 乌拉圭 | 蒙得维的亚 | 南美 | 44.72 | 7.13 | 4.16 | 3.45 | 11.82 | 4.43 | 3.04 | 6.21 | 4.49 |
| 102 | 塞尔维亚 | 贝尔格莱德 | 南欧 | 44.67 | 7.38 | 2.65 | 3.30 | 9.49 | 9.00 | 1.52 | 6.27 | 5.05 |
| 103 | 印度 | 加尔各答 | 南亚 | 44.59 | 6.23 | 1.93 | 4.30 | 8.38 | 8.15 | 5.97 | 6.31 | 3.08 |
| 104 | 比利时 | 安特卫普 | 西欧 | 44.58 | 3.31 | 2.43 | 4.23 | 11.95 | 9.22 | 3.27 | 6.25 | 3.92 |
| 105 | 南非 | 约翰内斯堡 | 南非 | 44.58 | 7.92 | 3.05 | 4.04 | 5.04 | 3.38 | 5.48 | 10.25 | 5.42 |
| 106 | 塔吉克斯坦 | 杜尚别 | 中亚 | 44.56 | 8.92 | 0.39 | 4.20 | 7.96 | 8.06 | 3.01 | 6.08 | 5.94 |
| 均 值 | | | | 45.46 | 6.09 | 1.80 | 4.30 | 10.09 | 6.94 | 4.29 | 7.16 | 4.78 |
| 满分达标率(%) | | | | 45.46 | 60.91 | 18.03 | 43.04 | 72.10 | 49.55 | 30.62 | 51.14 | 34.17 |
| 高于全样本均值 | | | | 5.65 | 0.10 | 0.67 | 0.22 | 2.38 | 1.74 | -0.25 | 0.70 | 0.10 |

从空间分布上看（见图4-20），Ⅰ类潜在战略支点城市主要集中在欧亚大陆，其中欧洲12个，较上年增加2个；亚洲10个，较上年减少9个；南非1个；南美1个。Ⅰ类潜在战略支点城市在欧亚大陆的分布较上年更趋均衡。

**2. Ⅱ类潜在战略支点城市共计26个**

Ⅱ类潜在战略支点城市综合指数得分均值43.32，高于全样本均值3.51。与全样本均值相比，Ⅱ类潜在战略支点城市政策沟通领域表现较好，但伙伴关系方面较薄弱，二级指数得分低于全样本均值。贸易畅通领域表现较上年进步明显，得分已达到全样本平均水平。从满分达标率角度看，Ⅱ类潜在战略支点城市在政策沟通领域分值较高，为66.80%，区域影响相对不足。

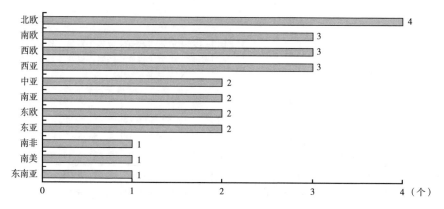

图 4-20　2021 年 Ⅰ 类潜在战略支点城市空间分布

表 4-18　2021 年 Ⅱ 类潜在战略支点城市指数得分统计信息

| 排名 | 国家 | 城市 | 区域 | 总分 | 伙伴关系 | 区域影响 | 成长引领 | 政策沟通 | 设施联通 | 贸易畅通 | 资金融通 | 民心相通 |
|---|---|---|---|---|---|---|---|---|---|---|---|---|
| 107 | 爱尔兰 | 都柏林 | 北欧 | 44.46 | 3.62 | 3.43 | 4.83 | 12.33 | 3.75 | 4.04 | 7.62 | 4.85 |
| 108 | 捷克 | 布拉格 | 东欧 | 44.35 | 3.00 | 2.96 | 3.92 | 7.60 | 8.94 | 3.18 | 10.19 | 4.56 |
| 109 | 意大利 | 威尼斯 | 南欧 | 44.33 | 6.92 | 0.02 | 3.99 | 11.04 | 4.89 | 6.09 | 6.33 | 5.04 |
| 110 | 泰国 | 春武里 | 东南亚 | 44.32 | 9.38 | 0.05 | 4.24 | 9.32 | 4.39 | 3.93 | 7.10 | 5.91 |
| 111 | 保加利亚 | 索非亚 | 东欧 | 44.04 | 5.46 | 2.65 | 3.43 | 9.60 | 8.48 | 3.03 | 6.21 | 5.18 |
| 112 | 格鲁吉亚 | 第比利斯 | 西亚 | 43.81 | 4.46 | 2.49 | 3.29 | 9.74 | 8.19 | 3.87 | 6.21 | 5.56 |
| 113 | 瑞典 | 斯德哥尔摩 | 北欧 | 43.81 | 2.38 | 2.91 | 4.92 | 8.56 | 5.36 | 4.88 | 11.75 | 3.05 |
| 114 | 土耳其 | 加济安泰普 | 西亚 | 43.74 | 6.26 | 0.25 | 3.99 | 8.81 | 8.69 | 4.51 | 6.39 | 4.84 |
| 115 | 土耳其 | 科尼亚 | 西亚 | 43.73 | 6.26 | 0.24 | 3.99 | 8.81 | 8.69 | 4.51 | 6.39 | 4.84 |
| 116 | 尼泊尔 | 加德满都 | 南亚 | 43.68 | 7.56 | 0.32 | 4.31 | 8.41 | 3.62 | 5.15 | 3.23 | 11.07 |
| 117 | 挪威 | 奥斯陆 | 北欧 | 43.60 | 1.15 | 2.75 | 4.78 | 12.78 | 5.00 | 3.53 | 10.12 | 3.50 |
| 118 | 泰国 | 北榄府（沙没巴干府） | 东南亚 | 43.59 | 9.38 | 0.05 | 4.24 | 9.32 | 4.39 | 3.93 | 7.10 | 5.18 |
| 119 | 土耳其 | 伊兹密尔 | 西亚 | 43.58 | 6.26 | 0.30 | 3.79 | 8.81 | 8.69 | 4.51 | 6.39 | 4.84 |
| 120 | 乌克兰 | 基辅 | 东欧 | 43.16 | 5.46 | 2.57 | 2.88 | 7.87 | 8.51 | 4.42 | 6.22 | 5.24 |
| 121 | 南非 | 德班 | 南非 | 43.14 | 7.92 | 1.83 | 3.67 | 9.04 | 3.38 | 5.48 | 6.40 | 5.42 |
| 122 | 以色列 | 特拉维夫-雅法 | 西亚 | 43.07 | 2.23 | 3.83 | 4.93 | 11.46 | 2.43 | 3.59 | 10.81 | 3.79 |
| 123 | 越南 | 芹苴 | 东南亚 | 42.93 | 7.38 | 0.04 | 5.21 | 8.82 | 4.05 | 4.96 | 6.77 | 5.69 |
| 124 | 尼日利亚 | 拉各斯 | 西非 | 42.92 | 6.23 | 2.40 | 4.05 | 7.07 | 2.06 | 8.61 | 6.35 | 6.15 |

续表

| 排名 | 国家 | 城市 | 区域 | 总分 | 伙伴关系 | 区域影响 | 成长引领 | 政策沟通 | 设施联通 | 贸易畅通 | 资金融通 | 民心相通 |
|---|---|---|---|---|---|---|---|---|---|---|---|---|
| 125 | 斯洛伐克 | 布拉迪斯拉发 | 东欧 | 42.87 | 3.00 | 2.40 | 3.66 | 9.88 | 8.89 | 3.09 | 6.21 | 5.75 |
| 126 | 沙特阿拉伯 | 利雅得 | 西亚 | 42.83 | 7.92 | 4.00 | 4.48 | 5.68 | 4.87 | 3.63 | 10.03 | 2.21 |
| 127 | 印度 | 勒克瑙 | 南亚 | 42.60 | 6.23 | 0.00 | 4.84 | 8.38 | 8.15 | 5.97 | 6.31 | 2.72 |
| 128 | 印度 | 阿格拉 | 南亚 | 42.59 | 6.23 | 0.00 | 4.82 | 8.38 | 8.15 | 5.97 | 6.31 | 2.72 |
| 129 | 日本 | 名古屋 | 东亚 | 42.47 | 1.77 | 1.61 | 6.27 | 12.19 | 5.79 | 6.86 | 6.43 | 1.55 |
| 130 | 法国 | 马赛-普罗旺斯地区艾克斯 | 西欧 | 42.29 | 4.38 | 1.51 | 5.39 | 11.29 | 5.21 | 4.06 | 6.28 | 4.17 |
| 131 | 印度尼西亚 | 泗水 | 东南亚 | 42.20 | 7.92 | 1.21 | 4.33 | 8.99 | 3.21 | 4.18 | 6.25 | 6.10 |
| 132 | 白俄罗斯 | 明斯克 | 东欧 | 42.14 | 6.92 | 1.64 | 1.64 | 8.96 | 8.63 | 2.38 | 6.21 | 5.76 |
| 均 值 | | | | 43.32 | 5.60 | 1.59 | 4.23 | 9.35 | 6.02 | 4.55 | 7.14 | 4.83 |
| 满分达标率(%) | | | | 43.32 | 56.05 | 15.94 | 42.26 | 66.80 | 42.97 | 32.53 | 50.99 | 34.52 |
| 高于全样本均值 | | | | 3.51 | -0.39 | 0.46 | 0.14 | 1.64 | 0.82 | 0.01 | 0.68 | 0.15 |

　　Ⅱ类潜在战略支点城市共计 26 个，主要分布于欧亚大陆。其中亚洲共计 14 个，欧洲共计 10 个（见图 4-21）。与上年相比，欧亚地区Ⅱ类潜在战略支点城市数量整体减少，其中亚洲减少 9 个，欧洲减少 3 个，非洲减少 3 个。

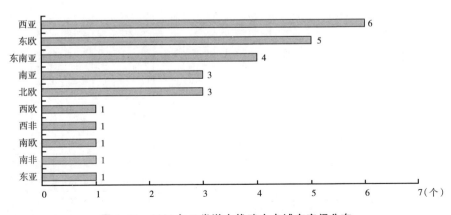

图 4-21　2021 年Ⅱ类潜在战略支点城市空间分布

**3. Ⅲ类潜在战略支点城市共计 32 个**

Ⅲ类潜在战略支点城市综合指数得分均值 40.97，与全样本均值基本持平。Ⅲ类潜在战略支点城市在政策沟通方面优势突出，满分达标率高达 67.20%，高于Ⅱ类潜在战略支点城市。但Ⅲ类潜在战略支点城市在伙伴关系、区域影响、设施联通、资金融通和民心相通领域短板明显，二级指数得分甚至低于全样本均值。资金融通指数满分达标率较上年下滑 1.05 个百分点，低于全样本均值。

表 4-19　2021 年Ⅲ类潜在战略支点城市指数得分统计信息

| 排名 | 国家 | 城市 | 区域 | 总分 | 伙伴关系 | 区域影响 | 成长引领 | 政策沟通 | 设施联通 | 贸易畅通 | 资金融通 | 民心相通 |
|---|---|---|---|---|---|---|---|---|---|---|---|---|
| 133 | 巴基斯坦 | 伊斯兰堡 | 南亚 | 41.90 | 9.00 | 1.78 | 3.03 | 6.84 | 5.83 | 3.17 | 6.65 | 5.61 |
| 134 | 塞浦路斯 | 尼科西亚 | 西亚 | 41.68 | 5.46 | 2.66 | 3.93 | 6.17 | 4.72 | 3.87 | 10.03 | 4.84 |
| 135 | 斯洛文尼亚 | 卢布尔雅那 | 南欧 | 41.50 | 5.92 | 2.20 | 3.75 | 11.09 | 4.87 | 3.04 | 6.15 | 4.48 |
| 136 | 印度 | 班加罗尔 | 南亚 | 41.47 | 6.23 | 2.64 | 5.06 | 8.38 | 4.15 | 5.97 | 6.31 | 2.72 |
| 137 | 伊朗 | 德黑兰 | 南亚 | 41.44 | 7.59 | 0.70 | 3.07 | 7.48 | 5.59 | 3.86 | 7.51 | 5.65 |
| 138 | 南非 | 艾库鲁勒尼 | 南非 | 41.38 | 7.92 | 0.17 | 3.93 | 9.04 | 3.38 | 5.48 | 6.40 | 5.06 |
| 139 | 印度 | 海得拉巴（印度） | 南亚 | 41.37 | 6.23 | 2.72 | 4.89 | 8.38 | 4.15 | 5.97 | 6.31 | 2.72 |
| 140 | 文莱 | 斯里巴加湾市 | 东南亚 | 41.34 | 9.23 | 0.85 | 3.75 | 11.02 | 4.50 | 3.02 | 3.22 | 5.76 |
| 141 | 印度 | 金奈（马德拉斯） | 南亚 | 41.34 | 6.23 | 2.37 | 4.84 | 8.38 | 4.15 | 5.97 | 6.31 | 3.08 |
| 142 | 埃及 | 开罗 | 北非 | 41.33 | 6.92 | 3.42 | 3.87 | 7.16 | 3.57 | 3.99 | 6.22 | 6.17 |
| 143 | 日本 | 神户 | 东亚 | 41.30 | 1.77 | 0.08 | 6.27 | 12.19 | 5.79 | 6.86 | 6.43 | 1.92 |
| 144 | 印度尼西亚 | 万隆 | 东南亚 | 41.23 | 7.92 | 0.22 | 4.35 | 8.99 | 3.21 | 4.18 | 6.25 | 6.10 |
| 145 | 缅甸 | 曼德勒 | 东南亚 | 41.15 | 8.38 | 0.07 | 2.86 | 7.46 | 7.00 | 3.18 | 6.14 | 6.06 |
| 146 | 日本 | 北九州-福冈 | 东亚 | 41.15 | 1.77 | 0.70 | 6.23 | 12.19 | 5.79 | 6.86 | 6.43 | 1.19 |
| 147 | 印度 | 艾哈迈达巴德 | 南亚 | 41.11 | 6.23 | 2.51 | 4.84 | 8.38 | 4.15 | 5.97 | 6.31 | 2.72 |
| 148 | 印度尼西亚 | 茂物 | 东南亚 | 41.04 | 7.92 | 0.21 | 4.54 | 8.99 | 3.21 | 4.18 | 6.25 | 5.74 |
| 149 | 印度尼西亚 | 三宝垄 | 东南亚 | 41.02 | 7.92 | 0.22 | 4.51 | 8.99 | 3.21 | 4.18 | 6.25 | 5.74 |
| 150 | 印度尼西亚 | 巨港 | 东南亚 | 41.00 | 7.92 | 0.22 | 4.49 | 8.99 | 3.21 | 4.18 | 6.25 | 5.74 |
| 151 | 日本 | 札幌 | 东亚 | 40.98 | 1.77 | 0.15 | 6.24 | 12.19 | 5.79 | 6.86 | 6.43 | 1.55 |
| 152 | 印度尼西亚 | 棉兰 | 东南亚 | 40.92 | 7.92 | 0.22 | 4.40 | 8.99 | 3.21 | 4.18 | 6.25 | 5.74 |

续表

| 排名 | 国家 | 城市 | 区域 | 总分 | 伙伴关系 | 区域影响 | 成长引领 | 政策沟通 | 设施联通 | 贸易畅通 | 资金融通 | 民心相通 |
|---|---|---|---|---|---|---|---|---|---|---|---|---|
| 153 | 乌兹别克斯坦 | 塔什干 | 中亚 | 40.84 | 8.92 | 1.03 | 2.41 | 8.37 | 7.72 | 1.56 | 4.88 | 5.94 |
| 154 | 菲律宾 | 达沃市 | 东南亚 | 40.74 | 6.08 | 0.24 | 4.50 | 8.41 | 3.74 | 5.29 | 6.27 | 6.21 |
| 155 | 摩洛哥 | 拉巴特 | 北非 | 40.59 | 6.13 | 0.34 | 3.83 | 9.57 | 3.58 | 5.19 | 6.27 | 5.68 |
| 156 | 日本 | 横滨 | 东亚 | 40.58 | 1.77 | 0.09 | 6.27 | 12.19 | 5.79 | 6.86 | 6.43 | 1.19 |
| 157 | 日本 | 静冈-浜松 | 东亚 | 40.57 | 1.77 | 0.07 | 6.28 | 12.19 | 5.79 | 6.86 | 6.43 | 1.19 |
| 158 | 日本 | 仙台 | 东亚 | 40.56 | 1.77 | 0.05 | 6.29 | 12.19 | 5.79 | 6.86 | 6.43 | 1.19 |
| 159 | 斯里兰卡 | 科伦坡 | 南亚 | 40.52 | 5.95 | 1.67 | 3.60 | 9.49 | 4.46 | 3.04 | 6.25 | 6.07 |
| 160 | 日本 | 广岛 | 东亚 | 40.49 | 1.77 | 0.05 | 6.22 | 12.19 | 5.79 | 6.86 | 6.43 | 1.19 |
| 161 | 阿拉伯联合酋长国 | 沙迦 | 西亚 | 40.36 | 7.59 | 0.41 | 4.95 | 7.92 | 4.28 | 2.82 | 6.94 | 5.44 |
| 162 | 摩洛哥 | 非斯 | 北非 | 40.28 | 6.13 | 0.29 | 3.93 | 9.57 | 3.58 | 5.19 | 6.27 | 5.32 |
| 163 | 土耳其 | 布尔萨 | 西亚 | 40.13 | 6.26 | 0.71 | 3.92 | 8.81 | 4.69 | 4.51 | 6.39 | 4.84 |
| 164 | 土耳其 | 安塔利亚 | 西亚 | 39.84 | 6.26 | 0.24 | 4.10 | 8.81 | 4.69 | 4.51 | 6.39 | 4.84 |
| 均　值 | | | | 40.97 | 5.96 | 0.92 | 4.54 | 9.41 | 4.67 | 4.83 | 6.36 | 4.30 |
| 满分达标率(%) | | | | 40.97 | 59.58 | 9.15 | 45.37 | 67.20 | 33.34 | 34.49 | 45.41 | 30.73 |
| 高于全样本均值 | | | | 1.17 | -0.03 | -0.22 | 0.45 | 1.69 | -0.53 | 0.29 | -0.10 | -0.38 |

Ⅲ类潜在战略支点城市主要集中分布于亚洲,其中东南亚8个、东亚7个和南亚7个,亚洲共计27个(见图4-22)。东南亚地区8个城市中,有7

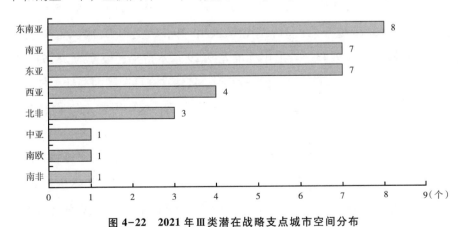

图4-22 2021年Ⅲ类潜在战略支点城市空间分布

个为上年的Ⅱ类潜在战略支点城市，且大部分来自印度尼西亚和缅甸。与上年的数据对比显示，该 7 个东南亚城市下降至Ⅲ类潜在战略支点城市的主要原因是印度尼西亚和缅甸自 2021 年 6 月后新冠肺炎死亡率上升，且疫苗接种率较低。东亚与南亚地区城市数量与上年基本持平。

## 第三节　2022年"一带一路"沿线战略支点城市及变化

### 一　总体分析

2022 年度"一带一路"沿线战略支点城市研究纳入 138 个样本国家的 350 个样本城市，本节就"一带一路"沿线城市整体得分情况及其较上年得分变化进行具体分析。

（一）整体表现：城市间合作加强，指数均值上升，首末位城市综合实力差距减小

表 4-20 为 2022 年"一带一路"沿线战略支点城市指数得分统计信息。本年度"一带一路"沿线战略支点城市指数综合得分均值为 41.48，较上年 39.81 的均值水平上升了 1.67，甚至高于疫情前均值 39.11。综合指数得分的最大值为 73.73，较上年最大值 74.31 下降了 0.58；最小值为 15.09，较上年最小值 10.78 提升了 4.31；中位数为 40.79，较上年中位数 38.62 提高了 2.17；标准差为 9.43，与上年标准差 9.29 基本持平；极差为 58.64，与上年 63.53 相比明显下降。以上数据表明，疫情在全球范围内蔓延，各国在采取不同的疫情防控措施的同时也重视经济发展，这使得首末位城市 2022 年的综合实力差距有所缩小。2022 年度"一带一路"沿线战略支点城市的功能提升主要体现在政策沟通和民心相通上。其中，政策沟通指数满分达标率达 67.55%，较上年提升 12 个百分点；民心相通指数满分达标率达 45.22%，较上年提升约 11 个百分点。这说明随着政府部门和民间组织的交流活动愈发活跃，"一带一路"沿线战略支点城市的政策沟通和民心相通的

指数得分随之提高。然而，在设施联通方面，满分达标率较上年下降了9个百分点，说明受到国际局势动荡等因素的影响，战略支点城市的基础设施建设受到冲击，表现不如上年。

表 4-20　2022 年战略支点城市指数得分统计信息

| 指数 | | 均值 | 最大值 | 最小值 | 标准差 | 中位数 |
|---|---|---|---|---|---|---|
| 战略支点城市指数 | | 41.48 | 73.73 | 15.09 | 9.43 | 40.79 |
| 二级指数 | 伙伴关系 | 6.09 | 10.00 | 0.00 | 2.09 | 6.23 |
| | 区域影响 | 1.38 | 8.38 | 0.00 | 1.48 | 0.72 |
| | 成长引领 | 3.37 | 5.63 | 0.92 | 1.27 | 3.34 |
| | 政策沟通 | 9.46 | 13.62 | 0.03 | 2.70 | 10.27 |
| | 设施联通 | 3.83 | 12.02 | 0.19 | 2.65 | 2.91 |
| | 贸易畅通 | 4.44 | 11.21 | 0.00 | 1.73 | 4.21 |
| | 资金融通 | 6.59 | 13.90 | 3.00 | 2.27 | 6.31 |
| | 民心相通 | 6.33 | 13.18 | 0.00 | 2.80 | 5.78 |

（二）频次分布：战略支点城市指数极化现象进一步缓解，中等水平城市数量减少

以数值 6 为组距对 2021 年和 2022 年的 150 个样本城市的战略支点城市综合指数得分进行分组，所得频次分布如图 4-23 所示。2022 年全样本指数得分较 2021 年不仅极值减小，而且分布更分散，说明随着城市间交流增多，指数得分极化现象进一步缓解。2022 年全样本城市中，86 个城市得分位于 ［34，40），81 个城市得分位于 ［40，46），58 个城市位于 ［46，52），78.86% 的城市处于 ［28，52）的中等水平。

（三）满分达标率：设施联通受到冲击，但贸易畅通和资金融通维持平稳

如图 4-24 所示，2022 年全样本城市的均值满分达标率情况与 2021 年相近，但个别指数的表现有较大起伏。样本城市在政策沟通和伙伴关系两个二级指数上得分最高。政策沟通满分达标率为 67.55%，较上年提升 12.44 个百分点，说明在疫情冲击全球经济和冲突频发的当下，各城市间的政策沟通进一步加强。伙伴关系指数满分达标率为 60.85%，较上年提升 0.94 个百

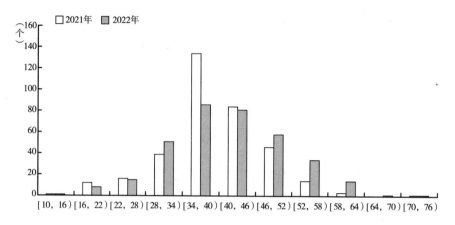

图 4-23　2021 年和 2022 年全样本城市频次分布

分点，说明"一带一路"建设持续平稳推进。区域影响指数满分达标率最低，为 13.79%，较上年增长 2.44 个百分点。受疫情的影响，战略支点城市在区域影响方面面临挑战。在"五通"指数方面，设施联通指数满分达标率为 27.32%，较上年下降 9.75 个百分点；贸易畅通指数满分达标率为31.72%，较上年下降 0.71 个百分点；资金融通指数满分达标率为 47.10%，较上年提升 0.93 个百分点。战略支点城市在贸易畅通和资金融通方面维持平稳，但设施联通受到冲击。

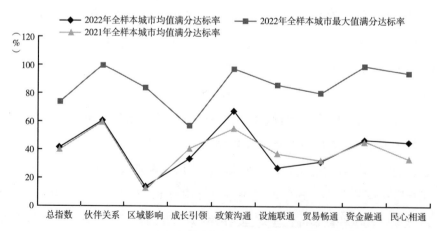

图 4-24　2021 年和 2022 年战略支点城市二级指数均值和最大值满分达标率

（四）2022年战略支点城市20强：西欧城市持续领先，南非重点城市迅速崛起

2022年度指数得分前三名城市来自东南亚和东亚。新加坡以73.73位居第一；首尔（韩国）得分64.08，居第二；曼谷（泰国）得分62.43，居第三（见图4-25）。从图4-26的地理分布上看，前20强战略支点城市中，13个城市来自欧洲，6个城市来自亚洲，与上年基本一致。但从区域板块方面分析，与上年相比，前20强战略支点城市中新增1个南非城市开普敦，居第18位。南非立法首都开普敦位于南非西南角，地处世界六大植物区之一的开普植物区。开普植物区于2004年以"开普植物保护区"为名被批准列入联合国教科文组织《世界遗产名录》，虽然是世界六大植物区中面积最

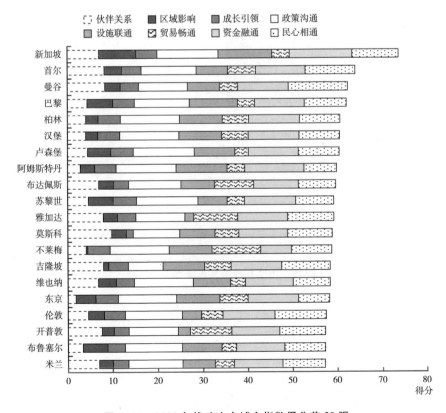

**图4-25 2022年战略支点城市指数得分前20强**

小的，但开普植物区拥有最丰富的物种多样性。它仅占非洲面积的约0.5%，却拥有非洲20%的植物种类。中国城市是开普敦良好的合作伙伴，开普敦市是杭州等多个中国城市的友好城市或友好交流城市，在加强保护生物多样性交流上双方一直在开展积极的交流对话。采取积极的防疫措施是开普敦迅速崛起的重要因素。南非政府统筹调动资源抗击疫情，努力在防控疫情与发展经济间寻求平衡。除了下调基准利率以外，南非政府推出社会救助与经济支持计划，用于抗疫以及帮扶民众和企业。采取积极措施升级改造居民区，改善供水质量、提升卫生条件，防止疫情在人员密集地区扩散，为经济复苏夯实基础。

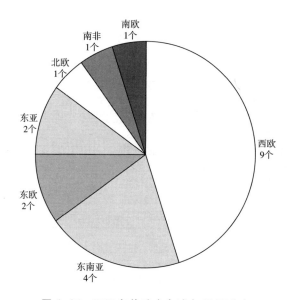

**图 4-26　2022 年战略支点城市 20 强分布**

（五）2022年战略支点城市100强：民心相通大幅增强，百强城市欧亚分布趋向平衡

如表 4-21 所示，2022 年度前 100 强战略支点城市综合指数得分均值为52.97，较上年提高 3.70。随着全球防疫工作的稳步推进，经济逐步复苏但仍任重道远。综合得分的最大值为 73.73，较上年上升 1.13；最小值为

46.50，较上年上升 3.95。前 100 强战略支点城市综合指数得分的提升主要
来自伙伴关系、政策沟通、贸易畅通和民心相通四个二级指数的得分提升。
从满分达标率来看，民心相通指数进步最明显，满分达标率为 62.67%，较
上年提升 31.01 个百分点，说明"一带一路"倡议在加强各成员国之间的
人文交流上得到更为广泛的认可，起到积极的促进作用。但受国际形势影
响，2022 年度前 100 强战略支点城市的设施联通、成长引领和资金融通等
指数得分有所下滑。

**表 4-21 2022 年战略支点城市指数前 100 强城市得分统计信息**

| 指数 | | 均值 | 最小值 | 最大值 | 标准差 | 中位数 | 均值满分达标率(%) |
|---|---|---|---|---|---|---|---|
| 战略支点城市指数 | | 52.97 | 46.50 | 73.73 | 4.92 | 52.09 | 52.97 |
| 二级指数 | 伙伴关系 | 6.22 | 1.46 | 10.00 | 2.12 | 6.92 | 62.24 |
| | 区域影响 | 2.72 | 0.05 | 8.38 | 1.55 | 2.79 | 27.21 |
| | 成长引领 | 3.60 | 1.33 | 5.19 | 1.12 | 3.84 | 36.02 |
| | 政策沟通 | 11.61 | 6.85 | 13.62 | 1.37 | 11.94 | 82.90 |
| | 设施联通 | 6.17 | 0.90 | 12.02 | 2.62 | 6.91 | 44.04 |
| | 贸易畅通 | 4.99 | 1.51 | 11.21 | 2.07 | 4.26 | 35.67 |
| | 资金融通 | 8.88 | 3.42 | 13.90 | 2.27 | 10.03 | 63.46 |
| | 民心相通 | 8.77 | 2.72 | 13.18 | 1.81 | 9.06 | 62.67 |

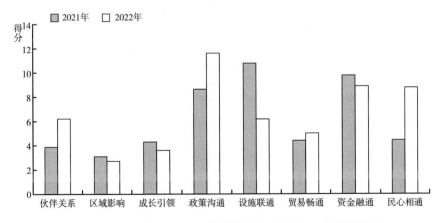

**图 4-27 2021 年和 2022 年前百强战略支点城市二级指数均值**

从分布情况上看（见图 4-28），前百强战略支点城市主要分布在欧亚大陆（共计 92 个），亚洲（44 个）战略支点城市实力增强，较上年增加 4 个。2022 年度欧洲前百强战略支点城市数量（48 个）较上年减少 7 个。前百强战略支点城市的分布在欧洲由东欧、西欧向北欧转移；在亚洲由东亚向东南亚、西亚和南亚转移。东欧前百强战略支点城市 10 个，较上年减少 8 个；西欧前百强战略支点城市 16 个，较上年减少 1 个。亚洲前百强战略支点城市共计 44 个。其中，东南亚前百强战略支点城市（15 个）较上年增加 3 个，西亚前百强战略支点城市（11 个）较上年增加 4 个，南亚前百强战略支点城市（7 个）较上年增加 2 个，但东亚前百强战略支点城市（8 个）较上年减少 4 个，中亚前百强战略支点城市（3 个）较上年减少 1 个。北非（2 个）地区前百强战略支点城市较上年增加 1 个。南非（2 个）和澳大利亚和新西兰（2 个）地区的前百强战略支点城市数量与上年持平。西非（1 个）和南美（1 个）地区各有 1 个前百强战略支点城市。

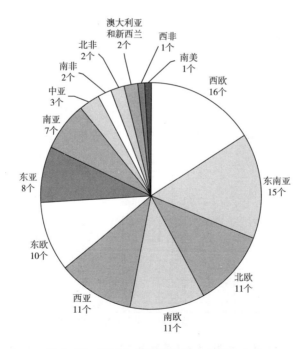

**图 4-28 2022 年前百强战略支点城市分布**

## 二 战略支点城市类型划分

根据战略支点城市综合指数得分，以2.5分为组距，对样本城市得分进行分组（见表4-22）。重要战略支点城市38个，较上年增加3个；次要战略支点城市16个，较上年增加3个；一般战略支点城市20个，较上年减少14个。此三类战略支点城市共计74个，较上年减少8个，说明"一带一路"建设中高质量发展的引领城市数量有所减少。

**表4-22 2022年样本城市分类方法及数量**

| 序号 | 城市组别 | | 区间 | 数量（个） | 指数得分均值 | 城市类别符号 |
|---|---|---|---|---|---|---|
| 1 | 重要战略支点城市 | | ≥54.0 | 38 | 58.19 | α |
| 2 | 次要战略支点城市 | | [51.5,54.0) | 16 | 52.55 | β |
| 3 | 一般战略支点城市 | | [49.0,51.5) | 20 | 50.28 | γ |
| 4 | 潜在战略支点城市 | Ⅰ类潜在战略支点城市 | [46.5,49.0) | 26 | 47.67 | δ++ |
| | | Ⅱ类潜在战略支点城市 | [44.0,46.5) | 36 | 45.38 | δ+ |
| | | Ⅲ类潜在战略支点城市 | [41.5,44.0) | 32 | 42.57 | δ |
| 5 | 普通战略支点城市 | | <41.5 | 182 | 34.20 | ε |

（一）重要战略支点城市（α城市）：民心相通"软实力"进一步提升，分布向欧洲地区集中

重要战略支点城市综合指数得分≥54.0，共计38个，较上年增加3个，是推进"一带一路"建设中最具影响力的沿线城市（见表4-23）。重要战略支点城市综合指数得分均值为58.19，高于全样本均值16.71，综合实力突出。重要战略支点城市在政策沟通和民心相通方面的实力进一步增强，其中政策沟通指标满分达标率达83.91%，较上年提升4.84个百分点；民心相通指标满分达标率达66.71%，较上年提升16.75个百分点，说明在疫情防控常态化的背景下，加强包括公共卫生处理能力等内容在内的政策沟通以及文化沟通"软实力"对提升"一带一路"沿线战略支点城市的综合竞争力而言至关重要。2022年因国际形势更趋复杂，重要战略支点城市的成长引

领与设施联通指数的满分达标率有所下滑，其中成长引领指数得分下降 10.06 个百分点，设施联通指数得分下降 9.68 个百分点。

表 4-23　2022 年重要战略支点城市指数得分

| 排名 | 国家 | 城市 | 区域 | 总分 | 伙伴关系 | 区域影响 | 成长引领 | 政策沟通 | 设施联通 | 贸易畅通 | 资金融通 | 民心相通 |
|---|---|---|---|---|---|---|---|---|---|---|---|---|
| 1 | 新加坡 | 新加坡 | 东南亚 | 73.73 | 7.00 | 8.38 | 4.63 | 13.59 | 12.02 | 3.93 | 13.90 | 10.29 |
| 2 | 韩国 | 首尔 | 东亚 | 64.08 | 8.23 | 3.97 | 4.30 | 12.20 | 7.02 | 6.24 | 11.12 | 11.02 |
| 3 | 泰国 | 曼谷 | 东南亚 | 62.43 | 8.38 | 3.49 | 4.02 | 10.82 | 7.13 | 4.06 | 11.35 | 13.18 |
| 4 | 法国 | 巴黎 | 西欧 | 62.16 | 4.38 | 5.79 | 4.80 | 12.14 | 10.74 | 3.85 | 11.14 | 9.31 |
| 5 | 德国 | 柏林 | 西欧 | 60.76 | 4.08 | 2.77 | 5.02 | 13.07 | 9.51 | 5.90 | 11.40 | 9.01 |
| 6 | 德国 | 汉堡 | 西欧 | 60.64 | 4.08 | 2.68 | 4.98 | 13.07 | 9.51 | 5.90 | 11.40 | 9.01 |
| 7 | 卢森堡 | 卢森堡 | 西欧 | 60.55 | 4.46 | 5.26 | 5.00 | 13.46 | 9.07 | 3.01 | 11.20 | 9.10 |
| 8 | 荷兰 | 阿姆斯特丹 | 西欧 | 59.96 | 2.85 | 3.24 | 4.80 | 13.27 | 11.34 | 3.94 | 13.27 | 7.25 |
| 9 | 匈牙利 | 布达佩斯 | 东欧 | 59.76 | 6.92 | 3.41 | 3.32 | 11.56 | 7.46 | 8.76 | 10.03 | 8.30 |
| 10 | 瑞士 | 苏黎世 | 西欧 | 59.31 | 4.62 | 5.57 | 5.19 | 13.60 | 6.54 | 3.86 | 11.44 | 8.51 |
| 11 | 印度尼西亚 | 雅加达 | 东南亚 | 59.30 | 7.92 | 3.23 | 4.07 | 10.82 | 1.95 | 9.84 | 11.17 | 10.31 |
| 12 | 俄罗斯 | 莫斯科 | 东欧 | 58.95 | 9.85 | 3.26 | 1.51 | 10.27 | 7.80 | 5.35 | 10.89 | 10.02 |
| 13 | 德国 | 不莱梅 | 西欧 | 58.81 | 4.08 | 0.35 | 5.02 | 13.07 | 9.51 | 10.90 | 6.86 | 9.01 |
| 14 | 马来西亚 | 吉隆坡 | 东南亚 | 58.43 | 7.92 | 1.18 | 4.41 | 7.61 | 9.24 | 5.93 | 11.30 | 10.84 |
| 15 | 奥地利 | 维也纳 | 西欧 | 58.40 | 6.77 | 4.03 | 4.02 | 12.99 | 8.37 | 3.28 | 10.70 | 8.25 |
| 16 | 日本 | 东京 | 东亚 | 58.26 | 1.77 | 4.43 | 5.06 | 12.87 | 9.58 | 6.33 | 11.31 | 6.91 |
| 17 | 英国 | 伦敦 | 北欧 | 57.51 | 4.54 | 3.53 | 4.69 | 12.63 | 4.25 | 4.74 | 11.64 | 11.48 |
| 18 | 南非 | 开普敦 | 南非 | 57.30 | 7.59 | 2.71 | 3.31 | 10.85 | 2.65 | 9.27 | 10.73 | 10.20 |
| 19 | 比利时 | 布鲁塞尔 | 西欧 | 57.29 | 3.31 | 5.52 | 3.91 | 12.61 | 8.79 | 3.26 | 10.83 | 9.06 |
| 20 | 意大利 | 米兰 | 南欧 | 57.23 | 6.92 | 3.15 | 3.43 | 11.94 | 7.19 | 4.26 | 10.88 | 9.46 |
| 21 | 俄罗斯 | 圣彼得堡 | 东欧 | 57.17 | 9.85 | 2.21 | 1.56 | 10.27 | 7.80 | 10.35 | 10.26 | 4.87 |
| 22 | 德国 | 慕尼黑 | 西欧 | 57.04 | 4.08 | 2.78 | 5.18 | 9.07 | 9.51 | 5.90 | 11.51 | 9.01 |
| 23 | 阿拉伯联合酋长国 | 迪拜 | 西亚 | 57.01 | 7.92 | 4.41 | 1.87 | 12.20 | 6.15 | 2.75 | 11.70 | 10.01 |
| 24 | 越南 | 胡志明市 | 东南亚 | 56.85 | 8.38 | 2.87 | 2.68 | 11.00 | 6.91 | 4.51 | 10.81 | 9.69 |
| 25 | 西班牙 | 马德里 | 南欧 | 56.80 | 3.92 | 3.53 | 3.73 | 12.24 | 9.09 | 4.22 | 11.01 | 9.04 |
| 26 | 阿拉伯联合酋长国 | 阿布扎比 | 西亚 | 56.72 | 7.92 | 3.15 | 1.96 | 8.20 | 6.15 | 7.75 | 11.57 | 10.01 |
| 27 | 芬兰 | 赫尔辛基 | 北欧 | 56.49 | 2.54 | 3.50 | 4.33 | 13.40 | 10.16 | 3.39 | 10.66 | 8.51 |
| 28 | 捷克 | 布拉格 | 东欧 | 56.16 | 3.00 | 3.24 | 1.38 | 12.70 | 8.39 | 8.31 | 10.38 | 8.77 |

续表

| 排名 | 国家 | 城市 | 区域 | 总分 | 伙伴关系 | 区域影响 | 成长引领 | 政策沟通 | 设施联通 | 贸易畅通 | 资金融通 | 民心相通 |
|------|------|------|------|------|----------|----------|----------|----------|----------|----------|----------|----------|
| 29 | 葡萄牙 | 里斯本 | 南欧 | 56.14 | 6.92 | 3.81 | 3.36 | 12.58 | 7.23 | 3.23 | 10.57 | 8.43 |
| 30 | 波兰 | 华沙 | 东欧 | 55.93 | 6.92 | 3.04 | 2.94 | 11.94 | 7.89 | 3.65 | 10.56 | 8.99 |
| 31 | 意大利 | 都灵 | 南欧 | 55.69 | 6.92 | 1.73 | 3.43 | 11.94 | 7.19 | 9.26 | 6.33 | 8.89 |
| 32 | 越南 | 海防 | 东南亚 | 55.37 | 8.38 | 0.06 | 2.76 | 11.00 | 6.91 | 9.51 | 7.06 | 9.69 |
| 33 | 韩国 | 釜山 | 东亚 | 55.30 | 8.23 | 0.55 | 4.29 | 12.20 | 3.02 | 6.24 | 10.90 | 9.87 |
| 34 | 卡塔尔 | 多哈 | 西亚 | 54.94 | 6.46 | 4.43 | 4.26 | 12.20 | 4.35 | 3.14 | 10.43 | 9.67 |
| 35 | 德国 | 科隆 | 西欧 | 54.86 | 4.08 | 1.84 | 5.16 | 13.07 | 9.51 | 5.90 | 6.86 | 8.44 |
| 36 | 巴基斯坦 | 拉合尔 | 南亚 | 54.72 | 10.00 | 2.21 | 2.70 | 9.21 | 5.57 | 8.56 | 6.65 | 9.82 |
| 37 | 尼日利亚 | 拉各斯 | 西非 | 54.62 | 6.90 | 2.56 | 3.01 | 9.59 | 0.90 | 11.21 | 10.09 | 10.36 |
| 38 | 老挝 | 万象 | 东南亚 | 54.49 | 8.38 | 1.30 | 2.50 | 11.18 | 5.99 | 8.04 | 6.82 | 10.30 |
| 均 值 | | | | 58.19 | 6.22 | 3.24 | 3.75 | 11.75 | 7.43 | 6.01 | 10.44 | 9.34 |
| 满分达标率(%) | | | | 58.19 | 62.23 | 32.41 | 37.52 | 83.91 | 53.08 | 42.96 | 74.57 | 66.71 |
| 高于全样本均值 | | | | 16.71 | 0.14 | 1.86 | 0.38 | 2.29 | 3.61 | 1.57 | 3.85 | 3.01 |

从空间分布上看（见图4-29），重要战略支点城市主要分布在欧亚大陆。欧洲重要战略支点城市共计22个，集中位于西欧地区（11个），总数较上年

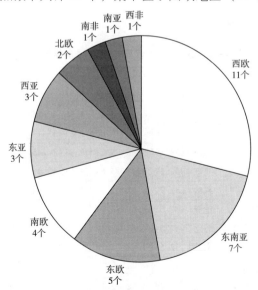

图4-29 2022年重要战略支点城市空间分布

增加 3 个,且分布由北欧向东欧、西欧和南欧转移。亚洲重要战略支点城市共计 14 个,较上年减少 1 个。其中,东南亚 7 个,西亚 3 个,数量均与上年持平;东亚 3 个,较上年减少 2 个。欧洲重要战略支点城市的占比稳步提升。

对比重要战略支点城市与全样本城市的二级指数均值,重要战略支点城市在“五通”领域优势明显,其中在资金融通、设施联通和民心相通方面表现最为突出,显著高于全样本城市均值;在民心相通方面较上年进步明显,与全样本城市均值的差距进一步拉大;在伙伴关系和成长引领方面的均值与全样本城市均值基本持平。

(二)次要战略支点城市(β 城市):欧洲实力持续增强,伙伴关系表现下滑

次要战略支点城市综合指数得分位于 [51.5, 54.0),共计 16 个,数量较上年增加 3 个。如表 4-24 所示,次要战略支点城市综合指数得分均值为 52.55,高于全样本均值 11.07,是潜在成为“一带一路”重要战略支点城市的高质量发展城市。在伙伴关系、政策沟通、设施联通、资金融通和民心相通领域的满分达标率均高于 50%。区域影响、政策沟通、资金融通和民心相通能力较上年有所提高,但伙伴关系、成长引领、设施联通和贸易畅通能力有所下降。

表 4-24　2022 年次要战略支点城市指数得分

| 排名 | 国家 | 城市 | 区域 | 总分 | 伙伴关系 | 区域影响 | 成长引领 | 政策沟通 | 设施联通 | 贸易畅通 | 资金融通 | 民心相通 |
|---|---|---|---|---|---|---|---|---|---|---|---|---|
| 39 | 法国 | 里昂 | 西欧 | 53.63 | 4.38 | 4.21 | 4.85 | 12.14 | 9.74 | 3.85 | 6.28 | 8.17 |
| 40 | 爱沙尼亚 | 塔林 | 北欧 | 53.46 | 3.46 | 2.80 | 3.81 | 13.12 | 8.23 | 3.01 | 9.94 | 9.09 |
| 41 | 菲律宾 | 马尼拉 | 东南亚 | 53.19 | 6.08 | 5.23 | 3.88 | 10.45 | 2.20 | 4.33 | 10.03 | 10.99 |
| 42 | 丹麦 | 哥本哈根 | 北欧 | 53.19 | 3.92 | 3.64 | 4.64 | 13.49 | 5.79 | 3.31 | 10.83 | 7.57 |
| 43 | 白俄罗斯 | 明斯克 | 东欧 | 52.77 | 6.92 | 1.92 | 1.33 | 10.34 | 8.44 | 7.02 | 6.21 | 10.59 |
| 44 | 哈萨克斯坦 | 阿拉木图 | 中亚 | 52.55 | 8.69 | 2.59 | 3.87 | 11.07 | 7.06 | 3.20 | 10.10 | 5.97 |
| 45 | 英国 | 格拉斯哥 | 北欧 | 52.54 | 4.54 | 2.10 | 4.60 | 12.63 | 4.25 | 4.74 | 11.05 | 8.63 |
| 46 | 塞尔维亚 | 贝尔格莱德 | 南欧 | 52.53 | 7.38 | 3.10 | 1.40 | 11.13 | 7.45 | 6.53 | 6.27 | 9.26 |
| 47 | 法国 | 马赛-普罗旺斯地区艾克斯 | 西欧 | 52.49 | 4.38 | 3.16 | 4.76 | 12.14 | 9.74 | 3.85 | 6.28 | 8.17 |

续表

| 排名 | 国家 | 城市 | 区域 | 总分 | 伙伴关系 | 区域影响 | 成长引领 | 政策沟通 | 设施联通 | 贸易畅通 | 资金融通 | 民心相通 |
|---|---|---|---|---|---|---|---|---|---|---|---|---|
| 48 | 意大利 | 罗马 | 南欧 | 52.44 | 6.92 | 2.92 | 3.50 | 11.94 | 3.19 | 4.26 | 10.82 | 8.89 |
| 49 | 新西兰 | 奥克兰 | 澳大利亚和新西兰 | 52.31 | 7.92 | 4.03 | 3.95 | 13.62 | 7.02 | 3.87 | 6.42 | 5.48 |
| 50 | 土耳其 | 伊斯坦布尔 | 西亚 | 52.19 | 5.26 | 1.10 | 3.47 | 10.08 | 7.35 | 3.78 | 10.60 | 10.55 |
| 51 | 法国 | 波尔多 | 西欧 | 51.99 | 4.38 | 2.51 | 4.91 | 12.14 | 9.74 | 3.85 | 6.28 | 8.17 |
| 52 | 日本 | 大阪 | 东亚 | 51.96 | 1.77 | 3.01 | 5.04 | 12.87 | 5.58 | 6.33 | 11.03 | 6.33 |
| 53 | 法国 | 里尔 | 西欧 | 51.89 | 4.38 | 2.55 | 4.78 | 12.14 | 9.74 | 3.85 | 6.28 | 8.17 |
| 54 | 立陶宛 | 维尔纽斯 | 北欧 | 51.71 | 3.00 | 2.69 | 3.51 | 12.82 | 7.25 | 4.19 | 9.81 | 8.45 |
| 均 值 | | | | 52.55 | 5.21 | 2.97 | 3.89 | 12.01 | 7.05 | 4.37 | 8.64 | 8.40 |
| 满分达标率(%) | | | | 52.55 | 52.13 | 29.72 | 38.93 | 85.78 | 50.34 | 31.25 | 61.71 | 60.03 |
| 高于全样本均值 | | | | 11.07 | -0.87 | 1.59 | 0.53 | 2.55 | 3.22 | -0.07 | 2.05 | 2.07 |

2022年度次要战略支点城市主要集中分布在欧洲地区（见图4-30）。16个次要战略支点城市中，11个位于欧洲，较上年增加4个；4个位于亚洲，较上年减少1个；1个位于大洋洲，与上年持平。在次要战略支点城市中，欧洲地区实力持续增强。

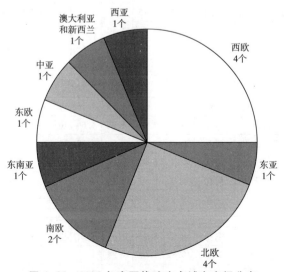

图4-30 2022年次要战略支点城市空间分布

与全样本城市相比，次要战略支点城市的政策沟通、设施联通、资金融通、民心相通和区域影响二级指数得分较高。成长引领、贸易畅通指数得分均值与全样本城市均值基本持平。伙伴关系发展稍有不足，指数均值低于全样本均值 0.87，仍有待提高。

**（三）一般战略支点城市（γ 城市）：民心相通成绩突出，设施联通能力亟待改善**

一般战略支点城市综合指数得分位于 [49.0，51.5），共计 20 个，较上年减少 14 个。一般战略支点城市综合指数得分均值为 50.28，高于全样本均值 8.80。民心相通指数满分达标率大幅提升至 60.71%，较上年上升 25.74 个百分点。但设施联通指数的满分达标率下滑至 35.21%，较上年下降 20.19 个百分点，说明一般战略支点城市在设施联通方面仍有待加强。

**表 4-25　2022 年一般战略支点城市指数得分统计信息**

| 排名 | 国家 | 城市 | 区域 | 总分 | 伙伴关系 | 区域影响 | 成长引领 | 政策沟通 | 设施联通 | 贸易畅通 | 资金融通 | 民心相通 |
|---|---|---|---|---|---|---|---|---|---|---|---|---|
| 55 | 新西兰 | 惠灵顿 | 澳大利亚和新西兰 | 51.48 | 7.92 | 1.91 | 3.76 | 13.62 | 4.02 | 3.87 | 10.90 | 5.48 |
| 56 | 越南 | 河内 | 东南亚 | 51.32 | 8.38 | 0.23 | 2.96 | 11.00 | 6.91 | 4.51 | 7.06 | 10.26 |
| 57 | 罗马尼亚 | 布加勒斯特 | 东欧 | 50.98 | 6.15 | 2.94 | 2.72 | 11.82 | 7.62 | 4.23 | 6.22 | 9.27 |
| 58 | 哈萨克斯坦 | 努尔苏丹 | 中亚 | 50.82 | 8.69 | 0.50 | 3.86 | 11.07 | 7.06 | 3.20 | 10.28 | 6.15 |
| 59 | 希腊 | 雅典 | 南欧 | 50.78 | 6.92 | 3.89 | 2.93 | 11.49 | 3.18 | 3.76 | 10.13 | 8.47 |
| 60 | 乌兹别克斯坦 | 塔什干 | 中亚 | 50.69 | 7.92 | 1.60 | 1.95 | 10.63 | 5.99 | 6.56 | 5.88 | 10.15 |
| 61 | 蒙古 | 乌兰巴托 | 东亚 | 50.66 | 7.59 | 2.35 | 3.16 | 11.73 | 6.20 | 3.07 | 6.16 | 10.39 |
| 62 | 印度 | 孟买 | 南亚 | 50.66 | 6.23 | 2.98 | 4.64 | 10.34 | 2.19 | 10.27 | 10.73 | 3.29 |
| 63 | 科威特 | 科威特市 | 西亚 | 50.49 | 6.13 | 6.55 | 1.87 | 11.17 | 2.78 | 3.18 | 9.83 | 8.98 |
| 64 | 葡萄牙 | 波尔图 | 南欧 | 50.41 | 6.92 | 2.49 | 3.31 | 12.58 | 7.23 | 3.23 | 6.21 | 8.43 |
| 65 | 意大利 | 那不勒斯 | 南欧 | 50.03 | 6.92 | 1.14 | 3.36 | 11.94 | 7.19 | 4.20 | 6.33 | 8.89 |
| 66 | 孟加拉国 | 达卡 | 南亚 | 49.94 | 9.23 | 2.75 | 2.89 | 9.90 | 6.21 | 4.70 | 3.42 | 10.84 |
| 67 | 韩国 | 光州 | 东亚 | 49.91 | 8.23 | 0.34 | 4.32 | 12.20 | 3.02 | 6.24 | 6.26 | 9.30 |
| 68 | 韩国 | 大邱 | 东亚 | 49.87 | 8.23 | 0.41 | 4.21 | 12.20 | 3.02 | 6.24 | 6.26 | 9.30 |
| 69 | 斯里兰卡 | 科伦坡 | 南亚 | 49.82 | 7.95 | 1.74 | 1.87 | 10.57 | 2.92 | 8.05 | 6.25 | 10.48 |
| 70 | 柬埔寨 | 金边 | 东南亚 | 49.79 | 7.72 | 2.39 | 2.84 | 10.03 | 6.79 | 3.09 | 6.64 | 10.30 |

续表

| 排名 | 国家 | 城市 | 区域 | 总分 | 伙伴关系 | 区域影响 | 成长引领 | 政策沟通 | 设施联通 | 贸易畅通 | 资金融通 | 民心相通 |
|---|---|---|---|---|---|---|---|---|---|---|---|---|
| 71 | 巴林 | 麦纳麦 | 西亚 | 49.73 | 4.46 | 3.89 | 4.65 | 10.93 | 3.16 | 3.18 | 10.09 | 9.37 |
| 72 | 以色列 | 特拉维夫-雅法 | 西亚 | 49.68 | 2.38 | 4.88 | 4.38 | 12.00 | 4.04 | 3.35 | 10.64 | 7.99 |
| 73 | 摩洛哥 | 卡萨布兰卡 | 北非 | 49.50 | 6.46 | 3.10 | 1.95 | 10.73 | 2.87 | 3.89 | 10.62 | 9.89 |
| 74 | 印度 | 新德里 | 南亚 | 49.07 | 6.23 | 2.79 | 4.94 | 10.34 | 6.19 | 5.27 | 10.60 | 2.72 |
| 均　值 | | | | 50.28 | 7.03 | 2.44 | 3.33 | 11.31 | 4.93 | 4.71 | 8.03 | 8.50 |
| 满分达标率(%) | | | | 50.28 | 70.35 | 24.43 | 33.29 | 80.82 | 35.21 | 33.63 | 57.32 | 60.71 |
| 高于全样本均值 | | | | 8.80 | 0.95 | 1.06 | -0.04 | 1.86 | 1.10 | 0.27 | 1.43 | 2.17 |

从空间上看，一般战略支点城市主要集中分布在亚洲（见图4-31）。20个一般战略支点城市分布于亚洲（14个）、欧洲（4个）、大洋洲（1个）和非洲（1个）。其中南亚地区一般战略支点城市4个，较上年增加1个。欧洲一般战略支点城市从上年的21个减少至4个，其中东欧减少12个，北欧减少2个，西欧减少2个，南欧减少1个。

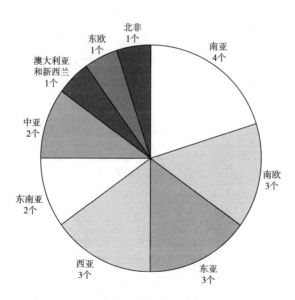

图4-31  2022年一般战略支点城市空间分布

一般战略支点城市在伙伴关系、区域影响、政策沟通、设施联通、资金融通和民心相通方面的表现均明显优于全样本平均水平。尤其在民心相通方面，一般战略支点城市较上年进步较大。但在成长引领和贸易畅通方面仍有待提高。尤其是在成长引领方面，长期以来都是一般战略支点城市的短板，应采取有针对性的措施。

（四）潜在战略支点城市：政策沟通表现优异，区域影响与贸易畅通有待提高

潜在战略支点城市综合指数得分位于〔41.5，49.0），共计94个城市，是高质量共建"一带一路"的储备城市。潜在战略支点城市综合指数得分为45.06，高于全样本均值3.58。以2.5分为组距，将潜在战略支点城市进一步划分为Ⅰ类潜在战略支点城市（δ++城市），分值区间〔46.5，49.0〕；Ⅱ类潜在战略支点城市（δ+城市），分值区间〔44.0，46.5）；Ⅲ类潜在战略支点城市（δ城市），分值区间〔41.5，44.0）。

**1. Ⅰ类潜在战略支点城市**

Ⅰ类潜在战略支点城市综合指数得分均值为47.67，高于全样本均值6.19。与全样本均值相比，Ⅰ类潜在战略支点城市政策沟通领域表现较好，高于均值水平1.92。从满分达标率角度看，Ⅰ类潜在战略支点城市政策沟通指数表现也最为突出，高达81.25%，较上年提升9.15个百分点；但在贸易畅通方面表现欠佳，指数得分低于全样本均值0.34。

表4-26 2022年Ⅰ类潜在战略支点城市指数得分统计信息

| 排名 | 国家 | 城市 | 区域 | 总分 | 伙伴关系 | 区域影响 | 成长引领 | 政策沟通 | 设施联通 | 贸易畅通 | 资金融通 | 民心相通 |
|---|---|---|---|---|---|---|---|---|---|---|---|---|
| 75 | 阿塞拜疆 | 巴库 | 西亚 | 48.95 | 4.79 | 2.99 | 1.81 | 11.03 | 7.03 | 1.51 | 9.79 | 9.98 |
| 76 | 塞浦路斯 | 尼科西亚 | 西亚 | 48.89 | 6.46 | 3.13 | 3.60 | 12.28 | 4.48 | 3.34 | 10.19 | 5.41 |
| 77 | 巴基斯坦 | 伊斯兰堡 | 南亚 | 48.87 | 10.00 | 1.80 | 2.60 | 9.21 | 5.57 | 3.22 | 6.65 | 9.82 |
| 78 | 爱尔兰 | 都柏林 | 北欧 | 48.73 | 3.62 | 3.98 | 4.76 | 13.32 | 2.90 | 3.35 | 7.75 | 9.06 |
| 79 | 英国 | 曼彻斯特 | 北欧 | 48.73 | 4.54 | 2.65 | 4.66 | 12.63 | 4.25 | 4.74 | 6.64 | 8.63 |
| 80 | 波兰 | 格但斯克 | 东欧 | 48.61 | 6.92 | 0.05 | 2.90 | 11.94 | 7.89 | 3.65 | 6.28 | 8.99 |
| 81 | 南非 | 约翰内斯堡 | 南非 | 48.38 | 7.59 | 3.28 | 3.40 | 6.85 | 2.65 | 4.27 | 10.72 | 9.63 |

续表

| 排名 | 国家 | 城市 | 区域 | 总分 | 伙伴关系 | 区域影响 | 成长引领 | 政策沟通 | 设施联通 | 贸易畅通 | 资金融通 | 民心相通 |
|------|------|------|------|------|----------|----------|----------|----------|----------|----------|----------|----------|
| 82 | 格鲁吉亚 | 第比利斯 | 西亚 | 48.25 | 5.46 | 3.14 | 1.39 | 11.55 | 7.17 | 3.35 | 6.21 | 9.98 |
| 83 | 挪威 | 奥斯陆 | 北欧 | 48.22 | 1.46 | 3.19 | 4.71 | 13.59 | 3.63 | 3.25 | 10.68 | 7.71 |
| 84 | 印度尼西亚 | 泗水 | 东南亚 | 48.11 | 7.92 | 1.24 | 3.99 | 10.82 | 1.95 | 4.84 | 7.04 | 10.31 |
| 85 | 斯洛伐克 | 布拉迪斯拉发 | 东欧 | 48.09 | 3.00 | 2.57 | 3.02 | 12.20 | 8.02 | 3.06 | 10.05 | 6.16 |
| 86 | 荷兰 | 鹿特丹 | 西欧 | 48.00 | 2.85 | 2.11 | 4.70 | 13.27 | 9.34 | 3.94 | 8.54 | 3.25 |
| 87 | 土耳其 | 安卡拉 | 西亚 | 47.97 | 5.26 | 2.15 | 3.56 | 10.08 | 7.35 | 3.78 | 6.39 | 9.41 |
| 88 | 西班牙 | 巴塞罗那 | 南欧 | 47.45 | 3.92 | 2.95 | 3.72 | 12.24 | 5.09 | 4.22 | 6.26 | 9.04 |
| 89 | 泰国 | 清迈 | 东南亚 | 47.31 | 8.38 | 0.08 | 3.94 | 10.87 | 3.13 | 4.06 | 7.10 | 9.75 |
| 90 | 英国 | 伯明翰 | 北欧 | 47.18 | 4.54 | 1.67 | 4.66 | 12.63 | 4.74 | 4.74 | 6.64 | 8.05 |
| 91 | 英国 | 南安普顿 | 北欧 | 47.04 | 4.54 | 0.93 | 4.68 | 12.63 | 4.25 | 4.74 | 6.64 | 8.63 |
| 92 | 埃及 | 开罗 | 北非 | 46.95 | 7.92 | 3.84 | 2.35 | 9.50 | 2.81 | 4.66 | 6.22 | 9.65 |
| 93 | 克罗地亚 | 萨格勒布 | 南欧 | 46.95 | 5.69 | 3.35 | 2.96 | 11.86 | 3.58 | 3.69 | 6.28 | 9.54 |
| 94 | 俄罗斯 | 新西伯利亚 | 东欧 | 46.89 | 9.85 | 0.13 | 1.57 | 10.27 | 7.80 | 5.35 | 6.48 | 5.44 |
| 95 | 印度尼西亚 | 三宝垄 | 东南亚 | 46.71 | 7.92 | 0.23 | 4.17 | 10.82 | 1.95 | 4.84 | 7.04 | 9.74 |
| 96 | 印度尼西亚 | 巨港 | 东南亚 | 46.68 | 7.92 | 0.23 | 4.15 | 10.82 | 1.95 | 4.84 | 7.04 | 9.74 |
| 97 | 伊朗 | 德黑兰 | 南亚 | 46.62 | 7.59 | 0.93 | 1.65 | 9.75 | 6.92 | 3.12 | 6.81 | 9.85 |
| 98 | 乌拉圭 | 蒙得维的亚 | 南美 | 46.61 | 7.46 | 5.30 | 1.35 | 12.58 | 3.97 | 5.03 | 6.21 | 4.70 |
| 99 | 印度尼西亚 | 棉兰 | 东南亚 | 46.60 | 7.92 | 0.24 | 4.06 | 10.82 | 1.95 | 4.84 | 7.04 | 9.74 |
| 100 | 韩国 | 大田 | 东亚 | 46.50 | 8.23 | 0.35 | 4.34 | 12.20 | 3.02 | 6.24 | 6.26 | 5.87 |
| 均　值 | | | | 47.67 | 6.22 | 2.02 | 3.41 | 11.38 | 4.73 | 4.10 | 7.42 | 8.39 |
| 满分达标率(%) | | | | 47.67 | 62.22 | 20.20 | 34.11 | 81.25 | 33.76 | 29.31 | 53.01 | 59.90 |
| 高于全样本均值 | | | | 6.19 | 0.14 | 0.64 | 0.04 | 1.92 | 0.90 | -0.34 | 0.83 | 2.06 |

从空间分布上看（见图 4-32），Ⅰ 类潜在战略支点城市主要集中分布在欧亚大陆，其中亚洲 12 个，较上年增加 2 个；欧洲 11 个，较上年减少 1 个；非洲 2 个，较上年增加 1 个；南美 1 个，与上年持平。Ⅰ 类潜在战略支点城市在欧亚大陆的分布与上年相比更趋均衡。

2. Ⅱ类潜在战略支点城市

Ⅱ类潜在战略支点城市综合指数得分均值为 45.38，高于全样本均值 3.9。

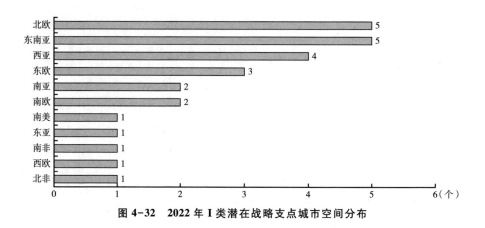

**图 4-32　2022 年 I 类潜在战略支点城市空间分布**

与全样本均值相比，II 类潜在战略支点城市政策沟通和设施联通领域表现较好，但在区域影响和成长引领方面较薄弱，二级指数得分均低于全样本均值。伙伴关系较上年进步明显，高于全样本平均水平。从满分达标率角度看，II 类潜在战略支点城市在政策沟通领域分值较高，为 78.86%，区域影响相对不足。

II 类潜在战略支点城市主要分布在欧亚大陆，共计 36 个。其中欧洲共计 19 个，亚洲共计 15 个（见图 4-33）。与上年相比，II 类潜在战略支点城市数量整体上升，其中欧洲增加 9 个，亚洲增加 1 个，非洲 II 类潜在战略支点城市数量与上年相同。

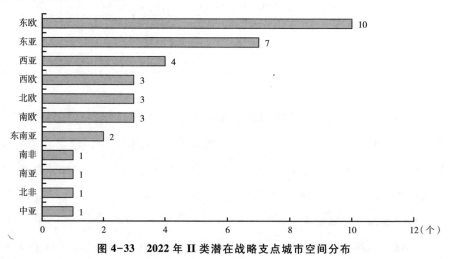

**图 4-33　2022 年 II 类潜在战略支点城市空间分布**

表 4-27 2022 年 Ⅱ 类潜在战略支点城市指数得分统计信息

| 排名 | 国家 | 城市 | 区域 | 总分 | 伙伴关系 | 区域影响 | 成长引领 | 政策沟通 | 设施联通 | 贸易畅通 | 资金融通 | 民心相通 |
|---|---|---|---|---|---|---|---|---|---|---|---|---|
| 101 | 瑞士 | 伯尔尼 | 西欧 | 46.46 | 4.62 | 2.45 | 5.19 | 13.60 | 5.54 | 3.86 | 6.72 | 4.51 |
| 102 | 南非 | 德班 | 南非 | 46.37 | 7.59 | 1.95 | 3.03 | 10.85 | 2.65 | 4.27 | 6.40 | 9.63 |
| 103 | 俄罗斯 | 喀山 | 东欧 | 46.35 | 9.85 | 0.19 | 1.54 | 10.27 | 7.80 | 5.35 | 6.48 | 4.87 |
| 104 | 俄罗斯 | 克拉斯诺亚尔斯克 | 东欧 | 46.28 | 9.85 | 0.03 | 1.62 | 10.27 | 7.80 | 5.35 | 6.48 | 4.87 |
| 105 | 俄罗斯 | 叶卡捷琳堡 | 东欧 | 46.22 | 9.85 | 0.05 | 1.55 | 10.27 | 7.80 | 5.35 | 6.48 | 4.87 |
| 106 | 韩国 | 仁川 | 东亚 | 46.12 | 8.23 | 0.46 | 4.41 | 12.20 | 3.02 | 6.24 | 6.26 | 5.30 |
| 107 | 沙特阿拉伯 | 利雅得 | 西亚 | 46.11 | 6.92 | 4.45 | 4.38 | 6.51 | 3.18 | 4.21 | 10.26 | 6.21 |
| 108 | 俄罗斯 | 下诺夫哥罗德 | 东欧 | 46.05 | 9.85 | 0.04 | 1.39 | 10.27 | 7.80 | 5.35 | 6.48 | 4.87 |
| 109 | 缅甸 | 仰光 | 东南亚 | 45.93 | 8.38 | 1.70 | 2.13 | 9.50 | 5.06 | 3.15 | 6.31 | 9.70 |
| 110 | 巴基斯坦 | 卡拉奇 | 南亚 | 45.90 | 10.00 | 2.65 | 2.45 | 9.21 | 1.57 | 3.56 | 6.65 | 9.82 |
| 111 | 英国 | 西约克 | 北欧 | 45.84 | 4.54 | 0.34 | 4.65 | 12.63 | 4.25 | 4.74 | 6.64 | 8.05 |
| 112 | 日本 | 名古屋 | 东亚 | 45.63 | 1.77 | 1.79 | 5.10 | 12.87 | 5.58 | 6.33 | 6.44 | 5.76 |
| 113 | 俄罗斯 | 车里雅宾斯克 | 东欧 | 45.60 | 9.85 | 0.04 | 1.51 | 10.27 | 7.80 | 5.35 | 6.48 | 4.30 |
| 114 | 韩国 | 水原 | 东亚 | 45.59 | 8.23 | 0.32 | 4.59 | 12.20 | 3.02 | 6.24 | 6.26 | 4.73 |
| 115 | 俄罗斯 | 彼尔姆 | 东欧 | 45.58 | 9.85 | 0.03 | 1.50 | 10.27 | 7.80 | 5.35 | 6.48 | 4.30 |
| 116 | 土耳其 | 加济安泰普 | 西亚 | 45.58 | 5.26 | 0.30 | 3.59 | 10.08 | 7.35 | 3.78 | 6.39 | 8.84 |
| 117 | 俄罗斯 | 乌法 | 东欧 | 45.57 | 9.85 | 0.03 | 1.48 | 10.27 | 7.80 | 5.35 | 6.48 | 4.30 |
| 118 | 土耳其 | 科尼亚 | 西亚 | 45.56 | 5.26 | 0.27 | 3.59 | 10.08 | 7.35 | 3.78 | 6.39 | 8.84 |
| 119 | 俄罗斯 | 鄂木斯克 | 东欧 | 45.50 | 9.85 | 0.04 | 1.41 | 10.27 | 7.80 | 5.35 | 6.48 | 4.30 |
| 120 | 俄罗斯 | 萨马拉 | 东欧 | 45.46 | 9.85 | 0.04 | 1.37 | 10.27 | 7.80 | 5.35 | 6.48 | 4.30 |
| 121 | 土耳其 | 伊兹密尔 | 西亚 | 45.45 | 5.26 | 0.38 | 3.39 | 10.08 | 7.35 | 3.78 | 6.39 | 8.84 |
| 122 | 韩国 | 昌原 | 东亚 | 45.24 | 8.23 | 0.30 | 4.27 | 12.20 | 3.02 | 6.24 | 6.26 | 4.73 |
| 123 | 阿尔及利亚 | 阿尔及尔 | 北非 | 45.21 | 6.92 | 2.13 | 1.98 | 9.87 | 2.04 | 6.55 | 6.22 | 9.49 |
| 124 | 德国 | 罗斯托克 | 西欧 | 45.07 | 4.08 | 0.01 | 5.21 | 13.07 | 5.51 | 5.90 | 6.86 | 4.44 |
| 125 | 比利时 | 安特卫普 | 西欧 | 45.04 | 3.31 | 4.03 | 3.87 | 12.61 | 7.79 | 3.26 | 6.25 | 3.92 |
| 126 | 意大利 | 威尼斯 | 南欧 | 45.00 | 6.92 | 0.04 | 3.43 | 11.94 | 3.19 | 4.26 | 6.33 | 8.89 |
| 127 | 意大利 | 热那亚 | 南欧 | 44.97 | 6.92 | 0.68 | 3.33 | 11.94 | 3.19 | 4.26 | 6.33 | 8.31 |

续表

| 排名 | 国家 | 城市 | 区域 | 总分 | 伙伴关系 | 区域影响 | 成长引领 | 政策沟通 | 设施联通 | 贸易畅通 | 资金融通 | 民心相通 |
|---|---|---|---|---|---|---|---|---|---|---|---|---|
| 128 | 瑞典 | 斯德哥尔摩 | 北欧 | 44.90 | 1.46 | 3.25 | 4.75 | 9.34 | 3.44 | 3.84 | 11.78 | 7.05 |
| 129 | 斯洛文尼亚 | 卢布尔雅那 | 南欧 | 44.83 | 5.92 | 2.50 | 3.26 | 12.35 | 2.92 | 3.04 | 6.15 | 8.69 |
| 130 | 拉脱维亚 | 里加 | 北欧 | 44.66 | 3.46 | 3.69 | 3.03 | 12.48 | 7.15 | 0.18 | 6.80 | 7.88 |
| 131 | 吉尔吉斯斯坦 | 比什凯克 | 中亚 | 44.54 | 7.92 | 1.49 | 2.28 | 10.47 | 6.02 | 3.06 | 6.15 | 7.14 |
| 132 | 缅甸 | 曼德勒 | 东南亚 | 44.46 | 8.38 | 0.13 | 2.23 | 9.50 | 5.06 | 3.15 | 6.31 | 9.70 |
| 133 | 保加利亚 | 索非亚 | 东欧 | 44.22 | 5.46 | 3.07 | 2.80 | 11.51 | 6.74 | 3.03 | 6.21 | 5.39 |
| 134 | 韩国 | 龙仁 | 东亚 | 44.20 | 6.23 | 0.30 | 4.64 | 12.20 | 3.02 | 6.24 | 6.26 | 5.30 |
| 135 | 日本 | 北九州-福冈 | 东亚 | 44.03 | 1.77 | 0.80 | 5.05 | 12.87 | 5.58 | 6.33 | 6.44 | 5.19 |
| 136 | 日本 | 札幌 | 东亚 | 44.01 | 1.77 | 0.20 | 5.07 | 12.87 | 5.58 | 6.33 | 6.44 | 5.76 |
| 均 值 | | | | 45.38 | 6.76 | 1.12 | 3.20 | 11.04 | 5.45 | 4.66 | 6.67 | 6.47 |
| 满分达标率(%) | | | | 45.38 | 67.62 | 11.16 | 31.96 | 78.86 | 38.96 | 33.29 | 47.66 | 46.25 |
| 高于全样本均值 | | | | 3.90 | 0.68 | -0.26 | -0.17 | 1.58 | 1.63 | 0.22 | 0.08 | 0.14 |

### 3. Ⅲ类潜在战略支点城市

Ⅲ类潜在战略支点城市综合指数得分均值为 42.57，与全样本均值基本持平。Ⅲ类潜在战略支点城市在伙伴关系和民心相通上进步明显，二级指数得分均由上年低于全样本均值扭转为高于全样本均值。但Ⅲ类潜在战略支点城市在区域影响、成长引领、设施联通和资金融通上短板明显，二级指数均值得分低于全样本均值。成长引领指数满分达标率较上年下滑 12.18 个百分点，低于全样本均值。

Ⅲ类潜在战略支点城市主要分布在亚洲，其中东南亚 9 个，西亚、南亚和东亚均为 3 个，中亚 1 个，亚洲共计 19 个（见图 4-34）。非洲Ⅲ类潜在战略支点城市 8 个，包含东非 3 个，北非 3 个，西非 2 个。欧洲Ⅲ类潜在战略支点城市 5 个，较上年增加 4 个。

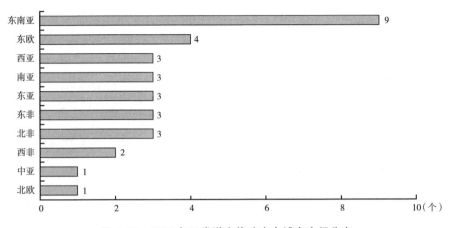

**图 4-34 2022 年Ⅲ类潜在战略支点城市空间分布**

**表 4-28 2022 年Ⅲ类潜在战略支点城市指数得分统计信息**

| 排名 | 国家 | 城市 | 区域 | 总分 | 伙伴关系 | 区域影响 | 成长引领 | 政策沟通 | 设施联通 | 贸易畅通 | 资金融通 | 民心相通 |
|------|------|------|------|------|----------|----------|----------|----------|----------|----------|----------|----------|
| 137 | 塔吉克斯坦 | 杜尚别 | 中亚 | 43.80 | 7.92 | 0.60 | 2.74 | 10.87 | 6.07 | 3.35 | 6.09 | 6.15 |
| 138 | 沙特阿拉伯 | 吉达 | 西亚 | 43.75 | 6.92 | 1.44 | 4.32 | 6.51 | 7.18 | 4.21 | 6.39 | 6.78 |
| 139 | 印度 | 加尔各答 | 南亚 | 43.57 | 6.23 | 1.96 | 4.55 | 10.34 | 6.19 | 5.27 | 6.31 | 2.72 |
| 140 | 文莱 | 斯里巴加湾市 | 东南亚 | 43.53 | 8.23 | 2.21 | 1.73 | 12.02 | 3.33 | 3.02 | 3.22 | 9.76 |
| 141 | 日本 | 仙台 | 东亚 | 43.39 | 1.77 | 0.09 | 5.12 | 12.87 | 5.58 | 6.33 | 6.44 | 5.19 |
| 142 | 日本 | 神户 | 东亚 | 43.38 | 1.77 | 0.11 | 5.09 | 12.87 | 5.58 | 6.33 | 6.44 | 5.19 |
| 143 | 日本 | 广岛 | 东亚 | 43.30 | 1.77 | 0.08 | 5.05 | 12.87 | 5.58 | 6.33 | 6.44 | 5.19 |
| 144 | 泰国 | 春武里 | 东南亚 | 43.28 | 8.38 | 0.09 | 3.94 | 10.82 | 3.13 | 4.06 | 7.10 | 5.75 |
| 145 | 印度尼西亚 | 巴淡岛 | 东南亚 | 43.22 | 7.92 | 0.22 | 4.70 | 6.82 | 1.95 | 4.84 | 7.04 | 9.74 |
| 146 | 印度尼西亚 | 万隆 | 东南亚 | 43.13 | 7.92 | 0.24 | 4.01 | 10.82 | 1.95 | 4.84 | 7.04 | 6.31 |
| 147 | 印度尼西亚 | 北干巴鲁 | 东南亚 | 42.87 | 7.92 | 0.22 | 4.35 | 6.82 | 1.95 | 4.84 | 7.04 | 9.74 |
| 148 | 印度 | 巴罗达 | 南亚 | 42.83 | 6.23 | 0.00 | 4.77 | 10.34 | 2.19 | 10.27 | 6.31 | 2.72 |
| 149 | 越南 | 芹苴 | 东南亚 | 42.80 | 8.38 | 0.08 | 3.17 | 11.00 | 2.91 | 4.51 | 7.06 | 5.69 |
| 150 | 印度尼西亚 | 茂物 | 东南亚 | 42.72 | 7.92 | 0.22 | 4.20 | 10.82 | 1.95 | 4.84 | 7.04 | 5.74 |
| 151 | 泰国 | 北榄府（沙没巴干府） | 东南亚 | 42.70 | 8.38 | 0.09 | 3.94 | 10.82 | 3.13 | 4.06 | 7.10 | 5.18 |
| 152 | 印度尼西亚 | 望加锡 | 东南亚 | 42.69 | 7.92 | 0.23 | 4.16 | 6.82 | 1.95 | 4.84 | 7.04 | 9.74 |

| 排名 | 国家 | 城市 | 区域 | 总分 | 伙伴关系 | 区域影响 | 成长引领 | 政策沟通 | 设施联通 | 贸易畅通 | 资金融通 | 民心相通 |
|---|---|---|---|---|---|---|---|---|---|---|---|---|
| 153 | 埃塞俄比亚 | 亚的斯亚贝巴（埃塞俄比亚首都） | 东非 | 42.54 | 5.69 | 0.60 | 3.60 | 9.42 | 0.79 | 6.64 | 6.36 | 9.44 |
| 154 | 摩洛哥 | 拉巴特 | 北非 | 42.51 | 6.46 | 0.45 | 1.96 | 10.73 | 2.87 | 3.89 | 6.27 | 9.89 |
| 155 | 巴基斯坦 | 奎达 | 南亚 | 42.46 | 10.00 | 0.02 | 2.53 | 5.21 | 5.57 | 3.22 | 6.65 | 9.24 |
| 156 | 坦桑尼亚 | 达累斯萨拉姆 | 东非 | 42.11 | 4.69 | 2.44 | 3.74 | 10.53 | 1.11 | 3.22 | 6.23 | 10.15 |
| 157 | 肯尼亚 | 内罗毕 | 东非 | 42.10 | 7.05 | 2.75 | 3.35 | 5.99 | 1.67 | 3.06 | 7.26 | 10.98 |
| 158 | 俄罗斯 | 伏尔加格勒 | 东欧 | 42.00 | 9.85 | 0.03 | 1.35 | 10.27 | 3.80 | 5.35 | 6.48 | 4.87 |
| 159 | 摩洛哥 | 非斯 | 北非 | 41.96 | 6.46 | 0.36 | 2.07 | 10.73 | 2.87 | 3.89 | 6.27 | 9.32 |
| 160 | 乌克兰 | 基辅 | 东欧 | 41.92 | 5.46 | 2.74 | 1.27 | 10.13 | 7.16 | 3.65 | 6.22 | 5.29 |
| 161 | 塞拉利昂 | 弗里敦 | 西非 | 41.89 | 6.38 | 0.72 | 2.71 | 10.33 | 0.39 | 8.00 | 3.18 | 10.16 |
| 162 | 摩洛哥 | 马拉喀什 | 北非 | 41.87 | 6.46 | 0.34 | 2.02 | 10.73 | 2.87 | 3.87 | 6.27 | 9.32 |
| 163 | 冰岛 | 雷克雅未克 | 北欧 | 41.79 | 2.46 | 2.55 | 4.77 | 9.38 | 4.35 | 3.00 | 6.21 | 9.06 |
| 164 | 塞内加尔 | 达喀尔 | 西非 | 41.70 | 7.05 | 2.55 | 2.97 | 11.02 | 1.59 | 3.03 | 3.30 | 10.18 |
| 165 | 土耳其 | 安塔利亚 | 西亚 | 41.66 | 5.26 | 0.27 | 3.70 | 10.08 | 3.35 | 3.78 | 6.39 | 8.84 |
| 166 | 俄罗斯 | 沃罗涅日 | 东欧 | 41.60 | 9.85 | 0.03 | 1.52 | 10.27 | 3.80 | 5.35 | 6.48 | 4.30 |
| 167 | 亚美尼亚 | 埃里温 | 西亚 | 41.58 | 4.46 | 3.05 | 1.37 | 10.96 | 3.12 | 3.01 | 6.20 | 9.41 |
| 168 | 俄罗斯 | 罗斯托夫 | 东欧 | 41.53 | 9.85 | 0.03 | 1.44 | 10.27 | 3.80 | 5.35 | 6.48 | 4.30 |
| 均　值 | | | | 42.57 | 6.66 | 0.84 | 3.32 | 9.98 | 3.43 | 4.70 | 6.26 | 7.38 |
| 满分达标率（%） | | | | 42.57 | 66.58 | 8.39 | 33.19 | 71.31 | 24.50 | 33.54 | 44.71 | 52.75 |
| 高于全样本均值 | | | | 1.09 | 0.57 | -0.54 | -0.05 | 0.53 | -0.40 | 0.25 | -0.33 | 1.05 |

# 第五章 "一带一路"沿线城市走廊分析

## 第一节 "丝路城市走廊"设想与成长机制研究

### 一 设想提出的背景

以全球化和区域化为背景的"一带一路"沿线城市发展不会是孤立式的，而是以"一带一路"倡议中的"六大经济走廊"区域空间组织为基本框架的，这就构建了沿线区域基于"五通"联系的新的沿线城市空间组织与发展框架，涉及城市人口、城市布局、沿线区域规划、交通组织、投资贸易联系等领域的分析。因此，本章提出"丝路城市走廊"设想，对超大尺度、跨越国界、紧密联系的"丝路城市走廊"的形成与发展机制进行探讨，可以丰富全球城市—区域、城市群、区域发展等理论，并能更好地指导我国"一带一路"建设的推进。

### 二 "丝路城市走廊"设想的模型基础

（一）大都市带的探讨与争论

1957 年，法国地理学家琼·戈特曼（Jean Gottmann）发表的学术论文《大都市带：美国东北海岸的城市化》开创了一个崭新的地理和城市研究新领域——大都市带、城市群、都市连绵区、大都市圈等跨越行政区甚至国家的新城市组织形态与模式。戈特曼提出，在大都市带（Megalopolis）这种巨大的城市化地域，支配空间经济形态的已不再是单一的大城市或都市区，而是集聚了若干都市区，并在人口和经济活动等方面密切联系形成的一个巨大的城市群的有机整体。这种城市地域空间形式的出现，标志着美国空间经济发展进入"成熟"阶段。戈特曼的大都市带概念在北美和欧洲学术界引起了巨大反响，特别是西方国家在 20 世纪 60 年代快速城市化后出现"城市病"，亟待通过区域角度寻求新的发展和解决动力机制。1965～1970 年美国规划师马尔特比（Maltby）对底特律大都市区开展研究，1969 年斯特劳布里奇（Strawbridge）等开展对北俄亥俄城市体系的研究，之后美国环境学家海切尔（Hatcher）展开对五大湖大都市带的研究。与此同时，欧洲著名规划学专家霍尔（Hall）引领了对英格兰东南部大都市带的研究，法国学者科莫斯（Kormoss）教授对西北欧城市密集地区进行了大规模调研和深入研究。

1970 年希腊学者杜克希亚迪斯（Doxiadis）发表论文，大胆预测 100 年之内得益于交通条件和通信手段改善，城市动力场不断扩大和延伸，以前相对独立的大大小小的城市动力场逐渐合并形成一个复杂系统，使几个大都市带互相连接，形成一种由许多大的节点或发展极联结成网络的更大的城市地域空间，并称之为世界性大都市带（Ecumenopolis）。杜克希亚迪斯还提出，欧洲的世界性大都市带主要节点分布在西北欧、意大利北部和白俄罗斯—乌克兰地区，北美的世界性大都市带将以美国东北部为焦点，通过发展走廊和加利福尼亚、佛罗里达和墨西哥湾沿岸等外围节点连接起来。而帕佩约阿鲁（Papaioannou）进一步论证了大都市带发展的科学性，认为大都市带是人类社会对自然资源最大限度集约利用的空间组织形态，从自然、人类、社会、物质及网络五个因素特征对人类社会居住的空间形式进行分类，提炼出共计 15 种类型的居住形态，认为世界大都市带将是人类社会居住形式发展的最高阶段。

杜克希亚迪斯等大都市带研究学者认为，世界上已经出现多个都市区沿着发展轴线扩展相连的现象，其无论从形式还是从功能上看，都与单个都市区有显著不同的特征，各个都市区之间各种"流"的强烈交互作用促成当代最大尺度的人类居住的地域空间。大都市带系统内部的多核心结构、高度密集的人口以及城市经济活动、各个核心之间的联系强度等基本特征的差异，使得大都市带与周围地区形成显著差异。帕佩约阿鲁认为，大都市带就是由多个集合城市通过高度复杂的交通通信网络连接而成的多核系统，在100年也可能是200年以后，可能形成全球一体的世界大都市带。帕佩约阿鲁利用引力模型对城市之间的作用力进行预测，认为到2000年全世界可能出现160个左右的大都市带（Leman和Leman，1976）。

（二）全球化时代的超级城市走廊

20世纪90年代以后，经济全球化浪潮下，技术的发展进一步深化了全球劳动分工，表现出多层性的特点，既包含不同产业、不同产品之间的分工，也包含相同产品内不同增值环节等多个层次的分工，是对原有全球分工体系的深化和扩展。在经济全球化与区域经济一体化的背景下，以大城市为核心的巨型城市区成为一种具有全球性意义的城市—区域发展模式与空间组合形式，即全球性巨型城市群，这在 Hall 和 Pain（2006）对伦敦—阿姆斯特丹—慕尼黑—米兰—罗马的欧洲多中心城市带研究以及 Scott（2001）对由核心城市与腹地城市构成的全球城市—区域研究中都有所体现。这种全球性巨型城市群是一种从中心沿特定轴线向外扩散，联系距离可能在数百公里以上。从成长动力机制看，这种巨型城市群是由快速交通体系所支撑的在通勤腹地内集中发展起来的城市群。

Dicken（2003）的《全球性转变》对于城市走廊的形成有着详细的描述和阐释，认为在全球化和高度地方化的经济活动集群之间存在一个中观尺度的经济地理组织，跨越国家边界，典型如欧洲主要经济增长轴，依托核心城市节点从西北向东南横跨欧洲核心区域，绝大多数欧洲发达地区和国际城市都位于或者靠近这条轴线；还有崛起中的亚太城市走廊，包括新加坡—菲律宾群岛—马来西亚柔佛州三角区域和中国大陆南部—中国香港—中国台湾三角区，依赖于一些特色国际大都市，有关国际组织提出北京—平壤—首尔—东京绵延1500公里的城市带，连接77个人口超过20万人的城市，这个城市带更把四个国家的四个城市群都联系在一起。此外典型的案例则是美国—墨西哥边境地带，由一连串城镇和沿线制造业园区所组成，规模偏小但独具特色，即由特色产业园区配套规模较小的密集城镇构成。

（三）关于大都市带的不同声音

但也有反对的声音，如美国著名学者芒福德（Mumford）就对大都市带或城市群的概念提出质疑。他在分析美国大城市地区人口快速增长进而引发"城市病"之后，认为大都市带并非一种新的城市空间形态，而是一种"类城市混杂体"（Urbanoid Mishmash）概念。芒福德在 1961 年出版的《城市发展史》一书中以"特大城市的神话"为题批判工业革命以后大城市和大都市带的发展，认为城市这种畸形的力量会给人类带来毁灭性灾难。芒福德（1989）认为，"如果人类不是有目的地去阻止这种'抹掉'农村的趋势，不对城市的生长和蔓延确定一个限度，那么从缅因州到佛罗里达这条沿海岸线的长条地带非常可能结成一个无区别、无特点的集合城市。若把这个团块叫作'区域城市'或认为它代表新的居民点的尺度，就模糊了人类处境的真实情况，并允许看起来似乎是自动的力量来代替人类的目的和意志"。

布鲁门菲尔德（Blumenfeld）和耶茨（Yeates）等反对者则认为戈特曼所描述的大都市带特征同样也是都市区具有的，因此建议用大都市地区（Metropolitan Region）来取代大都市带概念，以表明其并非一种有别于都市区的现象。即使在特定地区，都市区的进一步发展也并不必然地就如戈特曼描述的那样通过线性延伸形成大都市带。布鲁门菲尔德对美国东北海岸地区城市间长途电话交换量的研究表明，城市间长途电话交换量主要是取决于城市规模以及它们之间的距离，而与城市是否在大都市带范围内无关。耶茨通过对加拿大温德泽—魁北克市轴线的研究，认为提出大都市带概念无论对理论研究、规划实践还是城市与区域管理而言都没有实际意义（Leman 和 Leman，1976）。此外，大都市带的提出者戈特曼之后也对世界大都市带的概念持反对意见（Gottmann，1987）。他认为讨论大都市带联合体（Megalopolis Community）为时过早（Leman 和 Leman，1976）。但从实际发展效果来看，世界六大都市带发展相对成熟，未来可能将会产生更多的世界性大都市带，这使学术界反对的声音日益变小。

### 三　"丝路城市走廊"设想的现实基础

中国提出的"一带一路"倡议,重点是为沿线城市谋求发展、发挥作用创造重大机遇,即沿线城市基于"五通"加快实现整体结网融入全球化,成为世界城市网络的新板块。整体而言,以沿线城市为骨干网络的亚欧非连接地带以及附近海域整体摆脱在世界发展中所处的边缘地位,这也契合中国关于"创新、活力、联动、包容"的新型世界经济构想和联合国 2030 发展议程的"经济、社会、环境可持续发展"愿景,具有世界性贡献。"一带一路"沿线城市网络建设并非一蹴而就,需要确定战略支点,发挥由"点"串"轴"进而结"网"的作用。"一带一路"沿线地区在宏观尺度上涵盖亚欧非大陆及附近海域,涉及的城市数以千计,迫切需要研究和选择一些对于整个网络至关重要的战略支点城市和关键走廊上的新兴战略支点,优先建设、集中投入,争取尽快见效,撬动全局,最终通过城市廊道和关键通道建设,推动重塑"一带一路"沿线城市网络,深度融入全球化。

（一）"丝路城市走廊"猜想的必要性

"一带一路"沿线国家在经济发展、政治稳定、社会安全及文化习俗等方面的差异性,以及要素条件不均等,决定了推进"一带一路"建设时,必须集中力量发展主要的经济走廊,才能保证投资效率与实现投资的广泛覆盖。其中,城市是经济走廊上最重要的战略支撑点,以"丝路城市走廊"为研究对象并进一步分析探讨在"一带一路"倡议下的多层级体系,包括空间体系、功能体系及规模体系,有助于进一步明确"一带一路"建设方向和重点。

当前在"一带一路"建设中,"六大经济走廊"成为走廊组织的基本框架,"五通"则是"一带一路"合作的重点内容。六大经济走廊实际上分别对应着不同的功能定位和合作重点,中蒙俄经济走廊主要承担基础设施投资和资源能源安全功能;中国—中亚—西亚经济走廊主要承担基础设施建设和能源安全的功能;新亚欧大陆桥则主要承担国际贸易和基础设施建设的功能;中巴经济走廊则主要承担能源安全、园区和基础设施建设等多元功能;

孟中印缅经济走廊主要承担的是资源能源和国际贸易、投资等功能；中国—中南半岛经济走廊主要承担国际投资和贸易等功能。不同经济走廊基于我国对外战略所承担的不同功能，决定了"丝路城市走廊"的体系组织。因此，必须充分考虑沿线城市所在国及区域组织当前实施的区域发展战略，必须解决六大经济走廊与"一带一路"沿线国家发展战略与布局的错位问题，通过建设内容更宽泛的"丝路城市走廊"，实现更大范围的覆盖和辐射，进而实现不同层次区域规划的融合。

（二）可能发育的丝路城市走廊

《愿景与行动》提出中国陆海两路并进对外经济通道，陆上依托联通重要国际通道，共建六大经济走廊，有中蒙俄经济走廊、中国—中亚—西亚经济走廊、新亚欧大陆桥、中巴经济走廊、孟中印缅经济走廊、中国—中南半岛经济走廊；海上则依托重点港口和重点城市节点，共同建设安全通畅的国际大通道（见表5-1）。2019年8月，国家发改委印发《西部陆海新通道总体规划》，提出推进西部大开发形成新格局，打通西部陆海新通道，其中重庆、成都和广西北部湾国际门户港、海南洋浦成为重要枢纽，提升综合交通枢纽的引领作用和港口通道的出海口功能。在外部区域和国家层面，包括《上海合作组织成员国政府间国际道路运输便利化协定》中的跨境经贸线路、俄罗斯推进的"欧亚经济联盟"、欧洲的"琥珀之路"、哈萨克斯坦的《光明大道——通往未来之路》国情咨文、印尼的"全球海洋支点"与海上高速公路规划、蒙古的"草原之路"等也都相继提出发展通道建设。

从城市群发育角度考察，六大经济走廊存在显著差异性，较完善的大尺度、连续性城市群走廊可能只存在于中巴经济走廊、孟中印缅经济走廊及中国—中南半岛经济走廊三大经济走廊上，其他经济走廊上的城市群走廊有待培育。但在区域尺度，则可以形成一些基于六大经济走廊联系的区域甚至跨国城市走廊，如乌鲁木齐—阿斯塔纳—阿拉木图—塔什干—德黑兰—伊斯坦布尔—安卡拉跨国城市走廊、圣彼得堡—塔林—里加—维尔纽斯—明斯克—莫斯科半环形跨国城市走廊、喀什—卡拉奇—拉法尔—伊斯兰堡—白沙瓦—

瓜达尔港城市走廊、基辅—华沙—柏林—科隆—鹿特丹城市走廊、罗马—米兰—慕尼黑—纽伦堡—汉堡城市走廊、南宁—凭祥—河内—万象—曼谷—胡志明—吉隆坡—新加坡中南半岛城市走廊、昆明—曼德勒—内比都—达卡—加尔各答—新德里—孟买南亚跨国城市走廊。这些城市人口集聚、经济发达，且经贸往来密集，形成了畅达的商务流、商品流、资本流、信息流及游客流，通过各种流的密集联通形成所谓的节点联系廊道，并由此构成"丝路城市走廊"。

在中国国内，依托长江经济带、京津冀城市群形成与"一带一路"遥相呼应的城市群发展结构。其中京津冀城市群独成体系，与中蒙俄经济走廊发展互动，成为推动南线发展的重要支撑；长江经济带主要包括长江三角洲城市群、成渝经济区、长江中游城市群、滇中地区、黔中地区五大城市群，有助于打通海上丝绸之路、中南半岛经济走廊及孟中印缅经济走廊等重要通道。通过中外城市群的发展互动，实现更高级别、更广范围的互联互通。

表 5-1　中国重点建设的"一带一路"主要走廊与战略支点城市

| 走廊名称 | 沿途主要国家 | 主要节点城市 |
|---|---|---|
| 中蒙俄经济走廊 | 中国、蒙古、俄罗斯 | 北京、天津、呼和浩特、乌兰巴托、大连、沈阳、长春、赤塔等 |
| 中国—中亚—西亚经济走廊 | 中国、哈萨克斯坦、乌兹别克斯坦、伊朗、沙特、埃及等 | 乌鲁木齐、阿拉木图、塔什干、德黑兰、伊斯坦布尔、安卡拉等 |
| 新亚欧大陆桥 | 中国、哈萨克斯坦、俄罗斯、白俄罗斯、波兰、德国、荷兰等 | 连云港、西安、兰州、乌鲁木齐、基辅、华沙、柏林、鹿特丹等 |
| 中巴经济走廊 | 中国、巴基斯坦 | 喀什、卡拉奇、拉合尔、伊斯兰堡、白沙瓦、瓜达尔港等 |
| 孟中印缅经济走廊 | 中国、印度、孟加拉国、缅甸 | 昆明、仰光、内比都、曼德勒、达卡、加尔各答、新德里 |
| 中国—中南半岛经济走廊 | 中国、越南、新加坡 | 南宁、凭祥、河内、仰光、曼谷、新加坡 |
| 西部陆海新通道 | 中国、北部湾港口、东南亚 | 重庆、成都、贵阳、南宁、昆明、遵义、曼谷、马尼拉、新加坡 |

## 四 "丝路城市走廊"的内涵与运行机制

### (一)"丝路城市走廊"的内涵解析

在"丝路城市走廊"的研究中,基于全球生产网络理论和地缘政治学的国际通道理论等,聚焦中观层面的区域和城市,在"五通"中更突出流量要素和通道建设的中外互通联系,特别是将全球化理论与空间扩张的动态机制与理论创新相结合,打破传统更多依赖基础设施(航空、铁路、公路)等实现的区域和城市联系,从"五通"流量指标如国际投资、国际贸易、人口流动、高速铁路、高等级公路等重塑沿线城市组织和体系,进而提出"丝路城市走廊"和"走廊城市群"等概念,这是"五通"的要素节点和通道依托,也是引导"五通"发展的路线规划,由此构建"丝路城市走廊"和"走廊城市群"。

实际上,无论是 Scott(2001)、Hall 和 Pain(2006)对于全球化背景下的城市—区域重构的空间组织研究,还是 Dicken(2003)基于区域经济联系探讨的城市通道研究,都强调区域发展联系和融合,因此"丝路城市走廊"实际上是寻求不同区域发展规划的兼容,实现多层次地域发展融合,这也更易被各国和地区所接受。此外,以"五通"为联系纽带,构建丝路城市走廊也是互联互通的"高级形态",高于单纯依托交通基础设施联系的区域发展通道。

"丝路城市走廊"是在全球化深化发展前提下,在"一带一路"建设中基于"五通"联系的国际经济合作走廊的骨干城市通道,是相对于原先基于基础设施通道联系的区域走廊的全面升级版本,是由走廊上多个核心国际城市与腹地内经济实力较为雄厚的次级城市跨区域乃至跨国扩展联合所形成的一种空间整合发展现象,最终为沿线国家和地区融入世界经济系统提供平台支撑。"丝路城市走廊"由沿线多个城市群组成并通过快速交通体系连接,这些城市群由一个或多个核心国际城市与腹地城市整合发展而成,跨区域或跨国构成,在群组内部经济联系、资金联系、社会联系、信息联系等均较为密切,并借助"丝路城市走廊"快速发展,可称为走廊城市群。

（二）"丝路城市走廊"的运行机制

从全球化的动力看，中国"一带一路"倡议的提出使得原先处于边缘的中亚、南亚、西亚以及非洲等地区可能成为全球生产网络核心节点，推动全球化新空间和范围扩张，坚持"创新、活动、包容、联系"新思维，推动全球生产再度繁荣。其中城市作为全球生产网络组织的空间平台，将在"一带一路"沿线地域承担最重要的发展任务，从而在过去全球化发展的边缘地区塑造新的城市体系。基于"一带一路"经济走廊、发展轴线等的经济发展需求和组织模式，"丝路城市走廊"和"走廊城市群"将成为"一带一路"沿线地域中新的城市体系组织模式。

"丝路城市走廊"构想包含多层战略机制：第一，"丝路城市走廊"秉承丝路传统，在"一带一路"沿线形成多条国际城市走廊，保证联通的灵活性，最终多条走廊又能纵横对接结网进而拉动全局。第二，"丝路城市走廊"有助于兼容不同区域的发展规划，可以成为各类开发、开放规划的最大公约数，实现多层次地域发展部署与融合，更易被各利益相关方所能接受。第三，"丝路城市走廊"也是互联互通的高级形态，这类走廊平台能够承载的活动将超越单纯依托交通基础设施联系的区域发展通道。"丝路城市走廊"能实现政策沟通、道路联通、贸易畅通、货币流通和民心相通的系统集成，这种系统性力量可以产生经济效应、文化效应、社会效应、生态效应。这也是"丝路城市走廊"运行机制的突出特征。

## 五 "丝路城市走廊"的发展展望

区域要素分布和发展不平衡一直是客观存在的，本部分试图基于"一带一路"沿线城市网络，探讨最有可能率先打通的几条城市走廊，以"内外联通"为核心思路，分析条件成熟度、排序并提出分阶段的具体建议。区域内各个国家发展阶段的差异，导致城市布局的不连续性，为此在研究城市走廊的基础上必须要进行走廊城市群研究，特别是由核心大城市所引领的具有经济繁荣、政治稳定、社会安全、文化包容等特征的城市密集区域。多个走廊城市群就助力于"一带一路"国际城市走廊的贯通，这是在过去全球化边缘地区出现的新的地理现象，同时具备新的发展内涵，因此，具有极强的理论研究意义和实践指导价值。

## 第二节 "一带一路"主要走廊成熟度评价

中国在"一带一路"建设中，基于早期收获，提出建设中蒙俄经济走廊、新亚欧大陆桥、中国—中亚—西亚经济走廊、中巴经济走廊、孟中印缅经济走廊、中国—中南半岛经济走廊等经济走廊。显然这些经济走廊需要有关键战略支点城市（港口）经由重要流量通道串联而成。本部分研究基于"一带一路"沿线 350 个战略支点城市（所有 100 万人口以上城市及全部首都城市和重要港口城市）与六大经济走廊的拟合程度（走廊区段城市节点支撑率），以及各条经济走廊上支点城市的影响力评价，对 6 条经济走廊的发育情况予以分析。

### 一 主要走廊成熟度评价方法与整体发现

将国家测绘地理信息局审核的"一带一路"经济走廊及其途经城市分布作为走廊与对应城市识别基准，将本研究识别的 350 个沿线战略支点城市纳入走廊支撑节点池，采用走廊区段城市节点支撑率评价"一带一路"建设中的主要走廊成熟度（见表 5-2）。走廊区段城市节点支撑率是指每个节点城市以 200 公里半径识别辐射范围，用节点城市辐射圈覆盖度考察"一带一路"沿线通道主要区段的覆盖比例。支撑率为考察范围内走廊每段上的百分数，是从一条走廊的起点（或和其他走廊的交叉点）到终点（或和其他走廊的交叉点）沿线上每个节点城市所覆盖的走廊长度之和与该条走廊区段的总长度之比。走廊区段城市节点支撑率可用于对大尺度经济走廊的建设发育阶段进行刻画。

整体而言，中国—中南半岛经济走廊和孟中印缅经济走廊具备现实可靠的城市沿线支撑，处于以增进流量为导向的走廊建设中级阶段。通过支持该两条经济走廊的通道升级、流量发展和城市交往等领域，孟中印缅经济走廊东段（仰光—内比都—曼德勒）、孟中印缅经济走廊西段（金奈—加尔各答—达卡—曼德勒）和中国—中南半岛经济走廊东段（南宁—河内—胡志明市—曼谷）有很大潜力成为早期收获的"丝路城市走廊"。中国—中亚—西亚经济走廊和中巴经济走廊总体处于夯实战略支点的走廊建设初级阶段。宜着力于协助现有战略支点城市发展和联结周边其他节点。中蒙俄经济走廊和新亚欧大陆桥中段（位于西欧的西段走廊和中国的东段走廊发展都很成熟）仍处于以通道维护为主的走廊建设雏形阶段。宜在维护通道的同时，积极识别和扶持新兴战略支点，使得相关通道的发展对沿线地域形成有效溢出。当今最高发育程度的大尺度经济走廊（日本东海道经济走廊、中国东部沿海经济走廊以及中国长江经济带）在流量通道上已实现了高速铁路、航空和水运的立体连接，在空间形态上已形成了城市延绵带，在功能上基本实现了政策、设施、贸易、资金和民心一体化。

表 5-2　"一带一路"经济走廊的沿线分类城市支撑情况

| 走廊 | 走廊区段 | 战略支点城市 ($\alpha,\beta,\gamma$) | 潜在支点城市 ($\delta++,\delta+,\delta$) | 一般战略支点城市($\varepsilon$) | 区段城市覆盖率（%） |
|---|---|---|---|---|---|
| 中蒙俄经济走廊 | 东段（乌兰巴托其上的交叉点分别至符拉迪沃斯托克和哈巴洛夫斯克） | 无 | 无 | 无 | 0 |
| | 乌兰巴托至北京段 | 乌兰巴托、北京 | 无 | 无 | 38 |
| | 中段（莫斯科至乌兰巴托其上的交叉点） | 克拉斯诺亚尔斯克、新西伯利亚、鄂木斯克、叶卡捷琳堡、车里雅宾斯克、彼尔得、莫斯科 | 无 | 无 | 26 |
| | 西段（莫斯科至圣彼得堡） | 莫斯科、圣彼得堡 | 无 | 无 | 43 |

续表

| 走廊 | 走廊区段 | 战略支点城市 ($\alpha,\beta,\gamma$) | 潜在支点城市 ($\delta++,\delta+,\delta$) | 一般战略支点城市 ($\varepsilon$) | 区段城市覆盖率（%） |
|---|---|---|---|---|---|
| 新亚欧大陆桥 | 东段（乌鲁木齐至莫斯科） | 阿斯塔纳、乌法、萨马拉、喀山、下诺夫哥罗德、莫斯科 | 无 | 无 | 31 |
| | 西段（阿姆斯特丹至莫斯科段） | 莫斯科、华沙、柏林、汉堡、科隆、卢森堡、布鲁塞尔、阿姆斯特丹、鹿特丹 | 明斯克、维尔纽斯、格但斯克、罗斯托克、不莱梅、安特卫普 | 无 | 60 |
| 中国—中亚—西亚经济走廊 | 东段 | 阿拉木图、比什凯克、塔什干、杜尚别 | 无 | 无 | 50 |
| | 中段 | 德黑兰 | 阿什哈巴德、马什哈德、库姆 | 摩苏尔、埃尔比勒、苏莱曼尼亚、卡拉季、埃里温、大不里士 | |
| | 西段 | 伊斯坦布尔、伊兹密尔、安卡拉 | 布尔萨、科尼亚 | 无 | |
| 中巴经济走廊 | 东段 | 拉合尔、伊斯兰堡 | 木尔坦、费萨拉巴德 | 拉瓦尔品第、斯利那加、白沙瓦、古杰兰瓦拉 | 54 |
| | 西段 | 无 | 海得拉巴 | 卡拉奇 | |
| 孟中印缅经济走廊 | 西段（金奈至曼德勒，不包括曼德勒） | 无 | 达卡、加尔各答 | 金奈、维杰亚瓦达、维沙卡帕特南、布巴内斯瓦尔、库尔纳、丹巴德、詹谢普尔、阿散索尔、吉大港 | 88 |
| | 东段（昆明经曼德勒至仰光） | 无 | 曼德勒、仰光 | 内比都 | 91 |

续表

| 走廊 | 走廊区段 | 战略支点城市<br>($\alpha,\beta,\gamma$) | 潜在支点城市<br>($\delta++,\delta+,\delta$) | 一般战略支点城市($\varepsilon$) | 区段城市覆盖率（%） |
|---|---|---|---|---|---|
| 中国—中南半岛经济走廊 | 北部的西段（昆明至曼谷） | 万象、北榄 | 曼谷、春武里 | 无 | 61 |
| | 北部的东段（南宁经胡志明市至曼谷） | 河内、金边、胡志明市 | 海防、芹苴 | 无 | 54 |
| | 南部（曼谷至巴淡岛） | 吉隆坡、巴淡岛 | 无 | 新加坡 | 48 |

## 二　中蒙俄经济走廊：现状成熟度不高，亟待后续识别新兴战略支点

在中蒙俄经济走廊中段（即从莫斯科至乌兰巴托其上的交叉点），新西伯利亚几乎完全在中蒙俄经济走廊上，覆盖范围为 400 公里，而鄂木斯克则稍微偏离了该走廊，覆盖范围可能为 300 公里。通过加总莫斯科以东这段中蒙俄经济走廊上所有节点城市的覆盖范围，得到与该段总长度之比，即城市节点支撑率为 26%。在该段上 7 个城市全部为战略支点城市。

在中蒙俄经济走廊东段（即从乌兰巴托其上的交叉点分别至符拉迪沃斯托克和哈巴洛夫斯克），沿线没有节点城市，所以城市节点支撑率为 0%。但是在从乌兰巴托至北京段，城市节点支撑率为 38%，沿线端点的两个城市均为战略支点城市。

在中蒙俄经济走廊西段（即从莫斯科至圣彼得堡），两个城市均为战略支点城市，城市节点支撑率为 43%，可以凸显这两个城市在该段上的重要作用。

中蒙俄经济走廊属于 6 条走廊中城市节点支撑率最低的一条，且主要的国际沿途城市几乎全在俄罗斯境内。该走廊途经区域广阔，城市间相距遥远，导致走廊成熟度不高、连接不够紧密。

### 三 新亚欧大陆桥：城市支点区段分布不均衡，影响走廊经济全线带动力

新亚欧大陆桥东起中国连云港，西至荷兰阿姆斯特丹。新亚欧大陆桥贯穿亚欧，是连通东亚和西欧的重要桥梁，同时也是丝路的重要组成部分。新亚欧大陆桥以莫斯科为交叉点，可以分为东西两段。新亚欧大陆桥东段（乌鲁木齐至莫斯科）途经哈萨克斯坦和俄罗斯，城市节点支撑率为31%。在该段上，共有6个战略支点城市，其中莫斯科和阿斯塔纳位于新亚欧大陆桥上，其他4个城市均不同程度地偏离新亚欧大陆桥；中蒙俄经济走廊上的战略支点城市彼尔得也受到新亚欧大陆桥的影响；没有潜在支点城市和一般节点城市。

新亚欧大陆桥西段（阿姆斯特丹至莫斯科段），途经俄罗斯、白俄罗斯、波兰、德国、荷兰，城市节点支撑率为60%。战略支点城市中，有5个城市位于大陆桥上，有3个城市均不同程度地偏离大陆桥；有5个战略支点城市受大陆桥影响；潜在支点城市中仅有明斯克位于大陆桥上，有5个潜在支点城市均不同程度地偏离大陆桥，格但斯克偏离程度最大；有2个潜在支点城市受到大陆桥的影响。从大陆桥的战略支点城市和潜在支点城市数量可以发现，新亚欧大陆桥西段在新亚欧大陆桥中有着举足轻重的作用，辐射着大量的城市。

新亚欧大陆桥作为贯穿欧亚大陆、连接众多城市的重要走廊，其成熟度以莫斯科为分界点，莫斯科以西段为60%，成熟度较高，而莫斯科以东段只有31%，成熟度较低。两段的城市节点支撑率的巨大差异凸显了整条走廊上城市分布不均衡。

### 四 中国—中亚—西亚经济走廊：走廊沿线城市覆盖率过半，依托各首都发挥战略支点城市作用的基本发展模式

中国—中亚—西亚经济走廊东起中国，向西经中亚至阿拉伯半岛，是丝绸之路经济带的重要组成部分。该条经济走廊由新疆出发，抵达波斯

湾、地中海沿岸和阿拉伯半岛，主要涉及中亚五国（哈萨克斯坦、吉尔吉斯斯坦、塔吉克斯坦、乌兹别克斯坦、土库曼斯坦）、伊朗、土耳其等。在该走廊上，支撑城市较多，战略支点城市有 8 个，潜在支点城市有 5 个，一般战略节点城市有 6 个，整体城市节点支撑率为 50%，即说明沿线一半的走廊有上规模的城市支撑。战略支点城市主要分布在经济走廊西段和东段，包括哈萨克斯坦、吉尔吉斯斯坦、塔吉克斯坦和土耳其。在经济走廊中段，仅有 1 个战略支点城市，即德黑兰。潜在支点城市主要分布在经济走廊中段和西段。

经济走廊东段辐射的城市很少。在经济走廊的中段，有 16 个城市处于辐射范围内。这一区域有 6 个战略支点城市，3 个潜在支点城市，7 个一般战略节点城市。在经济走廊东侧，有 17 个城市也处于辐射范围内。这一区域有 3 个战略支点城市（雅典、开罗、加沙），4 个潜在支点城市，10 个一般节点城市。

中国—中亚—西亚经济走廊的城市节点支撑率为 50%，显示走廊成熟度处于 6 条走廊的中等水平。19 个城市在 200 公里辐射半径范围内覆盖了约整条走廊一半的长度，属于联系一般紧密的走廊。

## 五 中巴经济走廊：走廊沿线城市覆盖率过半，具备拓展沿线二侧经济带动力的较大潜力

中巴经济走廊主要涉及中国和巴基斯坦两个国家。这条经济走廊的建设旨在进一步加强中巴互联互通，促进两国共同发展。主要路线是从中国新疆乌鲁木齐到巴基斯坦瓜达尔港。在该段上，城市节点支撑率为 54%。战略支点城市有 2 个，潜在支点城市有 3 个，一般战略节点城市有 5 个。在该段上，一般战略节点城市较多，而战略支点城市和潜在支点城市较少。战略支点城市主要集中分布在中巴经济走廊东段。这 2 个战略支点城市对经济走廊的发展起到重要作用。

经济走廊东侧和西侧辐射的节点城市较多，没有战略支点城市，潜在支点城市仅有 3 个。

中巴经济走廊在成熟度上类似于中国—中亚—西亚经济走廊，沿线的10个城市在200公里的辐射半径内覆盖了整条走廊一半以上的长度，也属于联系较为紧密的走廊。但是与前述走廊不同的是，该条走廊距离较短，主要途经巴基斯坦的城市。

## 六 孟中印缅经济走廊：成熟度最高，扶持新兴战略支点城市有利于形成高地，引领释放走廊经济效应

孟中印缅经济走廊以曼德勒为交点，可分为东西两段。印度境内节点城市较多，且位于孟中印缅经济走廊和中巴经济走廊之间的城市影响着两个经济走廊的联通作用。同时，城市的产业、政治等因素不可控，因此假定距离是影响走廊城市支撑度的主要因素，将地区分为三个部分进行分析，靠近走廊部分的城市主要影响临近走廊的城市支撑度，中间部分的城市同时对两条走廊产生影响。

在孟中印缅经济走廊的西段（金奈至曼德勒，不包括曼德勒），共有11个节点城市在200公里的辐射范围内覆盖走廊，包括2个潜在节点城市。其中丹巴德、詹谢普尔、阿散索尔、吉大港四个城市偏离走廊程度较大，覆盖范围相对较小；另有29个节点城市距离该段走廊更远；21个节点城市同时辐射该段走廊和中巴经济走廊，其中包括2个潜在节点城市。该段走廊上节点城市较多，城市节点支撑率为88%，沿线共有4个节点城市。

在孟中印缅经济走廊的东段（昆明经曼德勒至仰光），包括清迈在内共有4个节点城市。清迈处于孟中印缅经济走廊和中国—中南半岛经济走廊中间，辐射范围涉及两条走廊；除清迈外的城市几乎全部位于走廊段上，覆盖范围大。该段城市节点支撑率为91%，沿线有3个潜在支点城市。

孟中印缅经济走廊为六条走廊中成熟度最高的，在西段的金奈至曼德勒，城市节点支撑率高达88%；在东段的昆明经曼德勒至仰光，城市节点支撑率高达91%。沿线众多的城市使走廊成为一条紧密连接的线路。不仅

如此，南亚三国境内的大量城市也处在该走廊的辐射范围内，为走廊提供了额外的支撑力。但该走廊尚缺乏高能级的战略支点城市发挥引领性作用。

## 七 中国—中南半岛经济走廊：较为成熟且近中期提升潜力最大，宜发挥战略支点城市作用

中国—中南半岛经济走廊以曼谷为交点，可分为南北两部分，走廊北部进一步分为东西两段。其中曼谷、北榄、春武里3个城市位于三段走廊的交叉处，对三段走廊的城市支撑力都有影响，归入走廊北部的西段的节点城市范围内。

中国—中南半岛经济走廊北部的西段（昆明至曼谷），共有4个节点城市（不包括清迈，但也受到该城市影响），除春武里稍微偏离走廊外，其余城市几乎都完全位于走廊段上。该段城市节点支撑率为61%，主要是曼谷及其周边城市的辐射范围覆盖；沿线有2个战略支点城市，2个潜在支点城市。

中国—中南半岛经济走廊北部的东段（南宁经胡志明市至曼谷），共有8个节点城市，其中河内、金边稍微偏离走廊，包括马尼拉、达沃、斯里巴加湾三个距离较远的节点城市。该段城市节点支撑率为54%，沿线有4个战略支点城市，3个潜在支点城市。

中国—中南半岛经济走廊南部（曼谷至巴淡岛）共有18个节点城市，除吉隆坡、巴淡岛几乎在该段走廊上外，其余城市都有较远距离，城市节点支撑率为48%，有3个战略支点城市，7个潜在节点城市。

中国—中南半岛经济走廊处于较成熟水平，走廊的三段包括北部的西段（昆明至曼谷）、北部的东段（南宁经胡志明市至曼谷）和南部（曼谷至巴淡岛），虽走廊距离较短，与孟中印缅经济走廊类似，但是每段的城市节点支撑率只约有其一半的水平，这和沿途缺乏城市支撑密切相关，导致走廊整体连接紧密度不高。鉴于该走廊各区段都有战略支点城市，宜发挥其作用，以便带动整个走廊迅速进入收获期。

## 第三节 "一带一路"主要走廊与沿线区域
## 规划协同发展研究

### 一 问题的提出

在中国提出"一带一路"倡议以及六条经济走廊建设的同时,"一带一路"沿线国家的多个行动计划和发展规划也提出推进区域可持续发展、加强区域基础设施联系、强化国际投资和经济发展合作、推进跨国经贸往来及文化交往等。这些行动计划和发展规划在目标导向、发展内涵、战略方向、内容建设等方面都有各自的特点,因此产生了新的问题:一是沿线国家区域发展和规划是否与"一带一路"倡议在发展内涵和空间布局方面相匹配?二是如何推动"一带一路"倡议与沿线国家的区域规划更好地融合?本节拟围绕这两个命题开展深入研究,其中空间布局的匹配是研究的重点,同时探讨目标内涵、战略方向及内容建设等。

### 二 "一带一路"沿线国家的发展规划

从"一带一路"沿线国家已有战略规划和空间规划看,在目标导向、发展内涵、组织框架、空间布局及建设内容等多个方面都有各自的特点,本部分重点梳理空间布局,围绕参与国家、空间走向、主要节点三大内容,对"一带一路"沿线多边区域发展规划、"一带一路"沿线区域发展战略等进行研究,希望通过梳理各区域规划的空间布局重点,推动其与"一带一路"倡议实现空间规划协同和发展匹配。

(一)跨国区域合作计划

如表 5-3 所示,在中亚—俄罗斯地区,由上海合作组织成员国推进的"上海合作组织成员国政府间国际道路运输便利化"连接了中国与中亚并延伸至俄罗斯的广大区域,在城市节点组织上,包括中国连云港、西安、乌鲁木齐到国外塔什干、阿拉木图以及圣彼得堡等主要节点,在空间走向上符合中国六大经济走廊中的新亚欧大陆桥空间走向和空间节点组织，有利于推动新亚欧大陆桥经济走廊的发展。欧亚经济联盟是由俄罗斯发起，包括白俄罗斯、亚美尼亚以及中亚地区哈萨克斯坦、吉尔吉斯斯坦在内的区域性经贸联合体，提出到 2025 年前形成商品、服务、资本、劳动力自由流动和覆盖1.7 亿人口的统一市场，在空间组织上与新亚欧大陆桥的宏观国家组织相符，同时在沿线主要节点上也可以匹配"一带一路"空间布局。跨欧亚大铁路作为区域性基础设施，试图形成从符拉迪沃斯托克横穿西伯利亚，并连接莫斯科到波兰、德国再到荷兰鹿特丹的铁路大动脉，其空间走向可以匹配中蒙俄经济走廊空间，并通过战略的叠加更好地支撑中蒙俄经济走廊建设。

在欧洲及地中海地区，琥珀之路是由波兰发起，连接地中海周边地区直到欧洲北部北海、波罗的海区域的贸易通道，空间走向为南北贯通，与"一带一路"经济走廊方向形成交叉，主要节点城市与不同经济走廊有匹配关系，同时在经贸联系内容上达成共识。地中海联盟是由法国主导建立的区域经济发展联盟，试图在经济、能源、移民等方面形成全面合作关系，最终与欧盟形成自由贸易关系，在空间组织上围绕地中海沿岸地区，是"一带一路"经济走廊上重要的合作地区，涵盖北非、欧洲和中东地区。欧洲容克计划是欧洲大陆主要国家为振兴区域经济推出的投资计划，旨在振兴投资、促进经济增长、加快产业转型以及提升欧洲竞争力，涵盖了西欧和中东欧的主要国家，与"一带一路"建设可以在基础设施、产业投资、金融合作及文化交流方面深化合作。

在东非地区，最突出的跨国区域战略计划是拉穆港—南苏丹—埃塞俄比亚交通走廊，通过铁路、公路、石油管线等使三个非洲经济体紧紧联系。由于发展阶段的差异和国际经贸合作关系的良好往来，通过在"一带一路"建设中引导中国企业参与非洲基础设施建设，可以更好地推进拉穆港—南苏丹—埃塞俄比亚交通走廊的建设，实现良好的规划对接。

在亚洲地区，东盟互联互通总体规划涵盖东南亚地区的主要国家和地区，提倡以平等、合作的精神共同努力，促进东南亚地区经济成长、社会进步与文化发展。该规划与"一带一路"倡议中的中国—中南半岛经济走廊在空间组织、发展内容等方面存在较多合作空间，可以通过战略推进、政策实施以及项目落地等实现更好的对接。澜沧江—湄公河合作是中国和东南亚地区部分国家推进经济和可持续发展、社会人文合作，同样在空间走向和节点城市组织方面与"一带一路"倡议中的中国—中南半岛经济走廊形成较好的空间匹配和发展对接。此外，印度提出了季风计划，涉及从东非、阿拉伯半岛、印度次大陆、斯里兰卡到东南亚群岛，致力于使印度恢复与印度洋海域各个国家的密切关系，推进基础设施建设、经贸往来及文化交流。需要推进季风计划与"一带一路"倡议的融合，强化合作和交流。韩国推出的欧亚计划包括三大方案，涵盖基础设施、能源合作、贸易往来等内容，覆盖欧亚地区，其中区域合作和重点节点城市的支撑等都与"一带一路"倡议有很好的匹配度。日本推出亚洲基建投资计划，通过政府开发援助（ODA）项目强化对亚洲地区的日元贷款和技术支援等，同时提升由日本主导的亚洲开发银行（ADB）以及日本国营国际协力银行（JBIC）的融资能力，以便通过这些银行机构开展基础设施投资。但该计划与"一带一路"倡议的发展对接，值得进一步探讨。

表 5-3 "一带一路"沿线多边区域发展战略构想与布局

| 区域战略 | 参与国家 | 空间走向（走廊） | 主要支点城市 |
|---|---|---|---|
| 上海合作组织成员国政府间国际道路运输便利化 | 中国、哈萨克斯坦、俄罗斯、塔吉克斯坦、乌兹别克斯坦、吉尔吉斯斯坦 | 有六条连接中、哈、俄、塔、乌、吉六国的运输线路 | 连云港、西安、兰州、乌鲁木齐、塔什干、阿拉木图、圣彼得堡 |
| 欧亚经济联盟 | 俄罗斯、白俄罗斯、哈萨克斯坦、亚美尼亚、吉尔吉斯斯坦 | 到 2025 年前形成商品、服务、资本、劳动力自由流动和覆盖 1.7 亿人口的统一市场 | 莫斯科、圣彼得堡、明斯克、阿拉木图、阿斯塔纳 |
| 跨欧亚大铁路 | 俄罗斯、哈萨克斯坦、白俄罗斯、波兰、德国、荷兰 | 以符拉迪沃斯托克为起点横穿西伯利亚通向莫斯科，连接波兰和德国，再到荷兰鹿特丹港 | 符拉迪沃斯托克、阿拉木图、莫斯科、明斯克、华沙、柏林、鹿特丹 |
| 琥珀之路 | 波兰、爱沙尼亚、捷克、奥地利、德国、意大利、希腊、瑞士、荷兰、比利时、法国、西班牙 | 经维斯瓦河和第聂伯河到意大利、希腊和埃及，从欧洲北部的北海和波罗的海通往欧洲南部的地中海，连接欧洲多个重要城市 | 莫拉维亚、维也纳、汉堡、布林迪西、伯尔尼、阿姆斯特丹、安特卫普、卢瓦尔、波尔多 |

续表

| 区域战略 | 参与国家 | 空间走向(走廊) | 主要支点城市 |
|---|---|---|---|
| 地中海联盟 | 法国、阿尔及利亚、摩洛哥、突尼斯、塞浦路斯、埃及、以色列、约旦、黎巴嫩、马耳他、叙利亚、土耳其,并扩张至43国 | 由法国总统萨科齐提出,建立在经济、能源、移民等方面的合作关系,并与欧盟建立自由贸易关系 | 马赛、摩纳哥、阿尔及尔、开罗、特拉维夫、贝鲁特、大马士革、安卡拉、伊斯坦布尔等 |
| 欧洲容克计划 | 欧盟国家包括德国、法国、荷兰、意大利、波兰、西班牙、卢森堡、比利时等国家 | 2014年11月,欧盟委员会正式对外公布了欧盟投资计划,也就是"容克计划",旨在振兴投资、促进经济增长、加快产业转型及提升欧洲竞争力 | 柏林、慕尼黑、法兰克福、阿姆斯特丹、巴黎、华沙、罗马、米兰、马德里、卢森堡等 |
| 拉穆港—南苏丹—埃塞俄比亚交通走廊 | 肯尼亚、南苏丹、埃塞俄比亚 | 包含拉穆港、连接拉穆港—南苏丹的铁路、公路、石油管线等,将三个非洲经济体紧紧联系在一起 | 亚的斯亚贝巴、哈勒尔、内罗毕、恩多拉、卢萨卡、朱巴、瓦乌、伦拜克 |
| 东盟互联互通总体规划 | 菲律宾、泰国、缅甸、马来西亚、印尼、越南等十国 | 提倡以平等、合作的精神共同努力,促进东南亚地区经济成长、社会进步与文化发展 | 马尼拉、曼谷、新加坡、吉隆坡、河内、仰光、金边 |
| 澜沧江—湄公河合作 | 中国、柬埔寨、老挝、缅甸、泰国、越南 | 推进经济和可持续发展、社会人文合作 | 南宁、金边、万象、内比都、仰光、曼谷、河内 |
| 季风计划 | 印度、埃及、苏丹、沙特、也门、阿曼、斯里兰卡、泰国、马来西亚、新加坡、印尼、菲律宾等 | 季风计划从东非、阿拉伯半岛、印度次大陆、斯里兰卡到东南亚群岛,印度致力于恢复与印度洋海域国家的密切关系 | 孟买、加尔各答、开罗、喀土穆、萨那、马斯卡特、科伦坡、曼谷、吉隆坡、新加坡、雅加达、马尼拉 |
| 韩国欧亚计划 | 第一方案:韩国、朝鲜、俄罗斯、中国、中亚、欧洲;第二方案:欧亚能源网;第三方案:统合欧亚经济,从韩中日到跨太平洋区域 | 第一方案:建设连接欧亚东北部的道路和铁路设施,构建复合物流网络,并积极将其延伸到欧洲;第二方案:连接区域的内燃气管道和输油管道等能源基础设施,推动共同开发中国页岩气、东西伯利亚石油与燃气等,开展欧亚能源合作;第三方案:韩中日自贸协定(FTA)、与区域全面经济伙伴关系协定、跨太平洋贸易与投资伙伴关系协定 | 釜山、平壤、符拉迪沃斯托克、沈阳、长春、哈尔滨、阿斯塔纳、阿拉木图、塔什干、柏林、鹿特丹等 |

| 区域战略 | 参与国家 | 空间走向(走廊) | 主要支点城市 |
|---|---|---|---|
| 日本亚洲基建投资计划 | 亚洲国家 | 通过政府开发援助(ODA)项目增加对亚洲地区的日元贷款和技术支援等,同时提升由日本主导的亚洲开发银行(ADB)以及日本国营国际协力银行(JBIC)的融资能力,以便通过这些银行机构开展基础设施投资 | |

资料来源:笔者整理。

### (二)跨国合作规划主要节点与"一带一路"沿线战略支点空间协同分析

1. 上海合作组织成员国政府间国际道路运输便利化

"上海合作组织成员国政府间国际道路运输便利化"多边战略涉及的国家(地区)均为"一带一路"倡议合作国家(地区),其中的关键节点有圣彼得堡、塔什干、阿拉木图等,也均在"一带一路"的"丝绸之路经济带"的主要轴线(通道)上,具有较好的空间战略协同基础。

2. 欧亚经济联盟

欧亚经济联盟与"一带一路"倡议的对接。"一带一路"倡导与俄罗斯主导的欧亚经济联盟对接前景广阔,可以有效带动沿线国家,尤其是上合组织各成员国基础设施建设和整体经济的全面发展。2015年5月,中俄两国签署《关于丝绸之路经济带建设和欧亚经济联盟建设对接合作的联合声明》,俄方支持丝绸之路经济带建设,愿与中方密切合作,推动落实该倡议,中方支持俄方积极推进欧亚经济联盟框架内的一体化进程,并将启动与欧亚经济联盟经贸合作方面的协议谈判。而这两大发展战略的对接有助于加强双方在高科技、交通以及基础设施等领域的合作,特别是推动俄罗斯远东地区的发展,这也是在促进欧亚地区一体化方面迈出的关键步伐,同时将给亚洲、欧亚地区乃至欧洲带来发展机遇。

"欧亚经济联盟"多边战略涉及的国家(地区)均为"一带一路"倡

议合作国家（地区），其中的关键节点有圣彼得堡、莫斯科、明斯克、阿斯塔纳、阿拉木图等，也均在"一带一路"的"丝绸之路经济带"的主要轴线（通道）上，具有较好的空间战略协同基础。

### 3. "跨欧亚大铁路"

"跨欧亚大铁路"多边战略涉及的国家（地区）均为"一带一路"倡议合作国家（地区），其中的关键节点有鹿特丹、柏林、华沙、明斯克、莫斯科、阿拉木图、符拉迪沃斯托克等，也均在"一带一路"的"丝绸之路经济带"的主要轴线（通道）上，具有较好的空间战略协同基础。

### 4. 琥珀之路

琥珀之路与"一带一路"倡议的对接。"琥珀之路"是一条古代运输琥珀的贸易道路，从欧洲北部的北海和波罗的海通往欧洲南部的地中海，连接了欧洲的多个重要城市，维持了多个世纪。琥珀之路的开通，使欧洲大陆从北向南得以贯通，此后更向东发展连接了亚洲的波斯、印度和中国，增进了欧洲和亚洲的商贸往来。在空间路线上，琥珀之路以南北联系为主，从而将"一带一路"到达欧洲的几条线路终点连接起来。从发展内容看，琥珀之路更是一条贸易之路，当前融合了投资、基础设施建设、人员流动等内容，与"一带一路"倡议有更好的发展对接前景。

"琥珀之路"多边战略涉及的国家（地区）均为"一带一路"倡议合作国家（地区）。其中的关键节点有汉堡、阿姆斯特丹、安特卫普、卢瓦尔、波尔多、伯尔尼、维也纳、莫拉维亚、布林迪西等，仅个别城市在"一带一路"的"丝绸之路经济带"的主要轴线（通道）上，且多数节点城市在"一带一路"节点城市评级偏低（或者未纳入评级考虑），显示该多边战略与"一带一路"倡议的合作空间战略协同基础较弱。

### 5. 地中海联盟

地中海联盟与"一带一路"倡议的对接。在地中海联盟具体优先合作各类项目中，对成员国经济影响较大的包括"海上高速路""可再生能源""中小企业扶持"等。随着经济发展，跨地中海客运和货运的需求迅猛增长。为此，地中海联盟将建立包括公路、港口、海运、服务等在内的"海上高速路",促进跨地中海运输可持续发展。"地中海太阳能计划"将提高地中海周边国家的太阳能发电能力,通过私人投资和向欧盟国家出口太阳能电力以确保太阳能项目的盈利,促进能源生产本地化,采取节能措施以满足地中海南岸家庭用电需求。促进地中海地区中小企业的发展,提供技术及融资渠道方面的支持,此外要帮助成员国发展高附加值产业等,尽管建立地中海联盟的意愿良好,但达成预期效果难度很大,从而较难实现与"一带一路"倡议的整体对接。

"地中海联盟"多边战略涉及的国家(地区)均为"一带一路"倡议合作国家(地区)。其中的关键节点有马赛、摩纳哥、伊斯坦布尔、安卡拉、阿尔及尔、开罗、特拉维夫、大马士革、贝鲁特等,仅部分城市在"一带一路"的"丝绸之路经济带"或者"21世纪海上丝绸之路"的主要轴线(通道)上,部分城市在"一带一路"节点城市评级中得分偏低,显示该多边战略与"一带一路"倡议的空间战略协同基础相对较弱。

### 6. 欧洲容克计划

欧洲容克计划与"一带一路"倡议的对接。为推动欧洲克服欧债危机对增长和就业的影响,欧盟于2014年底出台大规模的投资计划,即容克计划,主要用于长期投资项目,包括投向能源、电信、数字、交通及教育创新等领域。将"容克计划"同"一带一路"对接,将给中欧经济合作发展带来更广阔空间和更多机遇,促进中国对欧洲投资。第五次中欧经贸高层对话围绕"从战略高度推进双向投资、便利双边贸易"这一主题进行了深入交流,就"一带一路"倡议与欧洲投资计划对接、中欧投资协定谈判和数字经济合作等达成广泛共识,特别是在"一带一路"倡议和容克投资计划对接方面取得积极进展。双方同意成立工作组,就设立中欧共同投资基金的具体方案进行研究。双方签署了《关于建立中欧互联互通平台的谅解备忘录》。双方探讨了国际产能合作意向。欧方鼓励中方与欧洲复兴开发银行深化合作,愿按照欧洲复兴开发银行现有章程和程序启动中方成员资格的相关谈判工作,这可以推动"一带一路"倡议与欧洲容克计划的对接。

"欧洲容克计划"多边战略涉及的国家(地区)均为"一带一路"倡

议合作国家（地区）。其中的关键节点有阿姆斯特丹、柏林、华沙、巴黎、卢森堡、法兰克福、马德里、罗马、米兰等，多数城市在"一带一路"的"丝绸之路经济带"或者"21世纪海上丝绸之路"的主要轴线（通道）上，且多数城市在"一带一路"节点城市评级中得分较高，显示该多边战略与"一带一路"倡议的合作空间战略协同基础相对较强。

**7. 拉穆港—南苏丹—埃塞俄比亚交通走廊**

拉穆港—南苏丹—埃萨俄比亚交通走廊与"一带一路"倡议的对接。在2012年3月，肯尼亚联合南苏丹和埃塞俄比亚启动了"拉穆港—南苏丹—埃塞俄比亚交通走廊"项目，将3个非洲经济体紧紧联系在一起，简称"拉穆走廊"，包含拉穆港及连接拉穆港—南苏丹的铁路、公路、石油管线等，总投资额约250亿美元，被认为是非洲国家独立以来的"非洲大陆最大工程"。该项目计划建造一个拥有32个泊位的深水港，并建设连接港口与南苏丹首都朱巴、埃塞俄比亚首都亚的斯亚贝巴的高速公路、铁路与输油管道。新港口将配套建设炼油厂、仓库等基础设施，此外，还计划在拉穆、伊西奥洛、洛基察吉奥建设三个国际机场。新港口及交通运输网建成后，不仅有助于扩大区域市场规模，而且将促进地区经贸往来。南苏丹将更多通过新港口出口石油，埃塞俄比亚也可以通过新港口运输货物，减少对吉布提港的依赖。拉穆是东非最古老的港口、重要的商业枢纽和文化中心，15世纪初明朝航海家郑和率船队抵达位于非洲东海岸的拉穆、马林迪和蒙巴萨。拉穆港由肯尼亚交通部授权委托肯尼亚港务局进行招标及后续建设和运营管理，港口1~3号泊位由中国交通建设股份有限公司负责承建。由此，可以与"一带一路"倡议展开更好的合作。

"拉穆港—南苏丹—埃塞俄比亚交通走廊"多边战略涉及的国家（地区）均为"一带一路"倡议合作国家（地区）。其中的关键节点有内罗毕、朱巴、亚的斯亚贝巴、瓦乌、伦拜克等，多数城市离"一带一路"的"21世纪海上丝绸之路"的主要轴线（通道）较远，且多数城市在"一带一路"节点城市评级中得分较低（或者未纳入评级），显示该多边战略与"一带一路"倡议的合作空间战略协同基础较弱。

### 8. 东盟互联互通总体规划

东盟互联互通总体规划多边战略涉及的国家（地区）均为"一带一路"倡议合作国家（地区）。其中的关键节点有河内、仰光、曼谷、金边、吉隆坡、新加坡、马尼拉等，多数城市在"丝绸之路经济带"或者"21世纪海上丝绸之路"的主要轴线（通道）上，且多数城市在"一带一路"节点城市评级中得分较高，显示该多边战略与"一带一路"倡议的合作空间战略协同基础较强。

### 9. 澜沧江—湄公河合作

澜沧江—湄公河合作多边战略涉及的国家（地区）均为"一带一路"倡议合作国家（地区）。其中的关键节点有河内、仰光、内比都、曼谷、金边、万象等，多数城市在"丝绸之路经济带"或者"21世纪海上丝绸之路"的主要轴线（通道）上，且多数城市在"一带一路"节点城市评级中得分较高，显示该多边战略与"一带一路"倡议的合作空间战略协同基础较强。

### 10. 季风计划

季风计划与"一带一路"倡议的对接。2014年6月，莫迪政府推出"季风计划"，尝试"借古谋今"深化环印度洋地区的互利合作。通过"季风计划"的实施，印度谋求可持续的区域战略利益，保障更加牢固的地区领导权。莫迪政府的"季风计划"经历两个发展阶段。从2014年6月首次提出"季风计划"的概念到2014年9月，是该计划发展的第一阶段。这一阶段的"季风计划"实际上是一个文化项目。印度依托印度洋国家的共有历史，强化印度在印度洋地区的文化、心理、认同方面的存在，增强印度文化软实力。2014年9月，在"季风计划"特别会议后，"季风计划"进入第二发展阶段，逐渐超越文化项目范畴而成为一项被赋予外交、经济功能的准战略规划。从发展内容看，季风计划范围划定区域是从东非到阿拉伯半岛、印度次大陆、斯里兰卡、东南亚国家，在横跨印度洋的整个区域内进行经济协调。与"一带一路"倡议形成功能对接，如基础设施互联互通、制造业和海洋经济，文化对接，如政策、法规、人心。

"季风计划"多边战略涉及的国家（地区）均为"一带一路"倡议合

作国家（地区）。其中的关键节点有孟买、加尔各答、科伦坡、马斯喀特、萨那、开罗、喀土穆、马尼拉、曼谷、吉隆坡、雅加达、新加坡等，多数城市在"丝绸之路经济带"或者"21世纪海上丝绸之路"的主要轴线（通道）上，且部分城市在"一带一路"节点城市评级较高，显示该多边战略与"一带一路"倡议的合作空间战略协同基础较好。

（三）沿线国家内部发展规划

"一带一路"倡议提出之前，沿线一些国家就有针对本国的空间发展部署，其后又出于对接考虑推出一批发展规划与空间布局（见表5-4），但需要指出的是这些规划当然是以本国自我发展为主，为此出现空间发展思路不匹配也是可理解的，这与国家间战略合作关系远近无关。比如，作为中国战略伙伴关系最为紧密的巴基斯坦，其国内发展方向以东部的经济发达地区为主，而中巴经济走廊有三条线，其中西线、中线都承担着重要的中国国内的石油管道运输任务，也是中巴经济走廊首要推进的建设工作，因此与巴基斯坦国内发展空间走向有偏差。正确认识到此类情况，有助于后续相向而行、促进协同。

表5-4 "一带一路"沿线部分国家发展规划与空间布局（现状）

| 战略规划 | 国家 | 空间布局（走廊） | 主要支点城市 |
|---|---|---|---|
| "草原之路" | 蒙古 | 草原之路由5个项目组成，包括连接中俄的997公里高速公路、1100公里电气化铁路、扩展跨蒙古国铁路及天然气和石油管道 | 乌兰乌德、纳乌什基、乌兰巴托、苏赫巴托、扎门乌德、呼和浩特、二连浩特、集宁 |
| 光明大道计划 | 哈萨克斯坦 | 光明大道计划将建设从首都阿斯塔纳辐射全国各地的公路、铁路和航空线路等交通网络 | 阿斯塔纳、阿拉木图等 |
| 新苏伊士运河计划 | 埃及 | 经济结构调整；建设公路、机场、港口等基础设施和学校、医院等公共设施；明确产业发展目标；实施城市化发展政策 | 开罗、亚历山大、苏伊士、吉萨、塞得港、阿斯旺、卢克索 |
| 海上高速公路 | 印度尼西亚 | 将印尼建成"全球海上支点"，包括扩建北苏门答腊、雅加达、东爪哇、南苏拉威西和巴布亚5个大型枢纽港，提高物流效率，发展工业园区等 | 雅加达、锡博尔加、泗水、肯里等 |

续表

| 战略规划 | 国家 | 空间布局（走廊） | 主要支点城市 |
|---|---|---|---|
| 南北经济走廊 | 越南 | 构建南北经济走廊，形成全国基础设施发展框架。通过大城市经济，带动周边地区经济发展。南北经济走廊即谅山（越南北部）—河内—胡志明—木排（越南南部西宁省）走廊，贯穿越南南北全境 | 谅山、河内、胡志明、木排 |

资料来源：笔者整理。

### 1. "草原之路"与"一带一路"倡议的对接

为了对接和抓住"一带一路"倡议所带来的发展机遇，蒙古国版的中俄蒙经济走廊倡议被称为"草原之路"。"草原之路"由 5 个项目组成，总投资约 500 亿美元，包括：连接中俄的 997 公里高速公路、1100 公里电气化铁路、扩展跨蒙古国铁路及天然气和石油管道等。"一带一路"倡议和"草原之路"是中蒙两国在面临同样的国际背景时做出的积极决策，表明双方重视"草原丝绸之路"发展历史和理念。"一带一路"倡议和"草原之路"体现出双方有消除合作瓶颈的强烈意愿，中蒙均有完善经贸合作的基础设施的愿望，"一带一路"倡议助推"草原之路"计划的落实，后者将与前者形成有效对接，两者均有加强区域性经济及各方面合作的诉求。

### 2. 光明大道计划与"一带一路"倡议的对接

哈萨克斯坦总统纳扎尔巴耶夫 2014 年 11 月宣布光明大道计划，即通过一系列投资促进哈萨克斯坦经济结构转型，实现经济增长。光明大道计划将建设从首都阿斯塔纳辐射全国各地的公路、铁路和航空线路等交通网络。通过协调，光明大道计划内容包括 2015 年完成霍尔果斯口岸经济特区基础设施第一期工程、阿克套等地油气设施建设。哈萨克斯坦将加强运输基础设施建设，以重点口岸带动周边地区发展，加强地区间公路、铁路和航空运输能力。国家基金投资要重点推动经济结构转型，促进企业发展并扩大就业。从空间布局看，形成从阿斯塔纳到国内其他地区的辐射联系，与"一带一路"

倡议中的中国—中亚—西亚和新亚欧大陆桥两大经济走廊存在空间错位问题。但是"一带一路"倡议与光明大道计划有众多契合点,"西欧—中国西部"交通走廊和天然气及输油管道、跨境铁路等项目的建设为双方合作注入了新活力。

**3. 新苏伊士运河计划与"一带一路"倡议的对接**

埃及自 2011 年政治动荡以来,国家经济受到严重打击,新苏伊士运河计划的提出正处于埃及亟须恢复和重建经济的阶段。埃及将其视为"国家工程",旨在通过增加运河通航能力、提高通航效率,实现增加收入、推动经济发展和拉动就业的多重目标。为保证对新苏伊士运河的绝对控制权,埃及没有引入任何外资,内容包括:经济结构调整;建设基础设施和学校、医院等公共设施;明确产业发展目标;实施城市化发展政策。新苏伊士运河开通后,船只通过运河时间减少到 11 个小时,埃及运河年收入有望到 2023 年达 150 亿美元左右。埃及政府计划未来沿苏伊士运河建设"苏伊士运河走廊经济带",包括修建公路、机场、港口等基础设施,预计建成后每年为埃及创造高达 1000 亿美元的收入,约相当于埃及经济总量的 1/3。这些都是"一带一路"倡议的重点内容,两者可以形成更好的匹配。

**4. 海上高速公路与"一带一路"倡议的对接**

2014 年,印尼制定旨在提升印尼在亚太地区的经济与政治地位的"海洋强国"战略,大力发展海上高速公路,提出将印尼建成"全球海上支点、全球文明枢纽"的愿景。优先考虑建成五个支点,即复兴海洋文化、保护和经营海洋资源、发展海上交通基础设施、进行海上外交、提升海上防御能力,具体包括扩建北苏门答腊、雅加达、东爪哇、南苏拉威西以及巴布亚 5 个大型枢纽港,提高物流效率,发展工业园区等。从"一带一路"倡议视角,在"21 世纪海上丝绸之路"和"全球海上支点"对接的方式和路径上,应首先以两国经贸、投资深入发展为出发点,逐步通过增加彼此的经贸依存度,促进两国关系在战略层次进一步发展。

**5. 南北经济走廊计划**

越南的南北经济走廊旨在形成全国性基础设施发展框架,通过发展大城市经济，带动周边地区经济发展，整个南北经济走廊包括谅山（越南北部）—河内—胡志明—木排（越南南部西宁省），贯穿越南南北全境，在空间走向、发展内容上与"一带一路"倡议可形成较好的对接。

### 三 "一带一路"倡议与沿线区域规划的空间协同策略

对于"一带一路"沿线其他的跨国性和国家发展战略与"一带一路"倡议的匹配情况，可以从战略匹配度和空间匹配度两个维度予以考察（见图 5-1）。战略匹配度主要基于地缘经济视野，考察发展目标、发展策略与主要合作态势的吻合度；空间匹配度主要基于自然地理、人文地理，特别是经济地理思维，考察主要合作参与方分布和发展规划的空间部署（节点、走廊、网络）的吻合度。

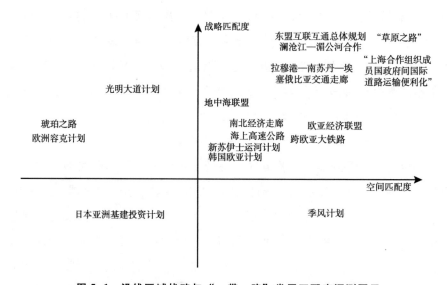

**图 5-1 沿线区域战略与"一带一路"发展匹配度评测图示**

同"一带一路"倡议具有高度战略和空间匹配度的主要包含：东盟互联互通总体规划、澜沧江—湄公河合作、"草原之路"、"上海合作组织成员国政府间国际道路运输便利化"、拉穆港—南苏丹—埃塞俄比亚交通走廊。在战略判断上，应将这些区域战略视为"一带一路"倡议在沿线的具体落地；在策略上，应积极参与这些区域战略，尤其是在支点、走廊和网络上体现出"一带一路"倡议中经济走廊和其他区域战略的高度融合性。

同"一带一路"倡议同时具有部分的战略和空间匹配度的主要包含：欧亚经济联盟、地中海联盟、跨欧亚大铁路、南北经济走廊、海上高速公路、韩国欧亚计划、新苏伊士运河计划。此类区域战略多是由沿线国家和多国发起，在战略匹配度和空间匹配度上与"一带一路"倡议的具有相当吻合度。在战略判断上，应尊重此类区域战略的诉求，寻求共享共赢。事实上，我国同俄罗斯就欧亚经济联盟、同印尼就海上高速公路与"一带一路"建设展开协同合作；在策略上，通过稳定协同渠道、探索协同项目，建立战略互信。

同"一带一路"倡议具有战略匹配度但不具有空间匹配度的主要包括：欧洲容克计划、琥珀之路、光明大道计划。此类区域战略基于本区或本国对于地缘经济的利益和格局考虑，提出了与"一带一路"倡议中六大走廊不同的空间发展部署进而引导了不同的投资建设重点。在战略判断上，战略匹配度的吻合性价值远远高于空间匹配度的吻合性价值。空间的支点、走廊、网络部署应服务于提升战略匹配度；在策略上，中方应高度尊重此类区域战略主导方的诉求，适时延伸"一带一路"经济走廊范围乃至于灵活调整、新增走向。中新合作建设"陆海新通道"就是一个重要的范例。伊朗提出与中方合作建设恰巴哈尔港、推动东部发展走廊的诉求也应予以再评估。

同"一带一路"倡议具有空间匹配度但不具有战略匹配度的区域战略是印度季风计划。基于经济地理、自然地理的现实情况，同"一带一路"倡议在发展支点、走廊、网络等空间匹配度上比较吻合。在策略上，应存异求同，在共同关心的项目、方向上既竞争又合作（竞合），争取以具体合作事项的量的积累，推动战略走向协同的质的转变。

同"一带一路"倡议在战略和空间上皆不具匹配度的区域战略包括日本亚洲基建投资计划。在战略上，周全地做好竞争准备，但不应寻求在目标区域的正面对抗；在策略上，重视在城市、园区等中微观维度确立支点、树立样板，积小胜为大胜。

总之，"一带一路"倡议得到沿线多数国家的响应，甚至其通过积极修改原有计划进行对接。在"一带一路"沿线国家区域规划中，有的规划为合作组织框架，但多半都有明确的区域范围和空间组织。多数国家还是发展中国家，处于要素集聚发展阶段，因此大城市一般成为重要的战略节点。"一带一路"倡议不一定完全与沿线国家区域规划在发展内容、空间组织上匹配，这需要不断调整以便进行积极对接。"一带一路"倡议符合多数国家的利益，需要积极实现与各发展规划的融合。"丝路城市走廊"的建设，首先，需要在"一带一路"建设中实现六大经济走廊与区域发展的融合，深化"丝路城市群"研究，进一步探索不同区域城市群的发育程度和发育潜力。其次，需要进一步深化理论研究，特别是在全球化边缘地带出现的经济崛起机遇和城市走廊浮现的现象，把握其发展动力以及发展机制，以更好地指导政策制定。最后，需要对中国"六廊六路多国多港"进行深入探讨，把握不同走廊所承担的不同功能和差异特点，最终与沿线区域和国家的发展规划相适应，打造协同发展的良好态势。

## 第四节　"一带一路"主要走廊与中国城市群战略协同发展

### 一　"一带一路"倡议基本空间走向和与中国的空间衔接

中方"六廊六路多国多港"的提出，有多重依据：第一，根据新形势下推进国际合作的需求。第二，已经推进的双边国家协议所构建的坚实的合作基础。第三，古代陆海丝绸之路五大走向，其中"丝绸之路经济带"包括三大走向，一是从中国西北、东北经中亚、俄罗斯至欧洲、波罗的海，二是从中国西北经中亚、西亚至波斯湾、地中海等，三是从中国西南经中南半岛至印度洋；"21世纪海上丝绸之路"有两大走向，一是从中国沿海港口过南海，经马六甲海峡到印度洋，延伸至欧洲，二是从中国沿海港口过南海地区，向南太平洋延伸。从发展的逻辑看，新亚欧大陆桥、中蒙俄经济走廊、中国—中亚—西亚经济走廊贯通亚欧大陆中东部地区，将充满经济活力的东亚经济圈与发达的欧洲经济圈联系在一起,畅通连接波斯湾、地中海和波罗的海的合作通道,从而构建更加开放的欧亚大市场和生产基地,为地处"一带一路"沿线、位于亚欧大陆腹地的广大国家提供了发展机遇。中国—中南半岛经济走廊、中巴经济走廊和孟中印缅经济走廊连接亚洲东部和南部这一全球人口最稠密地区,连接沿线的主要城市和人口、产业集聚区。澜沧江—湄公河国际航道和在建地区铁路、公路、油气网络,将"丝绸之路经济带"和"21世纪海上丝绸之路"联系到一起,经济效应辐射南亚、东南亚、印度洋、南太平洋等地区。

"丝绸之路经济带"的主走廊在国内与陇海兰新经济带基本重合,是长三角、中原、关天、黄河上游、新疆五大城市群相互连接并趋于融合的城市群连绵区。主走廊在国外区段以泛亚铁路网的中亚铁路(土耳其—伊朗—哈萨克斯坦)为轴心,将中亚、西亚的城镇密集区与地中海沿岸和欧洲的主要城市群连成一体。泛亚铁路网是亚洲国家为实现经济振兴而共同制定的铁路干线建设计划,主要目的是建成连接欧洲和太平洋的交通大动脉。作为泛亚铁路网主干线之一的中亚铁路,由东到西走向依次经过阿拉木图、比什凯克、塔什干、杜尚别、阿什哈巴德、德黑兰、巴格达、安卡拉,通过博斯普鲁斯海峡与地中海沿岸和欧洲中部相连。这一地带处于全球油气资源的核心区,交通相对发达,城镇密集,资源丰富,经济聚集程度高,将中西亚城镇密集区与地中海沿岸和欧洲城市群连成一体化的经济走廊。"丝绸之路经济带"主走廊可以沿两个方向延伸到欧洲中部和南部。一是沿伊斯坦布尔—贝尔格莱德—维也纳方向,连通土耳其、东欧和德国、法国、英国各个国家。二是沿地中海北岸的雅典—罗马—巴塞罗那(或巴伦西亚)方向,形成南欧沿海经济带,这些地区都是重要的城市密集地区,宜打造国际城市走廊和走廊城市群。

建设"21世纪海上丝绸之路"的基本思路是以太平洋西部、印度洋和红海、地中海的主要航线为核心走廊,将中国的沿海地区与南海两岸、南太平洋地区、印度洋沿岸、海湾地区和地中海沿岸各国联结在一起,形成亚太、印度洋、地中海三大经济圈连环式衔接的跨国、跨洲临海型带状经济区。建设这一经济带是我国与沿线各国、各民族携手创造新的、更加辉煌灿烂的海洋文明和现代国际区域发展大业的奠基工程。海上丝绸之路经济带主走廊基本走向和主要区段：中国沿海经济带（中、南段）—南海、马六甲海峡沿岸经济带—阿拉伯海、红海沿岸经济带—环地中海经济带。主走廊的辐射区域包括亚洲东部、南部、西部和非洲、欧洲大部分地区，这些城市密集地区通过各种社会经济的联系形成跨境走廊城市群，"一带一路"倡议的推进必将持续助力走廊城市群整体发展。

具体到中国城市群的发展与"六大经济走廊"的战略关系可以这样考虑，在当前中国区域经济发展格局构成中，最突出的区域主体就是城市群，2016 年国家"十三五"规划提出发展 19 个城市群，成为引导中国区域发展格局的中坚主体单元。未来，随着中国经济高质量发展，全球化发展与中国国内区域发展格局调整的融合推进是未来重要的战略趋势，特别是中国应主导推动"一带一路"建设中主要经济走廊与中国城市群的发展融合和互动支持。

## 二 中国城市群战略与组织演化

就我国城市群战略看，国家早在"十一五"规划中就提出要把城市群作为推进城镇化的主体形态，已经形成城市群发展格局的京津冀、长江三角洲、珠江三角洲等区域继续发挥带动和辐射作用，加强城市群内各城市的分工协作和优势互补；具备城市群发展条件的区域加强统筹规划，形成若干用地少、就业多、要素集聚能力强、人口分布合理的新城市群。2005 年住建部《全国城镇体系规划纲要（2005—2020 年）》提出三大都市连绵区和 13 个城镇群。2014 年《国家新型城镇化规划（2014—2020 年）》提出以大城市为依托、中小城市为重点，逐步形成辐射作用大的城市群，促进大中小城市和小城镇的协调发展。2016 年国家"十三五"规划基本确定我国城市群发展格局，进入国家视野的城市群共计 19 个，京津冀、长三角、珠三角、山东半岛、海峡西岸、哈长、辽中南、中原、长江中游、成渝、关中平原、北部湾、山西中部、呼包鄂榆、黔中、滇中、兰州—西宁、宁夏沿黄、天山北坡，面积约 240 万平方公里，基本包含我国所有大中城市，每个城市群都有一个或几个核心城市。本研究以这 19 个城市群为对象。

2018 年 11 月 18 日，《中共中央 国务院关于建立更加有效的区域协调发展新机制的意见》明确指出，以京津冀城市群、长三角城市群、粤港澳大湾区、成渝城市群、长江中游城市群、中原城市群、关中平原城市群等城市群来推动国家重大区域战略融合发展，建立以中心城市引领城市群发展、城市群带动区域发展新模式；以"一带一路"建设助推沿海、内陆、沿边地区协同开放，以国际经济合作走廊为主骨架加强重大基础设施的互联互通，构建统筹国际国内、协调国内东中西和南北方区域的发展新格局。2019 年 8 月，国家发展改革委印发《西部陆海新通道总体规划》，以西部陆海新通道北接丝绸之路经济带，南连"21 世纪海上丝绸之路"，深化陆海双向开放、推进西部大开发形成新格局。

## 三 中国城市群与六大经济走廊空间协同

《愿景与行动》提出，沿线各国资源禀赋各异，经济互补性强，彼此合作潜力和空间很大，以政策沟通、设施联通、贸易畅通、资金融通、民心相通为主要内容，充分发挥国内各地区的比较优势。这就对中国不同地区城市群的发展重点提出要求，同时积极通过基础设施推动空间战略协同，才能更好地推进"五通"建设，实施更积极主动的开放战略，全面提升开放型经济水平。

其中在西北地区，从六大经济走廊看，涉及中国—中亚—西亚经济走廊、新亚欧大陆桥、中巴三条经济走廊，覆盖中亚、南亚和西亚地区；从城市群的布局情况看，涉及天山北坡城市群、宁夏沿黄城市群、兰西城市群以及关中平原城市群。要进一步发挥天山北坡城市群在交通区位和向西开放领域的重要窗口作用，加强与中亚、南亚、西亚等国家交流合作。而关中平原城市群、兰西城市群需要发挥综合经济发展和交通组织的突出优势，宁夏沿黄城市群和兰西城市群则具有明显的民族人文优势，内外联通，可以打造面向中亚、南亚、西亚国家的通道、商贸物流枢纽、重要产业和人文交流基地。

在东北地区，六大经济走廊中主要涉及中蒙俄经济走廊，城市群则主要包括哈长城市群、辽中南城市群。另外从中蒙俄经济走廊出发城市及分支走廊看，还涉及京津冀城市群和呼包鄂榆城市群。其中京津冀城市群经济实力强、产业基础雄厚、人文政策资源优势突出，发挥呼包鄂榆城市群联通俄蒙的区位优势及相通的民族人文优势，完善哈长城市群、辽中南城市群对俄铁路通道和区域铁路网络，推进构建北京—莫斯科欧亚高速运输走廊，建设我国向北开放的重要窗口。

在西南地区，六大经济走廊中涉及中国—中南半岛经济走廊、孟中印缅经济走廊两大经济走廊，城市群则包括北部湾城市群、滇中城市群。要发挥北部湾城市群与东盟国家陆海相邻的独特优势，加快北部湾经济区和珠江—西江经济带的开放发展，打通面向东盟区域的国际通道，建设西南、中南地区对外开放发展的新战略支点和桥头堡。充分发挥滇中城市群的区位优势，推进与东南亚、南亚的国际运输大通道建设，打造大湄公河次区域经济合作新高地，建设成为面向南亚、东南亚的辐射中心；推进西藏与尼泊尔等国家边境贸易和旅游文化合作。

在沿海和港澳台地区，利用京津冀城市群、长三角城市群、粤港澳大湾区、海峡西岸城市群、山东半岛城市群等地区开放程度高、经济实力强、要素资源多、辐射带动作用大的优势，打造"一带一路"特别是"21世纪海上丝绸之路"建设中的排头兵和主力军，建设中国沿海对外开发开放的重要战略支点经济区。

在中部内陆地区，利用内陆纵深广阔、人力资源丰富、产业基础较好优势，依托长江中游城市群、成渝城市群、中原城市群、晋中城市群及黔中城市群等重点区域，强化区域劳动分工和产业集群发展，建立并完善中欧通道铁路运输、口岸通关协调机制，打造"中欧班列"系列品牌，建设沟通境内外、连接东中西的通道；支持郑州、西安等内陆城市建设航空港、国际陆港等，加强内陆口岸与沿海、沿边口岸通关合作。优化海关特殊监管区域布局，深化与沿线国家的产业合作和贸易往来。在这个区域整合响应国家战略的进程中，区域核心城市的功能必将得到极大提升。

　　图5-2描绘了中国城市群与六大经济走廊协同的空间示意。总体而言，作为国际经济走廊的"一带一路"也将反作用于中国不同区域城市群乃至国土空间格局的发展。"一带一路"建设将提升中国沿海城市的国际竞争力，京津冀城市群、长三角城市群、粤港澳城市群将率先发展。借助新亚欧大陆桥、中巴经济走廊、中国—中亚—西亚经济走廊，以郑州、重庆、成都、武汉、西安、乌鲁木齐等为代表的城市将引领所在的城市群成为中国国内经济对外开放的新高地，包括中原城市群、关中平原城市群、兰西城市群、宁夏沿黄城市群、天山北坡城市群等都在这条重要廊道上，从而打造中国推进国际发展战略东西方向的一条重要发展轴。孟中印缅经济走廊和中国—中南半岛国际经济合作走廊的建设，将使南宁和昆明的次区域中心城市

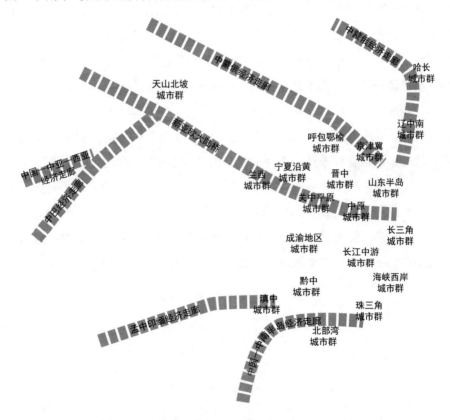

**图5-2　六大经济走廊与中国城市群空间协同示意**

地位明显提升，两个核心城市引领的北部湾城市群、滇中城市群也将面临更大的发展机遇，从昆明到广州的陆海大通道将逐渐形成。同时，而随着中蒙俄经济走廊的快速建设，辽宁南城市群、哈长城市群都将面临更大的发展机遇。与此同时，二连浩特、满洲里、瑞丽、东兴等城市将成为中国边境地区发展的中心城市，口岸基础设施建设的加速有助于连接绥芬河、磨憨、红其拉普、阿拉山口、霍尔果斯等区域性核心城市，并引导沿线城镇发展。

## 四　小结

城市群发展战略是我国面对新的国际环境、新的发展条件制定的面向国内的发展战略，应实现其与"一带一路"倡议的发展协同、互动支撑。从现实情况看，"一带一路"沿线国家和地区、中国各区域城市群存在较大差异化的发展水平、资源禀赋、社会环境和文化认同，必须根据具体情况推动协同发展。首先，深化对通道经济理论、全球化发展理论内涵的理解和把握，新一轮全球化不再仅是由跨国公司主导的投资和贸易活动，融入了国际关系、制度环境、社会文化、历史文脉等要素，新一轮全球化发展具备更丰富的内涵。其次，在"一带一路"倡议和城市群发展战略协同中，交通设施和地理区位是首要条件，但通道经济的持续发展，更取决于"一带一路"沿线地区和国内区域在城镇化发展、社会制度、历史文化等领域的对接，可谓任重而道远。最后，"一带一路"倡议和城市群发展战略的协同，需要对不同经济走廊、区域城市群发展进行科学细致的考察，特别是要根据通道经济发展中的不同障碍的克服难度，探索其可行性的发展路径。

# 第六章 "一带一路"沿线新兴战略支点分析

　　"一带一路"倡议影响的空间范围呈现阶段性演进特征。2013 年，习近平主席提出"一带一路"倡议后，聚焦"新丝绸之路经济带"，相关项目主要围绕六大经济合作走廊推进，体现为陆缘空间拓展。随后，"21 世纪海上丝绸之路"成为新的扩展空间，沿线港口建设引发关注，体现海域空间延伸。2019 年建设西部陆海新通道，体现出陆海统筹的面状空间。可以看出，"一带一路"倡议的地缘影响路径不断调整和扩展，展现出动态性特点。这种动态拓展的趋势，在"一带一路"推进过程中不断形成新的地缘发展方向。这就要求在新的战略空间体系中，一方面对原有战略走廊的轴向发展进行重要补充，另一方面基于新的战略空间领域形成重要的支撑点体系。由此引出了新兴战略支点的识别和培育问题。新兴战略支点的识别，与所在走廊及经济空间的地缘成长性息息相关，即新兴战略支点的出现与发展基于走廊的成长性，也与"一带一路"建设推进过程中相关空间的战略地位变化有重要关联。

　　新兴战略支点，从内涵上主要指相对于成熟或完备战略支点而言具备潜力或处于发展过程中的战略性枢纽空间。这一概念相对于传统的战略枢纽或支点而言，具有潜在性、发展型等重要特点。新兴战略支点的意义，一方面在于其对"一带一路"既有经济走廊的补充支撑作用，另一方面在于其对新兴走廊发展的引领作用。从由"一带一路"倡议推动形成的带状地缘经济空间来看，当前六大走廊发展不均衡。部分走廊的城市支点连接度较低。同时，北极航道等新兴战略通道则需要布局新的战略支点，以推动战略通道发展。而基于互联互通部署，中国已在"一带一路"沿线投资建设了一批港口、能源、园区等枢纽基地，其中一系列基地位于既有或新兴的战略通道的关键位置，具备成长性，能够成为所在区域经济发展的重要支撑点，具有要素枢纽和发展"增长极"的双重属性，可将其作为"一带一路"倡议的新兴战略支点予以培育。对于上述支点的研究，在理论上有助于深化对全球化新条件下地缘经济、经济地理等理论的理解，在实践中有助于提升相关海外基地型区域的发展能级，推进"一带一路"沿线城市发展，进而形成新兴城市群。

## 第一节　新兴战略支点的发现与理论内涵

### 一　"一带一路"通道新建支点的问题与主要制约

从地缘经济变化视角看，"一带一路"沿线主要战略通道的传统支点城市在安全性与战略配合性上存在诸多问题，亟须进行新的支点布局。同时，中国在海外的基础设施投资和新支点布局上也遭遇了不同程度的困难。

中国与南亚之间仍然没有连通的铁路，与东南亚国家的铁路和公路连接中断点不少；海湾国家铁路网建设进展缓慢，阿曼、巴林、卡塔尔、科威特等国没有铁路；广袤的中亚地区的公路里程仅占亚洲公路网的 19.3%；乌兹别克斯坦、土库曼斯坦、黑山、格鲁吉亚、柬埔寨、老挝等国迄今尚无高速公路；泛亚铁路网、泛亚公路网、泛欧铁路网建设仍有待推进；"一带一路"国家的直航航线仍有较大发展潜力；通信网络和能源管道建设仍有巨大需求（吴泽林，2018）。

随着"一带一路"建设的不断推进，沿线主要区域的传统支点城市存在的"一城独大"等问题带来的影响日益凸显。沿线国家既有城市在相关项目推进的安全性以及基础设施等发展条件的配合度上往往存在诸多问题，这就需要在当地寻求新的发展支点予以补充。在这种情况下，中国与"一带一路"沿线国家合作建设的港口、园区等枢纽节点发展迅猛，逐渐成为区域新的经济增长点。

截至 2016 年底，中国企业在沿线 20 个国家已建设 56 个经贸合作区，累计投资超过 180 亿美元（约合人民币 1240 亿元）。中国在巴基斯坦瓜达尔港、斯里兰卡汉班托塔港、希腊比雷埃夫斯港的合作项目快速推进。但中国企业在海外的基础设施投资和枢纽支点建设的过程中也面临不同程度的问题。

主要有以下三个方面的因素制约了这些新枢纽区域的发展。其一，对新兴枢纽区域的战略高度认识不足，中国的海外枢纽支点建设侧重于通道层面的布点连接和基础设施层面的建设，而未能从区域经济乃至地缘经济角度谋划具有区域性支撑作用的新支点。其二，新兴枢纽建设模式较为传统，相关建设往往聚焦港口、管线、园区等单一功能，而缺乏综合性的建设思路，特别是未能从城镇整体发展的视角推进区域的自我成长与能级跃升。其三，由于相关枢纽区域的城市化发展水平较低、功能有限，新兴枢纽支点区域的发展与当地发展策略的配合性有限，对当地发展的正"外部性"效应发挥不足等。这种对新兴枢纽的区域战略作用认识的局限性和传统的建设运行模式，在一定程度上影响了上述新建枢纽支点对"一带一路"沿线区域发展的服务作用的发挥。

## 二 新兴战略支点的理论内涵和主要意义

后危机时期，世界经贸重心的调整为新兴区域发展带来了新的机遇。在"一带一路"倡议践行过程中，中观层面的重要任务在于培育新兴区域的城市"增长极"，同时对于现有战略节点和支点网络进行补充。因此，本部分着重分析新兴战略支点对"一带一路"沿线区域发展的意义，以及此类支点的发展潜力对于沿线通道安全性和区域发展多样性的重要作用。

为解决上述问题，需要对"一带一路"沿线的新发展枢纽支点的性质进行重新认识和更高层次的功能定位。这种认识和定位可基于"新兴战略支点"

的概念进行整体谋划。所谓新兴战略支点，主要是指相对于成熟或完备的发展支点而言，具备潜力或处于发展过程中的战略性枢纽空间。当前世界经贸重心的不断调整为新兴区域发展带来了新的机遇。而践行"一带一路"倡议的意义之一便在于为新兴区域的发展提供重要的支撑和助力。其中，"一带一路"中观层面的重要任务便在于培育新兴区域的城市"增长极"，同时对于现有发展支点网络进行补充。"一带一路"沿线区域的新兴战略支点位于沿线国家、区域关键通道上，具有重要的地理、资源、人文价值，是具有巨大发展潜力的枢纽性区域。从趋势上看，这些支点的崛起，对"一带一路"沿线区域的经济社会发展而言无疑具有重要的支撑作用，同时，此类枢纽区域的进一步发展，对于沿线流量通道的安全性和区域发展多样性也具有重要的作用。这一概念相对于传统的战略枢纽或支点概念而言，具有包容性、发展性、带动性等一系列新特点。

（一）战略支点与"一带一路"地缘战略方向的理论探讨

战略支点是一个地缘政治学的概念，与布热津斯基（Brzezinski）提出的地缘政治支轴国家有相似之处，布热津斯基（1998）认为支轴国家的地理区位优势以及相对脆弱的状况对地缘行为体的行动产生影响。此类支轴国家的关键区位优势能够影响战略棋手进入战略区位的行为，并影响后者获得关键战略资源的顺利程度。从地缘战略上看，支轴国家具有对某一区域的拒止能力，并对周边地缘战略行为体形成多方面的影响。对于此类地缘政治支轴国家，需要进行关注与"管理"。

在战略支点的讨论方面，国内学者认为，战略支点就是对于一个国家权力增长、扩大具有重要意义的地点或区域（周琦、梦召然，2012）。战略支点国家则是指在次区域的、区域的、跨区域的或全球的多边合作框架下，通过战略性的双边互动、交流与合作，能有效发挥全局的或关键的支撑作用，并能对其他多边合作方产生积极的示范、引导和激励效应，从而切实保证多边合作进程稳定、和谐、有序的国家或地区（周方冶，2015）。杨洁勉（2015）认为，打造战略支点的目的在于中国与相关国家在经济、外交、安全和军事等多方面形成互动与支撑。战略支点国家在外交方面具有独立性，不会成为美国的附庸，在涉及双方国家核心利益、重大国际和地区事务方面与中国紧密合作，相互协调。① 张洁（2015）则从海上战略通道角度提出了"一带一路"沿线战略支点布局问题。在"一带一路"倡议背景下，海上通道安全的意义不断提升。对于中国而言，海上通道安全的关注重点开始向多点多线方向发展。在这一情况下，应该借鉴历史经验，结合互联互通、基础设施建设、港口布局，分类型、按步骤地将重点港口打造为本国的战略支点。王成金、陈云浩（2017）则从海上丝绸之路与航运通道角度，提出了全球航运战略支点识别问题。他们认为，航运战略支点在全球经济、治理、政治与安全方面具有重要价值。此类支点的内涵随空间尺度变化而有所差异，可分为航运战略枢纽、战略通道和战略海域三类。其中，航运战略枢纽是具有支配性和中枢性的点状战略支点，共44个，具有引领性、支配性的地位和作用。

战略支点的相关研究应建立在地缘战略的基础之上。"一带一路"倡议提出后，从地缘意义上对这一重大全球行动的理解与研究成为国内学界研究的重点。"一带一路"倡议的地缘战略内涵对于传统地缘理论的超越，是理解战略支点的重要前提。国内外学者对于这一新内涵的意义，已有诸多讨论，并指出了该倡议对地缘板块多领域融合发展方面的意义。科林·弗林特、张晓通（2016）认为，西方地缘学者在理解"一带一路"时往往基于两种习惯思维，一是历史类比，二是通感。这使得西方传统地缘理论在解释"一带一路"倡议时难以符合实际发展。应当从地缘政治理论创新角度理解"一带一路"，超越国家中心主义与"海陆两分"的传统视角。应将"一带一路"理解为通过复杂的交通网络和基础设施的互联互通，以市场及商业准则为前提，创造一个连接海陆、自由开放的功能区域的全球性行动。卢暄（2015）从地缘经济视角出发，对"一带一路"的重点发展方向进行了探讨，提出了南亚、东南亚、俄罗斯—中亚、东北亚、欧洲—非洲五个方向的不同地缘战略特性，并提出了瓜达尔港等关键点对于"一带一路"作为地缘经济板块的重要作用，以及南海等方向地缘经济空间面临的挑战。丁云宝

---

① 杨洁勉在中国南海研究 2014 年度论坛上的特别演讲，南京大学，2014 年 12 月 3 日。

（2019）则注意到"一带一路"视角下地缘经济观的新变化。他认为，地缘经济传统观点强调竞争、控制，往往以地缘政治冲突性逻辑解释经济现象，而对合作特质关注得较少。而践行"一带一路"倡议的同时，形成了一种包含合作与包容的新地缘经济观，包括地缘经济新空间、地缘经济要素新流向，以及合作共赢新框架。其核心在于以地缘经济合作项目，促进区域发展，进而促进国际经济格局的新调整。目前，关于战略支点的讨论还相当缺乏，中国是否需要以及如何构建战略支点仍然是一个较新的、颇有争议的问题。

（二）新兴战略支点的概念新意

从作用上看，"一带一路"新兴战略支点的概念内涵体现出对传统战略通道认识的超越。新兴战略支点是"一带一路"沿线国家合作需求在当前主要战略通道中的空间投射和扩展，是沿线发展支点网的潜在发展支点和成长区域。新兴战略支点的培育与塑造，对于扩大"一带一路"倡议对发展中区域的影响、支撑中国发展作用"溢出"（Spill-over）具有重要意义。而这种对于区域发展的支撑作用，是对于全球性战略通道作用的全新认识，也是对于传统战略通道概念和作用的全面超越。

从概念上看，传统的"通道"概念是大量物流集中通过的地带。而主要大国对于战略通道的理解也基于上述概念。例如 1986 年 2 月，美国总统罗纳德·里根提出的全球 16 个最具价值的"战略要地"（Major Maritime Chokepoints）① 概念，至今仍影响着美国的地缘经济和安全战略。其选择依据是海运交通流量，以及地缘战略价值，特别是军事安全价值，主要包括巴拿马运河、直布罗陀海峡、苏伊士运河、霍尔木兹、马六甲海峡、巽他海峡等重要控制性枢纽。美国等西方国家对传统战略通道认识更多的是以"海权论"和地缘政治学说为基础的"控制"功能，其"通道"主要指海峡、运河等长度相对有限、对于航线或大洋通行有"拒止"能力的"点"状区域。

---

① 对于美国政府提出的"Chokepoint"概念，国内有相关学者将其翻译为"通道"，但本研究认为该概念主体更多的是对区域流量具有控制力的"点"（point）状空间，因此将其翻译为"要地"更为贴切，且与带状的"战略通道"概念有所区分。

而随着经济全球化进入新阶段，以及"一带一路"倡议的"包容""共赢"性质使然，中国对沿线区域的战略通道认识有别于西方的"点状控制"原则，更强调对"线"（Line）状与"带"（Belt）状区域的识别、开发和有效利用。这是对传统地缘经济视角的新发展和超越，是一种更为综合性的战略通道认知和运用。而实现这种战略通道的新认识，就要求在主要经济走廊及海上物流通道区域寻找新的发展支点，以支撑、促进新型战略通道的"线性"构建。从这个意义上看，中国在"一带一路"沿线新开辟的航运、基础设施支点，不仅在于确保资源、能源、商品等要素的运输和流通，更在于通过新兴支点的发展，对于沿线区域的发展以及通道建设起到支撑和拓展作用。

### （三）新兴战略支点发展的主要意义

#### 1. 推进"一带一路"倡议向纵深发展的桥头堡

新兴战略支点的发现与建设，是"一带一路"倡议向纵深发展的需求，也是该倡议在地缘经济意义上进一步拓展的重要支撑。从空间上看，"一带一路"项目的建设与作用发挥，需要向主要发展轴带的薄弱区域不断拓展，同时，还应主动响应地缘战略空间新变化，向相关的新兴战略通道延伸。新兴战略支点的空间区位与地区发展作用，将有助于相关要素流量向此类"新疆域"扩展，进而使"一带一路"的影响力在"点—线—面"多层次进一步提升。同时，新兴战略支点的建设探索，有助于形成新的支点发展模式，从而使"一带一路"的合作方式更为丰富，增加沿线国家参与"一带一路"合作的选择。

#### 2. 全球新发展领域的支撑点

从全球经济社会发展趋势看，新兴区域的发展成为带动世界经济、增进全球福祉、增强世界稳定的重要前提。而对于不断出现的新地缘经济板块、新领域，需要发现新的增长极与枢纽点。新兴战略支点的识别与建设，就是在全球新发展区域培育此类增长极的重要方式。新兴战略支点的发展，能够为地缘经济板块的边缘区域提供重要的要素流量枢纽以及产业发展集聚区，并带动周边区域发展。这能够使"一带一路"建设中主要经济走廊的沿线区域，从原有的各自发展，或单纯依靠西方主导的"援助"型发展的一元经济主体主导型发展模式转变为多边参与制下共同推进欠发达区域可持续发展的多元经济主体互动模式。

3. 与所在国协作发展的撬动点

从发展潜力上看，"一带一路"沿线战略通道中的新兴战略支点基本具备国际流量的承载能力及区位优势。这些相关支点将从单一的流量枢纽或产业园区成长为具有综合性功能的城市。要全面了解相关海外新建枢纽空间的升级发展需求，其核心在于使相关支点超越传统能源、货物贸易流通节点的"码头"功能，与所在国形成"在地化"深度合作的态势，进而开发建设以之为核心的支点城市，并成为具有可持续发展能力和功能扩展能力的"区域发展撬动支点"。

## 第二节　新兴战略支点的特征与功能

无论是"一带一路"建设中形成的新兴支点，抑或是我国相关城市为响应"一带一路"倡议而发展为新兴支点，关键在于支点的可持续发展能力和成长性。因此，对于新兴战略支点的类型、发展特征需要深入研究，进而对相关支点的功能扩展和多样化趋势有所把握。

### 一　新兴战略支点的功能属性

在功能属性方面，新兴战略支点是具有战略性重大潜力的、尚未达到一般发展支点城市水平的关键通道节点，具有与普通港口、口岸等枢纽型区域不同的发展特征。从定位上看，这些节点区域可发挥诸多重要作用，包括"一带一路"沿线区域的潜在发展空间、全球经济地理的新兴枢纽、"一带一路"欠发达地区的增长枢纽、国际新要素流动通道、国际经济社会文化交往空间、中国城市发展模式的示范区等。总体上，新兴战略支点的主要特征反映在功能、战略、资源、规模、发展等方面。

一是功能体系的多样性。新兴战略支点是具备多种功能发展前景的新兴区域，除资源通道、物流等核心功能外，还具有资金、人员、信息、文化等多要素流动功能的拓展性。

二是战略职能的融合性。新兴战略支点不仅承担中国"一带一路"倡议的战略支撑职能，而且具备促进"一带一路"发展机遇与沿线国家重大发展战略相互融合的能力。这种融合作用主要反映在对沿线国家基础设施建设、国际运输通道、城市发展等方面的战略对接能力。如相关支点与俄罗斯基础设施"跨欧亚大通道"、哈萨克斯坦基础设施建设"光明大道"计划、蒙古国"草原之路"计划、巴基斯坦"中巴经济走廊"等战略的对接。

三是要素资源的承载性。新兴战略支点依托区位优势，以及基础设施的转型升级，能够带来强大的要素流通承载力。这种承载力特别体现为对太平洋、印度洋区域与"世界岛"新通道之间的能源、资源、商品、信息流的服务能力。

四是规模体量的成长性。从体量上看，新兴战略支点具备空间、人口规模、经济体量的成长性与强大的网络连接功能，能够发展成为具有区域影响力的城市化空间和区域性枢纽。

五是发展导向的包容性。从发展的作用上看，新兴战略支点对当地区域发展具有嵌入和引领作用，其发展的效益提升对于所在国及周边区域具有辐射带动作用和效应的共享性。

## 二　新兴战略支点的空间支撑价值

新兴战略支点的识别和布局，与"一带一路"沿线发展通道的分布有密切的关系。对于这些支点的筛选和空间位置梳理，应将发展通道的类型和分布作为主要识别依据。从当前的战略需求上看，新兴战略支点应着力在六条"一带一路"国际经济合作走廊和部分新兴战略空间进行谋划。这些新兴战略支点的发展，以及与现有支点城市的相互连接，有助于形成国际合作发展走廊，其空间分布依托的主要通道类型如下。

海上发展走廊：主要是战略通道新建港口支点与园区、高铁的互动形成的线状连接支点网络，对接南亚、东南亚、西亚国家的发展战略及城市化需求。此类通道主要基于海上运输体系，以海洋关键控制区位为核心，以港口及腹地为支点。

大陆桥发展走廊：主要是由中亚、西亚等国家口岸的重要发展支点形成的支点网络，以铁路、公路与港口的陆海联运线路为连接轴线。此类通道主要基于陆上运输体系，以大陆重要运输干线为核心，以铁路、高速公路、石油和天然气管道为依托，如图 6-1 所示。

新兴领域合作走廊：依靠新发展的战略通道，以及网络、信息等非线性连接或虚拟空间通道形成的战略性新枢纽网络，包括新航路、关键海域，以及网络空间支点城市、金砖国家城市网络支点城市等。主要是基于新航线、新能源枢纽以及信息流量、跨国社交体系等形成的新要素流量通道。

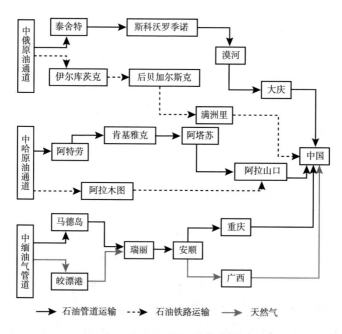

**图 6-1 中国石油进口陆上运输通道示意**

资料来源：汪玲玲、赵媛，2014，《中国石油进口运输通道安全态势分析及对策研究》，《世界地理研究》第 3 期。

### 三 新兴战略支点的空间分布特点

#### （一）位于地缘战略"增量空间"

在当前地缘战略空间之外，存在诸多新的"增量空间"。这些空间部分是由运输技术变化而形成的新通道，也有部分是由地缘战略格局调整而带来战略地位变化的空间，包括在北冰洋航线、中欧班列网络、能源新干线网络、南海区域、印度洋区域、网络空间等战略地缘"增量空间"的关键节点空间。相关支点空间当前发展水平尚有待提高，但具备特定地缘优势或新兴要素控制力，应将其作为新兴战略支点予以考虑。

#### （二）与既有战略支点形成补充

新兴战略支点的空间布局，基本在当前战略支点控制范围之外且位于若干战略支点影响覆盖范围的间隙区，能够对既有支点形成补充，其发展有助于使支点连接成线、成网。当前的新兴战略支点主要位于既有走廊的网络支点空缺空间，以及新兴增量空间，能够与既有空间形成一定的联系与补充，同时，也有助于现有战略支点形成新的连接方向，进而提升后者的功能与影响力。

#### （三）与"一带一路"倡议的战略配合属性

新兴战略支点的选择依据，不仅是自身的要素条件与区位优势，更是其发展方向与"一带一路"精神的相容性。其地缘经济主体对中国影响力释放的包容性与认可度决定了这种战略配合度。新兴战略支点的意义在于在"一带一路"倡议的现有经济合作轴线上，以及新兴经济发展方向上寻求新的经济增长空间和支撑点，这与"一带一路"倡议促进沿线国家互联互通、共谋新经济合作空间和增长点的精神高度契合。新兴战略支点与所在国的发展战略也具有较强的一致性，甚至是所在国战略拓展的重要前沿枢纽，这就使"一带一路"倡议的推进与沿线国家战略拓展方向形成了新的配合点，有助于二者的相互促进。

#### （四）多类型空间属性布局

新兴战略支点，不仅与既有战略通道的发展相关，也随着各种提议中的、预期中的新运输通道的建设和贸易路线的改变而不断出现。在新通道的形成过程中,新物流体系将逐渐成形,包括高速铁路枢纽集群、陆路物流集群、多式联运型物流集群及港口集群等。如中欧陆海快线有助于使希腊区域的沿海城市成为海陆交通的新枢纽空间;中欧班列的快速发展使中国的连云港、乌鲁木齐、霍尔果斯、重庆等地成为开放经济的新枢纽地区以及对"一带一路"腹地区域开放的增长极;中巴经济走廊的建设则将使瓜达尔港的战略地位快速提升;"一带一路"合作具有使马尔代夫和斯里兰卡成为印度洋贸易枢纽的潜力;中国—中亚—西亚经济走廊建设将使乌兹别克斯坦从传统的内陆国变成节点国。"一带一路"沿线的园区建设也将有助于形成新的战略支点。如越南龙江工业园全部建成后将提供就业机会 5 万个左右;柬埔寨西哈努克港经济特区全部建成后,将成为 10 万名产业工人、20 万名居民的宜居新城。

## 第三节　新兴战略支点的发展态势与主要类型

在"一带一路"倡议践行过程中,基于早期收获和建设需求,提出六大经济走廊构想。就城市网络发育情况而言,六大经济走廊的结构有较大差异,各走廊的发展成熟度及其需求也不尽相同。相对而言,六大经济走廊的发育程度可分为三类。其一,城市个体与规模覆盖度较高的中国—中南半岛经济走廊及孟中印缅经济走廊有条件迈向成熟阶段,沿线支点城市数量密集,其主要任务是提升城市间流量与发展质量问题。其二,城市覆盖度中等的中国—中亚—西亚经济走廊和中巴经济走廊。此类走廊的支点国家主体与中国战略配合度较高,但支点城市的辐射力仍相对有限,因此,走廊整体处于发展阶段,重点任务在于夯实城市自身发展基础,提升城市能级。其三,城市覆盖度较低或极不均衡的中蒙俄经济走廊和新亚欧大陆桥。此类走廊的发展仍处于初级阶段,或部分区段处于培育阶段。需要发展新兴支点来发挥其初始带动作用。三类经济走廊的发育状况和类型特点,决定了新兴战略支点的分布与识别原则。处于培育阶段的走廊区段需要新兴战略支点的直接带动，以串点成线；处于夯实阶段的战略走廊，则需要新兴战略支点补白提质；迈向成熟阶段的战略走廊则主要考虑与邻近新兴支点的配合问题，以释放走廊的带动扩散作用。

基于"一带一路"经济走廊与战略推进的动态性特征，新兴战略支点的识别需要考虑地缘战略因素及经济走廊发育状况，形成多类型分类，总体上包含两类：一类为经济走廊沿线新兴战略支点，位于培育阶段走廊及夯实阶段走廊，主要发挥走廊支撑与空间扩展作用；另一类为地缘增量空间新兴支点，具体可分为北极航道、两洋航道、班列网络、能源干线、网络空间类，相关支点在各自领域发挥着核心枢纽作用，是走廊支点的重要补充。

## 一 六大经济走廊的新兴战略支点发展状况

### （一）中蒙俄经济走廊新兴战略支点发展态势

中蒙俄经济走廊新兴战略支点分布较为分散，相关城市支点呈现单一城市经济密度与重要性较高，但支点间缺乏连接的特点。

中蒙俄经济走廊的东段，从"一带一路"沿线支点城市网络体系的分布来看，仅有乌兰巴托1个入选支点。乌兰巴托以东区域入选支点覆盖率为0。但应当关注的是区域内存在诸多口岸型城市点及港口，其区位优势是构建战略支点的基础，包括蒙古的乌力吉口岸、扎门乌德口岸，以及俄罗斯的扎鲁比诺港。也应将北冰洋航线的新兴支点符拉迪沃斯托克作为潜在新兴战略支点纳入考察范围。

中蒙俄经济走廊的西段，从丝路支点城市网络体系来看，支点城市覆盖率达到26%，且均为$\beta$、$\gamma$级别城市。但支点城市间距离较大，除叶卡捷琳堡与车里雅宾斯克等城市实现影响力范围重叠之外，其余城市间距离较远，且无规模较小的潜在新兴城市支点。

### （二）新亚欧大陆桥新兴战略支点发展态势

新亚欧大陆桥国际段以莫斯科为界可分为东西两段，其城市分布呈现东疏西密的特点，较不均衡。

新亚欧大陆桥东段从中国新疆阿拉山口外至莫斯科，丝路支点城市网络的支点城市较少，整体覆盖率为 31%，仅有阿斯塔纳、萨马拉、喀山等城市，且等级均为支点城市。战略支点城市之间缺乏新兴支点城市作为枢纽过渡。

新亚欧大陆桥的西段从莫斯科至荷兰鹿特丹，途经中东欧、西欧、南欧的诸多城市，覆盖率较高，达 60%。其中位于主轴线上的明斯克具备新兴战略支点的潜力。在地中海延伸线上，中东欧的贝尔格莱德、地拉那和意大利的那不勒斯具备新兴支点潜力。在港口型支点方面，希腊的比雷霍夫斯港、德国的杜伊斯堡基于与中欧班列及"一带一路"核心港口建设的战略融合度，具有潜在新兴战略支点属性。

（三）中国—中亚—西亚经济走廊新兴战略支点发展态势

中国—中亚—西亚经济走廊国际段从中国新疆边境口岸起始，至土耳其止。整体支点覆盖率为 50%。沿线战略支点城市较少，潜在支点城市较多。

中国—中亚—西亚经济走廊的东段，为阿拉木图至德黑兰段，除阿拉木图外，比什凯克、塔什干、杜尚别、马什哈德、德黑兰、库姆均为潜在新兴支点。但潜在新兴支点间整体缺乏连接，为分散布局。

走廊的西段，由德黑兰至伊斯坦布尔，主要为中东核心区域，城市支点数量较多，考虑到伊拉克、叙利亚国内的稳定程度较低，相关城市发展的可持续性受到影响。因此，中国—中亚—西亚经济走廊西段的轴线上潜在新兴支点主要是巴库、第比利斯。该走廊的延伸潜在新兴支点较多，包括海法、亚历山大港、开罗、麦加、吉布提、安塔利亚。

（四）中巴经济走廊新兴战略支点发展态势

中巴经济走廊是北起喀什、南至巴基斯坦瓜达尔港的战略走廊。该区域整体支点覆盖率为 54%。其特点为轴线支点覆盖率不一，延伸段覆盖率较高。

主线段以木尔坦为界可分为南北两段。北段城市分布较为密集，伊斯兰堡作为战略支点的作用明显，潜在新兴支点城市主要分布在以南区域，包括拉合尔、木尔坦，考虑到巴基斯坦与阿富汗的地缘联动战略，应将奎达作为重要新兴支点予以关注。

主线南段的支点覆盖率较低，从木尔坦至卡拉奇段无支点支撑。因此，其南段潜在新兴支点应集中在出海口方向，主要包括卡拉奇、瓜达尔港。

（五）孟中印缅经济走廊新兴战略支点发展态势

孟中印缅经济走廊主线以曼德勒为界分为东西两线，支点覆盖率分别达到91%与88%，是支点分布较为密集的走廊。同时孟中印缅主线以西还包括印度城市网络。其整体城市覆盖率较高。

主线东段曼德勒与仰光之间内比都与清迈是支撑区域支点联通的新兴支点，并使孟中印缅经济走廊与中国—中南半岛经济走廊形成轴向联动。

主线西段城市较多，且支点间覆盖范围适中，整体形成增长的联动轴线。潜在新兴支点包括吉大港、布巴内斯瓦尔、维沙卡帕特南、金奈。延伸海上通道上的潜在新兴战略支点包括汉班托特港。

（六）中国—中南半岛经济走廊新兴战略支点发展态势

中国—中南半岛经济走廊共分为三段，以曼谷为中轴，包括南宁经金边至曼谷的东段、南宁经万象至曼谷的西段，以及曼谷至新加坡的南段。

中国—中南半岛经济走廊东段呈现南北支点分布较为密集、中部缺乏支点的特点。支点覆盖率达到54%，但新兴支点均分布在主要战略支点的覆盖半径内。其潜在战略支点包括芹苴。

走廊西段万象与曼谷之间缺乏支点城市，主要新兴支点为清迈。

走廊南段及延伸段支点间距离较远。主要新兴支点分布于海上延伸带，包括巨港、马六甲市、关丹深水港、加里曼丹、苏门答腊园区。

## 二　六个地缘战略增量领域的新兴战略支点发展态势

（一）中欧班列覆盖区域新兴战略支点

中欧班列是"一带一路"重要的陆路运输网络，2019年已通达欧洲15个国家44个城市。目前形成了西、中、东三条通道，并经5个口岸向欧洲通行。

目前，北线潜在战略支点包括伊尔库茨克、乌兰巴托、阿斯塔纳、叶卡捷琳堡、车里雅宾斯克、明斯克、华沙、罗兹、帕尔杜比采、汉堡、杜伊斯堡、鹿特丹。

中线潜在新兴战略支点包括阿拉木图、切尔克斯克。

南线潜在新兴战略支点包括马扎里沙里夫、德黑兰、伊斯坦布尔、里昂、马德里。

### （二）北极航道区域发展态势

北极航道是"冰上丝绸之路"的重要航路体系，包括三条线路，即西北航道、东北航道、中央航道。从大致走向上看，西北航道东起戴维斯海峡、巴芬湾，西至白令海峡，途经加拿大北极群岛水域的数个海峡。东北航道西起冰岛，经过亚欧大陆北方沿海，穿过白令海峡，连接东北亚。中央航道穿越北冰洋中央公海海域，连接太平洋和大西洋。与"一带一路"倡议相关的航道主要为东北航道。

北极航线联结中国北方和欧洲两大贸易区域，特别是为中国东北地区加强与欧洲联系提供了一条安全的短距离航线，有助于促进东北振兴。例如，通过扎鲁比诺海湾可以将中国吉林和黑龙江这两个没有出海口的省份的货物通过北极航线运送到欧洲地区。

北极航道的东北航道西起摩尔曼斯克，经北冰洋南部的巴伦支海、喀拉海、拉普捷夫海、东西伯利亚海、楚科奇海至太平洋白令海到符拉迪沃斯托克（海参崴），全长约 5620 海里。沿线分布萨别塔、迪克森、季克西、佩韦克、普罗维杰尼亚等港口。其中摩尔曼斯克港位于巴伦支海西部，是俄罗斯北方的一个不冻港。萨别塔港则为中国新疆、哈萨克斯坦与俄罗斯鄂毕河沿岸货物到达北极的重要集散枢纽（张婷婷、陈晓晨，2018），且位于亚洲区域。该航道的潜在新兴战略枢纽主要为摩尔曼斯克、萨别塔、符拉迪沃斯托克。

### （三）南海区域发展态势

南海区域是海上丝绸之路的重要通道。南海区域的国际战略支点城市主要为马尼拉、胡志明市与河内。从地缘战略对冲角度看，区域内西侧城市支点主要分布在越南等，需要在东部区域寻找新兴战略支点。从当前发展水平上看，达沃、斯里巴加湾市能够成为南海的潜在新兴战略支点。两市与东盟增长区有对接的地缘优势，并位于南海周边的重要区位。

（四）印度洋区域发展态势

印度洋区域是"一带一路"建设的关键区域，该区域的发展需要考虑印度的控制力与影响力。因此，该区域的新兴战略支点发展方向更多的是扩展沿线港口。

印度洋区域的主要支撑国家包括南亚、东南亚的斯里兰卡、缅甸、巴基斯坦，以及非洲的坦桑尼亚等国。主要潜在新兴战略支点即上述支点国家的新建港口城市，包括科伦坡、汉班托塔港、瓜达尔港、皎漂港、吉布提、巴加莫约港。

（五）网络空间新疆域

网络空间是全球关注的战略性新疆域，尽管信息传播的空间隔绝正在消弭，但信息与实体经济互动仍具有空间属性及空间集聚的不均衡性。同时，网络空间也具有权力结构及属性。同时，网络已经成为"一带一路"建设的重要媒介及交往手段，"网上丝绸之路"已成为实体丝绸之路的重要补充。中国杭州作为互联网企业的重要集聚空间，不仅形成了信息资源的集聚，而且周边形成了线上线下相结合的经济互动连接区域，桐庐等新兴中心节点形成了与网络资源配置相关的经济空间。国际互联网大会等网络治理及技术互动的大事件承载地也位于周边区域。因此，杭州构建以网络权力为核心的新兴战略支点具有重要潜力。

（六）能源新干线通道

在"一带一路"建设中，需要关注能源空间格局的变化。部分能源新兴区域的交通枢纽与城市开发，将有助于形成新的能源供给地缘板块。俄罗斯亚马尔半岛天然气估计储量 26.5 万亿立方米，有望成为全球最大的 LNG 项目，产量可望占全世界的 15%。亚马尔半岛的萨贝塔港是北极圈内第一个 LNG 终端，并将有铁路连接，正在建设国际性研究平台。萨贝塔港具备成为极地区域能源新地缘板块的重要支撑点的条件，应将其作为新兴战略支点予以前期谋划。

### 三　新兴战略支点的主要作用与主要类型

新兴战略支点对于"一带一路"沿线城市网络的构架和经济发展走廊的形成具有重要的支撑和带动作用。总体上看，其主要发挥的作用体现在以下几个方面。

一是战略通道的"保障者"。新兴战略支点的重要作用在于发挥区位优势，承载其他网络支点城市难以承担的通道流量枢纽职能和通道安全性维护职能。新兴战略支点位于经济走廊与新地缘空间的重要战略区位，且周边发展水平一般处于较为有限的程度。这就使相关支点成为战略通道关键空间的支撑点，有助于战略通道上的重要区段高效运行，或使新地缘增量空间的发展获得支撑。这种作用有利于战略通道的维系，并使通道的经济发展稳定性更为突出，从而使通道的安全性得到保障。

二是城市走廊的"联结者"。从城市间互动的规模和强度上看，在"一带一路"沿线经济合作走廊的城市带连接上尚缺乏城市支点。这就需要新兴战略支点通过自身成长肩负起连接城市走廊的职能，补齐"一带一路"沿线城市带的连接薄弱环节。从前文分析可以看出，中蒙俄经济走廊、新亚欧大陆桥的腹地区域是城市支点较少、城市化发展水平较低的"空白"区域。新兴战略支点在此类区域的发展，能够形成新的支撑性城市化枢纽，有助于原有位于两翼端点区域的支点城市形成距离更近、互动频次更高、流量互补性更强的城市间互动体系，从而提升城市走廊的连接密度和互动质量。

三是区域发展的"发起者"。新兴战略支点应成为所在国欠发达区域发展的重要引擎，响应所在国政策，推动周边欠发达区域发展的城市化与国际化。相关支点具备重要的港口、园区、能源等要素，并位于重要的地缘战略枢纽空间，其发展具有较为良好的基础。基于新兴支点的流量枢纽与产业体系，有助于形成重要的经济增长点或增长极，进而发挥门户和通商作用，对周边区域形成重要的辐射和带动作用，推动本地与周边区域的城市化。

从空间属性上看，新兴战略支点分为以下几个类型。

第一，海路枢纽型主要位于海洋通道的关键水道区域，能够对海上航运产生影响,具有港口、园区等基础设施。相关支点基本位于重要的海上通道控制区域,并具备或正在建设港口等海路运输基础设施,并有依托港口形成多样性发展路径的潜力。

第二,陆上枢纽型主要位于铁路、公路、航空网络的关键区域,是能够对陆上、空中交通、货运网络起到补充作用的重要区域。此类支点是陆上交通的重要枢纽,依托中欧班列等远程铁路干线以及区域公路体系,承载物流支持、商贸互动、人员集散、产业制造等多层次功能。

第三,新疆域开拓型主要位于新兴战略通道关键区位,或在网络等新类型战略空间具有影响力。相关支点因北极航线等新航路开辟或技术进步而形成的新战略区域,具备重要的新地缘价值和区域影响力。新兴通道和新疆域此类新兴支点不仅具有补充作用,而且具有先锋作用。

从相关支点的战略作用及发展潜力上看,新兴战略支点可分为以下类型。一是资源保障类,即海外能源和关键原材料的流动承载区,主要承担战略资源的运输和保障职能,并在资源枢纽功能基础上实现功能拓展。二是商贸物流类,即重要能源原材料及重要商品的"登陆点"和"换乘站",主要基于自身的区位优势及产业、基础设施条件,形成国际商贸物流的关键枢纽区,并延伸产业链及功能体系。三是产业发展类,主要为关键性的产业型边境口岸,基于自身资源条件及通道支点优势,以产业园区为依托,形成区域产业体系的重要支点或增长极。

## 第四节 主要新兴战略支点的发展状况与前景

在"一带一路"支点城市网络点一线一面的体系中,处于初级、中级发展阶段的城市走廊的战略支撑作用发挥并不充分,这也是"一带一路"建设过程中面临的现实状况。同时,"一带一路"沿线城市走廊建设并不仅限于当前既有支点城市的早期收获,而应向缺乏支点的战略"空白"区域继续延伸,进而形成新的地缘发展空间和支撑基础。这种"边疆推进"型的城市拓展模式,也是"一带一路"促进沿线国家发展的重要价值。而这种模式就需要在缺乏支点甚至城市的区域，发现和培育新的战略支撑点。新兴战略支点就是依托于既有区位、交通、产业、新疆域要素特质等相对优势条件，对于现有走廊和新兴通道而言具有支撑或引领作用的空间节点。

从战略作用来说，新兴战略支点的空间分布可分为两类：其一为位于既有经济走廊体系中发育程度相对不足的经济走廊的新支点。选取的新兴战略支点，主要是位于重要国家关键交往通道上的口岸及港口枢纽区，以及位于关键地缘战略通道上的周边地区，能够对当前地缘控制点格局起到对冲、平衡作用的城市或港口枢纽。其二为位于新发现或地缘战略地位迅速提升的新兴战略通道及战略空间的新支点。选取的新兴战略支点主要是位于新战略通道关键区位的新兴港口、园区或资源配置节点，以及在新战略空间具有资源集聚力的城市空间。本研究识别了 15 个新兴战略支点，推荐将其作为优先培育对象（见表6-1）。

表6-1 "一带一路"新兴战略支点的主要布局

| 新兴战略支点 | 走廊通道 | 新兴支点支撑走廊通道的作用路径 |
| --- | --- | --- |
| 蒙古扎门乌德口岸、俄罗斯扎鲁比诺港 | 中蒙俄经济走廊 | 扎门乌德作为蒙古"小香港"，是中蒙最大陆上口岸，扎鲁比诺港是中国东北、俄罗斯、中国东部三地运输的重要中转港 |
| 哈萨克斯坦阿雷斯 | 新亚欧大陆桥 | 主要是铁路网络枢纽 |
| 伊朗马什哈德 | 中国—中亚—西亚经济走廊 | 伊朗重要的航空枢纽、铁路枢纽 |
| 巴基斯坦奎达 | 中巴经济走廊 | 巴基斯坦与阿富汗重要的地缘联动城市 |
| 缅甸皎漂特别经济区 | 孟中印缅经济走廊 | 能源、港口、产业联动经济区 |
| 马来西亚关丹深水港 | 中国—中南半岛经济走廊 | 产业园、港口联动，对冲马六甲海峡 |
| 德国杜伊斯堡 | 中欧班列 | 支撑欧洲铁路枢纽作用 |
| 俄罗斯摩尔曼斯克、符拉迪沃斯托克 | 北极航道 | 摩尔曼斯克与符拉迪沃斯托克是北极航道东北航线的重要港口，对于新兴通道构筑有重要意义 |
| 菲律宾达沃 | 南海区域 | 南海东盟增长区战略对冲 |
| 巴基斯坦瓜达尔港、斯里兰卡汉班托塔港 | 印度洋区域 | 能源通道节点与关键海域战略港口入口 |

**续表**

| 新兴战略支点 | 走廊通道 | 新兴支点支撑走廊通道的作用路径 |
|---|---|---|
| 中国杭州市 | 网络新疆域 | 全球电子商务中心与物流中心,线上线下联通节点 |
| 俄罗斯萨贝塔港 | 能源新干线 | 全球最大 LNG 项目亚马尔项目基地萨贝塔,极地区域港口 |

## 一 蒙古扎门乌德口岸

适合将蒙古扎门乌德口岸培育成为中蒙俄经济走廊的补充支点。中蒙俄经济走廊支点城市数量较少,特别是东段城市能级相对有限,因此急需新兴支点的支撑。中蒙边境的扎门乌德口岸,是连接中蒙经济互动的重要枢纽,被称为蒙古的"小香港",需要高度重视其发展潜力与趋势。

扎门乌德口岸作为蒙古国唯一的铁路和公路边境口岸,是蒙古国边境进出口贸易总额最大的口岸,同时也是中蒙最大陆上口岸。扎门乌德口岸作为"一带一路"建设中的重要新兴战略支点,对于中蒙俄经济走廊建设而言具有重要的战略意义。

### (一)基本状况

扎门乌德是蒙古国东南部与中国二连浩特市交界的一座边境城市,邻近中国边境的二连浩特,扎门乌德口岸距二连浩特市 4.5 公里,是中蒙铁路自中国进入蒙古国后的第一站。蒙古国南端口岸扎门乌德的行政建制为县级,隶属东戈壁省,东南与二连浩特口岸相距 9 公里,行政区划面积为 460 平方公里,下设两个行政村。

扎门乌德自由经济区位于蒙古国扎门乌德市,占地面积 900 公顷,由商务区、工业区、服务区三部分组成。扎门乌德自由经济区是蒙古国面积最大、功能最全的自由经济区,由蒙古国中央政府垂直管理,行政长官由总理直接任命,也是蒙古国"境内关外"形式运行的单独保税区。自由经济区内,蒙古国政府提供行政、司法、海关、税收和安全等方面的服务,制定签证、边检、海关和行政、商务服务等便利规则，提供海关、税收特殊优惠服务。外商进入该区享受免除关税等优惠政策，外国公民可以凭护照（免签证）或本国身份证自由出入。①

（二）区域战略地位

扎门乌德是连接中蒙俄经济走廊的重要枢纽，地缘优势突出。随着中国同蒙古国、俄罗斯全面战略伙伴关系的建立，中国"丝绸之路经济带"与蒙古国"草原之路"、俄罗斯"跨欧亚大铁路"进行有效对接，面对中蒙俄经济走廊支点城市数量相对较少特别是东段城市能级相对有限的情况，扎门乌德口岸在中蒙俄经济走廊中的地位日益凸显，逐渐成为实现蒙俄重要能源资源与中国巨大市场对接的重要节点。

随着《中华人民共和国政府和蒙古国政府关于建设中国蒙古二连浩特—扎门乌德经济合作区的协议》的正式签署，中蒙两国发展战略将进一步有效对接，促进经济优势互补，更加便利双边贸易投资和人员往来，推动中蒙两国产业合作，加快两国边境地区发展，也将为扎门乌德口岸的发展提供新的契机。

2018 年 10 月，蒙古国东戈壁省扎门乌德物流园竣工仪式在扎门乌德县举行。其是中蒙俄经济走廊上的重要物流中心，由蒙政府利用亚开行贷款建设，位于蒙古国东戈壁省扎门乌德西北 5 公里处，距中国二连浩特海关约 10 公里，由行政办公、卡车停车、集装箱堆场、起重区域、重型设备站等五个区域组成。蒙古国总理呼日勒苏赫在竣工仪式上对该项目予以高度评价。他指出，该物流园的投入使用将有利于蒙古国增加过境运输量、提高运输效率、增加口岸过货能力、发展综合运输体系，为中蒙俄经济走廊建设作出重要的贡献。②

2019 年 6 月，中国商务部部长钟山与蒙古国政府授权代表蒙古国食品农牧业与轻工业部长乌兰正式签署《中华人民共和国政府和蒙古国政府关

---

① 商务部发布《对外投资合作国别（地区）指南-蒙古》（2018 年版）。
② 《蒙古国东戈壁省扎门乌德物流园投入使用》，http://world.people.com.cn/n1/2018/1017/c1002-30347397.html。

于建设中国蒙古二连浩特—扎门乌德经济合作区的协议》。中蒙共建二连浩特—扎门乌德经济合作区，是落实两国领导人共识、加强中国"一带一路"倡议与蒙古国"发展之路"战略对接的重要举措，将进一步促进中蒙两国经济优势互补、便利贸易投资和人员往来、推动两国产业合作、加快两国边境地区发展。

2019 年 9 月，援蒙口岸基础设施建设项目奠基仪式在蒙古国东戈壁省扎门乌德县举行。该项目拟对中蒙边境蒙方一侧扎门乌德口岸、嘎舒苏海图口岸进行升级改造，有利于提升蒙古国口岸建设水平和通关能力，对提高双边贸易投资便利化、增强区域经济竞争能力具有重要意义。①

（三）发展前景

中蒙两国经济互补性强，经贸合作前景广泛。2018 年，双边贸易额 79.9 亿美元，同比增长 24.7%。②中国主要从蒙古国进口矿产品、木材、纺织品和畜产品等，蒙古国从中国进口的产品主要是各种消费品，两国经贸合作互补性强，经济合作潜力巨大，扎门乌德口岸的重要性更加凸显。

截至 2017 年底，中欧班列通过中蒙二连浩特口岸、扎门乌德口岸，过境运输的中国城市班列有成都—欧洲的"蓉欧班列"、长沙—欧洲的"湘欧班列"、郑州—欧洲的"郑欧班列"等 20 条，营口、天津、青岛、成都、武汉等城市都参与其中。2018 年 1 月，中远海运首列独立运营的中蒙俄国际班列正式运营，该班列从天津港首发，经从二连浩特过境蒙古国扎门乌德，通过俄罗斯那乌什基站进行换装，然后直达莫斯科，运行里程 7600 公里，行驶时间为 14 天，常态化运营后将保证单向每周一班（林备战，2018）。

同时也要看到，扎门乌德口岸虽然占蒙古国进出境旅客的 40%、乘用车辆的 76%，位列蒙古国最大的边境出入口岸之一，但在基础设施、硬件条件等方

---

① 中国驻蒙古大使馆经济商务参赞处，2019，《援蒙口岸基础设施建设项目举行奠基仪式》，http://mn.mofcom.gov.cn/article/jmxw/201909/20190902900162.shtml，9 月 2 日。

② 靖雯，2019，《中蒙博览会助推"一带一路"建设走深走实》，http://expo.ce.cn/gd/201909/05/t20190905_33089410.shtml，9 月 5 日。

面远远不能满足需求,给乘客和货物运输的正常通关带来了诸多不便。<sup>①</sup> 为此,中国政府对蒙古扎门乌德口岸改造升级建设工作积极予以援助。经过改造,该口岸场地面积将增加 8 倍,游客通关量增加 4 倍,货运量增加 3 倍,客车增加 7 倍。这一项目将对蒙古国的对外贸易、经济与区域发展起到重要的作用。<sup>②</sup>

## 二 俄罗斯扎鲁比诺港

俄罗斯的扎鲁比诺港同样适宜培育为中蒙俄经济走廊东段的补充支点。有铁路、公路与俄罗斯腹地和中国城市相连,并构建了"珲春—扎鲁比诺港—宁波港"内贸集装箱跨境运输航线,是中国东北—俄罗斯—中国东部三区域贸易的重要枢纽,具有重要的战略价值。

### (一)区位优势

俄罗斯扎鲁比诺港位于中国吉林省长吉图区域的图们江入海口以北,地处俄罗斯远东滨海边疆区东南部彼得大帝湾,是东北亚交通的几何中心,东北距符拉迪沃斯托克 60 余海里,西南距朝鲜的罗津港约 50 海里,至朝鲜的清津港约 65 海里,至韩国的釜山港约 450 海里,至日本新朗港 480 海里,距中国吉林省珲春口岸仅 60 公里。扎鲁比诺港地理位置优势显著,是俄罗斯在远东地区的天然不冻港。

### (二)发展前景

扎鲁比诺港有铁路、公路与俄罗斯腹地和中国吉林省珲春市(有长春西—长春—长春龙嘉国际机场—珲春高速铁路及高速公路)相连。扎鲁比诺港的开发对于中国东北吉林省的开发开放具有重要的意义。中国吉林省推进实施"借港出海"战略,打造中蒙俄经济带,建设中俄珲春—哈桑跨境经济合作区,面向东北亚积极寻求港口物流合作伙伴。<sup>③</sup> 而扎鲁比诺港的开

---

① 锡林郭勒盟二连浩特市人民政府,2019,《中蒙边境扎门乌德口岸开始升级改造,但仍正常通关》,http://www.elht.gov.cn/dtzx/wshd/201909/t20190906_184549.html,9 月 6 日。

② 《中国援助蒙古国扎门乌德口岸基础设施建设项目奠基》,https://www.yidaiyilu.gov.cn/xwzx/roll/103307.htm。

③ 《中国将与俄罗斯合建扎鲁比诺海港》,http://news.sina.com.cn/c/2014-05-22/161630200388.shtml。

发，不仅有助于中国吉林省乃至中国东北地区的开发开放，也有利于促进中国东北老工业基地振兴与俄罗斯远东大开发的融合，实现联动发展，从而促进图们江开发与东北亚地区的经贸合作，同时也将解决吉林省缺少出海口的困境。

与此同时，与传统线路相比，"珲春—扎鲁比诺港—宁波港"内贸航线这一"借港出海"跨境运输方式能缩短路程近 800 公里，节省运输时间 2～4 天，每吨节约物流成本约 20 元，有效解决东北玉米、大豆、铜板等大型物资"北货南运"的瓶颈。[①] 而扎鲁比诺港也成为中国东北—俄罗斯—中国东部三区域贸易的重要枢纽，发展前景巨大。据宁波海关统计，开通两年多来，"珲春—扎鲁比诺港—宁波舟山港"内贸货物南向跨境运输航线累计运输货物 1.96 万吨、货值 2.76 亿元。[②] 2019 年 12 月，"珲春—扎鲁比诺港—宁波舟山港"内贸集装箱跨境运输航线首次实现"双向重箱运输"。与该支点相关的项目还有珲春—扎鲁比诺—釜山海陆联运示范项目、扎鲁比诺万能海港项目。

### 三 哈萨克斯坦阿雷斯

哈萨克斯坦阿雷斯适合培育为新亚欧大陆桥的补充支点。新亚欧大陆桥以中欧班列为交通核心干线，且在欧洲部分支点城市覆盖率较高，而在亚洲部分缺乏支点城市支撑。哈雷斯具备重要的战略潜力，可成为新兴战略支点。

#### （一）发展基础

哈萨克斯坦阿雷斯是哈萨克斯坦的城镇，由南哈萨克斯坦州负责管辖，位于该国南部，距离首府奇姆肯特 79 公里，是两条重要铁路线——外阿拉尔铁路（奥伦堡—阿里斯—塔什干）和土耳其—西伯利亚铁路（阿里斯—阿拉木图—巴诺尔）的交会处。阿雷斯站建于 1904 年，当时是外阿拉尔铁

---

① 《"珲春—扎鲁比诺港—宁波舟山港"航线实现双重运输》，http：//www.zh.gov.cn/art/2019/12/10/art_ 83786_ 9878408. html。

② 《"珲春—扎鲁比诺港—宁波舟山港"航线实现双重运输》，http：//www.zh.gov.cn/art/2019/12/10/art_ 83786_ 9878408. html。

路线上的一个车站。在这座城市里保存着许多建于 1902~1905 年的建筑物和基建结构。1932 年，阿雷斯获得了半城市居住地的地位，1956 年获得城市（City）地位。阿雷斯经济以农业（谷物、棉花、牲畜）为主，有部分工业，工业相关部门大部分与城市铁路有关——铁路联络厂、电力机车修理厂及铁路货车修理厂。阿雷斯主要经济活动有农业、畜牧业和工业。

（二）枢纽地位

新亚欧大陆桥各支线以中欧班列铁路交通为主要运输载体，各支线在中国境内及欧洲部分支点城市的覆盖率较高，而在中亚、西亚等中间部分则缺乏支点支撑，总体呈"哑铃状"。而哈萨克斯坦的阿雷斯是新亚欧大陆桥支线的重要铁路枢纽，石油等矿产资源丰富，具有重要的战略发展潜力，可作为新亚欧大陆桥中欧班列哈萨克斯坦境内新兴战略支点。

中哈两国高层政治互信强，现有上海合作组织、中亚区域经济合作机制、中哈霍尔果斯国际边境合作中心等多层次合作交流机制和平台，哈萨克斯坦针对中国"一带一路"倡议提出"光明之路"对接政策。未来，随着以"郑新欧""渝新欧""义新欧"等中欧班列为代表的中欧铁路迅速发展，阿雷斯作为哈萨克斯坦境内的新兴战略支点的作用将更加凸显。

## 四 伊朗马什哈德

伊朗马什哈德适合培育为中国—中亚—西亚经济走廊的补充支点。中国—中亚—西亚经济走廊在中亚与西亚交界区域需要重要支撑点以形成联通体系。马什哈德是伊朗重要的航空、铁路枢纽，也是"一带一路"建设中德黑兰—马什哈德高铁的枢纽站点，具备重要的战略地位及与中国项目对接的潜力，是连接中亚—西亚的重要支撑点，具有成为新兴战略支点的良好条件。

（一）发展基础

马什哈德地处土库曼斯坦边境附近的卡沙夫河谷中，位于比纳鲁德山脉和赫扎尔—马谢德山脉之间，距国境东北部、德黑兰以东 850 公里，靠近阿富汗与土库曼斯坦边境，是伊朗第二大城市，同时也是伊朗拉扎维霍拉桑省省会。根据联合国发布的《世界人口展望》，马什哈德2019年城市人口规模为315.2万人。[①]

马什哈德得益于区位优势，是伊朗最富庶的农业区之一，也是伊朗北部羊毛贸易中心。马什哈德经济发展依靠香料、染料、皮革及其制品、地毯和丝织品的生产和贸易。同时，马什哈德是伊斯兰教什叶派在伊朗的圣地，是什叶派穆斯林圣城之一。

作为伊朗第二大城市，马什哈德交通便利。空运方面，马什哈德国际机场是马什哈德市的军民合用机场，隶属于伊朗机场控股有限公司。该机场是伊朗航空、伊朗旅游航空、伊朗阿斯曼航空、基什航空、马汉航空和塔班航空的枢纽机场，是伊朗最繁忙的机场之一。机场拥有至中东、中亚、东亚和欧洲主要城市的直飞航班，航点达50多个，国内航线约30条，国际航线约27条。2014年，马什哈德国际机场年客运吞吐量为8210170人次，同比增长12.1%；货运量为79375吨，同比增长10.8%；飞机起降共56455架次，同比增长10%。[②] 铁路方面，马什哈德与3条铁路干线相连——德黑兰—马什哈德铁路、马什哈德—巴夫克铁路（朝南方向）、马什哈德—土库曼斯坦边境的萨拉赫斯铁路。自伊朗总统鲁哈尼上台以来，发展国家铁路一直是伊朗政府的工作重点。根据2014年通过的伊朗铁路发展规划，伊朗计划投资超过75.3亿美元规划新建、修建及扩建、改建境内现有铁路。同时，伊朗还希望充分利用自身的地缘优势，打造成该地区的过境中心（杨恕、王术森，2018）。伊朗通过航空及铁路运输大大地增进了与周边国家乃至全世界的交通联系，提高了伊朗作为过境中心的运输能力。

（二）地缘价值

从地缘角度来看，马什哈德铁路建设为中亚内陆国家获得出海通道提供了极大的便利，同时，也是连接"21世纪海上丝绸之路"和"丝绸之路经济带"的重要交通枢纽，是中国—中亚—西亚经济走廊上的重要战略支

---

① https://www.un.org/en/development/desa/population/publications/index.asp.

② 《民航机场介绍：马什哈德国际机场》，http://data.carnoc.com/corp/airport/mhd.html。

撑点。

中伊两国长期保持着友好合作的经济关系，"一带一路"倡议提出后，中伊两国经济关系实现了新发展。2016 年两国宣布建立中伊全面战略伙伴关系，为两国经济关系发展提供了新的历史契机。马什哈德独特的地理位置、便利的交通条件，使其成为中国—中亚—西亚经济走廊上不可或缺的重要新型战略支点。

同时要看到，马什哈德作为新兴战略支点城市地位凸显的同时，其发展仍然存在不确定性。美伊关系高度紧张，伊朗面临着严峻的西方制裁，而"伊核问题"的反弹以及美伊关系的恶化，极有可能使伊朗面临的国际环境恶化。

## 五 巴基斯坦奎达

巴基斯坦奎达适合培育为中巴经济走廊的补充支点，是中国与巴基斯坦、阿富汗等国经济互动的重要轴线。中巴经济走廊南部支点城市相对缺乏。俾路支省首府奎达位于巴基斯坦、阿富汗交界，是重要的铁路、公路枢纽，是巴阿两国互动的重要节点，且已有中国企业在该市进行轻轨等城市基础设施建设，具备承接该经济走廊南北互动的基础与潜力。

（一）发展基础

奎达是巴基斯坦俾路支省省会和俾路支省最大城市，北邻阿富汗，西界伊朗，面积 13.7 万平方公里。巴基斯坦人口统计数据显示，2017 年奎达人口约 100 万人。奎达地理位置上靠近阿富汗边境，是巴基斯坦与阿富汗的交通要道，因此奎达也是巴基斯坦和阿富汗的贸易中心。在工业方面，奎达主要产业有毛纺织、水果罐头、酿酒、染料、硫黄提炼及火力发电等，矿产有铬、铜、硫黄、大理石等。郊区盛产葡萄、桃、西瓜等水果。

（二）战略地位与发展风险

在交通方面，奎达铁路、公路及航空交通便利，奎达国际机场通航伊斯兰堡、拉合尔、卡拉奇、迪拜和沙迦。2013 年中国国务院总理李克强提出建设中巴经济走廊，起点在喀什，终点在巴基斯坦瓜达尔港，全长 3000 公里,北接"丝绸之路经济带"、南连"21世纪海上丝绸之路",是贯通南北丝路的关键桥梁,也是"一带一路"的重要组成部分,奎达作为俾路支省重要城市,在中巴经济走廊建设中具有重要的作用。

同时,也要看到奎达在建设成为新兴战略支点城市过程中也面临着一些挑战。例如,巴基斯坦政府负债较高,财政赤字严重,为中巴经济走廊长期提供资金支持的能力不足;巴基斯坦国内政治权力斗争复杂,央地及各省之间利益博弈激烈(尹响、胡旭,2019)。同时,巴基斯坦国内恐怖袭击事件频发,安全隐患严重,如2020年1月7日,巴安全部队车辆在奎达市遭炸弹袭击,造成2人死亡、18人受伤;同月10日,奎达的一座清真寺发生爆炸,造成至少14人死亡、20人受伤。[①] 因此,在奎达战略支点的建设中,需要关注当地的资金与安全风险。

## 六 缅甸皎漂特别经济区

孟中印缅经济走廊整体支点分布较为密集,缅甸尚缺乏能级较高的支点。皎漂特别经济区是中国"一带一路"建设中的重要园区、深水港口,极具港城联动、产城联动的典型意义,也是中缅天然气管线的起点,在能源布局中具有重要的战略地位,是该走廊新兴战略支点的重要选择。

### (一)发展条件

皎漂特别经济区位于缅甸西部若开邦,是继仰光迪洛瓦经济特区、缅南土瓦经济特区之后的缅甸第3个经济特区。皎漂港位于缅甸若开邦的皎漂县,处于孟加拉湾偏僻的西海岸,属热带雨林气候,天气炎热,雨量充沛。皎漂半岛西邻印度洋,西北端至东部航道是优良的天然避风避浪港,自然水深24米左右,可航行、停泊25万~30万吨级远洋客货轮船。

### (二)发展前景与战略地位

缅甸皎漂特别经济区深水港和工业园项目位于缅甸皎漂经济特区,涉及

---

① 《巴基斯坦奎达一清真寺发生爆炸14死20伤》,http://www.xinhuanet.com//2020-01/11/c_1125447957.htm。

深水港项目和工业园项目。其中，深水港项目包括马德岛和延白岛两个港区，共 10 个泊位，还包含连接工业园和港口的道路和桥梁，计划分四期建设，总工期约 20 年。工业园项目占地约 1000 公顷，规划入园产业主要包括纺织服装、建材加工、食品加工等劳动力密集型产业及电子电器、制药、信息科技、研发等技术和资本密集型产业，项目计划分三期建设，总工期预计 23 年。深水港项目和工业园项目的运营期均为 50 年。该项目在投入运营后预计每年将为缅甸提供 10 万多个就业岗位，[①] 对缅甸经济发展具有重要的拉动作用。

建成后的皎漂深水港将成为缅甸最大的远洋深水港，是区域最经济和高效的多用途集装箱港口之一。而工业园项目的成功运营将会使缅甸成为东南亚地区新的技术中心和制造基地，打造"缅甸制造"品牌。[②] 在孟中印缅经济走廊建设过程中，在缅甸区域缺乏较高能级支点城市的情况下，皎漂特别经济区将是"一带一路"建设中的重要园区、深水港口，极具港城联动、产城联动的典型意义。

## 七 马来西亚关丹深水港

马来西亚关丹深水港适合培育为中国—中南半岛经济走廊的补充支点。中国—中南半岛经济走廊城市支点较多。该区域的支点布局主要考虑关键通道—马六甲航道的战略平衡作用，在既有战略支点的情况下，需注重对接"一带一路"的备份支撑点。马来西亚的关丹深水港，在具备重要深水港要素的前提下，已建成关丹产业园区，具备发展钢铁等重工业的基础，区位优势明显，应作为该走廊的新兴战略支点予以进一步培育。

（一）发展基础

关丹是马来西亚彭亨州的首府，也是西马东海岸最大的城市，城市人口约为 34 万人。2013 年 2 月，在中马两国领导人的见证下，马中关丹产业园正

---

① 财政部 PPP 中心，2017，《"一带一路" PPP 项目案例——缅甸皎漂特别经济区深水港和工业园项目》，http：//www.caigou2003.com/gj/alfx/2972524.html，6 月 5 日。

② 财政部 PPP 中心，2017，《"一带一路" PPP 项目案例——缅甸皎漂特别经济区深水港和工业园项目》，http：//www.caigou2003.com/gj/alfx/2972524.html，6 月 5 日。

式开园。马中关丹产业园是中马两国领导人直接倡议并亲自推动的政府间重大合作项目,并被列入国家"一带一路"规划重大项目。马中关丹产业园规划面积 12 平方公里,分期建设。一期占地面积约 6.07 平方公里,二期占地面积约 5.93 平方公里。园区功能分区包括产业区、物流区、配套区(居住区、综合服务中心)。[①] 马中关丹产业园区也是中国在马来西亚设立的第一个国家级产业园区。

(二)战略地位与发展前景

关丹深水港地处马来半岛东海岸的彭亨州,面向南中国海,前承东亚、东南亚,后接马六甲,是"海上丝绸之路"沿线的重要港口,是马来西亚东岸最重要的海港和物流中心,为东海岸地区第一大港,毗邻马中关丹产业园,现有 22 个泊位,是直面南中国海的多货种、全天候港口。2014 年,实现吞吐量 2137 万吨(秦国威,2015)。为了支撑马中关丹产业园区的发展,为入园项目提供优良的港口物流服务,关丹深水港正在升级改造,同时开辟新港区,建设大型化、专业化和自动化码头,提高港口吞吐能力及效率。

关丹深水港建设是关丹港口经济一体化的重要举措,更是马来西亚彭亨州政府吸引中国投资兴建的海上标志性枢纽项目。关丹深水港的建成投用,将进一步完善关丹港口基础设施,拓宽对外贸易的物流通道,有助于促进投资开发及商贸物流等,提升东海岸乃至整个马来西亚的经济发展水平。[②] 马来西亚的关丹深水港的区位优势十分明显。

与此同时,在中国—中南半岛经济走廊建设中,东南亚支点城市相对较多,而关丹深水港的建设在支撑马中产业园区旗舰项目发展的同时,有利于保障战略资源通道的安全。

## 八 德国杜伊斯堡

德国杜伊斯堡适合培育为中欧班列新地缘增量空间的核心支点。中欧班

---

① 《马中关丹产业园区总体概况》,http://zmqzcyyq.gxzf.gov.cn/zmhz/gdygk/20190423 - 22460.shtml。

② 《中企承建的"一带一路"重点项目关丹深水港码头正式试运营》,http://www. chineseport.cn/bencandy.php? fid = 47&id = 279505。

列是"陆上丝绸之路"的重要交通—经济互动空间体系，其总体走向与新亚欧大陆桥走廊重合。中欧班列在欧洲的战略性站点德国杜伊斯堡，借助班列和港口，发展速度迅猛，成为欧洲最大内陆港，也成为"一带一路"建设助推城市发展的重要样板，并积极参与中国在白俄罗斯工业园等欧洲第三国的合作项目，是新兴走廊上的新兴战略支点。

（一）发展基础

杜伊斯堡属于德国的北莱茵威斯特法伦州，位于重要的鲁尔工业区中心、鲁尔河注入莱茵河处。杜伊斯堡市西面和北面与韦塞尔县的默尔斯市、莱茵贝格市和丁斯拉肯市相邻，东面与奥伯豪森市和米尔海姆市相接，南面与梅特曼县的拉廷根市、诺伊斯莱茵县的梅尔布施市和克雷费尔德市为邻。中世纪时期杜伊斯堡是唯一的商业城市，现为欧洲最大河港，以吞吐煤、铁矿石、石油、建筑材料等为主。

杜伊斯堡有将近 50 万人口，位于西欧地理位置的中心，[①] 杜伊斯堡航空、航运、铁路交通便利。杜伊斯堡地处鲁尔工业区西端、莱茵河东岸，南达瑞士，北通荷兰鹿特丹和北海，是德国主要的铁路枢纽，也是全球最大的内河航运港和西欧物流中心。[②] 杜伊斯堡港基于强大的仓库和存储能力，也适合发展电子商务。目前，杜伊斯堡港每年处理 1.31 亿吨货量，在全球内陆港中排名第一。[③] 作为欧洲西部中心的水、铁、公三联枢纽，杜伊斯堡港设置了 8 个多式联运集装箱场站、每周 400 列次通往 90 多个欧亚目的地。在中欧班列服务市场份额方面，杜伊斯堡处于欧洲领先地位，约有 30% 的班列经过杜伊斯堡。

（二）发展模式变化

杜伊斯堡作为渝新欧中欧班列在欧洲的终点，是新亚欧大陆桥走廊在欧

---

① 《中南高科主办第三届德国 CTCE 活动 杜伊斯堡市市长索伦·林克出席并致辞》，https：//biz.ifeng.com/c/7rFOAoyKWVt。

② 《杜伊斯堡：一座被中欧班列带活的老城》，http：//www.banyuetan.org/gj/detail/20190425/100020003313620155615593368413648Q_ 1.html。

③ 《强化多式联运体系合作：两江新区与德国杜伊斯堡港形成全面战略合作》，http：//www.liangjiang.gov.cn/Content/2019-04-26/content_ 523436.htm。

洲的重要战略性站点。2011 年重庆开通至德国杜伊斯堡等城市的中欧班列线路以来，截至 2019 年底，中欧班列（重庆）累计开行超 4500 列，单 2019 年全年中欧班列（重庆）开行就超过 1500 班，运输箱量和货值均增长 48%。① 与此同时，中国郑州、武汉、成都、义乌等城市已开通至德国杜伊斯堡的中欧班列。

中欧班列在欧洲的战略性站点德国杜伊斯堡，借助班列和港口，发展速度迅猛，成为欧洲最大的内陆港。因此，杜伊斯堡新兴走廊作为新兴战略支点，是世界最大的内河港和欧洲重要的交通物流枢纽，能为促进中德、中欧合作发挥更大作用。

## 九 俄罗斯摩尔曼斯克

俄罗斯摩尔曼斯克适合培育为北极航道新地缘增量通道西段的核心支点。北极航道是气候变化带来的新地缘交通通道增量，该航道的东北航线对"一带一路"建设有重要的补充作用。俄罗斯的摩尔曼斯克与符拉迪沃斯托克，一西一东，均为北极航道东北航线的重要港口，对于新兴通道构筑而言有重要意义，且已具备较为悠久的港口历史，可作为新兴战略支点。

（一）战略区位

摩尔曼斯克是俄罗斯摩尔曼斯克州首府，位于科拉半岛东北，临巴伦支海的科拉湾，深入北极圈以内 300 公里，是北冰洋沿岸最大的港口城市。受到北大西洋暖流的影响，虽然地处高纬度的北极圈内，气温很低，但摩尔曼斯克的海港，全年从不结冰，即使在最冷的月份海水温度也不低于 3℃，一年四季可以通航。摩尔曼斯克工业以鱼类加工、修船、木材加工和建筑材料为主。同时摩尔曼斯克也是北极地区重要的科研中心，有极地研究所、海洋渔业及海洋学等研究机构。

摩尔曼斯克港作为俄罗斯最大的渔港和北方最大的商港，也是北冰洋考

---

① 《2019 年中欧班列（重庆）开行超 1500 班》，http：//www.cinic.org.cn/hy/wl/708476.html？from=singlemessage。

察站的前进基地和北方诸岛的后方基地，为北极航道往来船只提供破冰服务的核动力破冰船舰队在此停靠。摩尔曼斯克还是俄罗斯北海航线的起点，俄罗斯船只由此通往世界各地 170 个港口，年吞吐量达 1000 万吨。同时，摩尔曼斯克港还是北极航线俄罗斯部分的最西端，是通过北极航线俄罗斯部分进入欧洲的西部"咽喉要道"（张婷婷、陈晓晨，2018），战略位置十分重要。

（二）发展前景

随着全球气候变暖，北冰洋冰层融化，北极航道作为新的地缘交通通道的作用不断凸显。该航道将成为中欧集装箱货物运输的新通道，其东北航线对"一带一路"建设具有重要的补充作用。北极航道的地位提升，使航道沿线主要港口枢纽的战略地位迅速提升。摩尔曼斯克所在的摩尔曼斯克州与中国企业已经在多领域开展密切合作。特别是俄中两国提出共建"冰上丝绸之路"之后，为摩尔曼斯克州的发展注入了新动能。北极航道与"冰上丝绸之路"的发展，为摩尔曼斯克以及符拉迪沃斯托克的发展带来了新的机遇。相关城市也着力提升基础设施水平，以为后续发展奠定更好的基础。如为更好地服务北极航道，摩尔曼斯克全力提升交通枢纽综合发展水平，提高码头的集疏运能力，相关项目包括在科拉湾西岸兴建煤炭和石油码头、在科拉湾东岸兴建集装箱码头以及建设全长 46 公里的直达港口的铁路支线。

## 十 俄罗斯符拉迪沃斯托克

俄罗斯符拉迪沃斯托克适合培育为北极航道新地缘增量通道东段的核心支点，可以与摩尔曼斯克形成东西呼应。

（一）战略区位

符拉迪沃斯托克（海参崴），位于亚欧大陆东面，阿穆尔半岛最南端。符拉迪沃斯托克现为俄罗斯远东最重要的城市，亦为俄罗斯海军第二大舰队太平洋舰队司令部所在地，总面积为 700 平方公里，城市海岸线达 100 多公里。符拉迪沃斯托克是俄罗斯远东地区最大的港口，是俄罗斯远东地区最大的贸易港，也是俄罗斯最大的港口之一，与世界60个国家和地区的300多个港口通航。[①] 港口年吞吐量约1000万吨，其中国内运输量约400万吨，国外运输量约300万吨。港区结冰期约4个月，借助破冰船可全年通航。

符拉迪沃斯托克是俄罗斯滨海边疆州首府、西伯利亚大铁道的终点、俄罗斯太平洋沿岸著名港城和俄罗斯远东地区的最大城市，近年来发展迅速。在全球城市实验室（Global City Lab）2019年12月发布的《全球城市500强》中，符拉迪沃斯托克位列全球城市500强榜单第289名。[②] 符拉迪沃斯托克也是重要的渔业港口，富有浮游生物，水产资源丰富。符拉迪沃斯托克是俄罗斯远东区的海洋渔业基地，拥有拖网渔船队、冷藏运输和鱼产品加工船队以及捕鲸船队，渔获量居俄罗斯远东区各渔港首位。符拉迪沃斯托克是俄罗斯滨海边疆区和远东地区重要的工业中心。这里的工业同海运及海洋渔业有密切关系，主要是修船、造船、渔产品加工机械制造、鱼类加工和木材加工等。

（二）发展前景

近几十年来，随着全球变暖，开发利用北极航道也迎来了历史性机遇。2017年7月，中国国家主席习近平在莫斯科会见俄罗斯总理梅德韦杰夫时首次提出"冰上丝绸之路"，通过开展北极航道合作，落实好有关互联互通项目。[③] "冰上丝绸之路"将开通一条从中国上海以北港口到欧洲西部、北海、波罗的海等港口的新运输通道。这条运输通道比传统经由马六甲海峡、苏伊士运河航程缩短到7900英里，能减少5100英里的里程。如果沿着该航道前行至北美东岸，比巴拿马运河传统航线缩短2000~3500海里（王志民、陈远航，2018）。中俄两国共建的东北航道，西起西北欧北部海域，东到符拉迪沃斯托克，途经巴伦支海、喀拉海、拉普捷夫海、新西伯利亚海和白令

---

① 《小资料：符拉迪沃斯托克市》，http://paper.wenweipo.com/2013/07/05/CH1307050004.htm。

② 全球城市实验室，2019，《2019年全球城市500强》，http://globalcitylab.com/city500brand/brand/brand.htm，12月26日。

③ 《"冰上丝绸之路"吸引世界目光》，http://world.people.com.cn/n1/2018/0128/c1002-29790791.html。

海峡，是连接东北亚与西欧最短的海上航线。符拉迪沃斯托克作为北极航道的东部第一站、俄罗斯在远东地区的最重要自由港，未来可通过自由港、超前区建设，通过向中国东北、韩国、日本开放，拉动俄罗斯经济，培养新的增长点，打造新的增长极。同时，符拉迪沃斯托克作为"冰上丝绸之路"的重要港口枢纽，未来将在东北亚地区起到重要的物流枢纽作用，也将在区域经贸合作中起到辐射带动作用，对于北极新兴通道的构筑有重要意义，是重要的新兴战略支点。

## 十一 菲律宾达沃

菲律宾达沃适合培育为南海区域海上战略板块的支点，是"海上丝绸之路"的重要海上通道，也是中国能源、货物进出口的关键海域。菲律宾达沃市位于棉兰老岛南部，具备重要的战略区位发展潜力，处于东盟东部增长区（BIMP-EAGA，包括文莱、马来西亚、印度尼西亚及菲律宾）的核心枢纽区域，是菲律宾与 BIMP-EAGA 增长区进行经济互动的战略性城市节点。作为菲律宾第三大城市，2012 年达沃市经济进入快速增长阶段，2012~2016 年 GDP 增长率保持在 7%~8%，2017 年 GDP 实现了两位数增长，达10.9%。2018 年 11 月，中国与东盟东部增长区合作"4+1"机制进一步升级，达沃市在该区域的战略潜力更为凸显。从战略区位以及发展前景看，达沃市是南海区域的重要新兴战略支点。

（一）发展基础

达沃市经济在 2012 年后进入快速增长阶段，从区位角度看，该市位于棉兰老岛南部，具备重要的战略区位发展潜力，城市处于东盟东部增长区的核心枢纽区域。

（二）战略地位与发展前景

从南海区域的地缘战略地位上看，中国与菲律宾及相关东盟国家的合作成为南海区域保持稳定的重要基础。达沃市在"一带一路"框架下的快速发展与转型升级，有助于在菲律宾以东形成新的发展核心区域，进而形成南海周边的新增长点。同时，达沃市的稳定发展与区域带动作用，也有助于中菲合作共同利益的多元化,促进南海区域和平发展。

2016年以来,我国各部门与达沃市的合作不断加强,形成了多层次合作基础。2018年,我国在该市设立总领馆,该市市长莎拉·杜特尔特访问南宁、晋江,并与晋江结为友好城市。民间交往方面,当地晋江同乡总会的影响广泛,2019年3月,该地成立的晋江总会达沃分会是晋江同乡总会在马尼拉外的第一个分会。我国福建、山东等地企业已在当地进行投资,同时,上海社会科学院与该市雅典耀大学已建立智库间合作机制。

达沃市具备较为丰富的矿产、旅游资源。该地的铜、金、镍矿资源较丰富。棉兰老岛拥有菲律宾金储量的70%和铜储量的62%。同时,该市的劳动力要素集聚程度高,素质较高,城市识字率达98.7%,就业率达94.5%,劳动力价格较低,最低日薪为42~44元人民币。城市安全,生态环境较好,具备空、海港等对外联通硬件条件。达沃的发展优势之一在于较为安全的环境,被认为是东南亚最安全的城市之一。

## 十二 巴基斯坦瓜达尔港

巴基斯坦瓜达尔港适合培育为印度洋区域海上战略板块的支点,是"海上丝绸之路"连接中东、非洲区域的战略海域。巴基斯坦的瓜达尔港是中国在印度洋区域具备直接影响力及发展规划能力的重要枢纽港口,区域商业投资日益增加,并已制定智能城市港口规划,港城融合态势良好。同时,瓜达尔港也是中巴经济走廊上的优先发展样板,是中巴经济走廊与印度洋地缘战略通道上的枢纽,应作为新兴战略支点。

### (一)发展基础

瓜达尔深水港位于巴基斯坦西南俾路兹斯坦省瓜达尔市,东距卡拉奇约460公里,西距巴基斯坦—伊朗边境约120公里,南临印度洋的阿拉伯海,位于霍尔木兹海峡湾口处,既是中西南亚和中东国家之间连通的桥梁,也是地区战略转型中的平衡点、地区中转港和物流商业中心,瓜达尔港以独特的战略位置扼守欧洲至中国和中西南亚内陆国家石油运输捷径,堪称印度洋上的咽喉要地(杨习铭、高志刚,2019),战略位置十分重要。瓜达尔港航道深 15.5 米、长 12.5 千米、船载重量 20 万公吨、有 7 个 300 米长泊位和 2 个石油码头。瓜达尔深水港是巴基斯坦第三大港口，可打造为东亚国家转口贸易及中亚内陆国家出海口，区域竞争优势巨大。

2001 年，中国开始援建瓜达尔港。2013 年 2 月，瓜达尔港的运营权正式移交中国海外港口控股有限公司。瓜达尔港进入新的发展阶段，2015 年，中国国家主席习近平访问巴基斯坦，中巴双方一致同意，未来以中巴经济走廊为引领，以瓜达尔港，以及能源、交通、基础设施和产业合作为重点，形成"1+4"经济合作布局。2016 年 11 月，瓜达尔港正式开航，中巴两国共同见证了首批中国商船从瓜达尔港出海。从中东到中国的海上石油路线长达 14490 公里。随着瓜达尔港的全面投入运营，未来中巴经济走廊全面建成后，将大大缩短中国海上石油之路的经济和时间成本。据估计，从巴基斯坦瓜达尔港到中国喀什经济特区这一贯穿巴基斯坦南北和连接中国西部的中巴铁路与公路一旦建成，产自中东地区的石油运到瓜达尔港再由陆路输往中国，其运输历程相比较传统海上航线，路程将缩短 85%。①

（二）发展前景

巴基斯坦瓜达尔港是中国在印度洋区域的重要旗舰港口合作项目。首先，巴基斯坦瓜达尔港作为中巴经济走廊面向印度洋的出海口，大大地缩短了中国西部内陆地区向印度洋的货物运输距离，节省大量运输时间和成本。瓜达尔港也是中巴经济走廊的优先发展样板，是中巴经济走廊与印度洋地缘战略通道上的枢纽，具有成为新兴战略支点的潜力。

随着中巴两国全天候战略伙伴关系的建立，瓜达尔港的发展必将迈入新轨道。2019 年 10 月初，针对瓜达尔港及自由区的免税政策，巴基斯坦总统阿里夫·阿尔维正式签署法令。巴基斯坦瓜达尔港务局海洋事务主管古尔·穆罕默德对此表示，瓜达尔港自由区是巴基斯坦第一个也是唯一的自由区，巴基斯坦政府为该自由区提供了 23 年免税期等激励政策。②而从

---

① 《瓜达尔港预计 4 月投入运营 中国石油运输路程将缩短 85%》，http：//news. ifeng. com/ a/20150221/43205740_ 0. shtml。

② 《政策利好为巴基斯坦瓜达尔港发展注入新动能》，http：//www. chinaports. com/portlspnews/2797。

长期看，瓜达尔港是中亚国家抵达印度洋的最便捷且距离最短的通道。该港可通过为"一带一路"沿线国家提供转运服务，实现"一带"与"一路"的纵向互动，从而为巴基斯坦带来大量税收收入。伴随着全球化的深入推进，区域商业投资日益增加，瓜达尔港已制定智能城市港口规划，港城融合态势良好，未来作为印度洋区域海上板块中的新兴战略支点，发展潜力巨大。

## 十三 斯里兰卡汉班托塔港

斯里兰卡汉班托塔港同样适合培育为印度洋区域海上战略板块的支点。斯里兰卡汉班托塔港是位于印度洋中枢区域的重要港口，在"一带一路"项目支持下，已成为可以停靠世界最大集装箱船和超级油轮的优良深水港及印度次大陆转运枢纽中心，是印度洋地区的重要新兴战略支点。其与巴基斯坦瓜达尔港一道，有助于在印度洋形成新兴支点体系。

### （一）发展基础

汉班托塔港位于斯里兰卡南部省汉班托塔区首府。汉班托塔区是南方省最大的区，常住人口约53万人。汉班托塔市是南方最大的城市和行政中心，常住人口1.5万人。该地区人口以信奉伊斯兰教的马来人为主，信奉佛教的僧伽罗人也占有相当的比例。

全球一半以上的集装箱货运、1/3的散货海运和2/3的石油运输都经过印度洋运往世界各地。斯里兰卡地处印度洋中心，扼守东西交通要道，自古就有"东方十字路口"的美称（朱翠萍，2017）。汉班托塔港口距离国际海运主航线的最近处仅有12海里，地理条件得天独厚。汉班托塔港自2007年起在中国的援助下开始建设，2012年投入运营。2017年7月，斯里兰卡与中国签署协议，中国招商局控股港口有限公司购得汉班托塔港口70%的股权，并租用港口及周边土地，租期为99年。2017年12月，斯里兰卡政府将正式把斯里兰卡南部的汉班托塔港的资产和经营管理权移交给中国招商局集团。标志着斯里兰卡向建设海上枢纽国家的目标又迈出了一大步。

**（二）机遇与前景**

2018 年，汉班托塔港全年货物吞吐量增长了 1.6 倍，挂靠作业船舶 357 艘次，中转货量增长超过 60%，首次完成散货吞吐量 17.8 万吨，首次为石油钻井船提供挂靠服务，创下了汉港运营史上多个历史纪录。斯里兰卡战略发展与国际贸易部长萨马拉维克拉马对此曾表示，自中方接手运营以来，汉班托塔港口集团为斯里兰卡提供了大量就业机会，是斯里兰卡港口发展史上的重要里程碑。① 汉班托塔港开发也为斯里兰卡发展港口经济、提升工业发展水平、改变经济结构提供了良好的契机。

# 十四 中国杭州市

**（一）发展条件**

杭州是中国浙江省省会、杭州都市圈核心城市，是长三角中心城市之一。② 同时杭州也是环杭州湾大湾区核心城市、沪嘉杭 G60 科创走廊中心城市、国际重要的电子商务中心。

经过多年发展，杭州已经成为互联网新兴企业的重要集聚空间，吸引了大量企业入驻。杭州积极通过制度创新、管理创新、服务创新和协同发展，实现综试区跨境电子商务自由化、便利化、规范化发展。2013 年，"一带一路"倡议提出后，杭州市电子商务、互联网经济、数字经济等新兴行业发展加快，成为引领杭州经济发展的支柱性产业。

2015 年 3 月，中国（杭州）跨境电商综合试验区在杭州成立，中国（杭州）跨境电子商务综合试验区通过制度创新、管理创新、服务创新和协同发展，破解跨境电子商务发展中的深层次矛盾，打造跨境电子商务完整的产业链和生态链，逐步形成一套适应和引领全球跨境电子商务发展的管理制度和规则，实现跨境电子商务自由化、便利化、规范化，为推动全国跨境电

---

① 《汉班托塔港招商引资一站式服务中心启用》，http：//world. people. com. cn/n1/2019/0324/c1002-30992155. html。

② 《国务院关于杭州市城市总体规划的批复》，http：//www. gov. cn/zhengce/content/2016-01/19/content_ 5034127. htm。

子商务健康发展提供可复制、可推广的经验。[①] 2017 年，杭州市第十二次党代会指出，打造"网上丝绸之路"重要战略枢纽城市，努力成为全球跨境电商发展的引领者。[②] 在浙江省政府数字经济"一号工程"的推动下，2019 年，杭州市数字经济核心产业实现增加值 3795 亿元，增长 15.1%，比 2018 年提高 0.1 个百分点，高于经济增速 8.3 个百分点。电子商务产业增加值增长 14.6%，物联网产业增加值增长 13.6%，数字内容产业增加值增长 16.3%，软件与信息服务产业增加值增长15.7%。[③] 随着世界网络市场的加速形成，我国电子商务企业"走出去"步伐明显加快。在推进"一带一路"建设过程中，电子商务具有先导作用。杭州市作为跨境电子商务、数字经济发展的先行城市，重点产业发展较快，"一带一路"网上贸易新通道迅速发展，打造"网上丝绸之路"战略枢纽城市的优势也更加凸显。

（二）战略优势

随着互联网技术的发展，网络空间治理超越传统主权概念，成为全球性安全问题。同时，互联网产业也方兴未艾，以计算机、网络、通信为代表的现代信息技术革命催生的数字经济，加速了全球经济产业机构的转型，成为全球经济复苏的重要驱动力。杭州作为中国互联网企业的重要集聚空间，不仅形成了信息资源集聚，而且周边形成线上线下相结合的经济互动连接区域，桐庐等新兴中心节点形成了与网络资源配置相关的经济空间。因此，中国杭州在构建以网络权力为核心的新兴战略支点方面具有巨大潜力。

首先，杭州产业结构完善，外贸多元发展，经济发展势头强劲。据《杭州统计年鉴 2019》，杭州市 2018 年三次产业的生产总值分别为 305.51 亿元、4571.93 亿元、8631.71 亿元，分别占比 2.3%、33.8%、63.9%，[④]

---

① 《中国（杭州）跨境电子商务综合试验区简介》，http：//www.china-hzgec.gov.cn/areaintroduction/summary.shtml。

② 2017 年 2 月 25 日杭州市第十二次党代会隆重开幕。

③ 《2019 年杭州经济运行情况》，http：//www.hangzhou.gov.cn/art/2020/1/23/art_ 1256302_41852500.html。

④ 《杭州统计年鉴 2019》，http：//tjj.hangzhou.gov.cn/art/2019/10/23/art_ 1653175 _ 3922 2973.html。

产业结构不断优化。同时，2019 年在中美经贸摩擦背景下，杭州市仍实现货物进出口 5597 亿元，增长 6.7%，其中，服务贸易实现出口 124.9 亿美元，增长 19.0%。跨境电商进出口 952 亿元，增长 28.8%，[①] 经济发展势头强劲。

其次，杭州市具有中国长江三角洲的重要腹地支撑作用，位于长三角南翼、杭州湾西端、钱塘江下游、京杭大运河南端，是长三角地区重要中心城市和中国东南部交通枢纽，海陆空交通便利，地理位置优越。2019 年 12 月，中共中央、国务院联合印发的《长江三角洲区域一体化发展规划纲要》将长江三角洲地区一体化发展上升为国家战略，为杭州市未来发展指明了方向和道路。

未来，中国杭州发展前景广阔、潜力巨大。经过杭州多年的重点投入发展，数字经济实力位居全国城市前列，数字经济优势更加突出。杭州在电子商务、金融财税、工业控制、安防监控等领域走在全国前列。例如，杭州电子商务平台技术服务收入列全国城市首位；杭州云计算服务能力占全国市场的 70%（周旭霞，2020）。在浙江省数字经济"一号工程"的推动下，杭州市正在朝着创建全国数字经济"第一城"的目标迈进。杭州作为互联网企业的重要集聚空间，不仅形成了信息资源的集聚，而且在以跨境电子商务为引领的发展战略下，形成了线上线下双向互动的新型经济空间。杭州在构建以"网上丝绸之路"重要战略枢纽城市为导向的"一带一路"新兴战略支点城市方面具有重要的发展潜力。

## 十五　俄罗斯萨贝塔港

### （一）发展基础

萨贝塔港口位于俄罗斯北部的亚马尔半岛鄂毕河河口西岸的新北极港口。亚马尔半岛位于俄罗斯西西伯利亚平原西北部。东和东南部临鄂毕湾，

---

① 《2019 年杭州经济运行情况》，http：//www.hangzhou.gov.cn/art/2020/1/23/art_ 1256302_ 41852500.html。

西部濒喀拉海及拜达拉茨湾。半岛长 750 千米左右,宽约 240 千米,面积 12.2 万平方千米,属于秋明州的亚马尔—涅涅茨自治区。亚马尔半岛沿海大部是低平的沙岸,内陆地势向南升高,受海相和冰川沉积物的影响,地貌复杂。西海岸发现有大型天然气田。萨贝塔港作为液化天然气厂港口正在建设中。

（二）发展前景

俄罗斯天然气工业股份公司进行的地质勘探结果显示,克鲁津什捷姆斯科耶凝析气田 $C_1+C_2$ 商业类别的可采天然气储量增加了 3600 亿立方米。这意味着,这个凝析气田的总天然气储量从 1.64 万亿立方米增加到了 2 万亿立方米,增加了 22%。[①] 而俄罗斯亚马尔半岛天然气总估计储量 26.5 万亿立方米,有望成为全球最大的 LNG 项目,产量可望占世界的 15%。而亚马尔半岛的萨贝塔港将是北极圈内第一个 LNG 终端,并将有铁路连接,正在建设国际性研究平台。

## 第五节 新兴战略支点的战略作用与发展策略

在"一带一路"建设中沿线新开辟的航运、基础设施枢纽点,不仅在于确保资源、能源、商品等要素的运输和流通,更在于通过新兴支点的发展,对于战略通道起到支撑和拓展作用。而新兴战略支点的支撑作用发挥,具有探索意义,也面临一系列风险,因此,就需要系统梳理新兴战略支点的类型与发展特性,针对相关支点对于所在区域的战略发展作用,提出以城市化水平提升为核心的、有针对性的发展策略。

### 一 新兴战略支点的区域支撑作用

（一）要素枢纽作用

新兴战略支点的区位条件良好,具备承载重要的经济要素的潜力。

---

① 《亚马尔半岛最大气田天然气储量增至 2 万亿方》,http://finance.sina.com.cn/money/future/nyzx/2020-01-02/doc-iihnzahk1435104.shtml。

区域内的港口、园区等基础设施，有助于成为要素流量的载体。部分新兴支点的港口或铁路枢纽，已经吸引了大量外部货物、资金的流入。新兴支点作为要素枢纽，对于所在国及所在区域的发展具有重要的支撑作用。

（二）经济带动作用

新兴战略支点的经济要素流量以及本地配置能力，使其成为区域经济发展的重要空间。相关支点的发展，有助于优化其所在地区的经济结构，对于区域的制造业、服务业发展也具有带动作用。同时，支点的城市化发展，也会对其所在地区产生劳动力、服务需求，从而有助于促进区域经济发展，提高经济活跃度。

（三）基础设施联通作用

新兴战略支点的发展，有助于其所在地区的基础设施水平提升。大多数新兴支点的发展，本身就是港口、铁路、能源等基础设施能级提升的过程。支点的发展，对于相关基础设施水平提升有重要的促进作用。港口功能的提升、产业园区水平的提高，以及在特定地缘战略区域地位的提升，将使支点的基础设施发展需求与承载能力进一步匹配，使支点城市成为其所在区域的基础设施联通核心区。

（四）社会稳定作用

新兴战略支点的发展，有助于在所在区域开拓经济发展的新局面，带动就业与人口集聚，区域的社会发展水平也将进一步提升。同时，支点城市枢纽性功能的发挥，将使其社会多样性及要素支撑性提高，从而增强社会系统的服务功能。新兴战略支点的辐射集聚功能，将有助于在其周边区域形成较为复杂的社会协作网络，从而有助于提升相关欠发达区域的社会稳定度。

（五）安全保障作用

新兴战略支点的发展，能够为重要的地缘经济走廊提供重要的安全保障。相关港口、园区的发展质量提升，能够更好地为所在区域提供可持续发展所需要的人力、物力等资源。基础设施的建设与服务能力提高，有助于所在区域的自持能力提升。同时，新兴支点的枢纽作用，也能为所在区域解决面临的传统与非传统安全问题提供更多的外部援助与力量投送支持。

## 二　新兴战略支点面临的发展风险

新兴战略支点发展前景广阔，也面临风险和挑战，主要表现在以下四个方面。

### （一）新兴支点与美国主导的现有支点体系的冲突风险

当前，美国主导的盟国体系与以海外军事基地为核心的安全支点网络仍较为完整，并在主要地缘战略板块对以美国为主导的西方力量发挥着支撑作用。在关键海域、陆上交通线、资源运输通道及网络节点，新兴战略支点的发展，将不可避免地影响既有支点的影响力及资源要素集聚能力。

### （二）后发地区城市形态建设的跨越式发展问题

部分新兴战略支点所在区域的发展水平较低，支撑城市化的基础条件较为薄弱。而新兴支点的经济空间建设，对于当地发展基础而言，具有跨越式发展特性。这就带来了城市跨越式发展面临的风险。新兴支点从资源、园区型生产空间迅速向居住服务型综合功能空间的属性转变，对基础设施、人力资源、要素集聚、安全保障能力等方面的要求较高，同时，快速城市化带来的交通、社会、能源供给方面的问题也对支点的能级提升形成了制约。对于这种快速演变的风险，需要提前布局予以应对。

### （三）新兴支点对中国产业转移的依赖性

新兴支点的发展，在相当程度上依托于"一带一路"项目的在地化推进，并承担相关项目的物流、生产、服务功能。支点的基础设施与企业服务体系在相当程度上围绕"一带一路"项目特别是中方投资项目而布局。新兴支点本身也将成为承载中国产业转移的经济空间。这将使支点的发展依赖于与中国相关的商贸流量、中方项目的落地，进而在经济结构的多元性方面受到影响。

（四）新兴支点城市形态与当地较低发展水平的结合度问题

新兴战略支点的发展，并非依循传统城市化的线性发展路径，而是在"一带一路"项目推进下的快速提升。其城市发展形态，也呈现出以流量枢纽、产业园区、能源中心等经济功能，以及产业服务功能为主要导向的"速成"特质。这种城市发展形态的产业核心导向，将产生以跨国生产及要素流动为服务方向的人力资源、就业方式及空间布局。而相当部分新兴支点长期以来较低的城市化以及社会发展水平，难以有效支撑城市形态在短时间内的快速形成，在经济互动、劳动力供给、社会融合等方面将可能面临一系列瓶颈。

## 三 新兴战略支点的培育原则

（一）新兴战略支点的类型化培育特性

由于分布走廊的差异，以及所处新战略走廊的类型特点，新兴战略支点的培育具有探索性。同时，各支点的要素条件和发展阶段差异极大，因此新兴战略支点的培育需要注重类型化策略。需要明确各类型新兴战略支点的主要特征，根据其主要需求与战略作用释放方式，形成有针对性的培育路径。从整体上看，相关支点的总体策略是提升能级与城市发展水平，从单功能向复合功能的城市化空间进行系统推进。但各类型支点空间的战略功能趋向有所差异，因此需要根据类型特征与发展阶段进行有针对性的策略设计。对于战略环境稳定性较强、扩展性好的新兴战略支点，可进行全方位城市化推进部署。对于战略紧迫性、战略引领性强的新兴战略支点，需要进行重点领域的专项投入，强化主功能的战略影响作用能级，进而形成功能牵引效应，带动支点整体发展。

（二）新兴战略支点培育的风险与冗余度考量

应当看到，新兴战略支点的识别和发展，是基于当前走廊与新兴战略空间的薄弱环节或缺失领域而进行的，是具有开拓性的战略空间培育行为。因此，相关支点的发展绝非一帆风顺，而是存在风险，某些支点甚至面临极大风险与相对较差的发展基础。因此，新兴战略支点的培育在某种程度上具有战略性"风险投资"的内涵。而恰恰是这种巨大的风险,使相关新兴支点在培育完成后,能够带来巨大的收益。因此,新兴战略支点的识别与培育,需要考虑支点在相关领域面临的主要风险,在推进方向与建设布局上,需要针对相关风险进行策略设计,并考虑支点发展的数量与规模冗余度。

（三）新兴战略支点的地缘因素与空间联动特性

新兴战略支点的发展与培育,不仅是"一带一路"倡议推进方与支点主体之间的互动,还应考虑与所在国、所在区域的地缘因素的配合度,以及所在区域的空间拓展特性。相关支点的发展,与所在国的战略发展方向有较大关联,也与所在区域周边的地缘影响因素息息相关。支点的培育方向,应力争因势利导,与所在国发展战略相适应,从而能够得到更多的资源支持,并产生更大的外溢效应。同时,新兴支点的培育,应考虑周边空间的联动性,特别是与既有支点或枢纽空间的互动。这种与既有支点或枢纽空间的互动能力,在一定程度上决定了该支点发展的速度与质量。

## 四 新兴战略支点的发展特性评估

新兴战略支点在战略作用上具有较为一致的重要性,但同时又因自身发展阶段、要素条件及周边环境的不同,呈现出个体发展条件差异较大。除了支点自身的差异特性之外,支点所处国家的战略稳定性,以及相关国家对"一带一路"项目的战略协同度,也影响着新兴战略支点的发展路径。因此,需要对相关支点的发展条件与潜力进行分类评估。

其中,战略环境稳定性,主要考察相关支点所在国家与区域的综合发展环境与安全性。规模扩展性,主要考察相关支点的发展空间与功能的拓展能力,以及综合性发展前景。战略紧迫性,主要考察相关支点是否为中国战略关键方向的时间敏感性建设目标。战略协同性,主要考察相关支点是否处于所在国发展的重点区域或符合所在国的重点战略要求。战略引领性,主要考察相关支点在新领域的开拓能力。战略融合度,主要考察相关支点与周边区域的融合能力,以及与中国推进的战略的配合度。

表 6-2　新兴战略支点的发展条件与潜力评估

| 序号 | 新兴战略支点 | 战略环境<br>稳定性 | 规模<br>扩展性 | 战略<br>紧迫性 | 战略<br>协同性 | 战略<br>引领性 | 战略<br>融合度 |
|---|---|---|---|---|---|---|---|
| 1 | 蒙古扎门乌德口岸 | 中 | 中 | 中 | 中 | 低 | 中 |
| 2 | 俄罗斯扎鲁比诺港 | 高 | 中 | 中 | 高 | 中 | 高 |
| 3 | 哈萨克斯坦阿雷斯 | 高 | 中 | 中 | 高 | 中 | 中 |
| 4 | 伊朗马什哈德 | 中 | 高 | 中 | 高 | 中 | 中 |
| 5 | 巴基斯坦奎达 | 中 | 中 | 中 | 中 | 低 | 中 |
| 6 | 缅甸皎漂特别经济区 | 中 | 高 | 高 | 高 | 中 | 高 |
| 7 | 马来西亚关丹深水港 | 高 | 中 | 中 | 中 | 中 | 中 |
| 8 | 德国杜伊斯堡 | 高 | 高 | 中 | 中 | 中 | 中 |
| 9 | 俄罗斯摩尔曼斯克 | 高 | 中 | 中 | 高 | 高 | 高 |
| 10 | 俄罗斯符拉迪沃斯托克 | 高 | 高 | 中 | 中 | 高 | 高 |
| 11 | 菲律宾达沃 | 中 | 高 | 高 | 高 | 中 | 高 |
| 12 | 巴基斯坦瓜达尔港 | 中 | 中 | 高 | 高 | 中 | 高 |
| 13 | 斯里兰卡汉班托塔港 | 中 | 中 | 高 | 高 | 中 | 高 |
| 14 | 中国杭州市 | 高 | 中 | 高 | 高 | 高 | 高 |
| 15 | 俄罗斯萨贝塔港 | 高 | 中 | 中 | 高 | 高 | 中 |

## 五　新兴战略支点的培育发展策略

　　"一带一路"沿线战略走廊上的新兴战略支点具有国际流量的承载能力及区位优势。相关支点的发展方向，应当是从单一的流量枢纽或产业园区成长为具有综合性功能的城市。对于这些新兴战略支点的城市化发展路径，需要予以高度关注。其中，中国城市发展模式和经验的推广，以及城市发展与当地区域发展战略的兼容性问题，无疑是需要重点关注的。

　　（一）"城市化"——新兴战略支点建设的总体发展模式

　　新兴战略支点基本属于待开发区域，其发展空间和潜力较大。对于此类区域发展模式的整体规划，显得尤为重要。从相关区域的当前发展特点上看，新兴战略支点大部分处于单一的"功能区"或"园区"阶段，其发展的关键在于以"城市化"作为主要路径，促进所在区域的综合性发展。中国积累了通过城市化实现快速发展的成功经验，因此，在新兴战略支点的规划建设思路中，应高度关注中国城市发展经验的推广。在发展模式的具体选择上，应关注以走廊枢纽功能为核心的产城融合"新城"的构建，探索"港口—园区—城市"以及"交通—经济—社会"功能的融合发展、联动发展策略，在"一带一路"沿线区域建设具备战略支撑性的"新深圳"。

### （二）新兴战略支点的发展动力选择

新兴战略支点的发展不仅应依托自身的区位优势、资源禀赋及枢纽功能，更应寻求多样化的发展动力。

枢纽功能的拓展。新兴战略支点的发展，需要注重从单一资源、能源枢纽向综合性枢纽的扩展，从而发挥更为多样的区域经济带动作用，形成更为全面的城市功能。这种枢纽功能的拓展，对于规模扩展性较强的新兴战略支点而言尤为重要。对于伊朗的马什哈德、缅甸的皎漂特别经济区、德国的杜伊斯堡、菲律宾达沃，以及俄罗斯的符拉迪沃斯托克等新兴支点，需要重视枢纽功能的拓展。上述支点的传统发展路径在于依托港口及陆路交通条件而形成资源能源枢纽，而在"一带一路"倡议为相关城市提供新的战略发展方向后，此类支点的综合性发展，就成为其能级提升的重要牵引力。

产业链价值链的延伸。新兴战略支点的发展在于原有产业的升级，特别是在区域主导产业方面的价值链延伸。大部分新兴战略支点的产业发展结构较为单一，且产业能级较低，主要为交通运输业、能源运输与采掘业及较为简单的加工制造业。而新兴战略支点的发展在于通过"一带一路"项目的引领，以园区等方式，形成规模化产业集聚，并在既有产业发展基础上延伸产业价值链，从简单的加工制造拓展至产品的全流程生产，从简单的货物、能源中转转型为物流服务以及能源加工。战略稳定性强、规模扩展度高的新兴支点，其产业价值链延伸带来的发展动力将更为强大并具有可持续性。德国杜伊斯堡、俄罗斯符拉迪沃斯托克市具备产业价值链延伸的重要基础。

中方投资项目的推进。中方"一带一路"投资项目对所在区域的引导和支撑作用，是新兴战略支点发展的重要依托。中方投资项目对于基础条件相对较弱但与"一带一路"倡议配合度较高的支点而言具有重要的"第一推动力"作用，能够引导相关支点摆脱当地要素条件较差的制约，以及单纯依靠港口等流量"码头"功能的路径依赖，形成更为多元的功能结构及更为成熟的发展路径。战略紧迫性与战略融合度较高的支点，能够借助中方投资项目的推进而快速发展。俄罗斯扎鲁比诺港、缅甸皎漂特别经济区、俄罗斯摩尔曼斯克港、巴基斯坦瓜达尔港等支点借助中方投资项目的推进能够实现更快的发展。

所在国发展战略的配合。"一带一路"建设若与沿线国家发展战略相配合，将能起到事半功倍的作用，极大地降低所面临的不确定性，并能够在更大程度上借助所在国、所在区域的多方力量，引导区域发展力量投向经济发展与战略空间的塑造中去。新兴战略支点的发展，无疑需要与所在国发展战略与资源相匹配，相关支点位于相对边缘的"离岸"型区域，因此需要就近获得发展的基础条件与政策资源配套。从这个角度上看，战略协同性与规模扩展性更好的支点，能够更好地获得所在国的经济、制度、安全等资源倾斜，从而实现快速发展。在这方面伊朗马什哈德、缅甸皎漂特别经济区、菲律宾达沃市等支点具有明显发展优势。

（三）重点发展领域

新兴战略支点的发展应关注若干有助于撬动全局发展、实现自身快速城市化的重点领域。

交通体系建设。新兴战略支点的发展，需要高度重视城市交通体系的建设，特别是交通体系的升级。相关支点普遍面临城市或区域交通体系不完善、发展基础薄弱的问题，影响内外部要素流量的承载。因此，应重点推进公路、海港、轨道交通规划的落实，以促进支点的畅通运行。对于战略引领性强但区域扩展能力相对较弱的支点，应加大对交通体系建设的投入。

基础设施提升。区域的基础设施建设与互联互通是新兴战略支点发展的基础及战略作用发挥的依托。新兴战略支点的发展，需要依托核心基础设施的建设而持续推进。支点的发展，需要强化核心港口的建设与功能升级，加快港口、管道、铁路、航空等多层次基础设施的联动发展，形成综合型的互联互动体系。

园区规划引导。对于具备规模扩展性、战略环境稳定度较高的新兴支点，应强化产业园区的发展以及园区与港口、管线等物流枢纽的互动体系构建。受当地发展条件制约，当前大部分新兴支点的产业园区建设仍处于初级阶段，园区开发规模与建设强度较小，与主要基础设施及周边区域的联动程度也较弱。因此，需要对新兴战略支点的园区建设进行综合性的前期规划，分阶段设定园区的发展重点与主导模式，进而与支点的战略功能发挥形成有效互动。

产业投资强化。当前大部分新兴战略支点的产业结构较为单一，甚至处于未开发状态。而发挥新兴战略支点的支撑性作用，重要的任务之一就在于产业结构的调整与升级。这就需要对支点区域的产业发展进行战略性引导，构建具备支柱作用的产业体系，并开展重点产业投资。产业的投资方向需要根据新兴支点的发展条件有所侧重，在能源加工、制成品加工、农产品加工、物流产业、机械制造、化工制造等领域需要技术与产业的综合引导，并适应当地发展要求。战略紧迫性高或规模扩展性强的战略支点，需要先期进行产业投资的引导，以明确战略作用方向，并增加经济效益。伊朗马什哈德、缅甸皎漂特别经济区、德国杜伊斯堡、俄罗斯符拉迪沃斯托克、菲律宾达沃市、巴基斯坦瓜达尔港、斯里兰卡汉班托塔港、中国杭州等具备产业发展基础，需要进行针对性的产业投资。

社会建设保障。社会发展是"一带一路"建设在沿线国家得到响应，并得以持续推进的重要保障。欠发达区域的社会发展水平提升，相较于经济发展而言难度更大，同时对"一带一路"高质量发展而言效应也更为显著。新兴战略支点的建设，不仅应关注经济、基础设施等"硬件"水平的提升，也应关注相关支点区域的社会体系塑造以及社会保障体系营造，从而使新兴支点的内部秩序和协作能力得以保障。战略稳定性强、战略融合度高的新兴战略支点，应在产业与基础设施持续建设的同时，重视社会建设。

## 六　新兴战略支点的主要培育方式

### （一）形成"港城—产城"的互动发展方向

新兴战略支点的发展，要高度注重港口—城市、园区—城市等主体融合发展，发挥中国长期以来形成的在开发区、产业园区、科技园区、保税区、自由贸易区等方面的规划、建设和管理能力，形成支柱性功能带动区域整体城市化的发展形态。当前新兴战略支点，除中国杭州、菲律宾达沃等部分城市外，基本处于城市发展的初期阶段。城市的发展规模较为有限，且枢纽空间对港口、园区、油气资源转运枢纽等单一功能的依赖性过强。这种功能的单一性与城市发展水平的局限性，对于新兴战略支点的长远发展与作用发挥而言十分不利。促进新兴战略支点在较短时间内的快速发展与功能塑造，需要借鉴新兴城市的发展经验，消除单一功能与城市化水平较低的约束。新兴战略支点应借鉴中国沿海城市发展经验，促进以港口流量枢纽功能延伸带动城市化模式的在地化运用，以及产业园区与社会服务相结合的产业—城市互动模式的塑造。应当提前部署，分阶段制定港、产、城融合与联动发展的战略谋划。应当依托港口或园区的优势，促成航运、仓储、集疏运临港产业的空间集聚。同时，以港口的资源、产品流量枢纽功能为基础，发展贸易、能源、制造等延伸产业，形成产业体系。在港—产融合的同时，规划生产、生活、生态等综合功能布局，形成企业、社会、环境的良性互动环境与空间依托，进而提升战略支点的自持能力与扩展潜力。

### （二）构建"示范—带动"的雁行模式

新兴战略支点需要着力发挥中国在资金、商贸渠道等方面的优势，先期在"一带一路"首倡国及重要参与国的新发展区域形成示范，带动同类型支点城市同步发展。中期，在相关丝路重要战略走廊上培育更多新兴战略支点。新兴战略支点的建设与发展，具有探索和标杆双重意义，对于"一带一路"类似区域的发展具有重要的样板作用。一方面，应当发挥亚投行、丝路基金等"一带一路"金融机构的资金融通作用，对新兴战略支点的战略性重点项目进行重点投资与规划引导。另一方面，发挥中国企业在商贸与项目推进方面的优势，先期承担重点项目，形成一批新兴战略支点建设的明星企业。在投资与运营方面，建设新兴战略支点的一批标杆项目与支柱园区，形成适合新兴战略支点发展的成熟运行模式。通过新兴战略支点的发展，一方面，推动区域内腹地经济的发展与社会成熟，形成由点及面的区域发展态势；另一方面，以自身标杆项目与成熟发展模式，带动同一战略走廊上类似要素条件与战略潜力的节点城市或枢纽空间形成新的支点，从而以点带线，加密战略通道的支点网络。

（三）推动"在地化"发展的融合发展方向

新兴战略支点的发展，应注重对其所在区域的效应溢出，着力促进前沿支点发展与区域整体发展相结合，以及中方的建设方向与所在区域战略发展指向相结合，形成以新兴支点为核心的城市—区域整体发展、融合发展。"一带一路"主要经济走廊的建设基本涉及多个发展条件差异较大的国家，各国的战略发展方向有所差异，这就要求新兴战略支点的建设应与其所在国的发展方向保持总体一致，并注重区域辐射带动作用。新兴战略支点的建设，应充分考虑当地的发展需求与所在国的总体战略，保持与当地发展战略的"兼容性"。特别是战略协同性强、战略融合度高的新兴支点，应强化自身建设对其所在国战略的支撑作用，并积极发挥对周边区域的带动作用。新兴战略支点应当注重属地化管理模式的建立，使项目更好更快地被当地所接纳，并发挥对当地发展的推动作用。支点发展中的劳动力供给、资源调配、生活物资供给、工程材料供给等问题，应注重在区域内解决，从而带动区域内配套产业与经济功能的提升。新兴战略支点在当前低发展水平区域的"前沿部署"，需要关注支点发展与区域整体发展的互动。如菲律宾达沃市作为新兴战略支点，就需要从其对菲律宾棉兰老岛这一国内区域圈层及东盟东部增长区这一跨国增长圈层的区域带动能力方面入手设定发展方向，从而使其发展能够最大程度惠及菲律宾与东盟东部增长区。

# 第七章 "一带一路"沿线战略支点城市建设实践与对策

本章是基于前文有关"一带一路"沿线城市网络、战略支点的筛选与布局等理论和实证研究的进一步拓展和延伸，重点着眼于"一带一路"建设的政策响应层面的分析，旨在探索我国围绕战略支点城市塑造"一带一路"沿线城市网络和深入推动"一带一路"高质量发展的总体思路、具体策略及政策方向，重点研究解决以下三个方面的问题。

第一，谋划以战略支点城市为载体推进"一带一路"建设的新方略。从进展来看，目前"一带一路"的顶层设计及实施推进主要停留在国家层面。然而，城市是资源要素的聚集中心，最具条件开展综合性合作，包括贸易合作、投资合作、基础设施建设合作，以及文化、教育、医疗、旅游等合作。因此，"一带一路"建设虽然涉及国家层面、企业层面、民间层面，但这些具体合作归根结底都要落实到城市这一空间平台和载体，尤其是围绕其中的一些重点、核心城市展开投资、贸易与金融等合作。由此，精心选择并紧密依托战略支点城市对于高效、深入推进"一带一路"建设的重要意义不言而喻。在明确了战略支点城市对于"一带一路"建设的至关重要意义的前提下，当前最迫切需要的是立足于城市这一新的维度，高质量共建"一带一路"，并谋划与之相匹配的顶层设计。我国应将谋划、思考和发展的重心从国家层面及时转向丝路沿线的战略支点城市，着重探索和研究如何以战略支点城市为新的突破口和关键着力点，创新性地谋划和提出我国依托战略支点城市推进"一带一路"建设的顶层设计和发展方略，从而高效率、高起点、深层次地推动"一带一路"建设。

第二，探索依托战略支点城市构建"一带一路"沿线城市网络的可行路径。"一带一路"倡议旨在促进沿线各国互利共赢、共同繁荣、共享发展。而"一带一路"沿线国家数量众多，发展水平参差不齐，其中有些国家发展较为滞后。在这样的情况下，如果仅凭其中一个或少数重点城市的力量，远远无法直接拉动沿线经济落后国家和地区的发展，也难以从根本上推动"一带一路"建设。从推动"一带一路"建设的角度，通过构建"一带一路"沿线城市网络盘活发展全局，是比仅依靠城市个体支撑"一带一路"建设更加合理、高效、可行的发展策略。换言之，要真正推动"一带一路"建设，需要以其中的战略枢纽性城市为支点，增强这些支点城市对周边城市和区域的溢出效应和辐射效应，从而以点串线、由线带面、因面成网，使越来越多的新兴支点城市能够脱颖而出且不断发展，由此构建形成等级分明、分工明确、联系紧密、互联互通、彼此呼应的"一带一路"沿线城市网络，通过"一带一路"沿线城市网络组织的全方位连接、多层次互动、高水平整合等功能，实现丝路沿线地区城市化水平的整体提升，并以此推动"一带一路"建设的总体进程。因此，战略支点城市以及其他沿线城市之间的相互连接关系到"一带一路"城市网络的形成和沿线地区的整体发展。有鉴于此，当前迫切需要加强研究和探索的是，中国如何才能更有效地发挥好战略支点城市的独特功能和作用，以战略支点为枢纽，强化"一带一路"沿线城市间的互联互通，进而培育和构建"一带一路"沿线城市网络，包括应采取怎样的发展策略、有哪些可行方式、具体又该按照何种路径实施等。

第三，提出以战略支点城市撬动"一带一路"城市网络发展的政策建议。战略支点城市作为国际性或区域性的要素集聚中心和资源配置中心，对内外部要素具有集散、配置、管控功能。因此，其不仅是"一带一路"建设的参与主体，也是整个"一带一路"沿线城市网络的核心节点，同时还是支撑和服务于整个"一带一路"建设的战略枢纽和服务平台，主要发挥

"一带一路"建设的金融服务平台、投资营运管理平台、经贸合作平台、专业服务平台及人文交流平台等功能，为参与"一带一路"的城市和企业提供完善、便捷的服务。发挥好战略支点城市对"一带一路"沿线城市网络的辐射作用及其对"一带一路"建设的支撑服务功能，离不开相关配套政策的支持以及多种机制和保障平台的建立。因此，选择什么样的策略增强战略支点城市对"一带一路"沿线城市网络和"一带一路"建设的支撑作用，是亟待研究解决的关键问题之一。

## 第一节 从重点国家到支点城市：着力发挥战略 支点城市作用的核心逻辑①

近年来，"一带一路"建设取得的进展超出预期。在这当中，中国政府付出了巨大努力，从理论构想到创新实践，从顶层设计到任务分解，从外交协商到项目落地，从域外推动到国内布局，主要还是依靠政府的强力主导，同时地方响应、企业跟进、民间参与。当前，"'一带一路'建设已初步完成规划和布局，正在向落地生根、深耕细作、持久发展的新阶段迈进"（于洪君，2017），亦即习近平总书记强调的从"写意画"到"工笔画"的阶段性转变。因此，迫切需要调动多方主体，尤其是地方和社会力量积极融入并深度参与"一带一路"建设，合力将"一带一路"建设推向更大范围、更高层次、更深程度。同时，我国"一带一路"建设的推动方式以及推进思路也亟待作出相应的调整与转变。

### 一 从理论构想到创新实践："一带一路"建设的主要进展与突出问题

作为应对当前世界经济格局深刻调整和经济全球化发展走向新阶段而提

---

① 本部分内容公开发表，参见盛垒、权衡，2018，《从政府主导走向多元联动："一带一路"的实践逻辑与深化策略》，《学术月刊》第 3 期。

出的重大倡议,"一带一路"将对我国乃至世界的发展产生十分深远而持久的影响。对中国来说,根据党的十九大的重要部署,"一带一路"将成为统领我国全方位对外开放的总体战略,是我国实现"开放发展"的重要平台,并决定着今后数十年中国经济发展的模式和路径。同时,对世界而言,"一带一路"也是进一步改革和完善现有全球经济治理体系、推动实现全球经济平衡与包容性发展的一种新尝试,有助于促进世界由"二元"分割发展向"三元"融合发展转变,或将重塑未来数十年的世界经济格局(刘卫东,2016)。

如今,"一带一路"建设这一伟大构想从提出到实践取得了非常显著的成就和进展。"一带一路"提出之初,国际社会对这一倡议的概念、内涵及意义还颇为疑惑与生疏,甚至存在不少误解。而现在,"一带一路"不仅受到全球各界的广泛关注,更已经成为"具有全球经济影响力、直接影响甚至左右着国际经济发展方向、全球大多数国家积极响应且广泛参与的泛区域经济合作框架"(王跃生,2017)。当前,全国各地区、各行业乃至世界各国都争相融入、搭上"一带一路"快车,就连对中国在国际经济中冷眼旁观甚至暗中拆台的美、日等国,也一改之前对于"一带一路"倡议的猜忌态度,纷纷表示要参与中国的"一带一路"建设,加强同中国开展基于"一带一路"框架的经济合作,这些都表明近年来"一带一路"发展确实取得了巨大的成功。正如习近平主席所说,"'一带一路'建设从无到有、由点及面,进度和成果超出预期"(邹雅婷,2016)。

截至目前,"一带一路"共吸引了100多个国家和国际组织参与,中国也已同40多个国家和国际组织签订了"一带一路"合作框架协议,"一带一路"的"朋友圈"不断扩大(习近平,2017)。同时,"以亚投行、丝路基金为代表的金融合作不断深入,一批有影响力的标志性项目逐步落地"(周武英,2017)。特别是,随着以"五通"为重点和引领的"六大经济走廊"、基础设施建设先行等战略性规划的实施,"中国与巴基斯坦合作建设的瓜达尔港、与希腊合作的比利埃勒斯港、与马来西亚合作的皇京港,同泰国、老挝、马来西亚、哈萨克斯坦、俄罗斯乃至非洲多国合作的铁路建设项目,以及对东南亚、南亚、中亚、非洲等地区的投资与产业转移等均取得了

实质性的突破和进展，这些都使得'一带一路'已从最初的战略性倡议和
原则性构想逐步变成实实在在的国际合作平台"（王跃生，2017）。有数据
显示，目前"中国企业已在'一带一路'沿线 20 多个国家建立了 56 个经
贸合作区，累计投资超过 185 亿美元，为东道国增加了近 11 亿美元税收和
18 万个就业岗位"（杨飞，2017）。正如习近平主席所指出的那样，"'一带
一路'倡议来自中国，但成效惠及世界"（习近平，2017）。

在最初阶段，"一带一路"建设主要体现在国家层面，中国政府与丝路
沿线主要国家通过建立全面战略合作伙伴关系，签订了一大批政府间的国际
合作项目。可以说，"一带一路"建设之所以能取得如此快速的进展，主要
还是缘于政府层面的强力倡导和推动。在肯定中央主导对"一带一路"建
设的积极作用的同时，也应看到近年来存在的一系列突出问题。一方面，在
中央政府主导模式下，我国地方政府和社会资本的力量以及企业的积极性似
乎并没有被完全调动起来。笔者在浙江、上海、广东、湖南、安徽、西藏等
地的调研发现，即使有地方政府和企业的参与，主要还是集中在省级政府这
一层面，参与其中的企业也大多是一些"中字头"的国企、央企以及部分
实力较强的大型民企。这些地方政府、企业和民间机构主要扮演着跟进、落
实和执行的角色，主观能动性、积极性、创造性尚未得到充分释放和有效发
挥。另一方面，调研也发现，许多企业特别是民营企业对参与"一带一路"
至今仍无头绪，究竟如何融入、如何参与、如何对接并推动"一带一路"
建设，尚未找到明确的方向和清晰的路径。地方政府融入性不强、社会资本
参与度不够、企业"走出去"方向不明等问题制约了"一带一路"建设的
深入。可以肯定的是，随着"一带一路"建设步入更加务实、更注重可操
作性的新阶段，已无法再像过去那样过多依赖中央政府的行政力量强势推
动，而是需要充分发挥好沿线相关的地方以及城市、企业、园区等多方力量
的重要作用，使"一带一路"建设向纵深推进。也就是说，在经过了前期
的快速推进之后，接下来的重点应以国家战略为指引，调动多方主体的积极
性和创造性，将"一带一路"建设从国家层面进一步落实到城市、园区、
企业乃至项目等具体的发展载体和平台，为中国企业"走出去"提供指向

和引领。在 2017 年中国厦门召开的金砖国家工商论坛上，习近平总书记强调了联动发展的重要性，指出"共建'一带一路'倡议不是地缘政治工具，而是务实合作平台；不是对外援助计划，而是共商共建共享的联动发展倡议"（习近平，2017）。

## 二　从政府主导到多元联动：新阶段"一带一路"建设的实践框架与深化逻辑

在上一阶段，我国"一带一路"建设主要在中央政府的主导下得以快速推进，这实际上有两个层面的含义。其一，"一带一路"倡议由中国率先提出，我国政府既是倡议的发起者，也是这一新倡议的主要倡导者。其二，"一带一路"倡议从共识到行动再到方案落地并实现早期收获，我国中央政府在其中发挥了不可替代的重要作用，是现阶段"一带一路"建设的主导者。如果说在上一阶段，为尽快凝聚国际共识、争取形成早期收获，发挥"政府在'一带一路'建设中的主导和引领作用，是绝对必要，也是不可替代的"（于洪君，2017），那么，进入深耕细作、持久发展的新阶段，这种依靠中央主导的发展方式是否依然还能奏效？应当如何协调好政府与企业（或市场）、中央与地方、国家与城市/区域、中国与他国之间的关系？又该怎样发挥城市、园区以及社会资本和民间力量在"一带一路"中的积极作用？这些都是新时期推进"一带一路"建设需要深入思考和解答的关键问题。为此，本文提出了一个"政府—城市—园区—企业"联动发展的逻辑框架（见图 7-1），通过重新梳理政府、城市、园区、企业等各参与方在"一带一路"建设中的行动逻辑与功能定位，探寻和揭示深入推进"一带一路"新发展的思路与逻辑。

（一）政府："一带一路"建设的统筹协调者

当前，"一带一路"正从前期的宏观布局阶段迈上深耕细作的新征程，将更加强调战略的落地、务实和操作性。在这样的背景下，依然延续过去那种高度依赖国家主导和政府干预的发展方式显然已不合时宜，亟须改变政府在"一带一路"建设中的角色与定位，逐步调整和收缩政府干预的行为边

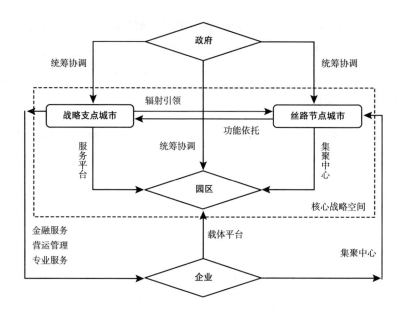

**图 7-1　"政府—城市—园区—企业"联动发展逻辑框架**

界，"充分发挥市场在资源配置中的决定性作用和各类企业的主体作用"，理顺政府与市场之间的逻辑关系。随着"一带一路"建设不断向纵深推进，参与者越来越多，涉及领域日益广泛，采取的方式将更加灵活多样，这对政府在统筹协调全局方面的能力和要求也会越来越高。这就需要政府在具体实践中站得更高、看得更远，应着力从整体和全局的角度加强对"一带一路"建设的统筹协调，"构建大统筹、大协调和大合作的建设体制和运行机制"（赵可金，2015）。尤其是需要发挥好政府在宏观布局、政策沟通、平台建设等方面的关键作用，着力引导各种社会力量深度融入并深入参与"一带一路"，努力形成政府、市场、社会有机结合、互为支撑、彼此互动的"多元化"合作模式。因此，新时期政府在"一带一路"中的作用和定位应逐步从战略主导者向统筹协调者收缩和调整，特别是要着力发挥好以下几个方面的统筹协调作用。

一是加强顶层设计。作为"一带一路"的首倡者，无论从发展水平还是相对实力来看，中国不仅经济体量庞大，综合实力也相对较强，是整个

"一带一路"建设的"领头雁"。毋庸置疑,为确保"一带一路"建设能够持续、有序、深入地推进,我国政府应在现有发展基础上,不断优化和完善"一带一路"倡议与行动的顶层设计及框架安排,尤其要进一步明确各部门、各地方和各类企业、机构在其中的角色定位,通过出台规划、建立制度、搭建平台和提供服务,全面调动各方力量参与"一带一路"的积极性,同时有效把各参与主体和社会力量纳入有计划、有组织和有秩序的发展轨道,以避免出现抢跑和恶性竞争等行为。此外,在同沿线国家和地区合作方面,我国政府也要有明确的合作框架和相应的制度设计,以确保国际合作的循序渐进和互利共赢。

二是推进机制整合。对参与"一带一路"建设,国内许多省、区、市都按照自身比较优势和发展特色出台了各自的区域规划和对接机制,同时,"一带一路"沿线不少国家和地区都形成了自己的跨区域合作机制和平台。在今后的发展过程中,我国中央政府层面要着力加强各层面相关规划和不同机制之间的对接与整合,如央地之间规划与机制的有机衔接、国内与国际机制之间的高效整合、区域与次区域/跨区域之间的机制对接等,以防止各种机制和规划之间因相互冲突、掣肘或切割而各行其是,难以形成合力。

三是加强跨国协商。"一带一路"是沿线国家共同的事业。在这过程中,难免会出现一些风险和摩擦,需要各国之间通过增强外交协商予以妥善解决。而其中的关键就在于重视推进"五通"中的"政策沟通",秉承共商共建共享的基本原则,积极构建多层次政府间宏观政策沟通交流机制,通过加强与各国之间的政策沟通和交流磋商,不断充实"一带一路"的合作内容,进一步创新"一带一路"合作方式。特别是要推进与沿线国家和地区在发展规划、发展道路等方面的互联互通,不刻意寻求一致性,但应确保沿线国家目标协调、相向而行。

四是优化资源配置。《愿景与行动》指出共建"一带一路"要坚持市场原则。随着发展的不断深入,市场化运作将逐步成为"一带一路"的主要发展方向。因此,应"遵循市场规律和国际通行规则,发挥市场在资源配置中的决定性作用和各类企业的主体作用"。此外，"一带一路"沿线国家所处的发展阶段和水平存在很大差异性，这也要求必须更充分发挥政府在资源配置中的统筹协调作用，引导各类资源和要素向"一带一路"沿线的重点国家、重要节点、重要空间、重要领域有效流动和转移。其原因在于，按照经济地理学规律，如果缺少政府在其中的示范、引导和服务作用，优质要素资源往往不会自动向这些地区配置和布局。因此，在"一带一路"的资源配置过程中，既要让市场机制起决定性作用，但也应更好地发挥政府的协调和引导功能，以有效弥补由市场功能缺陷造成的"市场失灵"。

（二）城市："一带一路"建设的主要空间节点

目前，全球一半以上人口居住在城市，世界经济总量中约有 70% 来自城市，城市是全球经济活动的枢纽和主体。美国 Brookings 学会 2014 年发布的《全球都市观察》显示，全球 300 个最大城市经济体的人口和经济规模分别约占全球的 20% 和 50%（张国华，2015）。从世界经济发展趋势来看，经济资源和要素往往是向地理位置优越的沿海城市、沿路地区和中心城市聚集。正因如此，城市是区域经济发展战略的重要依托，充分发挥城市在吸引人口、产业、投资、信息、服务等各种经济要素方面的集聚效应和为各类经济活动提供支撑平台等方面的重要作用，是区域发展战略构想取得实质性成功的关键所在（史育龙，2016）。"一带一路"本质上是一条条连接亚欧经济圈的经济大通道，而这些经济大通道是由沿线的各个城市节点相互连接而成，"一带一路"倡议的前景如何，最终要靠这些城市作为支撑，并充分发挥其"以点带面"和"从线到片"的辐射带动作用。"一带一路"建设的《愿景与行动》也明确提出，要"以沿线中心城市为支撑，以重点经贸产业园区为合作平台，共同打造新亚欧大陆桥、中蒙俄、中国—中亚—西亚、中国—中南半岛等国际经济合作走廊"。显然，城市将是"一带一路"深入推进并不断发展的重要支撑。特别是丝路沿线中部分具有鲜明特色和突出特质的城市或区域，如具有显著区位优势的城市、具有独特历史文化传承的城市、具有雄厚产业基础的城市、具有广泛贸易联系和海外市场开拓能力的城市、具有体制机制优势的城市等，将成为整个"一带一路"建设的重要支点。

"一带一路"沿线城市数以千计，按照城市能级及其在"一带一路"建设中的作用和功能，可以将丝路沿线主要城市分成战略支点城市和丝路节点城市两个不同层次。战略支点城市主要指那些"在丝路城市群体中发展能级相对较高，资源要素集聚和配置能力较强，对周边区域的辐射带动作用较为突出，并且有足够强的国际地位和地区影响力，从而对'一带一路'建设起到显著的战略引领和服务支撑作用的城市"（权衡等，2019）。从功能和作用来看，战略支点城市是"一带一路"建设中的服务支撑平台。作为国际性或区域性的要素集聚中心和资源配置枢纽，战略支点城市对内外部要素具有集散、配置、管控功能。因此，其不仅是"一带一路"开发建设的参与主体，同时也是支撑和服务整个"一带一路"建设的战略枢纽和服务平台。通过发挥其对"一带一路"建设的金融服务平台、投资营运管理平台、经贸合作平台、专业服务平台及人文交流平台等功能，为参与"一带一路"的城市和企业提供完善、便捷的服务。丝路节点城市一般在某个或某些具体功能环节和发展领域体现出较为明显的比较优势与核心竞争力，并具备承接国际产业资源和功能要素转移的能力，属于"一带一路"中的功能性节点。从功能和作用来看，丝路上的节点城市是"一带一路"建设中的主要空间载体，是"一带一路"建设中要素流动和项目建设的主要承载空间，如巴基斯坦、印度孟买、加尔各答、马来西亚关丹、马六甲皇京港和越南河内、胡志明市等交通便捷、位置优越、安全稳定的城市和地区可以作为丝路节点城市。这些城市或区域将是新一轮国际产业转移的主要承接地，并可以此为契机参与国际产业分工并融入全球生产网络。同时，丝路节点城市也将是"一带一路"项目建设的主要落脚点和互联互通的桥头堡区域。

作为"一带一路"建设中的关键枢纽和重要节点，战略支点城市与丝路节点城市之间并不是彼此割裂的，而是具有内在的关联。在"一带一路"建设过程中，战略支点城市通过金融、贸易、航运、营运、信息、专业服务等各类功能平台,为丝路节点城市融入和参与"一带一路"建设提供服务和支撑。因此,战略支点城市对于丝路节点城市具有支撑和引领作用。而丝路节点城市依托战略支点城市,可以进一步放大自身的比较优势,拓展其节点功能,提升自身的发展能级,从而更有效地服务于"一带一路"建设。总的来看,战略支点城市和丝路节点城市在"一带一路"建设中具有十分重要的战略地位和现实意义,是支撑我国"一带一路"建设的核心战略空间。

### (三)园区:"一带一路"经贸合作的重要承载平台

经济园区是中国经济发展中的重要亮点和特色。过去三十多年来,中国构建起了由经济特区、开发区、高新区、海关特殊监管区、自由贸易区等各类不同形式的园区组成的庞大园区体系,并探索出了一条以经济园区为"试验田",渐进式地推动改革试验、扩大对外开放、培育新兴产业和带动经济增长的独特发展路径。可以说,通过发挥园区在推动工业化、城镇化以及经济市场化、国际化等方面的平台和载体功能,支撑了中国经济增长奇迹和发展转型(李鲁等,2017)。"一带一路"建设的推进,进一步为中国园区经济"出海"提供了重要契机,同时也为推动中国与沿线国家的产能合作与产业结构调整升级提供了国际平台。"一带一路"建设不仅提出了加强沿线地区经济合作的方向性、框架性、意向性的目标及初步构想,并期望通过与各个国家的沟通协商,在共商共建共享过程中逐步完善国际合作的方式和路径;同时,中国"一带一路"倡议也提出并践行了包括一大批可操作的重点领域、重大工程、具体项目等在内的实际行动方案,以此来表明中国主动承担责任的大国立场(刘乃全等,2015)。其中,在沿线合作共建的经贸产业园、跨境合作区等多元经济园区成为构建"一带一路"国际经济合作走廊的重要平台,也构成促进走廊沿线产业集群发展的投资合作新模式。通过合作共建产业园区的方式和产业集群的模式,重点发挥园区在吸引和促进企业集中、资本集聚、产业集群、要素集约等方面的平台作用,不仅有助于推动沿线国家和地区产业实现集群式快速发展,发挥中外企业共享集聚经济带来的学习、劳动力匹配和要素分享等多重效应;而且,园区平台有助于降低企业的信息搜寻成本、交易成本和单一企业所面临的不确定性风险,也有助于中国企业抱团"出海"并与海外企业形成良好的分工与协作关系(李鲁等,2017)。

近年来,"一带一路"沿线的许多国家和地区纷纷借鉴或复制中国园区经济的发展经验和模式,希望同中国加强合作和交流学习,并建立和打造跨境经济合作区、边境经济合作区和经贸合作园区等各类政策特区和经济园区。据统计,截至2016年底,中国企业在"一带一路"沿线36个国家布局建设了77个合作园区,累计投资241.9亿美元,为当地创造就业岗位超过21万个,目前还有25个国家希望同中国共建36个境外经贸合作区(周路菡,2017)。这些国际合作园区一方面带动了中国纺织、服装、轻工、家电、基建等具有比较优势的传统行业的部分产能转移,形成了中国企业"走出去"的重要载体支撑;另一方面也加快了沿线国家和地区的工业化、城市化、市场化、国际化和现代化进程,对促进东道国产业升级和双边经贸关系发展发挥了积极作用。因此,作为中国园区经济实践的进一步深化拓展以及中国特色发展经验在全球范围内的分享,海外园区既是"一带一路"建设的重要内容,也是承载中国与沿线国家经贸合作的重要平台,构成了我国"一带一路"建设的重要战略空间。

表7-1 "一带一路"沿线的重点跨境产业合作园区

| 地区 | 国家 | 城市或州 | 产业园区 | 合作主要内容 | 园区合作企业 |
|------|------|----------|----------|--------------|--------------|
| 中亚和东亚 | 哈萨克斯坦 | 曼吉斯套州 | 哈萨克斯坦—中国工业园 | 实现中国企业在境外的生产加工、物流仓储、国际贸易等 | 乌鲁木齐市经济技术开发区驻区企业新疆三宝集团与开发区建设投资开发有限公司 |
| | 乌兹别克斯坦 | 吉扎克 | 吉扎克工业园区 | 太阳能热水器的生产 | 由中国杭州中乌电子仪表有限公司发起并主要投资的乌中合资太阳光热能源有限责任公司 |

续表

| 地区 | 国家 | 城市或州 | 产业园区 | 合作主要内容 | 园区合作企业 |
|---|---|---|---|---|---|
| 中亚和东亚 | 蒙古 | 乌兰巴托 | 蒙古国轻工业园 | 计划初期以对主要产品初加工、深加工以及生产增值产品为主,对销往中国的初加工产品,将在综保区设立离岸公司,集成农牧业资源、加工、物流、金融和市场等资源 | 蒙古国新亚洲集团有限公司、中国轻工业对外经济技术合作公司 |
| | | 赛音山达州 | 赛音山达工业园区 | 园区将包括焦炭厂、铜冶炼厂、黄金加工厂、炼铁厂等一大批工业项目,重点项目包括洗煤、炼焦、炼钢、炼铜、炼油等矿产资源加工以及生产建筑材料等 | 包头钢铁(集团)有限责任公司 |
| 东南亚 | 新加坡 | 新加坡 | 中国—新加坡苏州工业园区 | 生物医药、纳米技术应用和云计算 | 园区 50 家重点科技型自主品牌企业、新增上市企业 3 家,累计达 13 家,"新三板"挂牌企业 18 家 |
| | 印度尼西亚 | 中苏拉威西省 | 青山工业园区 | 矿产资源 | 青山钢铁、广新集团、二十冶、中冶华天、阳光设计院等 |
| | 菲律宾 | 马尼拉 | 菲律宾经济园区 | 电子半导体、金属和金属冶炼、旅游业、通信技术 | 中国水利电力对外公司等 |
| | 缅甸 | 孟邦 | 皎丹工业园区 | 轻工、建材、电子、农业、服装、基建、林业、矿产等产业 | 约 10 家公司已经开始在园内运营 |
| | 柬埔寨 | 西哈努克城 | 恒睿现代农业产业园区 | 纺织服装、机械电子、高新技术等 | 江苏太湖柬埔寨国际经济合作区投资有限公司 |
| 东南亚 | 老挝 | 万象 | 塞色塔发展特区 | 能源化工、机械租赁、机械仓储等 | 中国农业龙头企业新希望集团,云南建工集团与昆明高新开发区管委会合作共建赛色塔开发区 |

| 地区 | 国家 | 城市或州 | 产业园区 | 合作主要内容 | 园区合作企业 |
|---|---|---|---|---|---|
| 东南亚 | 老挝 | 万象 | 塔銮湖经济特区 | 商贸、文化、旅游、休闲、居住 | 中国上海万峰房地产有限公司 |
| | | | 磨丁经济特区 | 农业出口加工、文化中心和度假中心、旅游景区、商贸区、仓储及物流配送业 | 中国云南海诚实业集团 |
| | | 波乔省 | 金三角经济特区 | 国际化加工贸易、特色生态农业、大金三角白金旅游业 | 金木棉国际(香港)有限公司 |
| 中东 | 沙特阿拉伯 | 利雅得 | 中沙工业园 | 以石油化工、天然气加工、建材光伏等产业为主 | 首批入园的10家企业中,有4家企业来自宁夏,另外6家企业来自武汉、大连等地 |
| 独联体 | 俄罗斯 | 莫斯科 | 斯科尔科沃创新中心 | 太空和通信产品、创新型医疗设备、生物科技、清洁能源和新型LED灯等节能产品、核技术、信息技术 | 与中国同类园区如中关村、清华科技园等有科研生产方面的合作 |
| | | 乌苏里斯克市 | 俄罗斯乌苏里斯克经贸合作区 | 轻工、机电、木业等 | 康吉国际投资有限公司 |
| 独联体 | 俄罗斯 | 托木斯克州、克麦罗沃州 | 俄罗斯中俄托木斯克木材工贸合作区 | 木材加工、销售,建筑材料销售服务等 | 中航林业有限公司 |
| | | 俄罗斯滨海边疆区 | 中俄(滨海边疆区)农业产业合作区 | 农产品生产加工、仓储服务、农业生产配套等 | 黑龙江东宁华信经济贸易有限责任公司 |
| | | 俄罗斯犹太自治州、滨海边疆区 | 俄罗斯龙跃林业经贸合作区 | 森林采伐、木材初加工和精深加工等 | 黑龙江省牡丹江龙跃经贸有限公司 |
| | 白俄罗斯 | 明斯克 | 中国—白俄罗斯工业园 | 电子信息、生物医药、精细化工、高端制造、物流仓储等 | 中工国际工程股份有限公司、哈尔滨投资集团有限责任公司 |

（四）企业："一带一路"建设的市场载体和实施主体

与任何经济发展战略一样，作为一个对外开放发展战略和新型区域合作机制，"一带一路"推进的主体始终应该是企业。从这一角度来看，"一带一路"应采取的推进模式为"政府搭台，企业唱戏"（何茂春，2015）。政府通过加强对外合作与投资，推动基础设施互联互通，其最终目的主要还是打通企业"走出去"的通道，从而让企业真正担负起建设"一带一路"的重任。随着"一带一路"建设的推进，政府的角色将更多地体现在搭建平台、建立机制、宏观布局、统筹协调等方面，具体到战略落地和实施推进，还需依靠市场配置资源、发挥企业主体作用。因此，在未来"一带一路"建设中，应让企业真正回归其市场主体的本原，给予各类企业充分的发展空间，使之成为推进"一带一路"建设的先锋和中坚力量。

当然，作为一个以开放性、包容性为特征与内涵的倡议，"一带一路"倡议不仅需要中国企业和中国资本的参与，也同样离不开跨国公司和资本的支持；不仅需要中国国企的参与，而且也少不了越来越多民营企业的加入（黄小鹏，2017）。但就目前的情况来看，国企特别是央企在"一带一路"建设中依然是主角，尤其是一些重大投资和建设项目。国资委公布的数据显示，2016~2018 年，中国的 21 家央企共投资了"一带一路"沿线的 100 个重点项目，26 家央企参与了 1576 个项目建设，主要分布在基础设施、能源、产能合作和园区合作等领域（周晓晶，2017）。企业参与"一带一路"建设以经济效益为导向，任何经济建设只有取得良好收益，才具有发展的可持续性。因此，积极鼓励和吸引对成本核算、利润回报更加敏锐的广大民企参与"一带一路"的基础设施建设和产业投资项目的建设、营运和管理，对保障国际合作项目的良性运行和可持续发展将大有裨益。对此，政府应积极为社会资本和民间力量参与"一带一路"建设提供支持、引导、服务和保障，"推动各国各层次政府、企业、社会机构、民间团体开展形式多样的互利合作，共同构建丝路沿线多主体、全方位、跨领域的互利合作新平台"（于洪君，2016）。

从上述分析可知，政府在"一带一路"建设中的作用极为重要甚至不可替代，但城市、园区、企业的力量同样不可或缺。它们各自扮演着不同的角色，同时彼此之间又有着十分密切的相互联系：政府统筹"一带一路"发展全局，企业负责"一带一路"建设项目的具体实施，"一带一路"沿线的各类园区则是承载企业投资及产业合作的主要平台，而"一带一路"中的重要城市作为企业和园区的集聚中心，构成国家调控资源配置、统筹空间布局的节点与枢纽。因此，在"一带一路"建设中，政府、城市、园区、企业的功能和价值并不是孤立存在的，而是互为载体、相互依托，彼此之间构成共生关系，互为生态。这是强调"一带一路"建设必须充分发挥多方力量、从政府主导走向多元联动的根本原因和动力所在。

总之，新时期"一带一路"建设的思路、方式及策略面临新的调整和转型。调整转型主要有两种路径指向：一是从自上而下向上下联动转型，充分发挥多方主体的功能和作用，促进"一带一路"参与主体的多元化；二是从政府导向向载体导向调整，在"一带一路"总体战略布局框架下，深入考虑城市、企业、园区在参与"一带一路"中的角色和作用。①应逐步调整和收缩政府干预的行为边界，从全面主导向统筹协调转型。②企业作为市场主体应回归其真正本原，成为"一带一路"区域经济合作的实施主体。③"一带一路"沿线城市尤其是首位型、中心型城市是"一带一路"建设的主要空间节点，重点产业园区是我国与丝路沿线国家经贸合作的重要承载平台。因此，城市和园区构成了"一带一路"建设的主要空间节点，应充分发挥沿线中心城市的枢纽节点功能和重点经贸园区的平台支撑作用，并以中心城市和重点园区为核心，重塑"一带一路"建设的战略空间体系。④"一带一路"建设的第一个五年间，规划布局主要围绕沿线国家层面展开，经过前期规划建设，已基本明确了丝路沿线具有关键意义、起重要支撑作用的国家和地区（杜正艾，2016）。随着城市和园区成为发展的主要节点，未来的"一带一路"资源配置与项目布局重心也应转向城市和园区尺度，从经济性、安全性、战略性角度，深入思考将企业、项目、资金、政策等资源要素落实到这些国家的哪些城市或园区，从而将"一带一路"建设从国家层面落实到城市、园区及企业项目，在为中国企业"走出去"提供指向和引领的同时，真正实现深耕厚植"一带一路"的新目标。这是"一带一路"发展到新阶段的必然逻辑。

## 三 从支点国家到支点城市：发挥支点城市功能的战略价值与现实意义

从世界经济发展趋势来看，经济资源和要素往往是向地理位置优越的沿海城市、沿路地区和中心城市聚集。"一带一路"本质上是一条条连接亚洲经济圈和欧洲经济圈的经济大通道，而这些经济大通道是由沿线上的战略支点城市和丝路节点城市相互连接而成，"一带一路"建设的前景如何，最终要以这些城市作为支撑，并充分发挥其"以点带面""从线到片"的引领作用。因此，精选战略支点城市和丝路节点城市，并着力发挥这些支点和节点城市的战略平台与空间载体作用，对高效深入推动"一带一路"发展具有重要的战略价值和现实意义。

### （一）集中优质资源推进关键节点建设，尽快实现早期收获示范

"一带一路"倡议提出以后，先后共 170 多个国家和国际组织表达了参与意愿。其中相关国家在人口数量、经济规模、战略位置、辐射能力、安全状况，以及参与意愿等方面各不相同，而我国则在人力、物力、财力和精力上是有限的。在这种情况下，要高效率、高起点、低风险地推进"一带一路"建设，不仅要优选重要沿线国家，更要聚焦这些重要国家的重点城市优先推进，然后以点建线、以线带面。"一带一路"沿线涉及城市数以千计。按照积极参与"一带一路"建设的 138 国统计，30 万人口以上城市有 1800 个左右，100 万人口以上大城市有 283 个。因此，迫切需要研究和选择一些对于"一带一路"发展全局至关重要的战略支点城市和关键走廊上的重要节点区域（港口、口岸、园区等），由中方采取主动，在力所能及的范围内承担更多责任义务，优先建设、集中投入，争取尽快见效、撬动全局。聚焦丝路沿线的战略支点城市和关键节点城市，一是有利于将有限资源集中用于其中的主要节点城市和区域，提高资源配置效率，避免因齐头并进而导致资源分散。二是有利于集中优质资源加快推进重点领域、重点项目、重要

节点、重要枢纽建设，尽速取得成果，发挥示范作用。着力发挥重点城市的辐射带动作用，通过加强城市间相互联系进而集中投放资源，确保一些丝路节点城市成为"一带一路"建设中取得早期收获的标杆，这对于落实我国政府提出的政策沟通、设施联通、贸易畅通、资金融通、民心相通，推动"一带一路"建设获得更广泛认识与认同具有重大价值。

**专栏1 "一带一路"建设助推斯里兰卡科伦坡城市发展**

科伦坡位于斯里兰卡岛西南岸，濒临印度洋，为印度洋的重要港口，是世界著名的人工海港，是进入斯里兰卡的门户，素有"东方十字路口"之称。作为斯里兰卡的首都，科伦坡是该国的最大城市与商业中心，也是全国政治、经济、文化和交通中心。

"一带一路"倡议提出后，斯里兰卡积极响应。中斯共建"21世纪海上丝绸之路"，以港口建设为平台，加强跨境贸易，吸引投资，打造港口经济。科伦坡是中斯共商共建共享"一带一路"建设的重要节点。中国在斯里兰卡的两个重要项目——科伦坡港口城和科伦坡南港有望成为"一路"上的标杆项目。

斯里兰卡科伦坡港口城项目位于斯里兰卡首都科伦坡南港以南近岸海域，与科伦坡现有的中央商务区相连，规划范围北至科伦坡南港防波堤、南至 Galle FaceGreen、东至现有海岸线。项目由斯里兰卡大都市和西部发展部协调海域使用权及负责项目区域外的配套设施建设；由中国港湾工程有限责任公司负责项目投融资并进行填海造地形成269公顷陆域，并负责项目区域内基础设施建设运营维护、土地销售及开发。

按照规划，科伦坡港口城项目总投资约13.96亿美元，将通过世界级的城市综合开发，推动科伦坡成为国际化都市，把科伦坡从游客集散地打造成目的地，充分展示斯里兰卡经济发展成果，成为南亚乃至世界新兴旅游热点区和节庆欢聚的地标，增加斯里兰卡游客数量，延长游客逗留时间，打造全新的斯里兰卡形象。随着对众多投资者的吸引力不断增强，港口城项目不仅会给斯里兰卡带来可观的社会效益和经济效益，还将吸引国际高端专业人才、引进国际先进技术、提升本土企业的国际竞争力。

科伦坡港口城建成后，将提供现代化的商务环境和拥有绝佳景观及配套设施的住宅，吸引投资者建设全新的娱乐观光设施和最前沿的活动、文化中心，为斯里兰卡人民及游客提供最佳的休闲娱乐体验。

此外，还将为当地民众提供稳定的就业岗位。据全球最大的商业地产服务和投资公司世邦魏理仕（CBRE）测算，项目建成后将为斯里兰卡民众创造约83000个稳定的就业机会，这将为更多的民众提供可靠的生活保障，提升民众生活水平。

（二）以点带面推动丝路城市成廊结网，加强城市间的有机链接

战略支点城市和丝路节点城市作为重要的空间节点和沿线城市的主要经济枢纽，对于沿线区域和城市的互联互通与产能合作而言至关重要。两者相互之间的多层次互动，有助于形成"一带一路"的主要骨干网络。丝路主要城市群体之间通过网络互动的整合，使"一带一路"沿线的各个发展"点"得以连接，并以网络为核心向周边区域辐射，最终形成"点—廊—网—面"一体化发展带。比如，基于相对稳定的地区形势，东南亚次区域的城市网络体系发育得相当清晰。新加坡作为进入全球前10位的国际大都市，处于第一等级引领性位置。吉隆坡、雅加达、曼谷、马尼拉、胡志明市、河内等东南亚经济强国的核心城市处于第二或第三等级，共同形成稳固的东南亚大都市金字塔结构。以重点丝路城市为支点撬动丝路城市网络，有助于强化丝路城市间的连接，推动丝路城市和区域深度参与和融入全球化，从而实现"一带一路"沿线的整体发展。

（三）培育和打造一批区域增长新高地，支撑引领丝路沿线发展

战略支点城市和丝路节点城市具有引领性、成长性。这一城市群体往往是所在国的主要"增长极"，相关城市是所在国的经济发展"高地"，具有对内外部要素的配置功能。比如，仅比什凯克就贡献了吉尔吉斯斯坦18.5%的工业产值，是毋庸置疑的增长极。同时，这些城市的发展需求和潜力，也为周边区域及其所在国提供了发展所需的贸易、创新、就业、人才等方面的增量空间。新加坡、迪拜等城市（或城市国家）的辐射力已在一定

程度上超越了本国乃至本地区，承担着区域性金融、贸易、航运中心功能。以战略支点城市为服务平台，以丝路节点城市为空间载体，在丝路沿线培育和打造一批经济增长极和发展新高地，不仅对所在国家和地区的经济社会发展具有重大支撑作用，而且这些增长极与新高地将进一步辐射、引领和带动周边及沿线更多相关城市或区域不断发展壮大，从而为全面深入推进"一带一路"建设注入新动力，有助于实现"一带一路"建设由"节节开花"递归至"全面开花"的动态性过程。

（四）形成"一带一路"建设的新抓手，为企业提供平台和载体

我国"一带一路"建设正进入全面推进期，国家层面正积极推动互联互通、共建共享，同诸多国家确认和商讨了一批重要项目。同时，大量地方国企、民企、港澳台企业、在华外企乃至省区市地方政府，面对"一带一路"发展机遇，尽管热情高涨，但因缺少具体投资方向和项目指引而显得无所适从，以至于地方和民间层次在"一带一路"建设中的对外投资和经贸文化领域还处于散沙状态。这显然不利于我国"一带一路"建设的安全性和均衡性。把建设重心从国家层面向城市聚焦，通过发挥战略支点城市以及口岸、门户等重要节点区域的平台和载体作用，能够有效调动地方力量，引导民间资源，特别是为各类企业和机构参与"一带一路"建设提供明确指引和方向。

其中一个有效突破口就是，发挥战略支点城市与丝路节点城市的平台和载体作用，以产业园区和经贸合作区建设为抓手，推进"一带一路"经济特区建设和自贸区建设。发挥如上海、香港、新加坡等战略支点城市的平台枢纽功能，借助这些城市在贸易规模、投资规模、金融水平、基础设施水平，以及文化、社会、安全等领域的综合配套服务能力，在丝路节点城市如印度孟买、加尔各答、马来西亚马六甲皇京港、缅甸皎漂特别经济区、巴基斯坦瓜达尔港，以及越南河内、胡志明市等地区，加快建设一批产业园区和经贸合作区，为各类企业投资发展和创业提供便利的条件和完善的投资环境。

在"一带一路"沿线节点城市即丝路节点城市建设一批重点产业园区

和经贸合作区，这些产业园区可以根据当地产业发展需要以及未来的产业规划，对某些特定产业进行扶持，形成产业链，从而促进本地经济发展。比如，中国与马来西亚在关丹共建的产业园区，形成钢铁产业链，中国与老挝协商建立橡胶产业园，构建橡胶的整个产业链，发挥地区经济优势。而且，产业园区发展模式可以采用类似中国早年建设的一批经济特区，在特区内实行土地、税收优惠政策，为企业入驻园区提供更多便利。随着产业园区与经贸合作区的逐渐发展，未来在条件成熟的时候，可以考虑建设双边自贸区，从园区发展到特区建设，再到自贸区建设，既可以发挥沿线战略支点城市的平台和服务功能，又可以发挥丝路节点城市区位优势及交通便利、安全性好的优势，从而使各类企业在战略支点城市引领下，投资丝路节点城市的产业园区、经贸合作区和未来的自贸区，也可解决当地就业问题，实现合作共赢。

### 专栏 2　马来西亚皇京港打造马六甲海峡的最大港口

　　马来西亚皇京港位于马六甲海峡中段、吉隆坡和新加坡之间的马六甲市，距离首都吉隆坡不到 150 公里。马六甲海峡贸易占世界海上贸易 1/4 的份额，世界 1/4 的运油船经过马六甲海峡，这一数量是经过苏伊士运河的 3 倍、巴拿马运河的 5 倍。皇京港所在的马六甲港古已有之，但马六甲海峡港口众多，很长一段时间以来，皇京港所在的马六甲港地位并不突出，新加坡港的吞吐量排世界第三，而马六甲港排名则远远靠后，即便在马来西亚，其也不及同为马六甲海峡沿岸港口的巴生港。随着国际航运的发展和"一带一路"基础设施的建设，在马六甲附近的皇京港建设一个能够满足大型货船需要的深水码头显得日益迫切。

　　2015 年，为响应"一带一路"倡议，中国世贸集团与马来西亚凯杰发展有限公司正式合作投资建设马六甲皇京港。按照规划，皇京港项目由 3 个人造岛和 1 个自然岛屿组成，占地 1366 英亩，计划总投资 800 亿马币。第一岛将建造旅游、文化遗产及娱乐区，第二岛将建成物流中心、金融、商业、补给与高科技工业区，第三岛为综合深水码头及高科技海洋工业园，第四岛则为码头、临海工业园。皇京港建成后，将成为集旅游、文化、商业、海洋产业、住宅于一体的大型城市综合体，预计每年将吸引世界各地游客 3600 万人次。皇京港项目已被马来西亚列为"国家发展计划"及"国家级工程项目"，是中马两国"一带一路"合作的一号项目，雄踞马六甲海峡咽喉核心要道，具有无可替代、举足轻重的战略意义。该港建成后将取代新加坡成为马六甲海峡的最大港口，这意味着马六甲海峡地区港口之间的竞争呈现此消彼长的新变化。同时，该项目已被列入我国"一带一路"重点项目清单。此外，中马两国还将共建马来西亚国家海洋经济特区及免税港。

## 第二节 以战略支点城市为平台撬动城市网络 推动"一带一路"建设的总体思路

经典的经济地理"点轴"理论认为，战略支点城市基于自身的发展，通过支点城市之间的联动以及支点城市与节点城市间的互联互通可以串联起城市发展轴，多条城市发展轴之间的互动可以形成"一带一路"经济合作网络及城市网络，从而为"一带一路"沿线城市各领域全方位合作提供有力的空间支撑（王颂吉等，2018）。"一带一路"跨越亚欧非三大洲及周边地区，在如此广袤的地域范围内加强国际合作，必须充分发挥支点城市的辐射带动作用。苏小庆等（2018）通过梳理"一带一路"六大国际经济合作走廊上的支点城市分布，发现存在以下两方面问题：一是支点城市发育水平不高，分布密度较低。"一带一路"六大国际经济合作走廊沿线大多为发展中国家，城镇化和工业化任务尚未完成，加之俄罗斯、蒙古、中亚、西亚等国家和地区地广人稀，导致"一带一路"经济走廊支点城市的"内聚"和"外联"能力相对较弱，支点城市密度不高，在支撑"一带一路"国际经济合作走廊建设上较为乏力。二是支点城市之间的合作水平相对较低，缺乏有效的分工合作关系。"一带一路"沿线大部分区域受经济发展水平的限制，包括公路、铁路、航空、能源、电力、通信网络等在内的基础设施联通水平较低，各个区域之间的产业联系相对较弱，使得支点城市之间未能形成有效的经贸合作关系。为保障新阶段"一带一路"建设的高质量发展和深入扩展，亟待进一步加强支点城市建设，并不断放大支点城市的撬动效应，促进丝路城市层级网络的发育与成形。从世界城市发展的理论与实践出发，提出以支点城市为平台撬动丝路城市网络推动"一带一路"高质量发展的总体思路。

## 一 做大做强一批核心支点，充分发挥支点城市的"增长极"效应与辐射功能

支点城市在"一带一路"建设中发挥着空间支撑作用。如果把"一带一路"看作联通世界的经济合作"网络"，那么国际经济合作走廊就是结网的一条条线，沿线支点城市则是连线结网的空间"支点"。从经济视角看，支点城市对"一带一路"沿线区域发挥着"内聚"和"外联"作用。一方面，支点城市是国际经济合作走廊各区域的要素集聚"中心地"或经济"增长极"，通过要素和产业集聚，支点城市可以辐射带动周边区域的经济发展；另一方面，支点城市又是国际经济合作走廊沿线区域的对外经贸联系"门户"，在域外要素配置中发挥着重要作用。由此可见，在"一带一路"建设中，通过有效发挥支点城市的"内聚"和"外联"作用，可以为"一带一路"沿线国家和城市开展全方位合作提供坚实的支撑。因此，做大做强一批战略支点城市，尤其是核心支点城市，是深入推进"一带一路"建设的重要基础。尤其是中国中西部地区、西亚、北非、南亚、中亚、中南半岛、蒙俄等丝路沿线地区的支点城市密度较低，城市发展水平不高，在支撑"一带一路"建设上相对乏力，亟须加快这些地区的支点城市建设。

具体而言，可根据沿线各支点城市在发展基础、产业结构、地理区位、交通设施、政策法规等方面存在的差异特点和比较优势，明确城市功能定位，从产业集聚和城市群发展两个方面做大做强一批"一带一路"沿线核心支点城市。一方面，从产业集聚角度，应加快支点城市优势产业集聚，提升城市产业发展水平。随着国际产业分工从"产业间分工"到"产

业内分工"再到"产品内分工"的不断演进,目前世界范围内的主要产业已经形成了以发达国家为龙头、跨国公司为载体的全球价值链。支点城市只有积极融入全球价值链,提升产业集聚水平,才能不断增强城市产业竞争力。近年来,我国重庆电子信息产业的快速发展,为国内及沿线支点城市的产业集聚发展可以提供经验借鉴。随着支点城市产业集聚水平的提升,资本、人才、信息等要素可以在支点城市范围内得到更优配置,这为支点城市周边次区域形成发达经济圈提供了条件。另一方面,从城市群角度,促进支点城市同周边中小城市和小城镇之间形成有效分工和合作关系,不断提升城市群竞争力。支点城市集聚效应的发挥,有赖于同周边城镇加强功能分工及优势互补,构建以支点城市为核心的城市群网络体系。一般而言,城市群内部的核心支点城市在高新技术、高端服务和资金密集等方面具有优势,周边城镇及乡村则拥有广阔的市场和要素资源,支点城市可与周边城镇及乡村实现功能互惠,最大限度地提升城市群系统的网络外部性,促进整体经济效率提升。"一带一路"沿线的中小城市和小城镇可以向支点城市集聚优质生产要素,通过市场力量提升支点城市的辐射能力。而支点城市周边的中小城市和小城镇则依据自身资源禀赋和产业基础,与支点城市形成紧密的产业分工网络(卫玲、王炳天,2016)。在此基础上,以支点城市为中心的"一带一路"经济走廊周边区域,可以逐步实现有效的分工合作,促进各区域的经济社会全面发展。

## 二 加强沿线城市互动联系,在支点城市间串联起多条城市"发展轴"

根据"发展轴"理论,随着经济增长极(支点城市)数量的增多,临近的增长极之间可以通过交通线相互连接起来,两个增长极及其中间的交通线就构成了"发展轴",即以交通线为主轴逐渐形成一条产业经济带,这对于国际经济合作走廊建设和城市网络发展具有重要意义。在这一理论视角下,各支点城市在自身发展的基础上,临近的支点城市及节点城市,彼此之间应加强经济联系,实现现代交通网络的紧密联结和优势产能合作。这样,

"一带一路"国际经济合作走廊沿线可以"串联"起多条城市发展轴，从而全面带动"一带一路"国际经济合作走廊的发展。一方面，加快实现临近支点城市之间的基础设施联通。基础设施互联互通，是丝路支点城市之间构建城市"发展轴"的基础，也是"一带一路"建设的优先领域和重点方向。空间接近的支点城市及节点城市之间通过开展包括公路、铁路、航空、能源、电力、通信网络等在内的基础设施联通，促进运输便利化和标准一体化，可以有效降低支点城市之间的交易成本，为"一带一路"支点城市联动发展提供硬件支撑。例如，中国与东盟国家正在构建的陆海空综合交通体系，从海上将中国与东南亚国家的临海港口城市"串轴"，从陆上构建南宁—曼谷、昆明—曼谷快速交通公路和泛亚铁路网，从内河贯通澜沧江—湄公河水道。通过基础设施互联互通，有助于促使区域支点城市发展轴的形成，加强中国—中南半岛经济走廊的经济联系和产能合作。

另一方面，以价值链为纽带实现沿线支点城市之间的产业联动。加强产业分工合作，是支点城市之间构建城市"发展轴"的关键。在产品内分工和全球价值链背景下，沿线战略支点城市应依托各自的城市群，以价值链为纽带加强城市群之间的产业分工和合作，为"一带一路"建设提供强有力的空间支点和产业载体。例如，陆上丝绸之路经济带中线的国内段支点城市之间，可以借助高水平的立体基础设施网络，优化同东中部城市群之间的产业分工和协作，形成以长三角城市群为"龙头"，以中原城市群、武汉城市群、关中城市群、成渝城市群为"枢纽"，以兰西城市群、宁夏沿黄城市群、天山北坡城市群为重要组成部分的产业价值链，提升丝绸之路经济带支点城市之间的产业分工和联动发展水平，引领区域经济发展。

## 三 推动城市之间的层级分工合作，逐步构建形成"一带一路"城市合作网络

在加强支点城市建设、构建支点城市发展轴的基础上，还应积极架构以支点城市为骨干的丝路城市网络，加强"一带一路"沿线更大范围内的城市尤其是支点城市之间的分工与合作。城市群与城市合作网络是"一带一

路"建设的动力源,各支点城市又是城市群和城市网络的核心,依靠各支点城市的资源禀赋突出重点、有选择性地取舍项目建设,加强各支点城市之间的分工和合作,不仅有助于城市自身发展水平的提升,还有利于实现城际的互联互通。开展城际合作交流时,各级支点城市都吸引相应的资源集聚空间内大量的生产要素和优秀人才,把相关的生产环节"外包"给周边城市,势必会带动周边企业价值链的完善;以支点城市的集聚效应促进区域产业结构优化,把高成本产业转移到周边低成本、低能耗的城市。这不仅是产业转移伴随科技知识外溢的过程,更是城际深度合作交流的进程。运用技术扶持引导外围地区高新技术产业的发展,打造支点城市的经济战略节点。凭借增长极的中心—外围效应积极发挥支点城市的促进作用,将城际价值链上的经济收益扩散到城市群乃至整个区域。如果各支点城市间形成较高程度的分工和合作,虽然目标利益不一致,但只要分工水平高,产业份额分配得当,就会推进整体收益的提高(卫玲、王炳天,2016)。

具体而言,丝路城市间的分工和合作网络构建,主要有以下两种思路:一是促进支点城市之间以互相结为友好城市和构建城市合作平台为主要方式,广泛开展城市外交。国际友好城市是以人员互访、经贸交流、科学技术、旅游开发、能源合作、环境卫生、信息共享、社会文化等领域为主的国际交流活动形式。国际友好城市的建立,能够加快城市经济发展,加强城市对外联系和合作,积极主动促进国际友好城市的网络构建。中国自 1973 年开展友好城市活动以来,截至 2018 年 1 月已同国外 1627 个城市建立了 2518 对友好城市(省州)关系,有力推动了中国城市的对外开放与国际交流。表 7-2 列示了国内主要城市的丝路友城情况。在"一带一路"建设过程中,国内支点城市应依据自身定位和发展基础,积极加强同国外支点城市结为友好城市关系,并且拓展友好城市之间的贸易和产业合作内容。除此之外,支点城市之间还应通过正式或非正式机制,构建丝路支点城市合作平台。例如,乌鲁木齐市政府和新疆维吾尔自治区政府外事办公室发起成立了丝绸之路经济带城市合作论坛,旨在促进沿线城市的政府、企业、非政府组织、研究机构等主体之间的合作,目前已有国内外城市会员 79 个,涉及亚欧 20 个国家。

表 7-2　国内主要城市的丝路友城

| 城市 | 丝路友城数(个) | 板块分布 | 重要支点城市 |
|------|--------------|---------|-------------|
| 上海 | 14 | 均衡分布 | 金边、塔什干、科伦坡、孟买 |
| 天津 | 8 | 中东欧 | 乌兰巴托 |
| 成都 | 5 | 中东欧 | |
| 青岛 | 5 | 中东欧 | 杜尚别 |
| 西宁 | 4 | 中东欧 | |
| 郑州 | 4 | 中东欧 | |
| 武汉 | 4 | 中东欧 | |
| 深圳 | 4 | 中东欧 | 明斯克 |
| 三亚 | 3 | 中东欧 | |
| 宁波 | 2 | 中东欧 | |
| 南昌 | 1 | 中东欧 | |
| 大连 | 1 | 中东欧 | 符拉迪沃斯托克 |
| 福州 | 1 | 中东欧 | |
| 海口 | 1 | 中东欧 | |
| 西安 | 9 | 中亚、西亚 | |
| 兰州 | 4 | 中东欧、中亚 | |
| 重庆 | 9 | 东南亚、南亚 | 金边 |
| 广州 | 9 | 东南亚、南亚 | 明斯克、杜尚别 |
| 厦门 | 6 | 东南亚 | 杜尚别 |
| 长沙 | 2 | 东南亚 | 新加坡 |
| 烟台 | 2 | 东南亚 | |
| 汕头 | 1 | 东南亚 | |

　　二是促进支点城市之间的全方位交流合作。在推动友城建设和支点城市合作平台的基础上，支点城市之间应开展基础设施联通、贸易投资便利化、科教文化交流、城市治理及可持续发展等全方位合作，加强支点城市之间的人员往来、要素流动和产业合作，使支点城市在更广阔的空间获得更大发展，以点连线、以线结网，逐步实现"一带一路"经济走廊的大合作、大发展、大繁荣。第一，支点城市政府之间应广泛开展合作对话，加强政策沟通，制定合作发展规划，对丝绸之路经济带支点城市合作进行顶层设计；

第二，支点城市之间应加强国际公路、铁路、航空、信息网络等基础设施建设，逐步实现设施联通；第三，支点城市之间应加强国际产能合作，共建产业合作园区，提高贸易投资便利化水平；第四，支点城市之间应共享科技资源，加强科技合作，共同建立高科技国际联合研发中心，围绕高新技术开展跨国联合攻关，提升创新驱动城市经济发展的能力；第五，支点城市之间应加强人文交流和旅游合作，互相借鉴城市建设和管理经验，为"一带一路"建设创造良好的人文环境。

## 第三节　以战略支点城市为平台撬动城市网络推动"一带一路"建设的先导策略

在"多元联动"框架下，城市作为"一带一路"建设的重要节点，处在承上启下的关键环节。在"一带一路"沿线城市中，节点型城市能够实现早期收获，但并不具备支撑和引领全局的能力。而支点型城市对整个"一带一路"建设具有战略服务和支撑作用，居于整个丝路城市网络的管控中枢地位。因此，以多元联动推进"一带一路"建设，首先要精心选择战略支点城市，充分发挥支点城市对参与"一带一路"建设的城市、企业及园区的战略保障和服务支撑作用，然后由点及线、以线带面。

"一带一路"建设中的战略支点城市应具备以下基本条件和发展特质：一是战略地位突出，处在"一带一路"的重要节点位置，能够发挥显著的门户枢纽作用和强大的管控中枢功能。二是城市能级较高，在区域乃至全城市网络中处于比较中心的位置，具有较强的国际资源集散、整合与配置能力。三是辐射能力较强，至少在地区层面拥有显著的引领力、带动力和影响力。四是开放水平较高，是国家或区域内联外引的窗口和桥头堡。

从目前"一带一路"沿线主要城市的发展阶段和能级水平来看，上海、香港、新加坡的发展特性和条件相对更加契合成为"一带一路"沿线战略支点先导城市。一方面，上海和香港作为我国最重要的经济中心城市，是引领中国经济融入国际分工网络、参与全球产业竞争的"排头兵"和"主力军",同时在世界城市网络体系中处在十分重要的节点地位。全球化及世界城市研究网络(GaWC)则将香港和上海列为"α+"级别的"世界城市",两者分别排全球世界级城市的第 3 和第 6 位(屠启宇、杨传开,2016)。新加坡作为东南亚海洋经济的门户型城市国家,在"一带一路"倡议中既是中转站又是目的地,具有重要的战略地位。在 GaWC 城市网络中,新加坡排名一直保持在前五位,最高时列前三,2018 年排第 5。另一方面,新加坡、香港和上海都是国际性金融、贸易、航运、信息和交流中心,国际资源配置能力较强,专业服务相对发达,具有服务和支撑"一带一路"建设的显著优势和强大实力。另外,选择上海、香港、新加坡成为"一带一路"的先导战略支点,也是基于战略可控性和安全性等方面的综合考虑。

## 一　上海的综合性服务枢纽优势

作为我国海陆双向开放的重要节点及全球资源汇聚流动的关键门户,上海在支撑"一带一路"建设中的最大优势在于其全面、系统、完善、成熟的综合配套服务能力。将上海作为"一带一路"建设的战略支点,可有效依托并充分发挥其在"一带一路"中的经贸拓展和功能提升的综合配套服务中心、跨区域金融投融资中心、跨区域高端研发和高科技产品聚集的科创中心、跨区域海陆空立体联运的交通枢纽中心等功能和作用(徐静等,2016),从而为沿线城市基础设施互联互通、产能合作、园区开发、城市建设以及相关企业和机构参与"一带一路"投资建设提供强大的服务和支撑平台。上海的独特优势体现在以下几个方面。

### (一)地缘优势无可替代

上海地处长江入海口,东向东海,南濒杭州湾,西与江苏、浙江两省相接,共同构成以上海为龙头的中国最大经济区——长江三角洲经济圈。上海既是"一带一路"的重要交汇点和龙头,又是世界第一大集装箱吞吐港,同时作为中国—中亚管道"西气东输"能源的主要承接地和援疆项目的重要省市之一,其地缘优势无可替代。上海不仅是我国第一个倡导的国际多边合作机制上海合作组织的发祥地，而且是亚信峰会、APEC 等重大国际组织和会议的承办地。上海还具备相当完整的同"一带一路"沿线城市的沟通渠道。全球数十个国家总领事馆设在上海，集聚了几十个国家和地区的 100多家新闻机构，并同 70 多个国外城市形成友城或友好交流关系。同时，上海文化积淀下来自觉的契约和诚信意识，使上海具有与世界沟通的全球通行证。这些独特优势使得上海在同丝路沿线国家和城市的联系、沟通、讨论、磋商方面具有先天的亲和力，可有效弥补地理空间之遥。

（二）制度创新引领全国

上海自贸区作为我国第一个打造新一轮开放型经济的"试验区"，制度创新是核心。上海自贸区推行以备案制为主的投资管理制度、以贸易便利化为重点的贸易监管制度、以资本项目可兑换和金融服务业开放为目标的金融制度创新等多方面制度创新措施，自挂牌以来已在外资、外贸和金融等领域积累了 50 多项可复制、可推广的成功经验，并在全国范围内进行推广。与广东自贸区立足于推动内地与港澳经济深度合作、天津自贸区立足于推动京津冀协同发展、福建自贸区立足于深化两岸经济合作不同，上海自贸区重点围绕投资贸易便利化，旨在对接国际高标准，探索全面深化改革开放的重大举措。更重要的是，目前以 TPP 为代表的外部市场新规则初见雏形，上海的制度创新将助力我国应对全球新一轮贸易投资自由化制度建设的挑战，提高我国建设自贸区的制度建设能力和治理能力，响应我国"一带一路"倡议，示范和带动效应突出、影响深远。上海自贸区的投资、贸易便利化及金融服务业开放制度创新与"一带一路"建设的协同推进，对推动"一带一路"的资金融通、加速企业参与"一带一路"建设具有重要意义。

（三）产业体系成熟完整

从产业集聚来看，上海借鉴五大世界级都市圈在形成过程中都有产业集群作为支撑的经验，充分把握全球制造业转移机遇，努力提升现代制造业的功能与水平，已形成北面精品钢材及延伸产业集群，南面世界级化工产业带，东南面国内微电子生产线最密集区，西北面集产、学、研、检测、展示、竞技、文化于一体的汽车城，长江口造船及港口设备产业集群，临港集装箱、物流产业集群，新兴的生物医药和中药产业集群等八大产业集群，新技术、新产业、新业态、新模式"四新"经济成为发展的新亮点。从产业体系来看，上海形成了相对完整且较高质量的产业体系。将上海地方的产业加上中央在上海的产业一并考虑，除采掘业较弱之外，上海产业门类之全面、产业实力之雄厚，在国内各省区市中位居前列，从国际上看也非常突出。尤其是金融业、服务业的实力和水平在国内更是名列前茅。这样完整的产业体系为上海作为一个整体，以多门类、综合性参与"一带一路"沿线节点性城市的多门类、综合性发展提供了可能。

（四）科技人文优势显著

上海人才集聚，拥有数量庞大的中国最富创新意识、最有活力且最具创新能力的群体，仅留学归国人员就约占全国的 1/4。上海已基本建成国内最完善的区域科技创新体系之一，形成若干个国际先进的、技术创新活跃的产业集聚和有优势的重点学科；在若干个重点领域拥有一批国际先进水平的科技领军人物和重点行业的国际知名企业家；拥有若干个国际先进水平的科研基地和研发中心；涌现了若干个达到国际先进水平的重大科技成果。从全球性或区域性研发总部的数量上看，在研发投入强度最大的 1000 座城市排名中，上海仅次于东京和硅谷，在国际上处于比较领先的水平。落户上海的外资研发中心超过 400 家，约占全国的 1/4，其中来自世界 500 强企业的研发中心约占 1/3。而且，有 30 多家外资在沪研发中心的级别为全球最高级，这些机构已从"服务中国"发展到"服务亚太"或"服务全球"。从文化来看，上海是多元文化，开放度高、包容性强，新兴文化发展，具有海纳百川、兼容并蓄、柔和的海派文化特征。这些文化特征与"一带一路"沿线国家东西方文化交汇、多宗教汇聚、多元文化并存与交融的特点高度契合。因此，在推动人文交流，促进"一带一路"沿线城市的相互理解、友好合作与包容性发展方面，上海具有很强吸引力。

（五）资源整合能力突出

上海拥有很强的资源整合能力。自 20 世纪 70 年代起金山石化的建设、80 年代起上海宝钢的建设、90 年起浦东的开发开放，到 21 世纪第一个十年的中国世博会，这些系统性大工程的开展，成功锤炼了上海，让上海在国家战略下具有特别的资源整合能力。时代在前进，机制已变化，"一带一路"建设的丰富性、复杂性、艰巨性，需要政府有很强的资源整合能力。上海就具备了这样的能力，可以为支撑和服务"一带一路"建设提供强大的资源整合与配置能力。

## 二　香港的专业化服务平台优势

与上海的综合性服务优势不同，香港的综合能力并不及上海，但是专业化水准很高。在引领和服务"一带一路"建设过程中，香港最突出的优势体现在其作为内地与世界的"超级联系人"所具备的高度专业化、国际化、成熟化的服务能力。香港作为"一带一路"建设的战略支点，依托香港接轨国际、连贯中西的人才、贸易、物流、资金、金融、商业、资讯、会计、法律服务等各类服务业专业化优势，可以为"一带一路"沿线丝路节点城市及中外相关企业提供专业化的服务，从而为整个"一带一路"建设提供服务新平台和内在新动力。

### （一）得天独厚的区位条件

香港在参与"一带一路"建设中，地理和区位优势得天独厚。其一，香港与内地有着天然、特殊的联系。香港与内地相接相壤，在"一国两制"以及 CEPA 发展框架下，同内地之间开展了深入、全面的合作，并且已经积累了较为丰富的合作经验。中国作为"一带一路"的首倡国和推动方，在"一带一路"倡议的制定和实施中发挥着主导作用，由于香港与内地在经济、贸易、文化、社会等各个领域形成的"互联互通"，无疑将为推动"一带一路"沿线各城市加强互联互通起到重要的起点和示范效应。其二，香港是连接内地与东盟的桥梁。一直以来，香港与东盟各国之间有着十分紧密的经贸往来和人文交流关系。香港在促进内地与东盟经贸合作、社会文化交流等方面起到了很重要的作用，东盟也是"一带一路"沿线的重点地区，香港与东盟关于建立自贸区的谈判于 2014 年启动，一旦确定下来，无疑将进一步增强香港在"一带一路"区域合作中的作用。

### （二）接轨国际的专业优势

金融、跨境人民币、贸易物流、专业服务等是香港的支柱产业和优势产业，也是"一带一路"建设的重点内容。香港通过参与"一带一路"建设，既能发挥专业能力和优势，也能为经济发展寻找到新的动力。第一，香港在金融市场方面有着明显优势。自改革开放以来香港一直是亚洲最重要的国际金融中心之一，逐步构建了较为完善的金融体系。香港金融体系的显著特点在于专业化的金融分工、标准化的金融产品，以及完备便捷的金融基础设施，这些优势条件大大增强了香港的金融信息聚集和金融研发能力。

第二，香港跨境人民币业务地位突出。目前香港是全球规模最大的人民币离岸中心，据中国人民银行 2015 年 6 月发布的《人民币国际化报告（2015年）》，截至 2014 年末，全球离岸人民币存款余额累计超过 2 万亿元，其中香港人民币存款资金就达 1.16 万亿元。2014 年，内地与香港地区跨境人民币收付量占比为 52.7%，在 SWIFT 国际支付货币中的占比为 69%。尽管随着近年来全球跨境人民币业务的迅猛发展，全球的离岸人民币中心日益呈现多元化发展之势，香港的跨境人民币业务在全球的规模占比也随之出现了小幅跌落，但不难预料的是，到 2025 年香港在跨境人民币业务方面仍将占绝对主导地位。

第三，香港依然是相当重要的国际自由港。在"一带一路"倡导的"五通"中，贸易畅通是其中一项重要内容。作为连接中国内地与海上的重要中转站，香港是"21 世纪海上丝绸之路"的重要节点，在国际贸易与物流上有着天然的优势。香港曾是中国最大的港口，也是全球重要的货物流通中心，是亚洲船运、货代、物流企业的云集之地，物流、贸易等方面的专业人才数量众多，港口、机场、铁路系统十分发达，但近年来相继被上海、深圳超越，位列全球第五。

第四，香港在产业跨境转移及基础设施建设方面积累了丰富经验。随着"一带一路"建设的深入推进，"一带一路"沿线的多个经济走廊和经贸合作区，将成为中国实现产业跨境转移的重要路径，然而，在国内产业转移过程中，不仅可能会面临产业承接地对中国产能输出进行各种形式的约束，而且跨境产业转移对当地的经济、社会环境也有一个适应的过程，此外还要直面其他国家同类产业的激烈竞争。所有这些都将直接影响到国内企业的"走出去"。比较而言，香港的产业企业自中国改革开放以来就历经了由香港向内地又从内地逐步向东南亚等区域转移的过程。而且，港资企业自20世纪80年代以来就积极参与世界各地的能源、发电、公路、铁路、机场、码头与电信项目开发、建设与管理。此外，香港的金融、法律、工程与管理领域的国际化专业性人才更熟谙中西方文化差异，在商务谈判以及项目管理方面有着先天优势。可以说，香港在产业跨境转移以及多年的国际投资经营中，已经积累了丰富的经验。因此，一方面，香港政府可以发挥产业跨境转移方面的先发优势，协助内地推进产业转移落地。而另一方面，香港的企业则可以把握好"一带一路"建设的良好机遇，拓展和深化在全球的产业布局，进一步提高自身在全球产业链、价值链上的优势。

第五，香港专业服务业高度发达。2015年，服务业占香港GDP的比重高达93%，是世界上服务业占GDP比重最高的经济体。专业服务业是香港经济的四大支柱之一，法律、仲裁、会计、管理顾问、工程、建筑、设计、产品检测验证等业务门类多元且高度与国际接轨。香港拥有大量的法律等专业领域的人才，他们熟悉国际法律、惯例，有丰富的处理国际业务的经验。与此同时，依托金融业发展起来的金融服务业，以及依托于内地经济和环亚太经济增长而发展起来的专业服务及其他工商业支援服务业，聚集了大量的专业服务机构、高端服务人才，能够提供国际化程度很高的专业服务。特别是熟悉国际管理、西方会计制度、税例的商业管理与顾问、会计及审计咨询机构都是宝贵的人力资源。

统计表明，香港共有约4500家企业提供会计、审计、秘书、税务服务，这些领域的服务贸易出口额达14.4亿港元。目前，香港约有29000名工程师、8500名香港测量师协会成员、4000名建筑师、37000名会计师，及审计所1593家。此外，香港还有100多家专业的品牌经营企业和5000多家商业顾问机构。2014年6月，香港贸发局发布的问卷调查结果显示，受访长三角企业希望向外寻求法律、会计、尽职调查等专业服务（34%），产品开发及设计（55%），品牌设计及推广策略（53%），市场营销策略服务供开发新业务、新市场（47%），节能减排、环保技术（32%），质量管理、检验检测、生产技术（32%），物料、产品库存及物流管理（27%），其中分别有 69%、60%、63%、64%、61%、54%、55% 的企业希望从香港或海外获得相关服务。

### （三）规范成熟的商业环境

与上海等内地城市相比，香港的另一独特优势是法律法规完善，可以帮助企业规避在"一带一路"建设中面临的各种潜在风险。与内地的大陆法不同，香港法律属于普通法，由中立、专业和高效的本地与外籍法官组成独立的司法系统。海外合作伙伴一般偏好普通法，香港的法律制度更易受到国际社会的信任。香港法律人才熟悉国外法律制度和环境，能更专业地处理海外资产整合及劳工等各类问题。同时，香港是知名的国际仲裁中心，一旦发生海外法律纠纷，选择在香港进行仲裁，其中立地位更有助于达成令双方满意的裁决。此外，以香港为桥梁"走出去"可相对减少"一带一路"沿线国家和地区对中资企业的抵触和误解，消除海外对中资企业监管效率的忧虑。

### （四）融贯中西的多元文化

"一带一路"沿线是世界上典型的多类型国家、多民族、多宗教聚集区域，古代"四大文明古国"诞生于此，佛教、基督教、伊斯兰教、犹太教等也发源于此，但多元文化也带来了巨大挑战。香港是亚洲种族最多元化的城市之一，也是中西文化的交汇融合地，五洲四海不同种族、文化背景的人民相处，形成多维的经济利益和纵横交错的关系网络，不断为香港带来新的信息、新的理念，也成为众多中资企业"走出去"的首选桥头堡，在"引进来""走出去"过程中扮演着重要的中间人角色。这种独特的多元文化的形成以及积累的经验，在"一带一路"人文交流中具有重要的示范作用。

## 三 新加坡兼具沪港两地的优势条件

新加坡兼具上海与香港的优势和特点，不仅具有很强的专业服务能力和水平，而且实体经济也较为发达，产业辐射能力突出（见表 7-3、表 7-4）。

例如，在港口经济方面，作为东南亚门户型城市国家，新加坡形成了传统意义上的"再出口经济"，被认为是世界居首位的海运和物流产业集群地。据统计，新加坡港海运产业共集聚130多个国际航运集团、5000多家相关企业，吸纳超过17万名员工，创造的经济价值占新加坡生产总值的7%。目前，新加坡仍是众多海运企业入驻的首选地。在金融服务方面，新加坡是居全球前五的金融中心，境内有1700多家金融机构。作为居亚洲第一的外汇交易中心、全球财富管理中心，新加坡拥有亚洲首个金融期货交易所（SIMEX）和从事有序期权交易的证券交易所（SES）。新加坡股票交易所有750多家来自马来西亚、印度尼西亚、中国香港和中国大陆的上市企业。这些企业多是以新加坡为融资平台，在本地没有任何业务。即便是新加坡本地上市企业也有很多营收来自海外。新加坡一直是美国、欧洲与日本企业设立亚洲总部的首选地。近年来，许多亚洲公司将其作为进军全球市场的平台。目前，有超过26000家国外企业入驻新加坡。

表7-3　2017年上海与新加坡的各产业比重及增长情况

单位：%，个百分点

| 产业 | 占GDP比重 | | | 增速 | | |
|---|---|---|---|---|---|---|
| | 上海 | 新加坡 | 上海与新加坡相比 | 上海 | 新加坡 | 上海与新加坡相比 |
| 工业 | 27.4 | 18.9 | 8.5 | 6.5 | 13.9 | -7.4 |
| 第三产业 | 69.2 | 66.5 | 2.7 | 7.5 | 6.2 | 1.3 |
| 批发零售业 | 14.3 | 17.1 | -2.8 | 6.7 | 7.9 | -1.2 |
| 运输与仓储 | 4.4 | 6.7 | -2.3 | 10.9 | 12.4 | -1.5 |
| 住宿与餐饮 | 1.3 | 2.0 | -0.7 | 4.1 | 1.5 | 2.6 |
| 信息和通信业 | 6.1 | 3.9 | 2.2 | 14.6 | 6.0 | 8.6 |
| 金融与保险 | 17.4 | 11.9 | 5.5 | 10.6 | 9.1 | 1.5 |
| 租赁和商业服务 | 5.8 | 15.3 | -9.5 | 9.5 | 0.6 | 8.9 |
| 其他服务业 | 19.8 | 11.2 | 8.6 | — | 5.6 | — |

数据来源：2018年《上海统计年鉴》和《新加坡统计年鉴》。

表 7-4　2018 年各类全球城市排名中上海与新加坡的竞争态势

| 类型 | 国际指数 | 发布机构 | 新加坡排名 | 上海排名 |
|---|---|---|---|---|
| 全球城市综合实力 | 全球化与世界城市 2018 | 全球化与世界城市（GaWC）研究网络 | 5 | 6 |
| | 全球城市竞争力报告 2018~2019 | 中国社会科学院、联合国人居署 | 3 | 10 |
| | 全球城市竞争力排行榜 | 中外城市竞争力研究院、香港桂强芳全球竞争力研究会、世界城市合作发展组织 | 6 | 14 |
| | 2019 全球城市指数报告 | 科尼尔公司 | 6 | 19 |
| | 全球价值活力城市指数 | 中国城市规划设计研究院 | 5 | 8 |
| 全球金融中心 | 全球金融中心指数报告(GFCI25) | 英国 Z/Yen 集团、中国（深圳）综合开发研究院 | 4 | 5 |
| 全球创新中心 | 全球"创新城市"指数 | 澳大利亚商业数据公司 2thinknow | 5 | 33 |
| 全球航运中心 | 新华—波罗的海国际航运中心发展指数 | 新华社中国经济信息社、波罗的海交易所 | 1 | 4 |

尤为关键的是，新加坡一直是中国的重要贸易合作伙伴。中国已连续 5 年成为新加坡最大贸易伙伴，新加坡连续 5 年成为中国第一大投资来源国。在互联互通方面，中新开展了三个政府间合作项目，分别是中新苏州工业园、天津生态城、中新（重庆）战略性互联互通示范项目。两国正在开展中新广州知识城项目、中新互联互通陆海新通道等合作，有望进一步加强两国在"一带一路"倡议下的交流与合作，强化跨国跨区域互联互通。在金融合作方面，2014 年两国在银行间外汇市场开展人民币对新加坡元直接交易，2016 年两国央行续签双边本币互换协议，中新金融合作正加速向民间扩展。2018 年，由中国企业创办的新加坡亚太交易所获新加坡金融管理局批准设立并正式开业。该交易所致力于构建大宗商品亚洲价格基准，有助于活跃区域经贸合作，促进区域经济一体化。中资银行在促进中新金融合作

方面扮演着越来越重要的角色。据中国银行新加坡分行提供的数据，截至2018 年 7 月末，中国银行新加坡分行累计为"一带一路"相关项目提供逾160 亿美元融资，牵头发起银团超过 700 亿美元，为"一带一路"项目和企业、机构发行债券筹集资金近 100 亿美元，项目辐射"一带一路"沿线近30 个国家，覆盖超过 20 个行业。中新两国还在专业服务领域加强了合作。2017 年，新加坡国际调解中心和中国国际贸易促进委员会、中国国际商会调解中心签署谅解备忘录，合作建立解决"一带一路"跨境合作相关争议的机制。中国与新加坡已完成自由贸易协定升级谈判，标志着中国与新加坡在推进两国经贸关系发展、提升双边经贸合作水平方面取得了新的进展（李晓渝，2018）。

## 四　沪港新三大支点城市共同服务和支撑"一带一路"建设

需要指出的是，上海、香港和新加坡虽各有所长，但也各有短板。例如，香港在专业服务领域有丰富的国际经验和大批专业人才，但香港产业空心化严重，实体经济不强，对"一带一路"沿线节点城市的产业辐射带动能力较弱。而上海产业基础雄厚，实体经济发达，且上海及其所牵引的长江经济带具有强大的工程建设能力和大型装备制造能力，在产能合作、产业转移及帮助"一带一路"沿线节点城市实现互联互通等方面均能发挥重要作用。但上海对国际贸易投资规则的熟悉程度远不如香港，也不及新加坡，在高端专业服务能力和国际营商环境方面与香港和新加坡相比也存在一定差距。新加坡服务能力和实体经济均较为发达，但市场小，需要不断向外拓展空间。因此，虽然上海、香港甚至新加坡都可以单独作为"一带一路"沿线的战略支点，但仅凭其中任何一方，恐怕都难以支撑起整个"一带一路"建设。

另外，"一带一路"建设离不开沪港的融入和支撑，"一带一路"的深入推进更离不开沪港两个支点城市的战略枢纽和服务平台作用，中国也非常期望能加强与新加坡这个重要近邻的合作，合力共建"一带一路"命运共同体。"一带一路"建设进展显著，成绩斐然。但这其中存在一个突出的问题就是，虽然各种项目多点开花，但系统性、整体性仍不强，需要进一步聚集重点领域和关键区域或城市；虽然参与"一带一路"建设的城市众多，但能够真正起到战略引领、服务支撑、联动内外作用的还很少。此外，随着各类项目的不断增多，以及越来越多沿线城市融入"一带一路"建设，对投资、贸易、航运、金融等各类服务的需求也越来越大，迫切需要像上海、香港甚至新加坡这样具有强大要素资源配置能力的城市能够发挥战略支撑引领和服务枢纽平台功能，以众多支点撬动"一带一路"的建设全局。

因此，一个更为合适的选择是，沪港新三地联起手来，整合资源，成为"一带一路"建设的战略支点和发展引擎，通过加强三地之间的互动合作，强化沪港新的金融服务、航运服务和世界城市综合服务，从而引领好、服务好整个"一带一路"沿线节点城市乃至产业园区和经贸合作区的建设。譬如，两地或三地联合构建"一带一路"重大项目投融资平台，联手参与"一带一路"基础设施投资建设和营运管理，共同开展丝路节点城市产业园区和自贸区建设等。

## 第四节　以战略支点城市为平台撬动城市网络推动"一带一路"建设的主要路径

### 一　聚焦为"一带一路"沿线主要节点城市提供服务和支撑

"一带一路"沿线城市众多，不同城市之间发展水平差异很大，相互合作的基础以及存在的不确定性风险也各异。发挥战略支点城市对沿线城市的服务和带动作用，须聚焦战略支点城市的优势资源，精心挑选沿线"产业基础较好、合作意愿较强、地理位置更佳、政治影响更大、安全系数较高"的重要节点城市作为"一带一路"建设的合作伙伴和服务重点。战略支点城市服务和对接"一带一路"建设，首先应服务和引领好重要丝路节点城市的发展，加强对主要"一带一路"节点城市的服务支撑与对接合作，并发挥"以点带面""从线到片"的作用,辐射带动节点城市周边区域发展。

## 二 面向"一带一路"沿线城市的"全链条"式城市综合服务供给

在服务支撑"一带一路"沿线城市的策略方式上,应充分发挥战略支点城市的综合服务枢纽作用,积极担当沿线城市的"综合服务供给方"(见图7-2),提供从城市规划到城市建设再到城市治理等一揽子、全链条的综合服务,把战略支点城市尤其是上海、香港等中国城市发展的成熟经验推广到"一带一路"沿线城市,由此推动沿线城市的工业化、城市化、现代化。面向"一带一路"沿线城市的服务供给可采用以下三种模式(见表7-5)一是开发商主导型,依托国内房企在土地成片开发、综合设施配套、大型住宅区建设、物业管理、成本管控等方面的成熟经验,在"一带一路"沿线开展港口、城市综合体、城市土地成片开发、新城等建设;二是大型厂商主导型,依托上海及港资企业在基础设施、制造业等领域的生产、技术、管理

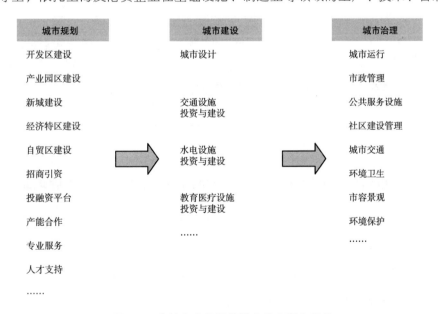

**图7-2 全链条式的沿线城市综合服务供给**

等优势，推动"一带一路"沿线产业园、开发区、产能合作区、重大基础设施建设；三是友城结好共建型，通过国际友城结好，促进上海和香港等战略支点城市同"一带一路"沿线城市的互联互通。

表7-5　沿线城市综合服务供给的三种模式

| 模式 | 开发模式 | 核心优势 | 案例 |
|------|----------|----------|------|
| 开发商主导型 | 港口、城市综合体、城市土地成片开发、新城建设等 | 中国房企在土地成片开发、综合设施配套、大型住宅区建设、物业管理、成本管控、开发速度等方面具有显著优势和成熟经验 | 世贸集团:投资开发马来西亚"马六甲皇京港项目" 招商局:在"一带一路"沿线投资运营30多个港口 |
| 大型厂商主导型 | 跨境产业园区、开发区、国际产能合作区、重大基础设施建设等 | 中国企业在基础设施、制造业等领域拥有显著的生产和技术优势 | 青山钢铁公司在印尼建设青山工业园,华夏幸福基金有限公司在印尼合资建设产业新城,中国石油、中国石化、中国海油、中国移动、中国电网、南方电网、中国建材集团、中国电建等80多家央企在"一带一路"沿线国家设立分支机构 |
| 友城结好共建型 | 通过友城结好,促进沿线城市互联互通 | 通过释放城市潜在的对外交往活力,发挥各自比较优势,搭建互联互通走廊和对外开放窗口,提高沿线城市的连接度 | 重庆与印尼西爪哇省着重在轨道交通、汽车、摩托车、装备制造等领域开展合作;与白俄罗斯明斯克州缔结友好关系,推动双方在经济技术、交通物流和文化教育等领域的合作 |

## 三　以跨境产业园区建设为抓手带动经济走廊和城市走廊崛起

点、线、面、带是"一带一路"建设的重要架构，园区模式是"一带一路"建设扩点为面的有效路径（邹磊，2016）。在推进与"一带一路"沿线重点城市的合作过程中，可以在这些城市建设经贸园区，通过经贸产业园区的发展带动经济走廊的建设。建立经济开发区、高新产业开发区、跨境经济合作试验区以及自由贸易试验区等经贸产业园区，鼓励各国企业进入园区投资创业，带动对外贸易发展，优化资源配置，是改革开放以来中国经济实现快速发展的一条重要经验。这些经贸园区犹如经济发展中的一个个引擎,以点带面,带动了整个城市及周边区域的发展。经贸园区成为企业的落地平台,将"走出去"的企业进行有效整合并进行集中管理,避免变成一盘散沙。例如,发挥上海、香港、新加坡等城市的平台枢纽功能,借助其在贸易规模、投资规模、金融水平、基础设施水平,以及文化、社会、安全等领域的综合配套服务能力,在沿线城市如印度孟买、加尔各答、马来西亚马六甲皇京港,以及越南河内、胡志明市等地区,加快建设一批产业园区和经贸合作区,为各类企业投资发展和创业提供便利的条件和良好的环境。以上海和香港为例,着力发挥上海和香港等城市的平台功能,以园区建设为抓手,在主要沿线城市加快建设一批产业园区和经贸合作区,带动沿线城市经济发展,从而依托支点城市,辐射带动沿线经济走廊、城市走廊发展。跨境园区可由沪港等城市的企业联合开发建设,形成相对成熟的主导产业后,再逐步带动上下游或关联产业共同"走出去"。在这方面香港有着丰富的经验和突出的优势。近年来,上海的一些大型企业,如上海电气集团、上海建工集团、上海电力集团等也逐步积累了比较丰富的国际运作经验,可通过采取上下游产业链的"走出去"模式,带动小企业抱团出海。同时,沪港企业还可依托中马钦州产业园、马中关丹产业园、印尼—中国综合园等"一带一路"沿线相对成熟的园区,探索"两国双园"国际园区合作新模式。

## 四 推动中国模式与中国经验在沿线城市的复制与输出

依托中国在产业园区、经济特区、自由贸易区、跨境合作,以及城市规划、建设、管理等方面的成熟经验和做法,鼓励相关企业"走出去",参与"一带一路"建设,提升"一带一路"沿线城市整体发展水平。例如,可以推进中国园区模式的"软输出"。利用沪港等战略支点城市在园区建设、管理方面的丰富经验,推进中国园区发展模式向沿线地区输出,加强与沿线城市在技术、建园理念、思路、方案、设计、园区招商及运营管理等方面的交流与合作。此外,随着园区的发展,未来在条件成熟时,上海和香港还可考虑与沿线城市联合建设经济特区甚至双边自贸区。这些都是上海和香港等中国战略支点城市的优势所在。

## 五 以友城结好为纽带促进支点城市与沿线城市的交流合作

中外战略支点城市在互联互通过程中需要建立紧密的协同关系，友城结好对"一带一路"沿线城市构建紧密的制度化联系而言有着重大的推进价值。应促进友城间的战略无缝对接与全方位合作，增加城市紧密度，实现不同支点城市在互联互通的过程中建立紧密协同与分工合作的关系，实现城市组廊结网，构建"一带一路"沿线城市网络。事实上，国际友好城市是"一带一路"建设中的突出重点之一，然而，并无明确的操作路径。除了指导原则和普遍化、一般化的程序步骤外，重点走廊城市群和最为重要的战略支点及战略新兴城市仍然较多，城市群内部也有着大量的备选城市，因此，通过国际友好城市推进"一带一路"城市网络发展需要对"一带一路"沿线的 200 余个主要城市开展面上评价。可将历史基础、地域接近、经济基础、政治氛围等指标作为友好城市匹配遴选的标准。同时在具体运行上，一方面，合作领域要实现从人文合作向经贸、产业园区和基础设施合作的转换；另一方面，也应注重合作形式，需要深入分析是双边、多边还是借助第三方国际平台。事实上，目前已出现了联合国海陆丝绸之路城市联盟。

另外，在通过国际友城方式推进支点城市与沿线城市交流合作中，应分类细化不同类型"一带一路"沿线城市间合作的优先领域和重点方向。不同城市的发展基础和条件存在差异，应分类指导，发挥各城市的比较优势，有差异地开展与"一带一路"沿线城市的合作。可重点推进与中东和中亚城市或区域的能源勘探开发合作、与东南亚和南亚新兴市场城市的产业转移及产能合作、与中东欧城市的新型产业合作和高端市场开发，将投资和贸易有机结合，以投资带动贸易发展，以投资带动工程、产业、企业和产品"走出去"，为中国城市与"一带一路"沿线优先选择的重点城市和节点地区经贸关系的深化注入新动力。

**专栏 3　统筹协调国际友好城市践行"一带一路"**
**倡议的重要机制**

第一，推进"一带一路"建设尚未充分利用国际友好城市这张"牌"。

国际友好城市已成为我国许多城市推进国际化、响应"一带一路"倡议的重要抓手，然而目前我国城市开展城市结好的对象主要是欧美日等发达国家的城市。驱动力在于睁眼看世界、了解先进国家的现代化程度和现实国情，以期借鉴发达国家较为行之有效的城市发展模式和产业升级经验，提升经济发展水平。这是典型的从北向南的知识扩散进程，国内城市批量分阶梯的"走出去"，地域从东向西递减。这一方面反映了和国际接轨程度的不同，另一方面也反映了国内区域经济发展不平衡，即东部城市基于自身的能力，国际友好城市发展情况要好于中西部城市。

国际友好城市实际成效受到多种因素制约，包括区位、发展阶段，以及政府、市场和网络多种协调机制。截至 2016 年，我国已同 134 个国家缔结了 2341 对友好城市（省州）关系。目前最成功的领域多是人文交往，然而随着国内现代化程度的提高和实际工作的需要，教育和人才交往等领域日益突出，基础设施、经贸、投资等领域快速发展，科技、医疗卫生、城市建设、交通运输和能源等领域合作也增多，这日益反映了国际友好城市作为对外开放和交流机制的日益成熟。

与欧美日发达国家的国际友好城市的实践路径、政策目标、具体操作方式有着根本性的不同，"一带一路"倡议主要面向欧亚非发展中和转型国家。相关国家的城市发展有以下不足：城市化和产业发展水平落后，缺乏基础的合作能力和承接平台；收入水平不高，掌握的资源有限，既缺乏发展模式和知识经验的输出能力，更缺乏应用国际最佳实践和知识模型的现实基础；城市内部复杂，既有历史文化遗产也有着现代化的基础设施，贫富差距较大、文化民族宗教异质性明显，由此难以制定有效的城市发展策略。这使得"一带一路"的国际友好城市多局限于政治和文化交流，尚没有转向基础设施、产业、经贸、科技等实质性领域。同时合作能力也受到生态环境、政局稳定、商业贸易的制约，一方面很多城市没有意愿和能力缔结友好关系，另一方面即使缔结友好关系的也未开展实质性合作，由此"一带一路"国际友好城市的总体效果不明显。

第二，国际友好城市推进"一带一路"建设具有多重便利。

国际友好城市的缔结并不是随机的，而是受到历史渊源、经济联系、文化、意识形态、地理距离等多种因素的影响。然而"一带一路"沿线国家主要是发展中国家，产业基础薄弱，这就使国际友好城市作用机制面临挑战，尽管如此其依然值得推进，主要有以下理由。

一是国际友好城市已成为平衡"一带一路"沿线区域发展的重要机制。"一带一路"共商共建共享，覆盖的区域广泛，然而各国的目标并不尽相同，而国家内部各城市也有不同的利益诉求，这就需全局平衡。国际友好城市完全可聚焦节点城市，避免两极分化，从优化区域合作的角度对发展中国家予以更多关注，同时鼓励处于边缘位置的城市发展；国际友好城市可丰富国际合作内容，对合作对象做更深入的调研，了解经济、科技、文化、教育等情况，对具有潜在优势城市予以更多关注；国际友好城市还可拓宽国际合作渠道，利用各类正式非正式制度形成共同参与的合作网络。

二是国际友好城市可成为资本、知识、信息、人员流动的重要渠道。2005 年联合国亚太经社理事会、开发计划署、人居署发起和资助的包括 131 个成员、25 个国家、4 个地方性项目的亚太城市间网络组织 CityNet，在 20 个亚洲国家 70 个地方政府间开展调查，发现城市网络组织在环境、教育、健康及社会文化等议题上起到积极作用，对城市住房、促进就业、基础设施建设、城市财政等议题的作用有限。其开展的南方城市治理绩效考察也发现城市间合作是行政、服务供给和对社区需求回应性治理的良好工具。"一带一路"沿线国家迫切需要经济发展、工业化的项目和产业规划，友好城市合作除了人文交流外，还应着眼于经济资源和最佳实践等知识信息的交流。同时随着移民、石油、水、农业、环境可持续等议题越来越突出，城市合作需求也日益多元。需指出的是，国内友好城市数量、速度、密切程度和各省开放型经济发展呈正相关关系，对资源和知识都有限的中西部节点城市而言形成某种能力上的挑战。事实上，推进国际友好城市建设不仅是有效推进国际友好城市发展的过程，也是国内节点城市积极集聚资源、成为跨境城市体系的枢纽地区进而更加国际化的过程，如重庆、西安、乌鲁木齐等节点城市呈现的显著发展潜力。

三是国际友好城市作为"一带一路"的推进机制可以发挥民间交往优势。"一带一路"沿线国家也有各自的发展规划，如哈萨克斯坦的光明大道、印度尼西亚的海上高速公路、蒙古中国俄罗斯的草原之路、埃及的振兴计划，区域战略既有上海合作组织，也有欧亚经济联盟，还有跨欧亚大铁路、琥珀之路、东盟自由贸易区以及澜沧江—湄公河合作等。这些战略规划和区域机制与"一带一路"倡议如何对接很重要。然而国际友好城市作为对接机制的重要渠道，无涉军事、国家安全等高级政治，聚焦经济、科技、文化、治理等民生领域，可通过合作共赢的具体项目进行操作，在国际政治风云变幻大背景下持续深化不同地区间的区域联系和社会发展。通过城市多方位多层次宽领域合作，推动"一带一路"之间的国家合作，这样跨境城市之间的合作将会成为国家合作的平台、载体和机制渠道。

第三，更好的推进国际友好城市建设。

尽管国际友好城市可以成为推进"一带一路"建设的重要机制，然而学界和政策界对该机制的推进路径没有清晰的认知。"一带一路"覆盖的地域广阔、文化背景千差万别，国际友城结好应采取不同的模式和方案。

一是应尽快制定并发布缔结国际友好城市的指导性准则以及相应的程序、步骤和要求。目前国际友好城市中，约1/3处于积极活跃状态，1/3处于活动状态，1/3处于平静状态、驱动力不足。这需要发掘国际友好城市强烈的共同意愿以及持续来往的基础，如经贸、基础设施、人文等。由此为确保效果，在缔结之前，应有一般性的程序确保国际友好城市有着明确的指向和持续交往的动力，这样指导性准则就很关键。包括战略目标、潜在伙伴的评估和选择、国际友好城市的具体内容、相应能力建设及最终效果。当然这一进程中信任、承诺、互惠、谅解、创新、文化敏感性、风险掌控、灵活性等软性因素也很重要。经过上述程序，使国际友好城市真正服务于"一带一路"建设。

二是国际友好城市遴选标准从领域上看应转向更追求实效的领域。全球化深化，产业价值链碎片化、垂直分离和空间重组现象越来越突出。城市尤其节点城市作为产业分工的空间投射按照比较优势原则和市场经济规则寻找国际产业链切入点，这也决定了城市间合作应首先关注不同价值区位和产业片段，只有这样才能最大限度地产生集聚经济和协同效应，以最小成本提升自身能级。从产业分工、比较优势、集聚经济角度分析"一带一路"建设中的友城结好，还需了解这些不同节点城市的产业基础和内在需求，进而寻找对应的合作伙伴、合作政策和合作关系。同时随着经济的发展，科技、能源、水、可持续等治理议题也可成为国际友好城市的关注点。

三是国际友好城市应着眼于集聚能量，根据议题、区域开展分工统筹。"一带一路"倡议既有港口、口岸等基础设施层面，也有跨境商贸、产业分工层面，还有人文交流层面，更有移民、石油安全、农业、可持续发展等新兴议题，由此完全可根据不同议题中的节点城市组建城市网络，如港口城市联盟、口岸标准一体化联盟、钢铁产业联盟、物质文化遗产项目、铁路沿线节点城市的具体行动等，这些联盟、合作、项目和具体行动都必须有具体的行动、效果和评估。同时支持节点城市根据相应议题发起切实可行的合作项目。区域层面，不同的城市有着不同的地区影响力，基于跨境商贸、人口迁移和基础设施互联互通形成跨境城市体系和城市走廊，节点城市就具备了跨区域影响力，某些边境省会城市如重庆、乌鲁木齐、银川、昆明、广州等就可以分别针对中东欧、中亚、中东阿拉伯国家、湄公河流域和东南亚形成城市网络或者发展双边的国际友好城市，并根据自身优势予以投射，最终形成网络影响力。

四是国际友好城市应和多边城市网络和组织形成交流合作关系。目前国际社会有许多以城市为主体的城市网络和城市联盟，综合性的有世界城市和地方政府联合组织（UCLG），专门性的以应对气候变化为主旨的C40、促进商业区更新的世界国际核心城区联盟，目前超过70%的世界城市都参与了形式各异的城市网络。这些城市网络和组织都有着专业标准和话语体系及全球性影响力。"一带一路"沿线的国际友好城市应主动与相应的国际城市网络对接，使自身实践成为其一部分以扩大影响力，或者将国际城市网络中行之有效的最佳实践应用到国际友好城市的建设中来，这样就可以使相应机制发挥最大功效。

## 六 依托支点城市培育发展"一带一路"沿线城市群和都市圈

以战略支点城市为核心和枢纽，培育发展"一带一路"沿线城市群和都市圈，辐射带动"一带一路"地区城市化水平的整体提升。一是推进战略支点城市与周边城市特别是节点型城市间的基础设施联通，畅通"一带一路"沿线城市间的要素流动与经贸联系通道，从而增强战略支点城市对周边城市和区域的辐射带动作用，不断以战略支点城市为核心枢纽，联结成网，培育形成都市圈、城市群、城市走廊等城市新形态。二是支持战略支点城市与丝路节点城市联合构建重大项目建设投融资平台，促进"一带一路"沿线城市金融基础设施的互联互通。三是鼓励战略支点城市参与"一带一路"沿线城市规划、投资、建设和营运管理，提升"一带一路"沿线城市现代化水平。

## 第五节 以战略支点城市为平台撬动城市网络推动 "一带一路"建设的政策建议

发挥战略支点对城市网络的撬动效应及其对"一带一路"的支撑功能，需要包括沿线国家及其有关城市等参与方在配套政策和机制上形成合力、共同推进。

## 一 转变战略政策思路，将资源配置重心从国家层面下移到城市/园区尺度[①]

"一带一路"建设正处于从量变到质变、小成至大成的关键时期。但

---

① 本部分内容已公开发表，参见盛垒、权衡，2018，《从政府主导走向多元联动："一带一路"的实践逻辑与深化策略》，《学术月刊》第3期。

地方政府融入性不强、社会资本参与度不够、企业"走出去"方向不明等突出问题制约了"一带一路"的深入发展。解决问题的出路依赖于"一带一路"建设从政府主导走向多元联动,亦即摒弃单纯的政府主导方式,更多地依靠多元主体联合驱动。当前,"一带一路"倡议正在从规划布局向落地深耕、从"大写意"到"工笔画"的新阶段迈进,亟待新主体、新动力、新模式、新路径的创新发展,而多元联动的发展方式将为"一带一路"深入发展注入新的动力和活力。按照"政府—城市—园区—企业"多方联动的逻辑框架,在"一带一路"建设过程中,应逐步调整和转变政策思路,重新审视"一带一路"参与方的行动逻辑,即使企业回归其市场主体的本原地位,而城市和园区作为重要支撑平台,应成为"一带一路"建设的主要空间节点。因此,以多元联动引领"一带一路"新发展,关键是要发挥好沿线中心城市的枢纽节点功能和重点经贸园区的平台支撑作用,其核心在于将"一带一路"资源布局配置重心从国家层面移到城市/园区尺度,这是"一带一路"发展到新阶段的应然逻辑。围绕深耕厚植"一带一路"的新目标,下一步应精心选择"一带一路"沿线战略支点城市并予以优先推进,充分发挥支点城市对"一带一路"沿线节点、发展走廊、产业园区、参与企业等的支撑保障和服务引领作用。

## 二 精选海外战略支点,着力布局培育差异性支点城市

通过布局差异化的战略支点城市和建设具有层级性的丝路城市网络,是推进"一带一路"建设的可行方式。可以说,"一带一路"建设某种意义上就是由差异性战略支点及其不同规模的分工网络共同构筑的丝路城市网络。为此,围绕深耕厚植"一带一路"的目标,下一步应精选"一带一路"沿线战略支点城市并予以优先推进,结合我国城市地理区位、资源禀赋、发展特色的差异,培育差异性的战略支点城市,在此基础上充分发挥战略支点城市对区域的辐射、联结、扩展作用,撬动全局,如布局交通枢纽型支点、产业型支点、安全性支点、保障型支点、成长性支点、潜力型支点等各种不同功能定位的战略支点。

### 三 "一城一策",加强对支点城市的前瞻研究与规划引导

布局和发展差异性战略支点,应着力加强对沿线战略支点城市的研究。应充分考虑每个国家和城市所处的发展阶段、水平及其比较优势和现实需求,采取更符合当地实际的发展策略和办法。一是进一步加强对沿线国家城市的研究,不断深化对当地经济、社会、文化、观念、规则等的了解,尽可能用普遍接受和认可的方式、规则开展合作,用当地思维解决当地问题。二是规划先行,一城一策。在与沿线战略支点城市的合作过程中,要针对重点城市制定各自的"一带一路"总体战略规划和实施细则,通过规划引导"一带一路"合作系统、有序推进。

### 四 在沿线国家和重点城市设立"一带一路"综合实施指导委员会,促进战略及政策对接

"一城一策"的首要重点是加强与海外战略支点之间合作的政策对接,从而有利于形成利益共同体,规避经济风险,保证中国战略投资的安全。应围绕双方做什么、什么时候做、谁去做、为谁做、在哪里做,如何做、成本如何、效果如何,推动战略对接,制定路线图、时间表。关键的是,要在战略对接与合作中,明确合作的重点领域和方向。应在研究分析不同支点城市优势、薄弱环节的基础上,着力发展各自优势或互补性强的领域。对于发展基础比较薄弱的支点城市重点推动干线通道、重要港口、关键口岸、基础网络、产业合作园区等方面的合作。对于经济发展基础较好的支点城市,应将金融、电信、高技术产能等领域作为合作重点,学习借鉴其成功经验,为中国企业"走出去"、人民币国际化等创造条件。

"一带一路"沿线各国国情、城市市情差异巨大,迫切需要针对不同国家、不同城市制定相应的战略规划,才能使"一带一路"真正落地深耕、持续发展。但从课题组对新加坡、马来西亚、菲律宾、老挝、柬埔寨、缅甸等国家及其主要城市的实地调研情况来看,"一带一路"建设在这些国家和城市的落地主要都是以项目为导向,同质性项目较多。至于这些项目是否在

财务和商业上具有可持续性，缺少相关机构或部门从宏观上予以把控。特别需要警惕的是，这种依靠项目导向、缺少规划引导的实施方式，极易导致相关投资项目上得太多太快。尤其是沿线发展中国家的财务管理和经济治理能力相对有限，因此容易陷入高债务困境。

因此，为更加有效扶持和支撑沿线支点城市和城市网络的发展，建议在沿线主要国家的重点城市设立"一带一路"综合实施指导委员会，由国家发改委、商务部、外交部等设立办事处，专门负责对接与协调、规划和政策的制定与实施、项目投资监管与审查、对外宣传等，以引导和推动"一带一路"建设。

## 五　结合当地实际情况加强对沿线重点城市基础设施建设和跨境园区发展的政策支持

课题组在"一带一路"沿线的实地调研发现，由于缺少规划引导和系统考虑，有些"一带一路"投资项目的选择与当地百姓的获得感关联不强。例如，在基础设施项目方面，许多受访机构和智库均表示，"我们还是很落后的农业国，非常需要发达的交通基础设施，但相比高级的铁路、机场、港口，我们更急需通畅的县级、乡村公路"。另外，在跨境产业园区建设方面，中国企业在老挝、缅甸、柬埔寨等"一带一路"沿线国家投资兴建了大量工业园区。但这些发展中国家普遍尚未进入工业化阶段，制造业发展非常滞后，劳动生产率明显偏低，劳动者职业技能严重不足，很难深度参与工业园区建设，也无法为跨境产业园区的发展提供有效的配套支撑。因此，推动"一带一路"建设走深走实，不仅要聚焦重点国家、地区和城市，在具体投资领域和合作方式的选择上还要更注重与当地生产力水平相适应，以确保双方合作的可持续性。

## 六　鼓励重要支点城市强强联合，引领服务支撑丝路城市网络发展

特别是在金融平台、基础设施互联互通、跨境产业园区建设、城市营运建设管理等方面，鼓励城市间加强合作，努力发挥"一带一路"沿线战略支点城市的新功能和新作用。以上海和香港为例，通过加强两地之间的互动合作，不断强化沪港合作的金融服务、航运服务和世界城市综合服务与支撑

作用，从而引领好、服务好"一带一路"沿线节点城市乃至整个"一带一路"建设。第一，联合构建"一带一路"重大项目投融资平台。"一带一路"区内有大量企业来自中国，上海和香港银行业可充分利用这一优势，加强与"一带一路"区内外国家的业务联动，为"一带一路"提供贷款、债券、股权等不同类型资金支持，使沪港成为"一带一路"重大项目的投融资中心。上海和香港分别作为在岸人民币业务中心和离岸金融市场中心，应加强市场互动，促进人民币在"一带一路"沿线地区的使用。比如，两地可考虑在全球联合发行"一带一路"债券融资，吸引"一带一路"沿线国家的企业到中国金融市场发行人民币债务。此外，作为"沪港通"模式的首创者，上海和香港可将这一模式推广和复制到"一带一路"相关金融体系建设中，促进丝路金融基础设施互联互通。

第二，联手参与"一带一路"基础设施投资建设和营运管理。"一带一路"基建投资规模庞大，据不完全估算，相关投资总规模将高达 6 万亿～8 万亿美元，其中大多是由政府出面或主导的项目。沪港两地在基础设施建设、运营和管理方面均有着极为丰富的经验，尤其香港的基础设施建设和管理水平更是享誉全球。建议两地联手参与"一带一路"基建项目的招投标、投资、建设及营运管理。对于一些较为成熟的基础设施建设项目，今后还可以通过在上海和香港上市进行资本运作。

第三，共同开展丝路节点城市产业园和自贸区建设。随着"一带一路"建设的推进，中国优势产能"走出去"成为必然。沿线城市特别是主要节点城市无疑将是新一轮跨境产业转移与国际产能合作的热土。上海和香港可携手在这些节点城市布局和建立产业园区，鼓励和吸引内地及香港的优秀企业投资设厂，共同服务中国企业"走出去"。同时，两地也可基于在自贸区建设方面的经验，在沿线节点城市开发建设自由贸易试验区。

## 专栏 4  推进沪新高水平开放合作，大力拓展
## "一带一路"第三方市场

上海与新加坡全面性合作已进入实质性操作阶段，在一些具体的领域已

有合作项目，如城市更新改造等。目前虽然上海与新加坡存在竞争关系，但从长远发展来看，将竞争压力转化为合作的动力和激励是必然趋势。两地有必要强强联手、优势互补，实现互惠共赢。对上海而言，在积极借鉴和引入新加坡成功经验的同时，更重要的是充分利用新加坡的窗口作用，共同拓展"一带一路"沿线市场。

第一，以新加坡企业的形式实现对外投融资。"一带一路"建设的重要内容之一就是推动中国企业和园区"走出去"。但近年来由于对所在国政治、文化、法律制度等方面的不了解，中国企业海外投资失败案例较多。而新加坡拥有中西文化深度交融的历史渊源，以及长期开拓东南亚市场的丰富经验。因此，中国企业可以通过并购或收购，甚至直接注册新加坡独资企业的方式，或者依托跨国公司的全球网络，以新加坡分公司的方式对外投资。这种以新加坡企业的面貌和"语言"的迂回方式是中国企业融入国际市场的便捷通道，既可以有效规避风险，提高成功率，又可以利用新加坡对国际市场的熟悉和行销网络，组织和推销商品。

第二，率先拓展基础设施相关市场。区域发展，基础设施先行，对此新加坡也具有丰富的经验。根据亚洲开发银行 2017 年的报告，到 2030 年，亚太地区基础设施需求约为 26 万亿美元，即每年 1.7 万亿美元，是目前年均投资额的两倍。新加坡工商联合总会和普华永道联合发布的《"一带一路"区域商业调查》报告显示，接受调查的 50 家在东盟和南亚设有办事处的本地和外国企业中，43% 的受访企业对参与智慧城或城市发展的基础设施项目最感兴趣，41% 的受访者选择了工业区与经济特区的基础设施项目。因此，上海可借助新加坡打造亚洲基础设施融资枢纽的机遇，在能源、城市基建，包括饮用水、垃圾及污水处理、交通和其他社会基础设施等领域开展合作。可以对接新加坡亚洲基础设施办公室，共同成立项目库进行联合投资开发。

第三，重点是加强金融领域的高水平合作。一是强化上海本地银行的角色。银行始终是中新金融合作中最重要的角色。根据中国银行新加坡分行的数据，截至 2018 年 7 月末，中国银行新加坡分行已累计为"一带一路"相关项目提供超 160 亿美元融资，牵头发起银团超过 700 亿美元，为"一带一路"项目和企业、机构发行债券等集资金近 100 亿美元，项目辐射"一带一路"沿线近 30 个国家和地区，覆盖超过 20 个行业。2018 年 9 月，中国建设银行与新加坡盛裕集团签署战略合作谅解备忘录，双方将为中新企业投身"一带一路"基础设施建设提供强有力的支持和服务。因此，在上海与新加坡的金融合作中，首先要发挥上海本地银行的作用。二是对接亚洲基础设施银行，或推动中国银行在新加坡设立基础设施建设服务中心、私人银行中心及新加坡国际子公司等，促进中资企业利用"一带一路"项目进行跨境融资，加强并促进新加坡与中国的跨境金融服务。三是加速推动金融合作向民间扩展。2016 年，两国央行连续签订双边本币互换协议后，2018 年 2 月，由中国企业创办的新加坡亚太交易所获新加坡金融管理局批准开始营业。该交易所致力于构建大宗商品亚洲价格基准。因此，民间金融合作是未来重要的发展方向，有助于活跃区域经贸合作，促进区域经济一体化。四是鼓励中国企业在新加坡股票证券交易市场融资。中国企业已是新加坡证券交易所最大的外国上市公司群体。2011 年底，有 146 家中国企业在新交所上市，占其上市企业总数的 19% 及上市外国企业的近一半。企业还可在新加坡发行企业债券、基础设施债券、离岸人民币债券等。随着中国企业"走出去"步伐加快，海外融资需求激增，通过新加坡交易市场吸纳国际资本是缓解企业资金压力的有效途径。五是共同建立合作发展基金。由两地的财政部门牵头，发挥两地银行总部、风险投资企业高度集聚的优势，设立以政府投入为撬动杠杆，市场化方式运作的基础设施投资基金、股权投资基金、重大产业发展基金、创新发展基金、产业引导基金等，如设立中新（上海）新药产业发展基金、供应链产业发展基金等。

第四，联合推动成熟的开发区"走出去"。中国开发区已有成熟的开发经验和品牌，随着园区企业的对外投资不断增加，园区本身也产生了对外扩张的需求。上海漕河泾、浦东四大开发公司可与新加坡方合作，或者借助新加坡在基础设施建设上的先发优势，参与"一带一路"沿线国家园区的基础设施建设；或者可以直接与新加坡园区开发公司合作，通过联动开发、招商合作等形式，共同建设"飞地"园区。这样既可以实现组织上海企业有序向外转移，又可以达到节约成本、降低风险的目的。

第五，探索输出智能制造和智慧城市经验。一方面，新加坡引入了德国"工业 4.0"概念，在发展智能制造业上与周边国家和地区存在互补关系。上海互联网企业可积极参与新加坡、东南亚地区的制造业升级，通过向东南亚地区输出技术和解决方案来获得商业利益。另一方面，新加坡和东南亚国家对中国的互联网经济、移动支付等技术有着强烈的需求。上海可以此为契机，拓展新的商业空间。还可以输出微信公众号、政务 App、网络直播等新媒体传播的理念和方式。

# 参考文献

白永秀、何昊、宁启，2019，《五年来"一带一路"研究的进展、问题与展望》，《西北大学学报》（哲学社会科学版）第 1 期。

白永秀、王颂吉，2014，《丝绸之路经济带的纵深背景与地缘战略》，《改革》第 3 期。

蔡继明，2016，《"一带一路"与新型城镇化的战略耦合》，《福建理论学习》第 1 期。

查雯，2015，《争论中的城市外交与东南亚国家的经验》，《北京社会科学》第 9 期。

陈刚、乔蕊，2014，《在海上丝绸之路的背景下打造中国（南宁）一新加坡经济走廊》，《东南亚纵横》第 10 期。

陈建军、周斌，2009，《上海港和宁波一舟山港的整合研究》，《南通大学学报》（社会科学版）第 1 期。

陈明星、隋昱文、陆大道等，2018，《"一带一路"与新型城镇化的融合发展》，《科技导报》第 3 期。

陈明星、叶超、周义，2011，《城市化速度曲线及其政策启示——对诺瑟姆曲线的讨论与发展》，《地理研究》第 8 期。

陈彦光、周一星，2005，《城市化 Logistic 过程的阶段划分及其空间解释——对 Northam 曲线的修正与发展》，《经济地理》第 6 期。

程广斌、申立敬、龙文，2015，《丝绸之路经济带背景下西北城市群综合承载力比较》，《经济地理》第 8 期。

崔林涛，2001，《加强陆桥区域合作共创现代丝路辉煌》，《中国软科学》第 10 期。

〔美〕大卫·哈维，2006，《希望的空间》，胡大平译，南京大学出版社。

党亚茹、周莹莹、王莉亚等，2009，《基于复杂网络的国际航空客运网络结构分析》，《中国民航大学学报》第 6 期。

丁金学、金凤君、王成金等，2012，《交通枢纽的空间演进与发展机理》，《地理科学进展》第 4 期。

丁云宝，2019，《"一带一路"视域下的新地缘经济观》，《同济大学学报》（社会科学版）第 2 期。

杜德斌、马亚华，2015，《"一带一路"：中华民族复兴的地缘大战略》，《地理研究》第 6 期。

杜哲元，2018，《"一带一路"建设与中国周边三环外交体系的构建》，《东南亚研究》第 1 期。

杜正艾，2016，《精选"一带一路"建设战略支点国家的意义与建议》，《行政管理改革》第 6 期。

段秀芳，2007，《中亚国家市场潜力分析——以我国新疆为例》，《国际贸易问题》第 8 期。

樊秀峰，2015，《流通视角：丝绸之路经济带建设国内段实施路径》，《中国流通经济》第 4 期。

范毅，2017，《"一带一路"+"新型城镇化"——城镇化合作新空间》，《城乡建设》第 11 期。

冯娟，2015，《"一带一路"背景下广西钦州市的定位与发展战略》，《东南亚纵横》第 6 期。

高新才，2014，《丝绸之路经济带与通道经济发展》，《中国流通经济》第 4 期。

高新才、杨芳，2015，《丝绸之路经济带城市经济联系的时空变化分析——基于城市流强度的视角》，《兰州大学学报》（社会科学版）第 1 期。

高新才、张馨之，2002，《论中国西北城市经济带的构建》，《兰州大学学报》第 4 期。

高新才、朱泽钢，2014，《丝绸之路经济带建设与中国贸易之应对——基于引力模型的研究》，《兰州大学学报》（社会科学版）第 6 期。

高友才、汤凯，2016，《"丝绸之路经济带"节点城市竞争力测评及政策建议》，《经济学家》第 5 期。

郭爱君、毛锦凰，2014，《丝绸之路经济带：优势产业空间差异与产业空间布局战略研究》，《兰州大学学报》（社会科学版）第 1 期。

郭文炯、白明英，1999，《中国城市航空运输职能等级及航空联系特征的实证研究》，《人文地理》第 1 期。

国务院发展研究中心 "'一带一路'设施联通研究" 课题组，2017，《推进"一带一路"设施联通的思路和政策》，《调查研究报告》第 56 号（总 5131 号）。

何栋材，2009，《关中—天水经济区形成基础及空间结构优化》，《地域研究与开发》第 4 期。

何华武、洪雁、马健等，2017，《中国铁路"走出去"投融资模式研究》，《中国工程科学》第 5 期。

何茂春、张冀兵、张雅芃等，2015，《"一带一路"倡议面临的障碍与对策》，《新疆师范大学学报》（哲学社会科学版）第 3 期。

何枭吟，2015，《"一带一路"建设中内陆节点城市临空经济发展建议》，《经济纵横》第 9 期。

胡鞍钢、马伟、鄢一龙，2014，《"丝绸之路经济带"：战略内涵、定位和实现路径》，《新疆师范大学学报》（哲学社会科学版）第 2 期。

黄仁伟，2014，《在中国亚太学会 2014 年学会上的发言》，广西南宁，11 月 18 日。

黄小鹏，2017，《发挥民企在"一带一路"中的作用》，《国际金融报》

5 月 15 日。

黄云，2011，《跨国运输通道是民族经济外向拓展之道》，《云南民族大学学报》（哲学社会科学版）第 1 期。

霍建国，2014，《共建丝绸之路经济带与向西开放战略选择》，《国际经济合作》第 1 期。

姜睿，2015，《"十三五"上海参与"一带一路"建设的定位与机制设计》，《上海经济研究》第 1 期。

蒋大亮、孙烨、任航等，2015，《基于百度指数的长江中游城市群城市网络特征研究》，《长江流域资源与环境》第 10 期。

金碚，2016，《论经济全球化 3.0 时代——兼论"一带一路"的互通观念》，《中国工业经济》第 1 期。

金凤君、王成金，2005，《轴—辐侍服理念下的中国航空网络模式构筑》，《地理研究》第 5 期。

景丞、苏布达、巢清尘等，2019，《基于共享社会经济路径的"一带一路"沿线国家城市化水平与经济预测研究》，《中国人口·资源与环境》第 1 期。

〔美〕卡斯特，2006，《网络社会的崛起》，夏铸九等译，社会科学文献出版社。

科林·弗林特、张晓通，2016，《"一带一路"与地缘政治理论创新》，《外交评论：外交学院学报》第 3 期。

〔阿根廷〕劳尔·普雷维什，1990，《外围资本主义：危机与改造》，苏振兴、袁兴昌译，商务印书馆。

冷炳荣，2011，《从网络研究到城市网络》，兰州大学硕士学位论文。

李建民，2013，《"丝路精神"下的区域合作创新模式——战略构想、国际比较和具体落实途径》，《人民论坛·学术前沿》第 23 期。

李建伟、王炳天，2012，《丝绸之路沿线城镇发展的动力机制分析》，《城市发展研究》第 12 期。

李健，2011，《全球生产网络与大都市区生产空间组织》，科学出版社。

李鲁、刘乃全、刘学华，2017，《园区出海服务"一带一路"的逻辑与对策：以上海为例》，《外国经济与管理》第 7 期。

李鲁奇、孔翔、李一曼等，2019，《"一带一路"倡议下中国与中亚合作的战略支点选择》，《地理研究》第 7 期。

李琼、乐长虹，2004，《发展通道经济促内陆兴边富民》，载《兴边富民行动理论研讨会论文集》，中国经济出版社。

李涛、程遥、张伊娜等，2017，《城市网络研究的理论、方法与实践》，《城市规划学刊》第 6 期。

李仙德，2014，《基于上市公司网络的长三角城市网络空间结构研究》，《地理科学进展》第 12 期。

李仙德，2015，《城市网络结构与演变》，科学出版社。

李小林，2016，《城市外交：理论与实践》，社会科学文献出版社。

李晓渝，2018，《中国与新加坡力拓"一带一路"合作新空间》，http://world. people. com. cn/n1/2018/1113/c1002-30398027. html，11 月 13 日。

李昕蕾，2015，《跨国城市网络在全球气候治理中的体系反思："南北分割"视域下的网络等级性》，《太平洋学报》第 7 期。

李兴江、马亚妮，2011，《新丝绸之路经济带旅游业发展对经济影响的实证研究——基于甘肃省数据的模型检验》，《开发研究》第 5 期。

李艳伟、杨学兵，2017，《京津冀航空枢纽国际竞争力研究》，《综合运输》第 4 期。

李振，2016，《"一带一路"沿线支点城市：一个文献综述》，《城市地理》第 4 期。

林备战，2018，《"一带一路"国际物流通道建设进行时》，《中国远洋海运》第 3 期。

〔美〕刘易斯·芒福德，1989，《城市发展史：起源、演变和前景》，倪文彦、宋俊岭译，中国建筑工业出版社。

刘光才、胡婧，2015，《中国对外贸易与航空运输的关系测度研究》，《中国民航大学学报》第 2 期。

刘宏鲲、周涛，2007，《中国城市航空网络的实证研究与分析》，《物理学报》第 1 期。

刘立云、雷宏振，2013，《中国文化旅游产业集群构建与实证》，《统计与决策》第 2 期。

刘乃全、李鲁、刘学华，2017，《上海服务"一带一路"国家战略的定位和路径探析》，《经济与管理评论》第 5 期。

刘庆，2010，《"珍珠链战略"之说辨析》，《现代国际关系》第 3 期。

刘涛、仝德、李贵才，2015，《基于城市功能网络视角的城市联系研究——以珠江三角洲为例》，《地理科学》第 3 期。

刘卫东、宋周莺、刘志高等，2018，《"一带一路"建设研究进展》，《地理学报》第 4 期。

刘育红、王曦，2014，《"新丝绸之路"经济带交通基础设施与区域经济一体化——基于引力模型的实证研究》，《西安交通大学学报》（社会科学版）第 2 期。

刘育红、王新安，2012，《"新丝绸之路"交通基础设施与全要素生产率增长》，《西安交通大学学报》（社会科学版）第 3 期。

刘泽照、黄杰、陈名，2015，《丝绸之路经济带（中国段）节点城市空间差异及发展布局》，《重庆理工大学学报》（社会科学版）第 5 期。

卢锋，2004，《产品内分工：一个分析框架》，北京大学中国经济研究中心讨论稿系列 No. 2004005。

卢暄，2015，《地缘经济视角下的"一带一路"重点方向形势探析》，《西安财经学院学报》第 5 期。

陆大道，1987，《我国区域开发的宏观战略》，《地理学报》第 2 期。

陆大道，1995，《区域发展及其空间结构》，科学出版社。

陆大道，2001，《论区域的最佳结构与最佳发展——提出"点—轴系统"和"T"型结构以来的回顾与再分析》，《地理学报》第 2 期。

陆大道，2002，《关于"点—轴"空间结构系统的形成机理分析》，《地理科学》第 1 期。

路旭、马学广、李贵才，2012，《基于国际高级生产者服务业布局的珠三角城市网络空间格局研究》，《经济地理》第 4 期。

马学广、李贵才，2011，《全球流动空间中的当代世界城市网络理论研究》，《经济地理》第 10 期。

苗长虹、张建伟，2012，《基于演化理论的我国城市合作机理研究》，《人文地理》第 1 期。

莫晨宇，2007，《广西发展通道经济的研究》，《东南亚纵横》第 9 期。

倪鹏飞、颜银根、张安全等，2015，《城市化滞后之谜：基于国际贸易的解释》，《中国社会科学》（英文版）第 2 期。

秦国威，2015，《青岛港与马来西亚关丹港建立友好港关系》，《港口经济》第 10 期。

秦欢欢、秦胜、吴云云，2018，《"一带一路"铁路国际联运市场发展对策分析》，《铁道货运》第 12 期。

权衡等，2019，《"一带一路"支点国家与支点城市分析框架和实践路径研究》，上海社会科学院出版社。

沈正平、马晓东等，2002，《中国新亚欧大陆桥经济带城市竞争力比较研究》，《经济地理》第 1 期。

史育龙，2016，《发挥城市重要节点功能，扎实推进"一带一路"建设》，http：//theory. gmw. cn/2016－09/13/content_ 21962365_ 2. htm，9 月 13 日。

苏长和，2010，《中国地方政府与次区域合作：动力、行为及机制》，《世界经济与政治》第 5 期。

苏宁、杨传开，2017，《"丝路城市"："一带一路"沿线城市节点的特征与发展意义》，《世界经济研究》第 8 期。

苏庆义，2015，《新苏伊士运河对国际经贸的影响》，《中国远洋航务》第 9 期。

苏小庆、李昂、王颂吉，2018，《"一带一路"经济走廊上的支点城市：空间分布与建设措施》，《贵州社会科学》第 12 期。

谭一洺、杨永春、冷炳荣等，2011，《基于高级生产者服务业视角的成渝地区城市网络体系》，《地理科学进展》第 6 期。

汤晓龙，2016，《"一带一路"节点城市的发展路径研究——以广东省湛江市为例》，《财经理论研究》第 2 期。

唐子来、赵渺希，2010，《经济全球化视角下长三角区域的城市体系演化：关联网络和价值区段的分析方法》，《城市规划学刊》第 1 期。

屠启宇、杨传开，2016，《推动丝路城市网络建设的意义与思路》，《世界地理研究》第 5 期。

汪明峰、卢姗，2011，《网上零售企业的空间组织研究——以"当当网"为例》，《地理研究》第 6 期。

汪明峰、宁越敏，2006，《城市的网络优势——中国互联网骨干网络结构与节点可达性分析》，《地理研究》第 2 期。

王成金，2012，《集装箱港口网络形成演化与发展机制》，科学出版社。

王成金、陈云浩，2011，《全球航运战略支点识别》，《中国科学院院刊》第 4 期。

王成金、金凤君，2005，《从航空国际网络看我国对外联系的空间演变》，《经济地理》第 5 期。

王成金、王伟、王姣娥，2015，《基于航空公司重组的枢纽机场航班配置网络演变——以北京、上海和广州为例》，《地理研究》第 6 期。

王聪、曹有挥、陈国伟，2014，《基于生产性服务业的长江三角洲城市网络》，《地理研究》第 2 期。

王东华、张仲伍、高涛涛等，2015，《"丝绸之路经济带"中国段城市潜力的空间格局分异》，《中国沙漠》第 3 期。

王海燕，2008，《上海合作组织框架下的中亚区域经济合作》，《新疆师范大学学报》（哲学社会科学版）第 2 期。

王姣娥、焦敬娟、景悦等，2017，《"中欧班列"陆路运输腹地范围测算与枢纽识别》，《地理科学进展》第 11 期。

王姣娥、金凤君、孙炜、戴特奇、王成金，2006，《中国机场体系的空间格局及其服务水平》，《地理学报》第 8 期。

王姣娥、景悦，2017，《中国城市网络等级结构特征及组织模式——基于铁路和航空流的比较》，《地理学报》第 8 期。

王姣娥、莫辉辉，2009，《民航机场布局方法探讨》，《中国民航飞行学院学报》第 6 期。

王姣娥、莫辉辉、金凤君，2008，《世界机场空间格局及对中国的启示》，《世界地理研究》第 3 期。

王姣娥、王涵、焦敬娟，2015，《"一带一路"与中国对外航空运输联系》，《地理科学进展》第 5 期。

王娟、李丽、赵金金等，2015，《基于国际酒店集团布局的中国城市网络连接度研究》，《人文地理》第 1 期。

王列辉、朱艳，2017，《基于"21 世纪海上丝绸之路"的中国国际航运网络演化》，《地理学报》第 12 期。

王颂吉、李昂、刘俊，2018，《丝绸之路经济带支点城市：空间分布、地区差异与建设路径》，《中国软科学》第 11 期。

王瑛，2004，《发展通道经济的理论探讨》，《改革与战略》第 10 期。

王勇辉，2016，《"21 世纪海上丝绸之路"东南亚战略支点国家的构建》，《世界经济与政治论坛》第 3 期。

王跃生，2017，《"一带一路"三年回眸：怎么样？怎么看？》，《第一财经日报》6 月 9 日。

王志民、陈远航，2018，《中俄打造"冰上丝绸之路"的机遇与挑战》，《东北亚论坛》第 2 期。

韦红、尹楠楠，2017，《"21 世纪海上丝绸之路"东南亚战略支点国家的选择》，《社会主义研究》第 6 期。

卫玲、戴江伟，2014，《丝绸之路经济带：超越地理空间的内涵识别及其当代解读》，《兰州大学学报》（社会科学版）第 1 期。

卫玲、王炳天，2016，《丝绸之路经济带支点城市建设的顶层设计》，《西北大学学报》（哲学社会科学版）第 6 期。

吴晋峰、任瑞萍、韩立宁等，2012，《中国航空国际网络结构特征及其对入境旅游的影响》，《经济地理》第 5 期。

吴乐、霍丽，2015，《丝绸之路经济带节点城市的空间联系研究》，《西北大学学报》（哲学社会科学版）第 6 期。

吴素春，2013，《中国创新型城市国际合作网络研究》，《世界地理研究》第 3 期。

吴晓征、王茂军，2013，《中国友好城市的时空间演变分析》，《首都师范大学学报》（自然科学版）第 3 期。

吴泽林，2018，《"一带一路"倡议的功能性逻辑——基于地缘经济学视角的阐释》，《世界经济与政治》第 9 期。

伍凤兰、陶一桃、申勇，2015，《深圳参与共建"21 世纪海上丝绸之路"的战略路径》，《经济纵横》第 12 期。

习近平，2017，《共担时代责任　共促全球发展——在世界经济论坛 2017 年年会开幕式上的主旨演讲》，http：//politics. people. com. cn/GB/n1/2017/0118/c1001-29030932. html，1 月 18 日。

习近平，2017，《共同开创金砖合作第二个"金色十年"——在金砖国家工商论坛开幕式上的讲话》，《人民日报》9 月 4 日。

习近平，2017，《携手推进"一带一路"建设——在"一带一路"国际合作高峰论坛开幕式上的演讲》，《人民日报》5 月 15 日。

席广亮、甄峰、张敏等，2015，《网络消费时空演变及区域联系特征研究——以京东商城为例》，《地理科学》第 11 期。

肖冰，2008，《欠发达地区开展国际友好城市合作研究》，哈尔滨工业大学硕士学位论文。

熊丽芳、甄峰、王波等，2013，《基于百度指数的长三角核心区城市网络特征研究》，《经济地理》第 7 期。

修春亮、程林、宋伟，2010，《重新发现哈尔滨地理位置的价值：基于洲际航空物流》，《地理研究》第 5 期。

徐静、王前锋、许敏等，2016，《"一带一路"国家战略中上海的定位与切入口研究》，《科学发展》第 3 期。

许春、许锋，2006，《友好城市资源与开放型经济关系的经济学分析——以江苏为例》，《南京航空航天大学学报》（社会科学版）第 3 期。

许学强、周一星、宁越敏，2009，《城市地理学》，高等教育出版社。

薛俊菲，2008，《基于航空网络的中国城市体系等级结构与分布格局》，《地理研究》第 1 期。

薛力，2010，《"马六甲困境"内涵辨析与中国的应对》，《世界经济与政治》第 10 期。

杨柏，2015，《"一带一路"建设对欧亚经济格局的影响》，经济管理出版社。

杨飞，2017，《"一带一路"，中国倡议惠及世界》，http：//news. xinhuanet. com/comments/2017-05/05/c_ 1120914645. htm，5 月 5 日。

杨洁勉，2014，《在中国南海研究 2014 年度论坛上的特别演讲》，南京大学，12 月 3 日。

杨洁勉，2015，《中国外交理论和战略的建设与创新》，上海人民出版社。

杨恕、王术森，2018，《中亚与西亚的地缘经济联系分析》，《兰州大学学报》（社会科学版）第 1 期。

杨文龙、杜德斌、马亚华等，2018，《"一带一路"沿线国家贸易网络空间结构与邻近性》，《地理研究》第 11 期。

杨习铭、高志刚，2019，《中巴经济走廊自由贸易港（瓜达尔港）建设构想》，《宏观经济管理》第 9 期。

杨卓娟，2019，《中老铁路：推动东盟区域一体化建设》，《国别和区域研究》第 1 期。

尹俊、甄峰、王春慧，2011，《基于金融企业布局的中国城市网络格局研究》，《经济地理》第 5 期。

尹响、胡旭，2019，《中巴经济走廊基础设施互联互通项目建设成效、挑战与对策》，《南亚研究季刊》第 3 期。

于洪君，2016，《推进"一带一路"建设应坚持市场运作》，《中国人才》第 17 期。

于洪君，2017，《观察与思考永远在路上——"一带一路"倡议提出四年后的回顾与展望》，《"一带一路"研究动态》第 8 期。

袁云昌，2009，《船舶过苏伊士运河的风险评估与对策》，《航海技术》第 4 期。

袁志刚、余宇新，2013，《经济全球化动力机制的演变、趋势与中国应对》，《学术月刊》第 5 期。

翟崑，2017，《"一带一路"沿线国家五通指数报告》，经济日报出版社。

张凡，2016，《航空联系视角下的中国城市网络：结构特征与演化规律》，华东师范大学博士学位论文。

张凡、杨传开、宁越敏、魏也华，2016，《基于航空客流的中国城市对外联系网络结构与演化》，《世界地理研究》第 3 期。

张国华，2015，《上海打造引领全球消费城市的路径》，《东方早报》11 月 17 日。

张洁，2015，《海上通道安全与中国战略支点的构建——兼谈 21 世纪海上丝绸之路建设的安全考量》，《国际安全研究》第 2 期。

张静，2018，《"一带一路"背景下中国铁路"走出去"建设模式创新研究》，北京交通大学硕士学位论文。

张明斗、王雅莉，2018，《城市网络化发展的空间格局演变与结构体系研究》，《城市发展研究》第 2 期。

张婷婷、陈晓晨，2018，《中俄共建"冰上丝绸之路"支点港口研究》，《当代世界》第 3 期。

张永莉、张晓全，2007，《我国城市间航空客运量影响因素的实证分析》，《经济地理》第 4 期。

张灼华、陈芃，2015，《中国香港：成为"一带一路"版图中的持续亮点》，《国际经济评论》第 2 期。

赵可金，2015，《"一带一路"应加强统筹领导》，http：//opinion. china. com. cn/opinion_ 58_ 131358. html，6 月 10 日。

赵可金、陈维，2013，《城市外交：探寻全球都市的外交角色》，《外交评论（外交学院学报）》第 6 期。

赵磊、方成，2019，《中国省际新型城镇化发展水平地区差异及驱动机制》，《数量经济技术经济研究》第 5 期。

赵渺希，2012，《全球化进程中长三角区域城市功能的演进》，《经济地理》第 3 期。

赵渺希、钟烨、徐高峰，2015，《中国三大城市群多中心网络的时空演化》，《经济地理》第 3 期。

赵胜波、王兴平、胡雪峰等，2018，《"一带一路"沿线中国国际合作园区发展研究——现状、影响与趋势》，《城市规划》第 9 期。

赵雅婷，2015，《"一带一路"背景下中国战略支点的选择——以中国同哈萨克斯坦的战略合作为例》，《新疆社会科学》第 6 期。

甄峰、刘晓霞、刘慧，2007，《信息技术影响下的区域城市网络：城市研究的新方向》，《人文地理》第 2 期。

甄峰、王波、陈映雪，2012，《基于网络社会空间的中国城市网络特征——以新浪微博为例》，《地理学报》第 8 期。

钟卫稼，2015，《新丝绸之路交通设施投资与经济增长的实证分析》，《价格月刊》第 7 期。

周蓓，2006，《四川省民用航空网络的拓扑结构特征及其演化机制》，《经济地理》第 4 期。

周方冶，2015，《21 世纪海上丝绸之路战略支点建设的几点看法》，《新视野》第 2 期。

周路菡，2017，《"一带一路"国际产能合作促进全球互利共荣》，《新经济导刊》7 月 5 日。

周茂权，1992，《点—轴开发理论的渊源与发展》，《经济地理》第 2 期。

周琦、孟召然，2012，《挑战，机遇——解析中国和平崛起的战略支点》，《湘潭大学学报》（哲学社会科学版）第 3 期。

周武英，2017，《"一带一路"进入全面务实新阶段》，《经济参考报》4 月 21 日。

周晓晶，2017，《央企投资助力"一带一路"沿线国家经济发展》，http：//intl. ce. cn/sjjj/qy/201705/13/t20170513_22789996. shtml，5 月 13 日。

周旭霞，2020，《长三角高质量发展基础上的杭州行动》，《江南论坛》第 2 期。

周一星，1995，《城市地理学》，商务印书馆。

周一星、胡智勇，2002，《从航空运输看中国城市体系的空间网络结构》，《地理研究》第 3 期。

朱查松、王德、罗震东，2014，《中心性与控制力：长三角城市网络结构的组织特征及演化——企业联系的视角》，《城市规划学刊》第 4 期。

朱翠萍，2017，《汉班托塔深水港：重塑斯里兰卡海上丝路地位》，《世界知识》第 20 期。

朱显平、邹向阳，2006，《中国—中亚新丝绸之路经济发展带构想》，《东北亚论坛》第 5 期。

〔美〕兹比格纽·布热津斯基，1998，《大棋局：美国的首要地位及其地缘战略》，中国国际问题研究所译，上海人民出版社。

邹春萌，2018，《"一带一路"背景下的中泰铁路合作：积极影响与潜在风险》，《深圳大学学报》（人文社会科学版）第 1 期。

邹磊，2016，《"一带一路"：合作共赢的中国方案》，上海人民出版社。

邹雅婷，2016，《"一带一路"：国家战略的重大创新》，《人民日报海外版》9 月 7 日。

Albo Gregory, 1996. "The World Economy, Market Imperatives and Alternatives." *Monthly Review* (12).

Alderson A. S. , Beckfield J. , 2004. "Power and Position in the World City System." *American Journal of Sociology*, 109 (4).

Baldwin R. E. , Forslid R. , 2006. "Trade Liberalization with Heterogenous Firms." NBER Working Papers.

Baldwin R. E. , 2006. "Multilateralising Regionalism: Spaghetti Bowls as Building Blocks on the Path to Global Free Trade." *The World Economy*, 29 (11).

Beaverstock J. V. , Smith R. G. , Taylor P. J. , 1999. "A Roster of World Cities," *Cities*, 16 (6).

Bontenbal M. , 2010. "City Networking with the 'Global South': Dutch Policy and Practice." *Tijdschrift Voor Economische En Sociale Geografie*, 101 (4).

Borrus M. , 1997. *Left of Dead: Asian Production Networks and the Revival of U. S. Electronics.* in The China Circle: Economics and Electronics in the PRC, Taiwan, and Hong Kong, Edited by B. Naughton, Washington D. C. : Brookings Institution Press.

Boudeville J. R. , 1996. *Problems of Regional Economic Planning*, Edinburgh University Press.

Boyd J. P. , Mahutga M. C. , Smith D. A. , 2013. "Measuring Centrality and Power Recursively in the World City Network: A Reply to Neal ." *Urban Studies*, 50 (8).

Castells M. , 1996. *The Rise of the Network Society: The Information Age: Economy, Society, and Culture.* Oxford: Blackwell.

Cattan N. , 1995. "Attractivity and Internationalisation of Major European Cities: The Example of Air Traffic." *Urban Studies*, 32 (2).

De Villiers J. C. , 2009. "Success Factors and the City-to-city Partnership Management Process-from Strategy to Alliance Capability." *Habitat International*, 33 (2).

Dicken P. , 2003. *Global Shift: Reshaping the Global Economic Map in the 21st Century*, Sage Publications Ltd.

Diken Bulent, 2002. "Zones of Indistinction." *Space and Culture*, 5 (3).

Dirik Arif, 1994. *After the Revolution: Waking to Global Capitalism.* Hanover, N. H. : Wesleyan University Press.

Egger P. , Larch M. , 2008. "Interdependent Preferential Trade Agreement Memberships: An Empirical Analysis ." *Journal of International Economics*, 76 (2).

Ernst Dieter, 2002. " Global Production Networks and the Changing Geography Innovation Systems: Implications for Developing Countries. " *Journal of Economics Innovation and New Technologies*, 11 (6).

Ernst D. , Naughton B. , 2007. "China's Emerging Industrial Economy: Iinsights from the IT Industry. " Capitalism in the Dragon's Lair, London: Routledge.

Foreign Policy, 2010. "Metropolis Now: Images of the World's top Global Cites. " http: //www. foreignpolicy. com/node/373401.

Friedmann J. , 1986. " The World City Hypothesis. " *Development and Change*, 17 (1).

Fuochi R. , 2018. "The Silk Road: Current State of Affairs, Investments in Infrastructure and Opportunities of a Great Development Project. " *Italian Maritime Economy*.

GaWC, 2012. " The World According to GaWC 2012," https: // www. lboro. ac. uk/microsites/geography/gawc/world2012. html.

Gereffi, G. , 1999. "A. Commodity Chains Framework for Analyzing Global Industries. " Working Paper for IDS.

Global Commission on the Economy and Climate, 2015. "Seizing the Global Opportunity: Partnerships for Better Growth and Better Climate-the 2015 New Climate Economy Report. " Washington D. C. .

Gottmann J. , 1987. *Megalopolis Revisited: Twenty－five Years Later. College Park.* Maryland: University of Maryland, Institute for Urban Studies.

Guo X. , 2018. "The Belt & Road Initiative and the Role that Mediterranean

Region should Play. " *Italian Maritime Economy.*

Hak-Loh Lee, Stephen P. Magee, 2001. "Endogenous tariff creation and tariff diversion in a customs union. " *European Economic Review*, 45 (3).

Hall C. , 2001. "Cities of Empire. " *Journal of Urban History*, 27 (2).

Hall P. , Pain K. , 2006. *The Polycentric Metropolis Learning from Mega - City Regions in Europe.* London: Routledge.

Hirst P. Q. , Thompson G. , 1996. *Globalization in Question: the International Economy and the Possibilities of Governance.* Polity Press, Blackwell Publishers.

Jean Gottmann, 1957. "Megalopolis or the Urbanization of the Northeastern Seaboard. " *Economic Geography*, Vol. 33, No. 3.

J. V. Beaverstock, R. G. Smith, P. J. Taylor, 1999. "A Roster of World Cities. " *Cities*, 16 (6).

Keeling D. J. , 1995. "Transport and the World City Paradigm. " in Knox P. L. and Taylor P. L. (edited), World Cities in a World - system, Cambridge Books.

Kennan George F. , 1951. *American Diplomacy, 1900 - 1950*, Chicago: University of Chicago Press.

Leman A. B. , leman I. A. (eds. ), 1976. "Great Lakes Megalopolis : From Civilization to Ecumenization. " Ottawa : Minister of Supply and Services Canada.

Leviett Theodre, 1983. "The Globalization of Markets. " *Harvard Business Review*, May-June.

Liu H. , Fang C. , Miao Y. , et al. , 2018. "Spatio-temporal Evolution of Population and Urbanization in the Countries Along the Belt and Road 1950 - 2050. " *Journal of Geographical Sciences*, 28 (7).

Mackinder H. J. , 1904. "The Geographical Pivot of History. " *The Geographical Journal*, 23 (4).

Magee S. P. , Lee H. L. , 2004, "Endogenous Tariff Creation and Tariff

Diversion in a Customs Union. " *European Economic Review*, 45 (3) .

Mans U. , 2014. "Understanding the Position of End Nodes in the World City Network: Using Peer City Analysis toDdifferentiate between Non-hub Cities. " *Global Networks*, 14 (2).

Matsumoto H. , 2004. "International Urban Systems and Air Passenger and Cargo Flows: Some Calculations. " *Journal of Air Transport Management*, 10 (4) .

Matsumoto H. , 2007. "International Air Network Structures and Air Traffic Density of World Cities. " *Transportation Research Part E Logistics & Transportation Review*, 43 (3).

Neal Z. , 2011. "Refining the Air Traffic Approach to City Networks. " *Urban Studies*, 47 (10).

Neal Z. P. , 2013. *The Connected City: How Networks are Shaping the Modern Metropolis*. Routledge.

Perroux F. , 1950. "Economic Space: Theory and Applications. " *Quarterly Journal of Economics*, 64 (1).

Peter Hall, 1998. "The Four World Cities Transport Study; London Research Centre. " Caralampo Focas ed. , The Stationery Office, London, *Journal of Transport Geography*, 7 (3).

Peter J. Taylor, 2005. "Leading World Cities: Empirical Evaluations of Urban Nodes in Multiple Networks. " *Urban Studies*, 42 (9).

Porter M. E. , 1998. "Clusters and the New Economics of Competition. " *Harvard Business Review*, 76 (6).

Rene M. Stulz, 2005. "The Limits of Financial Globalization. " *Journal of finance*, 60 (4).

Rimmer Peter J. , 1988. "Transport Geography. " *Progress in Human Geography*, 12 (2).

Robinson J. , 2002. "Global and World Cities: A View from Off the Map. "

*International Journal of Urban & Regional Research*, 26（3）.

Saskia Sassen, 1991. *The Global City: New York, London, Tokyo, Princeton,* N. J. : Princeton University Press.

Scott A. , 2001. *Global City-regions: Trends, Theory, Policy,* New York: Oxford University Press.

Scott Elliott, Ethan Decker, Felisa A. Smith, Donald R. Blake, Isobel J. Simpson, F. Sherwood Rowland, 2000. "Cities in the Earth System." *Environmental Science and Policy*, 3（4）.

Shin K. H. , Timberlake M. , 2000. "World Cities in Asia: Cliques, Centrality and Connectedness." *Urban Studies*, 37（12）.

Sklair Leslie, 1991. *Sociology of the Global System.* The Johns Hopkins University Press.

Smith D. A. , Timberlake M. F. , 2001. "World City Networks and Hierarchies, 1977–1997." *American Behavioral Scientist*, 44（10）.

Stulz R. M. , 2005. "Financial Globalization, Corporate Governance, and Eastern Europe. " *Working Paper Series.*

Taaffe E. , 1996. "Geography of Transportation. " Morton O'kelly.

Taylor P. J. , 2005. "Leading World Cities: Empirical Evaluations of Urban Nodes in Multiple Networks." *Urban Studies*, 42（9）.

Taylor P. , Derudder B. , Hoyler M. , et al. , 2013. "City-dyad Analyses of China's Integration into the World City Network." *Urban Studies*, 51（5）.

Taylor P. J. , 1989. *A World-systems Approach to Political Geography,* England: Longman Scientific & Technical.

Taylor P. J. , 1999. "So-Called 'World Cities': The Evidential Structure within a Literature." *Environment and Planning A: Economy and Space*, 31（11）.

Taylor P. J. , 2004. *World City Network: A Global Urban Analysis,* London and New York: Routledge.

Taylor P. J. , 2004. "Regionality in the World City Network. " *International*

*Social Science Journal*, 56 (181).

Tjandradewi B. I. , Marcotullio P. J. , 2009. "City-to-city Networks: Asian Perspectives on Key Elements and Areas for Success." *Habitat International*, 33 (2).

United Nations, 2018, "Revision of World Urbanization Prospects." https: //esa. un. org/unpd/wup/.

Wal A. L. J. T. , Boschma R. A. , 2009. "Applying Social Network Analysis in Economic Geography: Framing Some Key Analytic Issues." *Annals of Regional Science* , 43 (3).

Wall R. S. , 2009. "The Relative Importance of Randstad Cities Within Comparative Worldwide Corporate Networks." *Tijdschrift voor Economische en Sociale Geografie*, 100 (2).

Wallerstein I. , 1974. *The Modern World-system.* New York: Academic Press.

Wallerstein I. , 1993. "The world-system after the Cold War." *Journal of Peace Research*, 30 (1).

Wang J. , et al. , 2011. "Exploring the Network Structure and Nodal Centrality of China's Air Transport Network: A Complex network Approach." *Journal of Transport Geography*, 19 (4) .

Zelinsky W. , 1991. "The Twinning of the World: Sister Cities in Geographic and Historical Perspective." *Annals of the Association of American Geographers*, 81 (1).

**图书在版编目（CIP）数据**

丝路城市 2.0："一带一路"沿线国际城市网络与中
国"走出去"战略支点布局 / 屠启宇等著. --北京：
社会科学文献出版社，2023.9
　ISBN 978-7-5228-1784-2

　Ⅰ.①丝…　Ⅱ.①屠…　Ⅲ.①城市网络-研究-世界
Ⅳ.①F299.1

中国国家版本馆 CIP 数据核字（2023）第 081626 号

## 丝路城市 2.0

"一带一路"沿线国际城市网络与中国"走出去"战略支点布局

著　　者／屠启宇 等

出 版 人／冀祥德
组稿编辑／邓泳红
责任编辑／吴　敏
责任印制／王京美

出　　版／社会科学文献出版社（010）59367127
　　　　　地址：北京市北三环中路甲 29 号院华龙大厦　邮编：100029
　　　　　网址：www.ssap.com.cn
发　　行／社会科学文献出版社（010）59367028
印　　装／三河市龙林印务有限公司

规　　格／开本：787mm×1092mm　1/16
　　　　　印张：25.5　字数：388 千字
版　　次／2023 年 9 月第 1 版　2023 年 9 月第 1 次印刷
书　　号／ISBN 978-7-5228-1784-2
定　　价／158.00 元

读者服务电话：4008918866